2004年度云南省教育厅科研基金项目"旅游开发前景下民族文化的保护与传承——以石林糯黑村为例"(代码04Y493G)成果

云南大学"211工程""十五"民族学重点学科建设项目"云南少数民族调查研究及小康社会建设示范基地"彝族(撒尼支系)子项目成果

云南省第十三批中青年学术和技术带头人后备人才项目(编号2010CI024)成果

本书受到香港文化投资基金、深圳"非遗"投资联盟帮助和支持出版

本书受到云南省哲学社会科学学术著作出版资助专项经费资助出版

本书受到云南大学"青年英才培育计划"资助

云南少数民族农村的社会文化变迁
对石林圭山大糯黑村彝族撒尼支系的调查与思考

王玲　编著

中国社会科学出版社

图书在版编目(CIP)数据

云南少数民族农村的社会文化变迁:对石林圭山大糯黑村彝族撒尼支系的调查与思考 / 王玲编著. —北京:中国社会科学出版社,2015.1
ISBN 978-7-5161-5475-5

Ⅰ.①云… Ⅱ.①王… Ⅲ.①彝族—农村—社会变迁—研究—云南省 Ⅳ.①K281.7

中国版本图书馆 CIP 数据核字(2015)第 014384 号

出 版 人	赵剑英
责任编辑	关 桐
责任校对	王佳玉
责任印制	张雪娇

出　　版	中国社会科学出版社
社　　址	北京鼓楼西大街甲 158 号(邮编 100720)
网　　址	http://www.csspw.cn
	中文域名:中国社科网　010-64070619
发 行 部	010-84083685
门 市 部	010-84029450
经　　销	新华书店及其他书店
印　　刷	北京君升印刷有限公司
装　　订	廊坊市广阳区广增装订厂
版　　次	2015 年 1 月第 1 版
印　　次	2015 年 1 月第 1 次印刷
开　　本	880×1230　1/32
印　　张	13.625
插　　页	2
字　　数	355 千字
定　　价	45.00 元

凡购买中国社会科学出版社图书,如有质量问题请与本社联系调换
电话:010-84083683
版权所有　侵权必究

目　录

引言 …………………………………………………………（1）
第一章　石林圭山大糯黑村社区概况 ……………………（9）
　第一节　村寨建置和历史 ………………………………（9）
　第二节　区位与自然环境 ………………………………（19）
　第三节　人口状况 ………………………………………（24）
　第四节　经济生活 ………………………………………（30）
　第五节　社会环境 ………………………………………（36）
第二章　彝族撒尼人物质文化的变迁 ……………………（39）
　第一节　生态环境 ………………………………………（39）
　第二节　彝族撒尼人的饮食 ……………………………（40）
　第三节　彝族撒尼人的服饰 ……………………………（45）
　第四节　彝族撒尼人的建筑 ……………………………（50）
　第五节　彝族撒尼人的传统农业与新兴产业 …………（54）
第三章　彝族撒尼人社会文化的变迁 ……………………（67）
　第一节　彝族撒尼人的婚姻 ……………………………（67）
　第二节　彝族撒尼人的家庭与亲属 ……………………（78）
　第三节　彝族撒尼人的生育健康 ………………………（82）
　第四节　彝族撒尼人的丧葬 ……………………………（100）
　第五节　彝族撒尼人的节日 ……………………………（106）
　第六节　彝族撒尼人的语言文字 ………………………（116）

自古以来，石头就与大糯黑村的彝族撒尼人结下了不解之缘，石头不仅托起了彝族撒尼人的梦想，而且与他们的生产方式、生活方式和坚如磐石的民族精神息息相关。独特的石文化是贯穿大糯黑村彝族撒尼社会文化传统的恒定特征。

　　石头是大糯黑村彝族撒尼民居建筑的核心。撒尼语所说的"鲁查底玛"，汉语意为石栏，是指用石头砌墙而围成的一块场地，一般建于村子中心，它是彝族撒尼传统社会文化的重要传承场所之一。过去，村子里的撒尼"聪窝"（即头人）就在石栏内召集众人议事，石栏成了撒尼村寨的政治活动中心。平时撒尼人聚集在石栏里谈事说闲，年节时则聚集在石栏里举行赛歌、跳弦等文艺活动，石栏成为撒尼人社交娱乐的重要社会活动场所。石栏文化表现了彝族撒尼人对群众组织的依恋性，是彝族撒尼传统社会文化特征中整体性的表现。2006年，在位于大糯黑村中心的村礼堂旁新建成一个石板文化广场，广场中央竖立起一个石板舞台，那里便成了撒尼村民每晚歇工后自发集会，举行跳大三弦舞等撒尼歌舞活动的自娱自乐场所和展示撒尼传统音乐舞蹈的固定场所。

　　大糯黑村的石板建筑独具特色，石楼建筑成为当地彝族撒尼人石文化的重要标志。石林彝族撒尼人民间有这样的谚语："线日努拖黑，努黑努遮黑，顾黑查夜黑，格思拖拍黑。"其汉语意思是：海邑土库房，糯黑石板房，和合篱笆房，月湖茅草房。这四句民谚概括了石林彝族撒尼人有代表性的四种民居建筑及其主要的分布村落。石板房现仅见于大糯黑村，是该村撒尼人的传统民居。上述撒尼民谚中提及的海邑、和合、月湖均为大糯黑村周边的彝族撒尼村落，甚至这些村落的撒尼民居也与石头有着千丝万缕的联系。如篱笆房要以石为墙基；茅草房虽是土木结构，但也需以石块奠基，夯土为墙。

　　彝族撒尼人有一首民歌唱道："波罗其鲁饶，喊给尼云斥；

鲁喊斯哈考，坚模冲拉沙。"其汉语意为：哥哥山坡放牛羊，妹妹织麻白又长；石板房子遮风雨，冬天暖来夏天凉。这首撒尼民歌刻画出撒尼人的传统生活画面：小伙放羊，姑娘织麻，撒尼人居住于冬暖夏凉的石板房中。大糯黑村彝族撒尼人的石板民居历史悠久，有的石板房已经有300余年的历史，而且该村石板房的民居建筑风格一直沿袭至今，现在该村98%以上的建筑仍是用石板建盖的。一接近大糯黑村村口，首先映入人们眼帘的便是清一色的石楼，石头的墙、石片的瓦、石块的门风，洋洋洒洒，平平展展，一派石寨风光。

　　大糯黑村的石板建筑不仅独具特色，而且风格多样，异彩纷呈，在云南彝族地区非常具有代表性，堪称少数民族石板建筑的标本。大糯黑村位于群山环抱之中，树木茂密，村子周边满山遍地都是石头，因此当地木材和石材资源丰富。由于当地出产的青石坚硬，产状独特，具有明显的层理结构，所以用青石切割而成的石板修建的房屋结实耐用。祖祖辈辈生活在大糯黑村的彝族撒尼人因地制宜，就地取材，上山采石，依照其纹理把石头改制成大小不等的石板，结合彝族土掌房的建筑风格，依地势巧妙设计，创造性地建盖了造型优美、居住舒适、生活方便、独具特色的石板房。用石材为原料建成的民居建筑是大糯黑村一道独特的风景线，形成了独树一帜的民居建筑特色。撒尼石板房大多为两层楼结构，瓦顶，楼上、楼下各三间，房间的空间较大。梁、柱、椽、楼均为木料，唯山墙、背墙不同于一般的土基房和砖房，是用石板垒砌而成。石板房的内部结构仍保持原有传统风格，楼下中间为堂屋，两侧为卧室，右侧隔出一间为厨房，主楼两侧附耳房。楼上通常不住人，而是用于储藏粮食和堆放大型物件。在石板铺设的庭院外侧，仍用石板建盖厕所、柴房、畜舍，这样的建筑布局便于撒尼人以合理、卫生的方式生产、生活。总之，撒尼人的石板房在外观上整齐美观，在结构上坚固结实，在史进程中，撒尼人用聪明才智创造了灿烂的民族文化，他们拥有自己古老、神奇、秀丽的民族文字，保留着撒尼祖先在劳动生产过程中创造出的古彝文字。关于撒尼文字的起源，流传着两个古老的传说。其一是说在远古时代，撒尼人中有一个勇敢机智的猎手名叫鲁突支那尔（意为高大如石），他为了记下人间的不平之事，就射杀飞雁，割头做砚，取胆代墨，拔嘴成笔，铺翅为纸，一字一字地画，一句一句地写，写满了 120 对大雁的翅膀，如此便创造出撒尼文字。其二是说很久以前，有一位撒尼放羊小伙名叫鲁波样阿乃（意为石头的儿子），他天天赶着羊群去放羊，置身于那奇山异石、花草树木和飞禽走兽之中，遂觉得大自然很美妙，于是他开始用小石子作笔，把自然之美刻画在石板上。他坚持每天在一块石板上刻画一个符号，经过三年零三个月再加三天的努力，一共在 1200 块石板上刻画出 1200 个字符，这些字符后来成为流传至今的 1200 个撒尼文字。这些民间传说虽然并不能完全等同于事实，但是能说明撒尼文字的起源和创制与石头不无联系。

居住在石林地区的彝族撒尼人使用撒尼文字记事，著名的民间叙事长诗《阿诗玛》就是用撒尼文记载并由毕摩世代传唱而保存下来的。《阿诗玛》塑造了美丽、勤劳、勇敢、智慧的彝族撒尼姑娘阿诗玛的艺术形象，叙述了阿诗玛从出生到变成岩石的过程，最后她变成女神石像，屹立于石林，她的声音永远回响在撒尼人居住的石岭之中。根据撒尼民间传说，阿诗玛居住于石板房中，而石林地区仅有大糯黑村的民居一直是石板房，因此该村撒尼人普遍认为阿诗玛的故乡应该是大糯黑村。

石头与彝族撒尼人的精神信仰紧密相关。历史上，万物有灵的观念曾广泛留存于撒尼人的精神世界中。他们认为，天、地、日、月、山、石、火、林皆有神灵，皆与某种神秘的精灵联系在一起，因此他们对天、地、山、石等自然物顶礼膜拜。撒尼村寨都建有山神庙，撒尼人在山神庙里摆放一块石头，用以代表山神而虔诚供奉。

密枝节（又称祭密枝）是石林彝族撒尼人一年一度的传统宗教节日。在密枝节祭神的前一天，密枝翁和全体神职人员要前往村中的密枝林，把祭祀地点打扫干净，请毕摩念经以驱赶不吉之物，然后在一棵高大的神树下布置神坛。神坛顶上要插放一块拴有彩绸的鹅卵石、一个小石虎、一束松枝、一束栗叶，用以象征祖灵、地神和林神。密枝林里有一块专用的石板，密枝节当天，撒尼男子们就在这块石板上宰杀绵羊，用于祭祀密枝神。

彝族撒尼人传说其祖先是由石头变成的，因此他们非常崇敬石头，视石头为自己祖先的化身、民族精神的支柱，这体现了撒尼人的石文化心理。撒尼人特别崇拜石神，认为石神可以保佑孩子不受病魔的侵扰。父母常带孩子祭石以防病，并常用代表石头的撒尼语来给孩子取名。撒尼人的一些民俗活动，如祭密枝神（象征男女生殖器的自然石）、送祖宗神灵"娜斯"进石洞、求子祭石头、给孩子取名祭石头、结婚拜石头和大年初一人畜绕石头等，无不体现出撒尼人对石头的崇敬之情。彝族自古以龙、虎为图腾，他们对虎的崇拜表现在许多方面。大糯黑村的撒尼人历来崇拜石老虎，一些撒尼人家的屋檐下安放着石雕小老虎，小石虎通常面朝石山的方向，撒尼人认为这样可以为自家镇邪。

石文化赋予了彝族撒尼人坚如磐石的性格，使撒尼男子成为英勇善战而又忠贞不贰的勇士。因此，参加北伐的军人中有石林的撒尼健儿，浴血抗日、奋战台儿庄战役的滇军官兵中也有石林的撒尼健儿，民国时期云南省府的警卫部队常到石林撒尼地区征召士兵。

这就是彝族撒尼人独具特色的石文化。在大糯黑村，撒尼人头枕着石头，脚踏着石板，放眼望去，映入眼帘的都是石头。在撒尼人的物质生活与精神世界中，石头无处不在，无所不在，无时不在,石文化已经深深地融入撒尼人的生命和民族性格之中,融入他们的日常生产与生活之中。

  大糯黑村彝族撒尼社会文化中恒定的是独特的石文化部分,但是任何民族的社会文化都会发展变化,伴随着与外界文化交流的增多和现代化进程的影响,彝族撒尼社会文化中的变迁部分也值得关注和研究。少数民族社会文化变迁调查研究是以"参与式发展"为核心的综合性研究工作,立足于学术创新与实践应用,既有助于推动民族学学术研究、学科建设、理论创新、学术合作和人才培养,又可促进少数民族农村的经济发展、社会进步、文化保护和文化建设,以期为构建社会主义新农村建设机制、学术研究与社会实践相结合等方面提供有益的参考。

王玲
记于云南大学东陆园
2009 年 8 月

第一章　石林圭山大糯黑村社区概况

第一节　村寨建置和历史

一　历史沿革

云南省昆明市石林彝族自治县（曾称路南县）① 具有悠久的历史和灿烂的文化。石林巴江两岸出土的用天然石块略加修打而制成的旧石器，以及文笔山、青山口、红土坡、小屯等地相继发现的旧石器时期遗址，证明先民早已繁衍生息在这块土地上。春秋战国时期，石林巴江流域的居民与滇池地区的居民一样，处于"耕田、有邑聚"的农业社会。西汉元鼎元年（公元前116年），汉武帝在石林设置谈稿县。唐朝天宝末年，居住在石林境内的彝族部落的农牧业发展较快，其酋长撒吕兼并了周边各部，并筑撒吕城进行部落统治。

关于石林境内人口最多的彝族撒尼人的起源，有三种说法。其一，撒尼先民土生土长，繁衍而成。其二，撒尼先民从昆明碧鸡关搬迁而来。其三，撒尼先民从大理迁移而来。追溯其渊源，石林的彝族撒尼人大致可分为两部分。其中一部分居住于石林境内北部地区，约于宋元时期逐渐迁徙而来，其迁徙路线源于曲靖地区，撒尼语称为"阿着底"，经马龙、马过河、小新街，再经宜良县北部山区渐自迁移到现居之地。另一部分居住于石林境内

---

① 1998年，经国务院批准，路南彝族自治县正式更名为石林彝族自治县。

南部地区及邻近的弥勒县、泸西县、丘北县一带，约于明清改土归流时期逐渐由昆明近郊举族迁徙而来，而根据其《指路经》推断，他们所称的"阿着底"应为现在云南大理的苍洱地区。据撒尼人相传，他们的先祖"杨公"原居大理，被大理"段公"打败后，逃至昆明的碧鸡关，后经宜良的八大河来到石林的路美邑①定居下来，之后部分子民又逐渐迁移到现居之地。经考证，这两支移民均自称"尼"，通彝语，识彝文，并保留着彝族先民的古老习俗，而"撒尼"一词则是当地世居的彝族对其的称呼。自称"杨公"后裔的撒尼人，应与南诏时期居住于邛海滨的彝族"尼尾支"有关联。相传南诏景庄王承袭王位前，曾驻守邛都，他逐渐迷恋上那里能歌善舞的尼尾人，继承南诏王位后，他即将其举族迁往大理。所谓"杨公"似为杨干珍，可能系南诏王与尼尾女子所生之子，因非王族婚配，故为段思平所用，称其篡权，武力征服，迫使其逃至昆明，后迁入石林。现从其"撒尼细乐"中，不难聆听到南诏宫廷遗音，可能是二者有渊源的历史明证。上述撒尼人的祭祀活动遵循着古老的彝族礼仪，他们应是古滇人的后裔，随着"六祖分支"，经历了不同的迁徙路线，又先后来到石林境内繁衍、生息、开发。②

爨氏是古代南中大姓之首，蜀汉时期开始显露头角，到晋代日臻强盛，称霸南中共400余年。到唐天宝年间，爨氏被南诏蒙氏（皮罗阁）所灭。由于蒙氏畏于爨氏400余年在滇中、滇东、滇南的部族中根深蒂固、威望显赫，担心爨氏东山再起，故以兵胁，从西白蛮强迁20万户到永昌（即今保山、大理）的广大平坝地区，他们从周围山区移居至坝区的"西爨"故地。据《云

---

① "路美邑"是撒尼语，为"日出"之意。
② 何耀华主编，昂智灵副主编：《石林彝族传统文化与社会经济变迁》，云南教育出版社2000年版，第209页。

南简史》绪论中载："东爨乌蛮以语言不通，多数散居林谷，故得不徙。"今石林、通海、华宁等地的彝族都是来自这时迁入坝区的乌蛮，他们迁入石林后与当地土著民族融合为"撒尼"，筑撒吕城于小古城，这里有他们播种过的"麻塘地"、"麻地心"，他们是当时石林的主体民族。直到明代，汉族大批迁入石林后，由于历史的原因这些撒尼人迁至圭山，这部分撒尼被称为"滇么"（意为坝区来的撒尼人）。① 彝族撒尼人是石林圭山乡的主体民族。

再据《云南简史》一书中说，"叟人"是东汉时散居于滇中、滇东的一个部族，与昆明族杂居，昆为"大种"，叟为"小种"，属于与古代氐羌族有渊源关系的昆明人。民族史学家方国瑜先生认为，在西汉时期，味县（即今曲靖）是彝族先民"叟人"的主要聚居区，他们曾一度是曲靖的主体民族。他们南下到陆良南部边沿、石林东北、圭山以北的偏僻山区，后被撒尼人融合。因此，撒尼人还具有氐羌族的面部特征和喜好狩猎、身披绵羊皮或山羊皮的特征。这支融合过来的"叟人"后裔被称为"撒么"（意为从山区来的撒尼人）。"滇么"和"撒么"的语言、服饰和性格虽有差异，但都同属撒尼人的一部分。②

撒尼人的祖先来自大理的传说比较普遍，19世纪末法国神甫保禄·维亚尔在其调查文章中记述了这个传闻。楚图南先生寓居石林时写成的杂文《路南杂记》，是有关路南彝族自治县的学术专题杂记，路南即今石林。其中第七篇《记倮夷李姓与王姓宗谱碑记》论述了在石林可见的两块彝文与汉文的家谱碑

---

① 从1949年新中国成立至1998年以前，该县县名为路南彝族自治县，后于1998年正式更名为石林彝族自治县。

② 《圭山乡志》编纂委员会编：《圭山乡志》，云南大学出版社1993年版，第84—85页。

张冲[①]将胡若愚欲献给国民政府的 105 驮共计 21 万两白银藏到大糯黑村村民家中，挫败了胡若愚靠拢国民党当局的阴谋。当时大糯黑村隶属于陆良县奉化乡管辖。1930 年，中共第一任云南省省委书记王德三策动陆良暴动，糯黑小学的第一届学生在此革命背景熏陶下成长，许多毕业生后来成为中共地下党员，大糯黑村成为当时陆良中共地下党联络点，同时也是圭山革命根据地的中心。1945 年，陆良县县长宣传抗日，主张武装斗争，被国民党特务谋害，大糯黑村成为圭山地下党活动的主要基地。1948 年 4 月，中国人民解放军滇桂黔边区纵队进入大糯黑村。1949 年，边纵指挥所驻扎在大糯黑村老学校，指挥当地县、乡、区的革命工作。大糯黑村组织情报小组和民兵小组，协助边纵开展革命斗争。当时该村村民白天劳动，晚上帮助传递情报、救治伤员，参军人数达 40—50 人。在国民党 26 军 481 团、57 团及保卫团围剿圭山时，大糯黑村成为边纵的后勤供应点，军民鱼水相依。有不少大糯黑村撒尼村民在抗日战争、解放战争中英勇献出了宝贵生命。由此，大糯黑村经历了在明代为哨，清代为城，民国时期为革命中心，解放战争时期为边纵指挥所的历史过程，孕育了许多革命英烈。

二 行政建制

清康熙五十一年（1712），云南石林圭山地区为路南州的富安乡。

1934 年，废除原来的联保制，实行乡保制，成立圭山乡公所。

[①] 张冲（1901—1980），云南泸西彝族人。1937 年抗日战争爆发时，任国民党 60 军副军长兼 184 师师长。1938 年，参加台儿庄战役，被提升为军长。1945 年到延安，1947 年加入中国共产党。1954 年以后，曾任云南省副省长、云南省民委主任、中共云南省省委委员、云南省人大常委会副主任、全国人大民委副主任、全国政协副主席等职。

1949年新中国成立以前，大糯黑村属于陆良县圭山乡。

1950年3月，原属陆良县的大糯黑、小糯黑等共9个村子被划入路南县圭山，成立路南县圭山区人民政府，糯黑属该区所辖8个乡之一。

1951年4月，圭山区改称第一区公所，仍辖糯黑等8个乡。

1952年土地改革时，路南全县调整为8区1镇102个乡，第一区辖糯黑等15个乡。

1953年3月土地改革结束后，路南全县划为7区1镇，第一区辖糯黑等10个乡。

1953—1954年，实行农业互助合作，组织各种形式的互助组。

1954—1955年，建立初级农业生产合作社。

1955—1956年，创办高级农业生产合作社，该村为宜良县圭山区石峰管理区大糯黑村。

1958年12月，成立人民公社，设公社书记、社长和文书，在"三面红旗"即"总路线"、"大跃进"、"人民公社"的指导下，改为路南彝族自治县圭山人民公社糯黑大队大糯黑村，设公社书记、大队长和文书，在此期间糯黑大队包括大糯黑、小糯黑两个村子。

1960—1968年，该村为路南县圭山区糯黑公社大糯黑村。在此期间的1961年，圭山地区设糯黑等共18个小公社。

1963年，撤销较大的公社，改大队为小公社，扩大小公社辖区，原路南行政区划境内设5个区，辖82个小公社，其中圭山区辖糯黑等18个公社。从1968年年底开始，该村为路南县圭山革命委员会糯黑大队大糯黑村。1969年5月，撤区镇，扩大公社规模，圭山区被撤销，划为海邑等3个人民公社，海邑公社辖糯黑等7个生产大队。

1970年，海邑公社与亩竹箐公社合并为圭山人民公社，辖纵队司令部驻扎在大糯黑村。

1949年6月中旬，在大糯黑村成立中共圭山区委员会，书记普震有。

1950年2月，圭山乡农会正式成立，由黄文彬担任主席，下辖糯黑等14个农村农会组织。

1950年3月，圭山区临时人民政府改为圭山区人民政府，区政府驻海邑，下辖8个乡，区政府设立了民政机构，并成立了中国共产党圭山区委员会，设委员5人。同年4月，圭山区人民政府在大糯黑村召开了圭山区首届妇女代表大会，选举产生了圭山区妇联领导班子。

1956年，糯黑、海邑、普拉河等村的村民修筑海邑至普拉河的乡村公路。

1958年，因痧子、百日咳流行，大糯黑村83人染病去世。

1961年8月，圭山公社改为圭山区，原小板田公社划分为亩竹箐公社、小板田公社、糯黑公社。同年10月，成立圭山区公所，区公所驻海邑，辖5个公社。

1967年，修筑海邑至糯黑的乡村公路，群众投工投劳。

1969年4月，撤销圭山区，成立圭山人民公社，辖7个生产大队。

1970年2月—1973年6月，圭山全乡各村寨相继通电。

1979年，兴建圭山水库。

1981年11月，路南县人民政府派出林业"三定"工作组开始在圭山公社的海邑、海宜、大糯黑等村进行林业"三定"的试点工作。

1984年2月，撤销人民公社和生产大队，设区、乡财政组织，生产队改为农业生产合作社，公社改称区，成立中共圭山区委、圭山区公所。

1985年1月，成立圭山乡烤烟收购站。

1985年，建立圭山（海邑）35千伏输变电站，容量为2×1000千伏安。同年，圭山水库坝埂加高15米。在联合国儿童基金会的资助下，圭山兴建供水工程，进一步解决了圭山区大部分自然村的人畜饮水困难。

1987年年底，进行区乡体制改革，撤区建乡，原圭山区委、区公所改称圭山乡党委、圭山乡人民政府；原乡改称办事处。圭山乡人民政府辖10个办事处、38个村民委员会、56个农业生产合作社。

1988年3月，圭山乡举行规模盛大的"三通"（通水、通电、通路）庆典，历时3天，开展了篮球比赛、象棋比赛，以及文艺表演、拔河、斗牛、摔跤等彝族撒尼传统活动。

1988年年底，圭山水库饮水工程完工，投入使用，基本上解决了全圭山乡的人畜饮水困难。糯黑支管从主管4公里处接出，安装4寸管至大糯黑、小糯黑两个调节池，长2公里，从水池安装1—2寸管，长4公里，供水至各用水点，解决了大、小糯黑两个村子的人畜饮水困难。

1990年12月，圭山乡人民政府拨款45000元，在乡政府驻地海邑新建了一个50W的电视差转台，解决了圭山部分地区收看中央电视台节目困难的问题。

1998年，路南彝族自治县正式更名为石林彝族自治县，石林县名与石林景名统一。

第二节　区位与自然环境

云南省昆明市石林彝族自治县圭山乡的辖区面积为290.7平方公里，是全县面积最大的乡。全县最高海拔2601.4米处和最低海拔1535米处皆位于圭山乡境内，全乡平均海拔为1900

年份雨季结束期在 11 月。①

大糯黑村的初霜期最早出现在 10 月 4 日,平均在 10 月 20 日;终霜期最早为 2 月 22 日,平均在 3 月 12 日,最晚为 4 月 21 日,出现于 1990 年。平均无霜期 252 天,霜期 113 天,最短 82 天,最长 135 天。全年有霜日数平均 31.4 天,最多 47 天,最少 15 天。②

大糯黑村每个冬春平均降雪时间为 2.3 天。1982 年冬季至 1983 年春季为降雪最多的冬春,降雪期为 10 天。有的冬春没有降雪。初雪最早出现在 12 月 12 日,终雪最晚出现在 3 月 4 日。降雪都集中于 12 月—次年 3 月,其中又以 12 月—次年 2 月为最多。③

三 主要自然灾害

大糯黑村境内最大天气性自然灾害是干旱,其次是低温、霜冻,再次是局部洪涝、冰雹和大风。

民国二十八年(1939)和民国三十五年(1946)两年,圭山地区遭受暴雨、旱霜灾,灾情惨重,当地政府奉令提谷办赈,后又从粮户中随同耕地税抽税,并向富户派募补足。

1950 年以来,灾害救济由政府民政部门主管。由于灾害频繁,几乎年年都需救济。较大的灾害如 1950 年先旱后涝,春耕时节,久旱不雨,夏粮歉收;栽插推迟,秋粮减产,圭山乡大糯黑、小糯黑等 11 个自然村的一些村民缺口粮。人民政府发放救济粮,并发动社会捐款救济灾民。

---

① 《圭山乡志》编纂委员会编:《圭山乡志》,云南大学出版社 1993 年版,第 69 页。
② 同上书,第 71 页。
③ 同上。

1961年，大糯黑村曾遭遇历史上最大的冰雹和风灾，一抱粗的树被连根拔起，荞、辣椒、麻棵、玉米等农作物的叶子几乎全被打断，当年人均粮食产量仅达274公斤。鉴于灾情严重，上级人民政府特免征余粮，国家实行免税等优惠措施，并以补贴物资的方式帮助村民渡过难关，曾经实行过1亩地补贴价值100元钱的化肥等措施。

1992年9月24日下午2：30—3：00，大糯黑村下起冰雹，玉米地受灾面积为16亩，烤烟地受灾面积为11.7亩，受灾程度为50%。

2002年6—7月，大糯黑村曾遇旱灾，但持续时间不太长，之后又有冰雹打坏烟叶、玉米等，但面积不太大。2003年4月底，栽烟时节没下雨，幸亏糯黑村委会组织抽调水泵抽水，缓解了农作物缺水的问题。

当地常见的虫害有地老虎（黑土蚕）、土蚕、稻螟、黏虫、蝗虫、蚜虫、麻辣虫、松毛虫、小蠹虫、螵虫等。

以前大糯黑村曾出现牛5号病，牛蹄会腐烂。2003年，当地曾出现传染性极强的羊痘，全圭山乡共死了2000多只羊。2004年年初，全世界许多国家爆发禽流感，并传播到云南省，石林县其他地区出现禽流感，因此为预防禽流感蔓延进入各村，中共石林彝族自治县圭山乡委员会、乡人民政府发布了关于切实做好致病性禽流感预防工作的紧急通知，要求全乡各村和各单位对高致病性禽流感防治工作采取紧急措施，从采取措施之日即2004年2月1日起，禁止任何外来鸡进入圭山乡，严禁活鸡等禽类交易，并由有关部门进行督促检查。2004年2月初，圭山乡防疫部门到大糯黑村给每只活鸡都注射了预防针，因此该村未出现禽流感。

四　占地面积、植被、生物、矿产

大糯黑村远眺全圭山乡海拔最高的圭山，圭山的三个方向分属石林、泸西、陆良三个相邻县。大糯黑村的土地面积约为30平方公里，耕地面积为2544.72亩，人均耕地面积为2.67亩。除自然土外，糯黑的土壤类型兼有油红土、红胶泥土、红土、红泡砂土、红石渣子土等，面积分别为油红土2836亩、红胶泥土3878亩、红土525亩、红泡砂土2931亩、红石渣子土1427亩。①

大糯黑村周边由杜鹃山、杀牛山、歪脖子山等山脉环绕。据说一百多年前，大糯黑周边的山上到处是小鸟、野兔、猴子、野猪等。现周边山上已无猴子、野猪，多见野兔、画眉、喜鹊、鹌鹑、松鼠、野鸡、麻雀，还多见野生兰花。村内种植有核桃树、梨树、苹果树、杏树、柿子树、皂角树、桉树等。村内古树参天，密枝林等处的一些古树已有数百年甚至上千年的历史。

当地的矿藏有铜、石灰石等，尤以石林圭山奇石闻名。大糯黑村出产的青石坚硬，形状独特，具有明显的层理结构。

第三节 人口状况

1950年新中国成立初期，云南省路南彝族自治县圭山乡大糯黑村共有627人。据村民高文华说，以前大糯黑村曾有迷信传说，如果全村人口超过600人，就会有人要死去。1958年"大跃进"时期，大糯黑村人口不到700人。据高文华回忆，1959年，村里去世人数为历史上最多，仅当年就有20多个小孩去世，有时一天有3人去世，村里专门划分小组，分担安葬死者的工作。当时村里有3个伙食团，高文华为其中一个伙食团的事务长，伙食团的一碗饭里，玉米饭还不到1/3，其余2/3为胡萝

---

① 《圭山乡志》编纂委员会编：《圭山乡志》，云南大学出版社1993年版，第71—72页。

卜。当时村里所有土地上都种上胡萝卜和白萝卜，等胡萝卜全吃完后，村民改吃白萝卜。在海邑读书的该村学生每人每周仅发得7两玉米面作为口粮。

1982年，土地承包到户后，大糯黑村人口猛增。该村是一个典型的彝族撒尼村寨，撒尼人自称"尼"，称他人为"撒尼"或"撒尼泼"。彝族撒尼人口占全村总人口的98%。大糯黑村原有13户汉族，但由于现代一些彝族人与汉族人通婚，村中原有的汉族大都娶了彝族撒尼姑娘。到1990年第4次全国人口普查时，全村仅有1户（未婚）仍填报汉族，原先13户汉族中的其余12户近40人皆改为填报彝族撒尼人。据2000年的第5次全国人口普查报告，大糯黑全村236户人家几乎全是彝族撒尼人，此外仅有汉族12人、壮族1人（外地嫁入该村妇女）（见表1—2、表1—3、表1—4）。

一　自然状况

表1—2　　　　　大糯黑村人口基本情况

	1996年	2001年	截至2004年2月的调查统计
户数（户）	212	236	247
人口数（人）	968	990	994
男女比例	465∶503	482∶508	484∶510

表1—3　　　　　大糯黑村村民年龄结构状况
（截至2004年2月的调查统计）N=994

出生年月	年龄（岁）	人数（人）	所占比例（%）
2000年以后	0—4	45	4.53

续表

出生年月	年龄（岁）	人数（人）	所占比例（%）
1990—1999 年	5—14	138	13.88
1980—1989 年	15—24	147	14.79
1970—1979 年	25—34	219	22.03
1960—1969 年	35—44	192	19.32
1950—1959 年	45—54	98	9.86
1940—1949 年	55—64	77	7.75
1949 年以前	65 以上	78	7.85

表 1—4　　　　大糯黑村村民劳动力状况

	1991 年	2001 年	2004 年
总人口（人）	950	990	994
劳动力人口（人）	560	800	453
劳动力男女比	269∶291	480∶320	240∶213
劳动力比例（%）	58.95	80.81	45.57

2002 年 10 月 1 日—2003 年 9 月 30 日，大糯黑村共死亡 10 人，其中男性病故共 7 人，女性死亡共 3 人，其中病故 2 人，非正常死亡 1 人。村民毕寸英生于 1948 年 8 月，2002 年 11 月 24 日，她乘坐手扶拖拉机去海邑赶集时，不幸从拖拉机上掉下来摔伤而去世。据 2003 年 12 月 30 日由糯黑村委会计生员曾跃华填写、村委会党支部书记高映峰负责的统计报表显示，2003 年度期初时，大糯黑村有 247 户，人口总数为 993 人，期末时人口总数为 994 人。其中，育龄妇女为 106 人，女性初婚 3 人，且 3 人皆为 23 岁或以上。村中现有智力残疾者 2

人、语言障碍者1人（见表1—5）。

表1—5　　　1982—1990年总人口数及增长情况比较

地区	出生率（‰）			死亡率（‰）			自然增长率（‰）		
	1990年	1982年	1990年比1982年	1990年	1982年	1990年比1982年	1990年	1982年	1990年比1982年
圭山乡	17.35	22.04	-4.69	7.58	7.59	-0.01	9.77	14.45	-4.68

地区	出生率（‰）			死亡率（‰）			自然增长率（‰）		
	1990年	1982年	1990年比1982年	1990年	1982年	1990年比1982年	1990年	1982年	1990年比1982年
糯黑办事处	14.24	25.44	-11.20	3.75	16.96	-13.21	10.49	8.48	2.01

二　人口流动

大糯黑村由于地处红河州沪西县、弥勒县与昆明市和曲靖市陆良县的交界地带，在历史上它常是兵家必争之地，过去兵来将往，曾经有近50户村民外迁，其中有一部分迁往小糯黑村。小糯黑村的一块围墙碑记也述及，大约于清道光十八年（1838）曾有大糯黑村村民迁往小糯黑村。

2002—2004年，有两名云南昭通男子、3名贵州男子共5名男子到大糯黑村当上门女婿。2002年10月—2003年9月，石林

第四节 经济生活

一 经济结构概况

1951年，大糯黑村开展清匪反霸。1952年，开展土改。1953年，实行粮食统购统销。1956年，实行棉布计划供应，正式发行布票，实行肥猪收购。1954—1955年，实行互助合作。1956年12月，成立高级社、互助合作社、农业生产合作社。1960年，大量宜良人、路南人被集中到圭山来大炼钢铁，开办公共食堂，免费吃饭。据村民高文华回忆，后来因粮食吃光，大糯黑全村600多人一餐只能分食两升荞面搅和熬成的汤。1960年12月，食堂停办，开始搞规模调整，大队规模变小。1961年1月1日，该村原先的两个大队调整为8个小队，每个大队调整为4个小队。1971—1978年，实行大集体，队员靠工分吃饭，组长管理组员。每个劳动力每天上午算4个工分，下午算8个工分，一天共算12个工分，每个劳动力每劳动日最高可以分到0.4元钱，一般可得0.35—0.38元钱，一户人家年收入最多将近500元，当时年终结算要一周时间才能做完。村民全年总工分的70%为基本粮，30%为公余粮。当时实行用粮票购买粮食。全村有两个生产队，每队有70多户，两个队不到150户，人口为700人左右。1979年，由于村民栽种烤烟的技术较差，除去从外地买进烟秧的成本外，每个生产队一年的烤烟收入将近5000元。村民的收入全靠余粮款和养猪、卖猪收入。

1978年12月中共十一届三中全会召开后，在进一步落实各项农村经济政策的基础上，1981年12月29日，中共路南县委和县人民政府出台了《关于包干到户责任制有关问题的暂行规定》后，圭山地区开始实行联产（包产）到组的农业生产责任制。1983年，大糯黑村开始实行家庭联产承包责任制，集体的土豆、玉米被分发给农户。从1987年开始，村民的生活逐渐好转。1989年，全村年粮食产量创历史最高。此后村民之间的贫富差距逐渐呈现，有自开地、承包土地多的农户粮食产量高，收入也高。1988—1992年，大糯黑村完成的订购粮任务为27854公斤。该村的烤烟连年丰产，2003年全村粮食和烤烟均获丰收。

2002—2003年，全村各家各户的玉米等粮食都有结余，人均年产粮约1000千克，人均年纯收入约2000元。据2003年抽样调查显示，村里每户平均纯收入为4500—5000元，农户最高年纯收入为17000—18000元，多数农户年纯收入为6000—8000元，1/3的农户年纯收入在5000元以下，也有少数农户年纯收入不到1000元。参看2003年大糯黑村所属的石林县、圭山乡的相关统计数据，全圭山乡总收入为369万元，但支出为580万元，入不敷出，仍需石林县财政补贴才能解决全乡的温饱问题，全乡人均年收入为1410元，达到1998年以来的最高水平，而石林县人均年收入为2170元。

农户的生产成本包括购买化肥和玉米种子等的费用。2002—2003年，平均每户每年开支800元左右的生产费用，有的农户开支超过1000元的生产费用。2003年，每袋重5公斤的玉米种的价格为38—40元，每户需购5—6袋，购买玉米种需开销200多元。土豆种所需数量不大。每亩烤烟地约需价值100元的化肥、50元的农药、3元的育苗营养袋。每公斤覆盖用薄膜的价格为7.58元，一亩烟地需5公斤价值约40元的薄膜。每亩地种植1200株烟苗，每株苗的价格为0.02元，一亩地约需价值24元钱的烟苗，每亩地出产的烤烟约需价值70元的煤炭。以上各项累计，每亩烟地需投入307元成本，还需犁地、理搡、打塘、烤烟等投工30个，按2003年当地村民外出打工者一个工可挣15元钱的标准计算，种植一亩烤烟地还需投工450元。如上述投料费、投工费两项累加，每亩烤烟地需投入757元。2002—2003

年,平均每亩烤烟的毛收入为800—900元,因此农户种植烤烟所得的纯收入不太多。此外,种植烤烟还需合适土质、合理施肥及一定的烤棚烤烟技术,才能保证烤烟的质量和等级,从而能被石林县烟草公司的烟叶站收购,最终种植户才能获得一些收入。

二 各产业详细情况考察

下面的统计数字均由糯黑村委会于2004年2月提供。

表1—7　　　大糯黑村择年经济结构及收入情况　　　（单位：元）

年份	种植业	林业	牧业	其他	总收入	人均收入
2001年	2251333	40000	60000	104222	2455555	2480.36
2002年	2433470	40000	53333	146704	2673507	2678.86
2003年	2433470	40000	53333	146704	2673507	2700.51

2001年大糯黑村农村经济收益分配统计

1. 农业总收入2455555元,其中出售产品年收入2381666元。

2. 总费用164067元,其中生产费用120000元,管理费用44067元。

3. 可分配净收入1241933元。

4. 国家税金14344元,其中农业税10504元,农业特产税2507元,其他税金1333元。

5. 上交国家13333元。

6. 乡村集体所得23482元。

7. 农民（全村共990人）所得总额1241933元,农民人均所得1254.48元。

8. 流动资产合计20000元。

9. 货币资金20000元。

10. 固定资产合计 10000 元，其中固定资产原值 20000 元，减累计折旧 10000 元，固定资产净值 10000 元。

11. 资产总值 3000 元。

2002 年大糯黑村农民家庭经营收入及负担情况统计

1. 国家税金 14344 元，其中农业税 10504 元，农业特产税 2507 元，其他税金 1333 元。

2. 种植业生产费 1202308 元，其中粮食生产费 480924 元，林业生产费 6548 元，牧业生产费 21598 元，渔业生产费 7858 元。

3. 净收入 1064304 元，可分配净收入 1064304 元；其中工业收入 42000 元，建筑业收入 33333 元，运输业收入 6667 元，餐饮业收入 13333 元，服务业收入 13334 元，其他收入 31372 元。

4. 总费用 1661206 元，其中生产费用 1311634 元，管理费用 44067 元，其他统筹费用 1146 元。

5. 农村经济总收入 2673507 元，其中现金收入 1780823 元。

6. 农民经营所得总额 1013134 元，其中个体工商户私营企业所得 93333 元。

7. 管理费 11366 元，手续统筹费 12080 元；上交国家有关部门 13333 元；乡村两级办学费 9554 元，优抚费 1433 元。

8. 乡村集体所得 23492 元，其中乡村提留统筹 23492 元，村提留 11360 元。

9. 出售产品收入 1903769 元，其中出售种植产品收入 1825103 元，出售林业产品收入 33333 元，出售牧业产品收入 40000 元，出售渔业产品收入 5333 元。

10. 农民家庭经营收入 2673507 元，集体所有 13334 元，农民家庭共有 1986667 元。

11. 汇总村民小组数 2，农户数 226，人口数 998，劳动力人口数600，其中从事家庭经营人口数532。

12. 货币性收入所得971334元，实物性收入所得41933元；第一产业所得948694元，其中种植业所得883120元，牧业所得26817元。

13. 颁发土地承包经营权证书份数226，农业承包合同份数226，家庭承包经营的农户数226。

14. 流动负债合计15000元，应付款15000元，流动资产合计20000元，货币资金20000元，农户上交乡镇统筹款12080元。

2003年大糯黑村年终报表（制表人：曾毕华）

1. 总人口990人，劳动力600人，其中男320人，女280人。

2. 农业经济总收入2673507元。

3. 总费用175229元，其中生产费用131163元，管理费用44066元。

4. 净收入1121333元，可分配净收入114133元。

5. 农民外出劳务收入20000元。

6. 国家税金14344元，其中农业税10504元，农业特产税2507元，其他税金1333元。

7. 上交国家有关部门13333元。

8. 乡村集体所得23492元。

9. 农业两税附加13010.6元；村组干部报酬8933.2元，五保户供养费1072元，办公经费8933.2元。

10. 农民经营所得1333656元，农民所得总额1158951.8元。

11. 流动资产合计15000元，货币资金15000元，固定资金100000元。

2003年12月20日糯黑村委会填报的 2003年农村统计基层年报表

1. 主要能源及物耗情况如下：用电量5.2万千瓦时；农用化肥施用量（按折纯法计算）158.95吨，其中氮肥35吨，磷肥59吨，钾肥0.45吨，复合肥64.5吨；农用塑料薄膜用量3.8吨，其中地膜使用量3.7吨，地膜覆盖面积112公顷；农药使用量0.5吨。

2. 主要农产品：玉米面积31.3公顷，单产5.25吨，总产164.325吨；马铃薯面积23.5公顷，单产15吨，总产352.5吨。

3. 水果生产情况：园林水果27.45吨，其中苹果20.5吨，梨6.95吨；年末果园面积9.66公顷，其中苹果园7.2公顷，梨园2.4公顷。

4. 畜牧业主要产品生产情况：当年黄牛出栏30头，期末存栏487头，肉产量5.7吨；当年出栏猪690头，期末存栏694头，其中能繁殖母畜13头，肉产量51.75吨；当年出栏山羊412只，期末存栏847只，其中能繁殖母畜372只，肉产量8.24吨；当年出栏鸡2267只，期末存栏1867只，肉产量1.36吨，禽蛋产量3.6吨。附记肉类总产量67.05吨，奶类总产量58吨。

5. 蔬菜及特种作物生产情况：蔬菜播种面积合计183.6公顷，总产量196.98吨。

（1）叶菜类面积39公顷，产量61.4吨。其中菠菜面积1公顷，产量1.3吨；芹菜面积1.3公顷，产量1.3吨；大白菜面积28公顷，产量44.7吨；圆白菜面积2公顷，产量3.4吨；油菜面积6.6公顷，产量10吨。

（2）瓜菜类播种面积13.4公顷，产量13.4吨。

（3）块根块茎菜面积113.4公顷，产量110.1吨。其中白萝卜面积83.4公顷，产量83.4吨；胡萝卜面积30公顷，产量26.7吨。

（4）茄果菜类面积 4 公顷，产量 4 吨。其中茄子面积 4 公顷，产量 4 吨。

（5）葱蒜类面积 5.4 公顷，产量 6 吨。其中大葱面积 3.4 公顷，产量 4 吨；蒜头面积 2 公顷，产量 2 吨。

（6）菜用豆类面积 8.4 公顷，总产 0.54 吨。其中四季豆面积 1.4 公顷，产量 0.14 吨；豇豆面积 7 公顷，产量 0.4 吨。

（7）其他蔬菜总产 0.14 吨。

（8）鲜蘑菇总产 1.4 吨。

随着大糯黑村发展起市场农业，生产社会化的程度不断提高。如村中种植有 200 多亩高产玉米，村民使用科学方法种植和管理，亩产达到 687 公斤。多数农户自种烤烟，从引进良种、营养袋育苗、化肥供应到烟叶的销售，都有社会化服务体系提供所需服务。社会化服务体系使各家各户的经营与石林县内外、云南省内外的市场接轨。在市场经济的推动作用下，大糯黑村的经济迅速发展，彝族撒尼农户与石林当地坝区的汉族农户在文化、经济方面的差别在逐渐缩小。

第五节 社会环境

云南省昆明市石林彝族自治县圭山乡大糯黑村周边的彝族撒尼村落还有海邑、和合、月湖村等，它们距大糯黑村 4—10 公里不等。大糯黑村的基础设施初具规模，通水、通电、通路，基本实现"三通"。

一 电力

1974 年，大糯黑村通电。2003 年，当地电网改造后，总电表、分电表和各户电表都安锁防护，圭山乡供电所每两个月到大糯黑村收取一次电费，每度电收取电费 0.4 元，村里平均每户每月电费为20—30元。

大糯黑村的用电需要包括照明和发动一些电动农机，如发动电动磨面机、脱粒机、粉碎机、电焊机等。村里的供电由石林县供电所控制。圭山乡有两个发电站。由于村里没有公共路灯，天黑后村民们外出时大多借助蜡烛、手电筒照明。

二　交通

大糯黑村距圭山乡政府所在地海邑4公里，位于乡政府西北部。1955年8月，修通从路南县城到海邑的圭山公路，1956年通车。1958年，修通从糯黑到海邑的公路，省道昆泸公路途经海邑。2003年，糯黑村委会组织铺设了一条从大糯黑村通往小糯黑村的水泥路，全长2公里。2001年，有关部门开始勘测九（乡）—石（林）—阿（庐古洞）旅游专线公路的路线，2002年年底，开始动工修建该旅游专线，它途经距大糯黑村南部1公里处。2004年10月，九（乡）—石（林）—阿（庐古洞）旅游专线公路正式通车。

大糯黑村村民的主要交通工具为手扶拖拉机。全村90%的农户购置了手扶拖拉机，这是由于村民的住房离耕地较远，需要运水、运肥等。村民们到圭山乡政府所在地海邑赶集以购置生产生活用具、销售农作物、购买大米等日常所需时，都需使用手扶拖拉机作为运输和交通工具。

村中小道多用石头铺就，有些崎岖不平，但由于村民们非常熟悉村中小道，即使天黑时也能在村中小道上疾步行走。

三　通信

大糯黑村约有90%的农户已购买彩色电视机。1996年，村里安装了闭路电视系统。有些村民安装闭路电视接收线，可收到8个台的电视节目，收视费为每年每户72元。有一段时间，曾有 1/3 的农户安装了卫星电视（锅盖）接收器，价格一般为 300 元左右，视其性能而定，安装有卫星电视接收器的农户可以收到 7—8 个台乃至 20—30 个台的电视节目。村干部通知全村村民有关事宜时，可借用闭路电视系统传送声音。

该村 15% 的农户（30—40 户）家里安装了程控电话，每月每部电话的座机费为 15 元，如果要增设来电显示功能，则每月每部电话的座机费为 20 元。村中一些年轻人已开始购买和使用移动电话。

四 存在的困难和问题

据大糯黑村村民反映，村里有时不定期停水、停电，并且无事先通知，影响农户的生产和生活。村里还需要合理管理粪肥，改善卫生条件和状况，需要建设沼气池、公共厕所等项目的资金。

第二章　彝族撒尼人物质文化的变迁

第一节　生态环境

云南省昆明市石林彝族自治县圭山乡大糯黑村共有两个水塘。村口有一个大水塘，古时村民取用该塘中的水作为饮用水，但现在大水塘中的水已不能饮用，多为村民用于洗衣、提水或抽水浇灌农田等。现由村老年协会承包大水塘，并购买鱼秧养鱼，因此它又变成了鱼塘。村子中部密枝林下边还有一个较小的水塘，出地下水，水呈绿色，位于小水塘上方的密枝林里有一片竹林，因此村民称小水塘中的水为竹根水，其味甘甜，过去村民一直靠到小水塘里挑水和雨季接蓄雨水作为饮用水。1996年，石林风景区管理局给大糯黑村捐款6万元，加上糯黑村委会从银行借贷的部分资金，由圭山乡水管所负责，基本完成大糯黑全村自来水管道的铺设，当年开始该村下半部分通自来水，但直到2004年1月，该村自来水管道的铺设工作才全部完成，自来水管接到了全村各家各户，地势较高的该村上半部分才开始通自来水。由圭山乡的圭山水库和圭山乡与亩竹箐乡共有的三角水库供自来水，但由于2004年干旱少雨，水库缺水，供水经常中断。特别是村子上部由于地势较高，自来水几乎压不上去。居住在村子上部的农户家里多建有蓄水池，蓄水池的容量为二三立方米至十四五立方米不等，建一个蓄水池需200—500元钱。现在每当自来水供应暂停时，村民们仍到密枝林边的小水塘挑水。村民们蔬菜和鲜肉，如切片后夹上宣威火腿片蒸熟，即成云南名菜"火腿乳饼"。

石林卤腐（即路南卤腐）。采用以优质大豆和清水加工制成的豆腐，按照传统生产工艺，经过精心配制和自然发酵，腌制而成。路南卤腐块形整齐，色泽红黄，细腻而有弹性，鲜美可口，是色、香、味俱佳的佐餐食品，向来为各族人民所喜爱，是享有盛誉的云南名特产品，远销各地。

油炸鸡枞。鸡枞是云南山区出产的一种美味而富有营养的野生菌类。大糯黑村周边鸡枞种类较多，包括黑皮、青皮、草皮、白皮等多种，并有体肥、脆嫩、清香、鲜甜等特性。其制作方法是将核桃油或菜籽油放入锅中烧热，并放入花椒、干辣椒，然后倒入鸡枞，进行翻炒煎炸，至鸡枞颜色变褐后即出锅，然后用原油浸泡，入瓶封装。油炸鸡枞具有保存长久、携带方便的特点，是一种众口喜爱的美味佳肴。

圭山腊肉。又称圭山腌肉，撒尼语称"够波文号"。每年春节前夕，各家各户杀年猪后都腌制腊肉，以便保存较长时间，是撒尼人常年都需的肉食，又是待客的佳品，素以风味独特而与宣威火腿相媲美。圭山腊肉质地优异，与当地气候干燥、日照强、霜期长、地处高寒山区等独特的自然条件有关。当地村民所养的猪肉质细、瘦肉多、油脂薄，为腌制上品腊肉创造了条件。圭山腊肉香味浓郁，滋味鲜美，久吃不腻，是逢年过节、婚丧嫁娶必不可少的一道菜品。

骨头参。骨头参是撒尼人最为喜爱的一种传统腌制食品。每逢春节前夕，撒尼人家家户户杀年猪后，除板油炼油食用、猪肉腌制腊肉外，将剩余的排骨、油渣、肚杂用刀剁成细末，加入适量葱、姜、蒜、花椒粉、草果粉、八角粉、辣椒粉、玉米酒、盐等配料拌匀，装入陶罐腌制半月即可。用蒸、煮、炒、炖等方法食用皆宜，香、酸、辣、甜、咸五味俱全，味道鲜美。骨头参富含钙、脂肪、蛋白质等营养成分，有助于促进儿童的健康成长，还有治疗软骨病的功效。

三 风味小吃

在长期的生活实践中，彝族撒尼人还制作出了多种独具特色的风味小吃。

包谷粑粑（即玉米饼）。选用鲜嫩的包谷（玉米），去壳、去核，将包谷米籽用石磨磨成糊状，加入适量红糖或白糖，也可再加入鸡蛋，拌匀，倒入平底锅内用油煎熟，即做成鲜香甜嫩的包谷粑粑。

荞粑粑蘸蜂蜜。将荞面掺水揉和，做成饼并蒸熟，然后放在炭火上慢慢烘烤，边烤边蘸蜂蜜吃。不仅味道香甜，而且营养价值较高。

鸡肉稀饭。将腊肉切片入锅炼出油，放进生鸡块煸炒，再下淘洗好的大米，加盐和水一起煮，即做成香气四溢的鸡肉稀饭。

全羊烩煮荞粑粑。选杀肥壮的嫩羯羊，用开水烫毛、去毛，然后用柴火烘烤至呈黄色，刮洗干净，剖肚翻肠清洗干净，连肉带骨砍成大块，放入旺火锅中煮，煮到熟透后捞出，再把全羊连肚杂、羊血一起切成小块回锅，并把甜荞面粉加水后搓揉成汤圆大小的球状，用手指压成带小窝窝的指印荞粑粑，放入锅中与羊肉烩煮，即成全羊肉烩煮荞粑粑。这是饭菜合一的食品，吃时蘸辣椒汤佐料，汤鲜肉香粑粑甜，具有独特的民族风味，是撒尼人招待宾客的一道美味佳肴。

蜂蜜拌炒燕麦面。将洗净晒干的燕麦放入锅中炒熟，用石磨磨成细粉，筛去麸皮，即成炒燕麦面。食用时，将炒燕麦面盛于碗中，加入适量的蜂蜜和凉开水，搅拌成稠糊状即可食用。蜂蜜拌炒燕麦面制作简单，味道鲜香甜嫩，营养丰富。

麂子干巴。选用麂子后腿肉切成条，加入葱、姜、蒜、盐、酱油、花椒、八角、料酒、白糖等,腌渍24小时,取出阴干。食用时,将麂肉穿在铁叉上烤熟,然后切片装盘。

富有智慧和创造力的彝族撒尼人给每道传统菜品都编写了美丽动人的形象化传说。如过去撒尼先民吃肝生,就是虎崇拜民族的象征。老虎是百兽之王,捕食动物时先断喉,然后剖腹,抓取肝、心食用之后,才撕肉食,皮骨弃之。撒尼人制作肝生时,取干净的肝子除筋、剁细,拌上火烧辣子面、盐、花椒面、葱白、蒜泥、姜末、味精等调味品腌一段时间,到需食用时再加上刚煮熟的瘦肉片或肉丁,其味美不胜收。

四　饮食民俗

彝族撒尼人保留着一些具有传统特色的饮食民俗。

野炊。撒尼人的野炊别有风味。在天气晴朗的节假日或收获季节,亲朋好友相聚,选一个山清水秀、树影婆娑之地,燃起篝火,架起炊锅,用清汤煮牛肉、羊肉、猪肉,烘烤荞粑粑、土豆、饵块,熬鸡肉稀饭。待各种食物备好,亲朋好友们在地上撒开、铺好青松毛,大家席地而坐,面对青山秀水,开怀畅饮,享用美餐。

饮酒。撒尼男子均善饮酒,把饮酒视为生活中不可缺少的一种乐趣和享受,也是招待亲朋好友时必不可少的一项内容。撒尼人招待客人多用烤制的白酒。过去宾客到家,均以米酒或白酒相待,很少以茶待客。酒是撒尼人生活中的重要饮品,每逢年节、婚丧、祭祀、盟誓、探亲访友时均以饮酒为礼,即便无菜也不伤豪兴。"无酒不成礼"成为广泛流传的撒尼民间谚语。撒尼人还喜欢饮甜白酒,每年冬腊月,他们以糯包谷粉掺糯米蒸熟后,加甜酒药拌匀,放在温度适当的地方发酵7天,就制成甜白酒。在农忙季节,撒尼人干活回家后喝上一碗甜白酒,既解渴充饥,又有助于消除疲劳。

此外，大糯黑村的成年男子多有抽烟的习惯，尤其喜欢使用竹制烟筒。过去撒尼男子以抽自种的草烟为主，现多抽购买的卷烟。

饮食文化习俗的融合与发展也是民族关系进步的象征。彝族谚语里说道："汉人省钱盖房子，彝家有钱宴宾朋。"彝族撒尼人家无论贫富，过年都要争取杀头年猪，邀请亲朋好友来聚餐。随着彝文化与汉文化的交流，汉族人烹调的红烧肉、烧肉丝、爆鸡丁等菜肴早被彝族人学会，而撒尼人的骨头参、砣砣肉、火烧辣子打蘸水、牛肉汤锅、羊肉汤锅等也已成为汉族和其他民族款待宾朋的美味佳肴。特别是乳饼、荞粑粑蘸蜂蜜、羊肉汤锅等成为接待中外来宾的著名特色食品，也是各兄弟民族到撒尼人家必须品尝的美食。

第三节　彝族撒尼人的服饰

在史诗《普帕米》（即祖先之歌）中，记述了彝族撒尼人的祖先——牧羊人史郎若在涝泥依南底时用薄口石头割脐带，用山草做垫褥；他在彝乡阿着底时过着游牧生活，上身披树叶，下身裹树皮；他在圭山时"羊皮去换针和线"，无布就用羊皮缝成衣，巧妻舒日玛，做成羊皮褂。羊皮褂子穿身上，不怕天冷了，不怕下雨了，不会再被刺儿刮伤了。要脱羊皮换麻布，自己搓麻学织布，穿上麻布衣，穿上麻布裤，从此以后啊，见着老人不用害羞了，见着小孩不用害羞了。这部史诗充分反映了彝族撒尼人的服饰经过了漫长的发展历史。在人类的原始氏族社会，社会生产力十分低下。据彝族史诗《梅葛·创世记和人类起源》描述，人们的生活状况是"月与禽兽居，族与万物并"，他们以丛林、巢穴为栖身之所，以草、树叶、兽皮为衣裤，"没有粮食吃……把果子摘来吃，冬居营窟，夏居增巢；未有火化，食草木之食，鸟兽之肉，饮其血，茹其毛；未有丝麻，衣其羽毛"。① 由此可见，彝族服饰材料从树叶、兽皮到羊皮、麻布的演变，经历了较长的历史过程，同时也反映了彝族社会取得了农业、手工业、牧业的初步发展。

在彝族各支系中，撒尼人的服饰颇具特色，随着时代的进步和生活水平的提高，撒尼人的服饰也有所改变。撒尼孩子长到1—3岁时，母亲便给其缝制民族服装。过去撒尼男性老者喜头缠宽一尺、长一丈的青布包头，上身穿深色大面襟麻布衣，套黑羊皮褂，腰系花麻布制成的围腰，下身穿宽口吊裆长裤，脚穿一双麻线或草绳编织的鞋，或布鞋，或传统手工制作的大头牛皮鞋或放羊皮鞋，耐用，但有笨重、不便洗的缺点，家庭困难者一般在劳动生活中跣足。羊皮褂子也是撒尼人的日常生活服装，制作考究，一般视黑毛皮为上品，成衣条件严格，需以同龄、同色、适时宰杀之两只羊的两整张羊皮经特殊加工制作而成。黑羊皮褂防水性能好，古朴、自然，别具风格，一般60岁以上的老年人才穿，可抵御风吹雨淋。青年男子的上装为青布或粉蓝布无领斜襟衣或对襟衣，上衣外再套一件用白色麻布缝制的对襟式无袖短褂，短褂边镶上一道蓝布边，并绣上蓝色的花纹图案，显得潇洒利落、洁净美观，整洁的白麻布褂镶上蓝边罩在宽松的浅蓝色衣服上，更显朴实秀丽。青年男子的下装为宽口青布宽裆裤，裤口特大，与妇女长裤的区别是男子的裤管口不镶边，布料粗糙，色彩单一，多以黑色或蓝色为主。中老年男子腰系自制的牛皮、猪皮、羊皮等兽皮兜肚，用于装烟、钱等物。一些撒尼小伙则腰系相恋的姑娘亲自手工刺绣的绣花兜肚。绣花兜肚是撒尼青年男女恋爱时的爱情信物，一般在相会、跳乐、赶集、参加节庆活动时

---

① 何耀华主编，昂智灵副主编：《石林彝族传统文化与社会经济变迁》，云南教育出版社2000年版，第18—19页。

撒尼小伙才系上它，并且不能轻易把它转送给别人。

　　圭山一带的撒尼人一直都有种麻的传统，而且一直主要是由撒尼妇女承担完成。过去撒尼妇女种麻既可解决一家人的穿衣问题，又可用于物物交换，与其他民族换取日常生活所需的食盐、煤油、针线等生活用品及一些生产工具。因为麻布褂最有地方民族特色，显示着撒尼人的民族精神，所以大糯黑村撒尼村民仍在种麻，用古老的方法缝制麻布褂。麻布衣服是这一地区的主要日常生活、劳动着装，分长袖麻布衣和无袖麻布褂。长袖麻布衣做工简单，色彩单一，在纺线织麻布时不加任何丝线，也不加印染原料，不镶边，不装饰，不绣花纹图案，但这种麻布衣古朴、耐用，保暖防寒。无袖麻布褂仍是现代撒尼男性最喜爱穿着的民族服饰，搭配白色衬衣、绣花领带、黑色或蓝色西裤，着装显得既讲究时髦，又潇洒大方，民族特色一览无余，富有阳刚之美。随着科学技术的广泛运用，麻布褂的缝制技术、图案设计也有明显改良，既省时又美观的民族褂悄然出现，布料也从单纯麻布发展到棉布、丝绸、的确良等，但多数撒尼人还是钟爱麻布制成的褂子。做工精细的麻布褂父传子、子传孙，世代相传，被视为珍品收藏。古朴大方的麻布褂从古保留至今，成为撒尼男性专有的特色民族服饰。

　　以前撒尼人还有一种用火草制作的火草褂，因它比麻布褂费工时而更显珍贵，现被视为珍品收藏。火草是生长在高山草丛下的一种野生草本植物，每株有4—5片叶子，叶子背面有一层白色的薄纤维，可撕下的纤维外观有点像棉纸。在火柴被称为"洋火"的年代，石林地区的撒尼人用它做钻石取火的助燃物，故称火草。勤劳聪明的撒尼人利用火草纤维的韧性，捻成线，织成布，做成褂子。因为火草较小、纤维薄，采集够做一件褂子的火草要付出艰辛的劳动，甚至需要几代人不断积累、共同劳作才能做成，所以现在已经几乎没有人再做火草褂了，火草褂已极又绣上蝴蝶，蝴蝶图案边沿镶边，再缝上刺绣带子，带子自然垂于胸前，图案花纹精美，做工细致，美观大方。

撒尼妇女的服饰因年龄不同而有所区别，结婚以后，妇女的服饰变化明显。大体说来，撒尼姑娘的服饰最为艳丽多彩，而中老年妇女的服装则较为简单和朴素，颜色也变得暗淡。现代撒尼中老年妇女的裤腿变小，以方便劳作。现代的撒尼服饰虽大有改进，但万变不离其宗。现在大糯黑村的一些中青年、儿童平日不再穿着撒尼传统服装，只是在节庆日、喜庆日、赶集日才穿上，而村中的大多数中老年妇女平日仍保持穿着撒尼传统服装的习惯。

第四节　彝族撒尼人的建筑

新中国成立前，彝族撒尼人多数住土木结构的草房，还有部分石板房。一户之间，阴暗无窗，左间为厨房兼住宿，中间为客房，右间为牛厩。楼上堆粮食兼住人，人畜同居。新中国成立后，撒尼人的居住条件逐渐有所改善。自20世纪80年代以来，撒尼人大多人畜分居。撒尼人民间有这样四句谚语："线日努拖黑，努黑努遮黑，顾黑查夜黑，格思拖拍黑"，翻译为汉语的意思是："海邑土库房，糯黑石板房，和合篱笆房，月湖茅草房。"这四句民谚概括了石林彝族撒尼人有代表性的四种传统住房及其主要的分布村落。篱笆房以石为墙基，以竹条、树条编织成篱笆，再糊上泥土，涂刷平坦，成为墙壁；茅草房是土木结构，以石块奠基，夯土为墙，用结实的圆木或方木为柱，为双面坡斜顶，用茅草盖顶，与其他传统住房相比，既节省建盖费用，又冬暖夏凉。

石楼的建筑特色是彝族撒尼人石文化的重要标志之一。有一首撒尼民歌唱道："波罗其鲁饶，喊给尼云斥；鲁喊斯哈考，坚模冲拉沙。"译成汉语意为：哥哥山坡放牛羊，妹妹织麻白又长；石板房子遮风雨，冬天暖来夏天凉。尽管在交通和经济日趋发展的撒尼山乡，其他村一些先富裕起来的农户盖起了具有现代风格的砖木结构两层楼房，不少民居已一改旧貌，逐渐向砖房或水泥房过渡，但是就地取材、造型优美、居住舒适、方便生活的石板房仍然在大糯黑村沿袭下来。该村石板房的建筑结构仍保持原有的传统风格，楼下中间为堂屋，两侧为卧室。堂屋中设有火塘，右侧隔出一间为厨房，楼上通常不住人，用以储藏粮食和堆放大型物件，住宅周围用石块砌成围墙，建畜舍、厕所、柴房，以便撒尼人以更加合理、卫生的方式居住和生活。

大糯黑村的石板建筑不仅独具特色，而且风格多样，异彩纷呈，在彝族地区非常具有代表性，堪称少数民族石板建筑之标本。现在石林县的石板民居仅见于大糯黑村，十分具有代表性。该村民居98%以上是石板房，有的房子已经有两三百年的历史。一接近大糯黑村村口，首先映入人们眼帘的便是清一色的石楼，石头的墙、石片的瓦、石块的门风，洋洋洒洒，平平展展，一派石寨风光。有人把该村称为"石头寨"，"石头"与当地人有着不解之缘。大糯黑村处于群山环抱之中，树木茂密，木材和石材资源丰富，该地岩石坚硬，产状独特，具有明显的层理结构，用它修建的石板房结实耐用。生活在这里的撒尼人因地制宜，就地取材，上山采石，依照石头的纹理改制成大小不等的石板，然后结合彝族土掌房建筑风格，依地势巧妙设计，创造性地建盖了独具特色的石板房。以石材为原料建成的石板房民居为大糯黑村一道独特的风景线，形成了独树一帜的房屋建筑特点。石板房多为两层结构的楼房，瓦顶，楼上、楼下各三间，房间的空间较大。梁、柱、椽、楼均为木料，唯山墙、背墙与一般的土基房和砖房不同，是用石板垒砌而成。与周边村寨中土木结构、砖木结构的房屋相比，石板房在外观上更为整齐美观，在结构上更为坚固结实,在功能上更为多元实用。

大糯黑村周边满山遍地都是石头,勤劳智慧的撒尼人不仅用石头来建盖石板房、石板烤烟棚、石板墙、石板路等,而且用石头建造牛圈、羊圈、猪圈、鸡圈、狗窝、蜂窝等,铺设一条条石板小道,就连一块块的山地都用石板垒起了围埂,形成石山、石楼、石门、石栏、石路、石街、石地,奇特别致,具有观赏价值。撒尼语"鲁查底玛",汉语意为石栏,是用石头墙围成的一块场地,一般建在村寨中心,它是撒尼传统文化的重要载体之一。平时撒尼人聚集在石栏里谈事说闲,年节时则聚集在石栏里举行赛歌、跳乐等文艺活动,石栏成为撒尼人社交娱乐的重要社会活动场所。若有要事商量,就由撒尼"聪窝"(即头人)召集众人在石栏内议事,石栏又成为撒尼村寨的政治活动中心。

大糯黑村农户的住房多是自家申请木料,砍伐木料,自家开采石材,请亲戚朋友帮忙建成,一般不用支付报酬,到技术难度大的竖梁等工序时,则临时聘请师傅,并支付报酬。村民建新房时举行的上梁仪式甚为隆重,一般要请彝族毕摩或风水先生选定吉日良辰。① 举行上梁仪式时,新房主人跪于梁下,请来的竖梁师傅上梁贴八卦图,并站在梁上念词,往下倒水,丢五谷、钱币,并向四方大声喊叫"东方大吉,西方大吉"等话语,边念边向四方抛丢数个馒头。撒尼人的这种建新房的上梁仪式与汉族的仪式完全相同。村民建新房竖大梁的当天,本村的亲朋好友会送去玉米、大米、猪肉、黄豆、礼金等,以示热烈祝贺;其他村的亲朋好友因携带实物不方便,一般会送去礼金祝贺。新房主人家则杀猪宴请宾客,名曰请竖梁客。竖梁人家要买新毛毯挂到梁上,竖梁时一边往上拉梁,一边放鞭炮。之后竖梁人家要把新毛

---

① 据说古时撒尼人是在太阳出来之前举行建新房的上梁仪式,后来可能受汉族影响,一切听从毕摩或测吉日者测定之吉日良辰而行。

毯送给聘请来的上梁师傅，并支付工钱，另加60元礼钱以示谢意，上梁师傅则撒糖果给帮助上梁的其他人吃。

以2004年2月2日村民何跃宗家建新房竖梁为例。他家有两个儿子，大儿子已有妻儿，已到分家的年龄。他家的老房子只有三间正屋和一间厨房，如果分家的话，别的钱物好分，但住房不好分，按当地习俗，分家时每个儿子必须分得一幢住房，因此他家请了8位贵州师傅来帮建一幢四间的新房。他家建新房竖梁时宴请了竖梁客，邀请本村和外村的所有亲朋来参加。当天早上8点钟，他家请本村的24个男性亲朋来帮厨，共筹备了12道菜，每道菜均由专人负责烹调，并规定在中午12点之前必须把所有的饭菜都做好，以便客人按时吃午饭。

与此同时，何跃宗家请了40多位男性亲朋于当天上午9点钟举行竖梁仪式。竖梁前，大梁底下那根梁的正中间要专门用椿树做两个底座，用硬币把一块方形的红布钉在大梁正中。大梁上要挂各种布料，如红布、黑布、绿布和蓝布各一丈，还要挂一床新毛毯，等竖梁仪式完毕后新毛毯要送给主持建房竖梁的师傅。这次何跃宗家建新房竖梁的师傅由本村人曾光亮担任。竖梁时，用绳子把大梁两头拴起来，4个男子站在柱子上向上拉大梁，大梁中间挂一串长约5米的鞭炮。等鞭炮点燃后，4人才开始往上拉大梁，鞭炮一边响，他们一边往上拉大梁，等他们把大梁拉到屋顶上时，鞭炮也大约放完。大梁竖起后，竖梁师傅站在大梁上，抓起何跃宗家买来的糖果撒向前来参加竖梁仪式的人群。等竖梁师傅撒完糖果后，他取下大梁上挂着的各种布料、毛毯。毛毯将于第二天由何跃宗家送给竖梁师傅，并要送上工钱和60元礼钱。待竖梁师傅取下布料后，已到午饭时间，前去帮忙的所有亲朋都到大糯黑村礼堂里何跃宗家待客处吃午饭。

当天下午，各村的亲朋把自己带来的礼金和礼物，如腊肉、玉米、大米等，送到何跃宗家，送上这些礼物一为贺喜，二为帮忙，三为还情。礼物的品种和数量依据自家建新房时曾接受过他家贺礼的品种和数量而定。如此前本村村民张琼芬家建新房时，何跃宗家送了些什么礼物，送了多少，当天张琼芬家就按当时所收礼物的情形如数送还给何跃宗家，如经济条件许可，还会多送还一些，但一定不能少于之前何跃宗家所送的礼物的数量。

按当地习俗，何跃宗家共招待三餐客，包括竖梁当天的两餐和第二天的午餐。等吃过这三餐饭后，各村的亲朋便陆续回家，而何跃宗家则把剩下的饭菜和物件收拾回家。这次前来何跃宗家做客的共有 800 多人，他家为待客花去人民币 8000 多元，收到的贺礼包括玉米约 1600 公斤、人民币 4320 元、大米 960 公斤、腊肉 324 公斤。

第五节 彝族撒尼人的传统农业与新兴产业

一 种植业与畜牧业

从远古至明清以前，石林圭山大糯黑村一带为部落农业，到明清时期为屯垦农业，1949 年以前有定期的农村集市贸易发展。20 世纪 50—70 年代，该村的粮食种植业发展较快。20 世纪 70 年代以后，该村引进技术发展烤烟种植业。现在大糯黑村彝族撒尼村民普遍习得传统粮食种植、山羊养殖和烤烟种植的有关科技知识。

大糯黑村没有稻田，种植业以旱作物为主，大、小春作物主要种植包谷（玉米）、洋芋（土豆、马铃薯）、小麦、蚕豆、大豆、杂豆、大麦、燕麦、荞麦等粮食作物。大春作物以玉米为主，小春作物以小麦、蚕豆为主。现在村民用这些杂粮到集市上交换大米，以大米作为主食。经济作物主要有烤烟、菜籽、葵花、辣椒等，以烤烟和菜籽为主，逐渐形成骨干项目，尤其烤烟种植面积逐年增加。种植的蔬菜有青菜、白菜、葱、姜、蒜、韭菜、卷心菜、花菜、菠菜、萝卜、茄子、南瓜、芫荽等。1992

年以前，大糯黑村几乎无自开地。2000年以后，该村自开地增多，农户经济发展悬殊，耕地少的家庭收入较低，而耕地多的家庭收入较高。目前，该村的经济来源以农业为主，村民的收入主要靠种植烤烟、马铃薯、绿肥，其中最重要的经济作物是烤烟。国家实行烤烟"双控"以来，2003年大糯黑村的烤烟收入创历史最高纪录。该村还产大麻、南瓜、葵花籽、梨、核桃、苹果、柿子及多种中草药材。

古时候彝族撒尼人居住的地方山清水秀，牧草丰盛，撒尼人主要从事畜牧和狩猎。畜牧业在大糯黑村占重要地位，该村尤以黄牛、山羊和猪的养殖居全圭山乡之首。大糯黑村农户大多饲养奶山羊，用山羊奶制作传统特色食品——羊奶乳饼。

二 手工业

彝族撒尼人的手工业还没有从农业中分离出来，许多家庭用品和传统的日常衣裙等物均由各家各户自己制作，基本上是自给自足。手工业者之间没有明显的行业分工，工匠有石匠、木匠、泥瓦匠、铁匠、铜匠等，他们大多半农半工。但是，撒尼人的手工业生产有自己长期相对独立发展的历史。大糯黑村由于其特有的石材资源，石匠在当地著名，如70多岁的何胜昌擅长雕刻红石头老虎。70多岁的王正林、60多岁的木匠何文科擅长制作木犁、牛车的木轮。近80岁的大糯黑村小学退休教师金国兴会自制白喜事、斗牛比赛开幕仪式上跳狮子舞时使用的狮子，他还会自制猴子面具，用于白喜事时跳猴面具舞。撒尼人的家庭手工业以妇女从事的纺织、刺绣尤为著名。作为家庭手工业的一部分，纺织工作一般由妇女完成，纺织的成品主要有火草布、麻布、毛毡等。

（一）纺麻

彝族撒尼妇女种麻、收割、捆把晒干、浸泡、手工捻线，用自制的木头织布机（撒尼人称"也鸽无潮"）纺织出麻布。大糯黑村撒尼妇女的手工纺麻是一项独具特色的传统手工艺。每年4—5月，村民种麻。到7—8月，村民晒麻。织麻布的传统工序为：在火麻或苎麻收割后，剥下茎部韧皮纤维，揉软后纺成麻线，加草木灰煮，之后泡入溶有燕麦面的稀水中漂白，然后织成麻布，可缝制麻布衣服、口袋及渔网。撒尼妇女使用的纺麻线的纺车，形同汉族的纺棉车。她们还有自制的织机，结构简单，有穿纬线的筦子，多无穿经线的梭子，用线团左右穿行。也有少数妇女使用梭子，所织麻布的宽度不一。纺麻布前，要使麻经过打、晒、浸、泡、剥、洗、抽线、煮线、浆洗这些工序之后，才可纺线，再织成麻布，然后缝制衣服、口袋等。村中织麻布数量多者，可到集市上去用麻布换棉布或大米。现在大糯黑村只有一些中老年妇女会纺麻，而年轻妇女大都不曾学会纺麻。

大糯黑村撒尼妇女纺麻采用的主要原料是蓖麻树，由于其叶子含麻醉成分，人畜食用后会中毒，因此上级政府和村委会不提倡种植蓖麻，但是村中一直保持有用麻纺成的麻布缝制彝族撒尼服饰的传统，有的农户自己仍少量种植蓖麻。村内纺麻大多是采用野生的麻秆。这些植株在当地长势良好，株茎一般可长达1.5—2米。当麻树开花时，它们便可以用做纺麻的原料。砍蓖麻树时要与地面齐平，保留根部，将4—5根（有时多达10余根）麻株捆在一起吊在树上晒干，然后放入清水中（大糯黑村村民通常放入村口大水塘中），并压上石头浸泡，3天后拿出，开始剥皮抽成丝状，然后将麻丝用冷水洗净，将其晒干，之后把麻丝搓连成线，称为搓麻线或捻麻线，再用纺车把麻线纺成均匀的纺锤状线团，把线团的线按纵向绕在竹竿做成的"工"形架上，将其绕成麻花状线团，把线团放入开水中煮4—5个小时，并放入炭灰，为了使麻线软化和变白，待线团变白后拿出，再用冷水清洗，然后把线团放入大盆中添加漂白粉和蛋清，一般1个线团需用 1 包漂白粉（50 克）和一个鸡蛋的蛋清，漂少许时间后拿出晒干，把麻花状线团绕成球形线团，在地上立两排相对的 6 根桩子，两排桩子相距十余米，桩子间距为 0.5 米，以 6 个线团为单位，再加 12 根黑绵线，从边角桩为起点按蛇形上下对应缠绕在桩子上，球形线团便被绕成若干麻线组成的环形线团，按麻花状将其编起来，就可放在纺麻机上织成麻布。

大糯黑村边山上的松树上有时挂着捆成把的麻秆，这是撒尼人家在晾晒收获后的织麻布用原料。晾干后的麻秆放入水塘中浸泡，待浸泡到麻秆的皮与木质部分分离时，便取出撕下麻纤维，晒干后捆把备用。勤劳的撒尼妇女利用空闲时间捻麻线，甚至当她们背负重物行走时，也常边走路边用双手搓捻麻线。撒尼妇女手工捻好的麻线呈圈状，用木制纺织机纺成不易拉断的长麻线后，放入锅中加碱煮，然后洗成白色，等晒干后就放在纺麻机上织成麻布。织出来的麻布一般约五寸宽，线条清晰，洁白中又有红线或黑线，清晰醒目，十分突出，经拼接、裁剪后就能缝制成麻布衣物。心灵手巧的撒尼妇女量体裁衣，根据身材大小、胸围尺寸认真设计，缝制出具有地方民族传统特色而且备受撒尼男子喜爱的麻布褂。她们用蓝布装饰麻布褂边，绣上精美的花纹图案，缝上两个衣袋和位于左胸部的一个小口袋，钉上特制的布纽扣，每道工序都十分考究，才能缝制出一件自然、合身、舒适的麻布褂。麻布褂的缝制凝结了撒尼妇女的聪明才智和勤劳汗水，倾注了她们的理想和情感。

（二）刺绣、挑花

彝族撒尼服饰的装饰纹样十分丰富，传统纹样以几何纹为主，尤其是八角纹，既可单独使用，也可与其他纹样配合组成各种变化无穷的图案。在大糯黑村等挑花工艺比较发达的彝族撒尼地区，八角纹的运用随处可见。彝族撒尼人的挎包、荷包既美观又实用，也是撒尼青年男女的一种装饰物，是他们为参加热闹的集会场面而盛装打扮的必佩之物。撒尼荷包是女性用品,有夹层,呈三角形袋状,下垂箭头形五彩飘带。做工精细的荷包上绣饰各种图案,色彩缤纷。

大糯黑村的彝族撒尼妇女擅长手工刺绣和挑花。她们刺绣时用什色丝线刺绣纹样,多为花草叶茎图案,精美细腻,多用于头帕、袖口。挑花时则用什色丝线在饰花处挑织各种图案,饰花的式样各具特色,多用于衣领、头帕。在色彩运用上,不同的工艺用色条件不尽一致,如盘花、刺绣、挑花是用彩色丝线做原料,颜色丰富,可尽意搭配,不受制约。而贴花只限于单色布和传统色,不得不借用压、滚边和镶附异色布条来协调、丰富色彩的变化,故用这种工艺制成的服饰绚丽醒目。

彝族撒尼人的刺绣工艺具有悠久历史。早在元明清时期,彝族妇女就把刺绣作为一种装扮生活、表现艺术才能的重要活动,刺绣已在彝族妇女中盛行。迄至现代,刺绣质料增加,刺绣画意和图案色彩更加丰富,撒尼刺绣仍保持浓厚的地区特色和民族风格。撒尼妇女从小就学习刺绣,练就娴熟的技艺。她们刺绣时,不描样,不画线,胸有成竹,凭着聪慧的头脑和灵巧的手指,在绩麻、纺线、织布的基础上,又飞针走线,挑花绣朵,绣出形态各异、色彩斑斓、多姿多彩的图案。这些图案并非凭空想出,而是源于生活,高于生活。生活中常见的日月山川、飞禽走兽、花鸟虫鱼等,以及石林独具特色的山石地貌、风物特产,经撒尼妇女的模拟、提炼、概括,精心构思,巧妙布局,呈现为变化多端、鲜艳夺目的图案。图案绣在姑娘们的包头、衣襟、袖口上和中老年妇女的围腰、飘带、鞋面上,以及日常生活中常用的被单、挂毯、挎包、钱夹、伞套等上,并命名为"繁花似锦"、"吉祥如意"、"五谷丰登"、"日月交辉"、"鱼水和谐"等,充分体现了撒尼人的审美观念和对幸福生活的憧憬。刺绣的针法除了挑花、平绣、镶绣之外,还有纳花、纤花、链子扣等。撒尼妇女刺绣的图案色彩繁简不一，用色均能富而不乱，主调鲜明，能表现其庄重典雅、鲜艳瑰丽的韵味。她们在刺绣艺术上表现出来的高超技巧和独特民族风格，受到各族人民的欣赏和喜爱。撒尼妇女刺绣既是一种生产活动，同时也是一种艺术创作和追求，反映了她们对美好生活的向往和对自己民族文化艺术的热爱之情。

石林彝族撒尼妇女的手工刺绣，在全国各少数民族的手工艺品中也具有突出的优势。撒尼刺绣的图案多达几万种，常用直线、曲线等多种几何图像，绣于黑、蓝、白等颜色为底版的头饰、围腰、挂包等物品上，极大地丰富了服饰文化的内涵。撒尼刺绣的用线色彩多种多样，不拘一格。石林彝族撒尼刺绣品集实用、审美与收藏多种价值于一身，深受中外游客的青睐。

（三）织羊毛毡

织羊毛毡的纺轮以细竹签做轴，近下端处装以木轮，轴顶端有一钩。纺织时的传统工序是把羊毛撕绒置于小篓中，挂于小指上，或将羊毛缠于木棒上，右手抽绒，左手指捻动纺轮成线。织机的主要构件有紧板、推线木棒、梭、拴腰带等部分，将牵好待织的经线一端系于钉在地上的木桩上，另一端缠于织妇的腰上。织妇将带纬线的梭在交叉的经线中抛过，然后用紧板压紧，完成整个工序需要大量时间。织好的羊毛毡一般用于制作女裙及彝族男性的一种披风，彝语称为"瓦拉"，又称"察尔瓦"。

（四）剪纸

剪纸工艺多用做刺绣、贴花的范本。刀法分为两类，一类是用做复色刺绣范本的剪纸，剪刻细腻，在外廓内分层刻画，如花瓣刻出重瓣层次，中心花瓣上有蕊及蕊丝，如石榴及鱼类则刻出层叠榴子和鱼鳞的分痕，不留空白。另一类是用做平绣和贴花范本的剪纸，较为粗放，重瓣花的瓣与瓣之间留有空白。

（五）编织

撒尼编织有竹编、草编、麻编、棕编、毛纺织、麻纺织等。

在圭山地区的撒尼家庭用具和农具中，有大量竹编器具。撒尼男女都喜欢身背竹编四方篮，大糯黑村许多男子也会编织竹篮。撒尼妇女自己纺麻、织布后用麻布制作的各种服饰和工艺品，越来越受到中外游客的喜爱。

（六）布贴

布贴工艺多用于童帽及被单心装饰。先用各种不同颜色的布片剪成各种图案纹样，拼贴于底布之上，然后以刺绣方式进行边角加工。黑、红、白色布做底，大红、黄、蓝、绿、白等色做花，色彩对比强烈，构图简洁明快。

三 用具

彝族撒尼人的传统农业生产工具有犁、耙、条锄、板锄、钉耙、镰刀、砍刀、二牛拉犁等。新中国成立初期，撒尼人的农业耕作沿用传统的旧式农具。1953年，圭山地区开始推广新式步犁、双轮双铧犁（后停用）等改良农具。1962年，撒尼人开始使用拖拉机进行耕地、耙地、压路、抽水、碾米、磨面等多种作业。1974年，圭山农机站建立，购置履带式拖拉机，之后每年圭山农机站到周边各生产队支援农业生产。1982年实行家庭联产承包责任制以后，圭山农机站被纳入乡镇企业管理。从1983年以后，农业机械商品化，由计划分配改为由集体和个人自由选购。大糯黑村一些农户开始购买手扶拖拉机、电动脱粒机、打谷机、碾米机、磨面机、饲料粉碎机、农用汽车等。2003—2004年，大糯黑村80%的农户购置了手扶拖拉机，家里劳动力和耕地较多的有些农户甚至购置了2—3辆手扶拖拉机。吉普车、微型车、中巴车、卡车等交通或运输工具相继进入一些农户家庭。此外，电视机、洗衣机、电冰箱、电磁炉等生活用具和家用电器也进入一些农户家庭。

圭山地区盛产金竹，原料丰富，因此在当地撒尼家庭用具和农具中，有大量竹编器具，如谷篮、提箩、筛子、簸箕、车箩、背箩、筲箕、竹凳、鸟笼、药箱、围子、竹笠等。撒尼男女都喜欢背竹编四方篮，把它做去割草、背烧柴等的用具。用竹篾编制农具历来是撒尼人的传统家庭手工业，以前多属自产自用，近年少数农户出售竹编产品。

新中国成立以前，撒尼人的衣着多为家庭妇女手工缝制。新中国成立后，1955年圭山区组建缝纫组，先后配备了8台缝纫机。从1965年开始，当地有些生产队自行购置了缝纫机，开设服装店缝制服装，以方便群众。1980年以后，圭山乡70%的农户家里都购置了缝纫机。

四 新兴产业

随着生产责任制的实施和各项经济政策的落实，以及人均占有耕地面积逐年减少，农村出现了大批剩余劳动力，转入建筑、商业、饮食业、运输业、旅游业等多种行业。到1986年，圭山乡出现了一些专业户和重点户，这是在新经济体制下农民对改革的要求，按照市场、资金、技术、生产需要而形成的。它在实践中从各方面显示出下列好处：一是解决一家一户在发展生产中资金、设备、技术、劳力不足的困难；二是解决农村剩余劳力的就业难题；三是发展农村商品生产，开展多种经营，开创新途径；四是扩大生产规模，提高经济效益。随着新经济体制的发展，农村的生产结构发生了变化，投入副业生产的人员增加，农民的生活水平不断提高。

大糯黑村的经济结构较为单一，现以种植业和养殖业为主，但村内也出现了从事运输、采石、畜牧、商业等多种产业的群体，有2—3家农户从事采石、采砂、石材加工、运输、建筑等第三产业。2005年，经昆明市旅游局和石林县旅游局批准，大糯黑村已有5家农户开始在自家庭院内经营集吃、住、娱为一体的"彝家乐"民族文化生态旅游项目。

大糯黑村有发展第三产业的一些自然优势,这里山清水秀,石头为一大景观。如解决好当地旱季缺水的问题,可以发展无公害产品的生产。这里还有一些人文资源优势,彝族撒尼人的传统文化艺术独具特色,如撒尼语言文字、大三弦舞等民族歌舞、民俗、石板建筑、饮食等。但是,该村也存在许多制约发展的因素,如糯黑村委会无集体经济,群众集资搞发展也不现实,无大型龙头企业来带动发展;交通、信息一直较为闭塞,如村中一些撒尼妇女希望把刺绣、麻织品等传统手工艺品推向村外的市场,但不知外界的需求信息;撒尼村民受教育程度较低,许多中、老年人只会说撒尼语,不会说汉语,他们与外界的交流和沟通有困难。村委会打算开发民俗文化旅游业,并与全体村民达成共识,如遇到游客的要求与村里的民族文化艺术传统相违背等问题时,村委会要领导全体村民保持和坚持民族文化艺术传统,绝不允许撒尼祖辈树立的传统遭到破坏。目前大糯黑村要进一步发展所面临的问题主要表现在以下四个方面。

第一,大糯黑村未能充分开发和利用现有的自然资源和民族文化艺术资源。

大糯黑村历史久远,周边石头成林,村寨被秀山绿水所包围,村内有许多参天千年古树,自然资源丰富。该村曾经是中国人民解放军滇桂黔边区纵队革命指挥所驻地,有不少村民参加和见证了云南革命的历史变迁过程,涌现出许多革命英烈,大糯黑村与龙云、张冲等云南的彝族历史名人和庄田、朱家璧等革命先烈均有关联,是一个十分珍贵的爱国主义教育基地。同时撒尼文化历史底蕴深厚,撒尼语言文字、民族歌舞、宗教、民俗、民居建筑等人文资源丰富多样,独具特色,这些宝贵资源都有待尽快保护、合理开发和有效利用。

第二,经济产业结构单一,生产社会化、规模化的层次低,人均收入水平低。

　　大糯黑村的经济产业结构主要以种植业和养殖业为主,村民经济收入的主要来源是卖粮食、烤烟、水果和刺绣这类农产品和民族工艺品的劳动所得。几乎全部劳动力都集中于农耕上,致富门路不多。在所有制结构上,除少数农户购置卡车从事个体运输,一些家庭妇女制作和销售民族传统刺绣品,少数农户经营"彝家乐"旅馆、餐馆之外,几乎全是单一的公有制经济。应使非公有制经济的比重进一步提高。在生产经营方式上,主要是一家一户的传统耕作方式,这种小商品生产经营方式不适应市场经济发展的需要。该村90%以上的村民以种植玉米、马铃薯等传统农作物和烤烟等经济作物为主,但国家实行烤烟"双控"之后,种植烤烟的农户的经济收入明显下降,而且对烤烟种植技术的要求也更高。按2003年的市场收购价格,平均每户每年大概有5000元的烤烟收入,加上种植玉米和马铃薯的收入,平均每户的年收入为7000—8000元,人均月收入为150—200元。与2003年云南省对农村贫困人口家庭月收入的划定标准120元相比,大糯黑村的人均月收入仅略高于云南省的贫困线标准,整体收入水平不高。这种现状与大糯黑村具有的资源优势形成明显反差,因此应大力发展生态旅游、交通运输、民族饰品加工、石材加工、特色食品加工、花卉种植等有潜力的产业。

　　第三,大糯黑村的村社政治组织功能有待继续发挥。

　　村社的远景发展有赖于村社政治组织具有系统、宏观、长远、实际的发展规划目标,该目标的实现要依托村社政治组织合理利用村社公共权力,整合人力、资金、技术等资源,组织并引领群众实现目标。外界的推动形成村社政治系统的外在环境,通过信息、物流、资金、文化等因素对村社形成发展压力,村社通过吸收上述因素并转换为村社公共政策而对村社产生影响和作用,而村社政治组织便在吸收、转换和实施的环节中发挥着重要功能。具体而言，村社政治组织要能够各自发挥整体优势和组织效能。村党支部能够确保发挥基层党组织的战斗堡垒作用，发挥先进性，做好干部群众的思想工作，统一认识，带领群众朝优化和可持续发展的目标前进。村委会要能够具体负责实施项目规划，协调各种矛盾关系，分阶段、分目标地实施整体规划。大糯黑村发展旅游业首先要改善村社卫生环境状况，对畜禽实现圈养，改变村民传统放养的意识和做法。村党支部和村委会要强化发展意识，提升村社的综合能力，包括战略规划能力，引进资金、技术和人才的能力，公共政策的制定能力，以及发动群众、综合平衡和协调各种矛盾的能力。

第四，村民受教育程度普遍偏低，这成为制约村社发展的瓶颈。

大糯黑村村民受教育程度各有差别。在 2004 年抽样调查的 48 户家庭中，有约 66.67% 的村民接受过初中教育，12.5% 的村民接受过高中教育，2.08% 的村民是中专毕业，只有 2.08% 的村民是大专毕业。这说明大糯黑村的教育受众以初等教育为主，职业教育或中等教育受众成为仅次于初等教育的群体，而文盲和高等教育群体在村民中所占比重均不大。这种状况意味着，该村村民能够辨识基本的汉语语言文字，能够通过广播、电视、报纸、杂志等大众传媒获取各种外部资讯，包括国家的大政方针、路线政策、农业科技、医疗健康等方面的知识。但与此同时，若与基本上普及了九年义务教育的坝区汉族相比，彝族劳动者在文化素质上的差距仍很大。初等教育的程度制约着村民掌握良好的农业专业知识和技术，因此他们在谋划村社发展战略、更新思想、充分吸收和利用外界资源与信息、突破传统意识和观念的束缚等方面受到一定制约，使村社的生产生活恪守着非常传统的方式和内容。这一方面体现了彝族撒尼村寨传统文化的历史积淀，完好地保持了村寨的本土文化色彩，显示出丰厚的民族历史文化内涵，但另一方面又成为阻碍村社现代化发展的制约因素。民族地区实现经济产业结构的多元化发展，需要具备不同专业知识和技能的人才，而大糯黑村要实现开发旅游、发展第三产业的战略目标，则需要提高服务人员的综合素质，提升其服务技能，强化其服务意识，而这些目标的实现都离不开提高村民的科学文化素养和知识技能，村民现有的受教育程度成为大糯黑村实现科学持续发展的瓶颈。要实现村社的产业结构调整，必须借助职业培训等教育手段，解决第三产业"软件"匮乏的问题。因此，采取有利于民族教育发展的政策和措施，是消除少数民族与汉族在文化上的差距、加强民族团结、保护民族文化、发展民族经济的一项既紧迫而又具有战略意义的任务。

五 交换

大糯黑村农户大多用自家产的玉米、马铃薯、小麦、大麦、薯类、豆类、荞麦、油菜到相距4公里的圭山乡政府所在地海邑集市上交换大米，或把玉米等杂粮出售后，用所得的现金在海邑集市上购买其他食品和日用品，或购置生活用具和生产工具。

以下是笔者在该村亲身经历的交易场景个案。

2004年1月29日中午，村民高月明家正要吃午饭，石林县西街口乡的3个汉族中年男子来到高家门前询问是否有山羊要出售。高月明家的山羊原由其父母负责放养，他们也附带帮高月明家已婚的大女儿高玉兰家放羊，后因高月明的父母于2003年先后去世，家里抽不出其他人手放羊，而且高月明的3个儿子打算分家，也需处置全家的羊。买主原打算买到羊后贩卖到昆明市东站菊花村附近的餐馆，但因高家的羊为乳山羊，不是肉山羊，所以不太如愿，但仍决定把高家的羊买回，成年羊就卖给餐馆，小羊则先饲养起来。

高月明家、其女儿高玉兰家、邻居高何走家的羊都关在一块儿，两家人一起放羊，高月明打电话叫女儿高玉兰来参加卖羊，高何走的母亲也闻讯赶来，对高月明的妻子以后不再与自己同去放羊表示很遗憾。高家吃完午饭后，高月明的妻子打开羊圈，放出自家所有的羊，挑出两只黑种羊和 1 只白羊羔，关回羊圈。高家打算出售成年羊 22 只，其中黑羊 2 只、白羊 20 只，同时赠送小羊羔 5 只。

卖方和买方开始讨价还价。第一次开价，卖方希望成年羊每只售价 527 元以上，总售价为 11600 元。第一次还价，买方按每只成年羊买价近 364 元，出价 8000 元。第二次开价，卖方将总价降到 9600 元。第二次还价，买方说只买 5 只成年羊，每只 300 元，总价为 1500 元。卖方不愿意，说他家放羊需抽出一个劳动力，因此 22 只羊要一块儿卖，否则不行。第三次买方开价，挑出 3 只瘦羊后拟买其余的 19 只肥羊，买价加至每只 350 元。卖方仍觉得单价太低，且不愿留下 3 只不肥的羊。第四次买方出价，愿出总价 7000 元，买 19 只羊。卖方不同意，买方离去。

买方离开后，高月明和妻子、女儿私下商量，愿以每只羊 360 元的价格卖出。高家 3 人仍逗留在羊圈周围，希望买主返回，但等了半个多小时，买主终未返回。高家将羊关回羊圈，回到家中。之后高月明又出门去寻找买主，但仍未找到，可能买主已离开大糯黑村。此前一段时间大糯黑村曾流行过羊痘，虽然高家所有羊都已打过预防针，但他家仍害怕羊染病而受经济损失，因此他家实际希望能把羊卖出，但最终未能如愿地成功交易。

第三章 彝族撒尼人社会文化的变迁

第一节 彝族撒尼人的婚姻

一 婚姻制度与通婚范围

新中国成立前,彝族一些支系的婚姻并不能自主,等级森严,其类型概括起来有:宗支外婚,同族内婚;姨表不婚,姑舅表优婚;同等级互婚、配婚;异族不婚,同姓不婚。石林彝族撒尼人传统上多实行同姓不婚的氏族外婚原则,以前盛行姑舅表优先婚制,即姑舅表兄弟姐妹有优先婚配的权利,通常由父母代为包办。其通婚范围为单线姑舅表婚,仅限于姑之子娶舅之女,表现了母系氏族或母权制社会的遗风。缔结婚姻形式虽多由父母包办和媒人说亲,但还不同程度地保存婚前的男女社交自由。大糯黑村至今仍保存着青年男女婚前按性别居住的"公房"。撒尼人的婚姻基本上是一夫一妻制,它是与父权制小家庭相适应的一种占主导地位的婚姻形态。

恋爱自由,婚姻自主,家庭和睦,是撒尼人的传统风尚,也是他们仁爱精神的体现。撒尼人认为有直系亲属关系者不能结亲,这与国家《婚姻法》一致。撒尼青年男女的恋爱一般躲着长辈进行,否则会受到别人讥笑。谈恋爱找对象,过去大多是在公房里进行,新中国成立后主要是在节假日时的对歌跳舞等文艺活动中进行,更多的是通过在平日的学习、工作或生产劳动中互相了解、互相学习、互相帮助而建立真诚的爱情。撒尼青年男女进公房后青年们首先互致问候，烧新包谷、烤鱼吃，交流生产和生活经验，诉说喜怒哀乐，引起感情的共鸣。然后，青年们开始娱乐性的弹唱活动，常常是姑娘吹口弦，小伙子吹笛子，或拨响月琴、三弦，同时也围着火塘尽情地对唱山歌，互相赞美，用特有的音符表达爱意。若青年男女情投意合，相互信任和喜爱，便双双携手走出公房，到山头陌间或适合两人交谈的地方互诉衷肠，谈情说爱。经过多次约会之后，若男女双方觉得情投意合，就将恋爱关系告知双方父母。由男方父母请媒人到女方家说合，若女方父母同意，喝下"许口酒"，就算正式订婚。

撒尼人对公房制定有严格的规矩：第一，男女青年在公房中不能说下流话，不能做下流动作，更不能同宿发生性关系；第二，若有自己的亲姐妹、堂姐妹或与自己不同辈分的姑娘在公房里，小伙子就不能进入公房，而只能到其他公房去；第三，在同一公房里对歌的男女青年须分属不同家族，同一家族的男女即使相隔8代也不能到同一公房中对歌。

1949年新中国成立以后，随着社会的变迁，撒尼人的公房也逐渐消失。撒尼青年男女的自由恋爱主要通过节日的文体活动和日常的生产活动来进行。撒尼人举行盛大集会来庆祝丰收和节日，集会上举办摔跤、斗牛比赛，青年男女跳起大三弦舞。每次摔跤、斗牛比赛结束，常会看到一伙男青年当着众人的面"拖姑娘"，这是撒尼人选择伴侣的一种风俗，但拖姑娘时必须回避有亲属关系的女青年。每到节日集会时，与大糯黑村相邻的宜良、陆良、弥勒、泸西等县的彝族人也会赶来参加。小伙子看上了不认识的姑娘，就会主动接近并与她交谈，谈到双方有意时，小伙子就热情邀请姑娘到家中去做客，姑娘一般不会爽快答应，而是假装害羞不去，小伙子便会邀约几个男伙伴去拖姑娘。拖姑娘是显示被拖的姑娘有面子，受人尊重、喜爱。但是小伙子拖姑娘时要有分寸，一般是等姑娘默许后才能拖。在拖的过程中，被拖的姑娘虽嘴上说着不愿去的话语，但脸上却挂满笑意，在这样的情形下就可以继续拖她。如果姑娘不愿意，就会坚决反对，这时就不能强拖。如果强行拖姑娘，姑娘的哥哥、长辈、家族和本村人就会出来干涉，法律也会维护姑娘的权益。拖到姑娘后的小伙子并非就能与姑娘确定恋爱关系，双方还要多次约会，经过进一步的相互了解，最终自由决定是否结成百年之好。

跳大三弦舞是撒尼青年社交活动的一种重要形式。每当月亮当空的夜晚，撒尼青年男女相约来到村边的树林旁跳起粗犷、优美的大三弦舞。小伙子们吹着清脆的竹笛，弹拨着大三弦，姑娘们随着乐曲的优美旋律翩翩起舞。在这种美好动人的氛围之中，男女青年若是互相有情有义，就可以互相倾诉爱慕之情，并相约继续约会，直至订下终身大事。

吹奏竹笛和树叶是撒尼青年另一种互诉衷情的有趣方式。一些撒尼青年谈情说爱，不唱歌，不跳舞，不说话，而是借助竹笛和树叶来倾诉彼此的爱慕之情。约会时，小伙子们用竹笛吹出悠扬、深情的曲调，而姑娘们则借助一片树叶，吹出优美、婉柔的曲调作答，彼此间一应一和，多少柔情蜜意尽在不言中。

一些撒尼小伙子为了追求自己的幸福姻缘，还采取一种更为直接主动的方式。到了夜晚，他们披着"窝波"（披单）在路边等候中意的姑娘。一见中意姑娘到来时，小伙子便以闪电般的速度抖开身上的披单，让姑娘与自己紧紧裹在一起。然后两人边走边谈，若谈得投缘，便找个僻静的地方坐下互叙衷情；若谈不到一起，便就此分手。

每年各种热闹的民族传统节庆都是撒尼青年们结交异性伴侣的大好时机。撒尼青年都会不约而同地来到节庆活动地点。小伙子们穿着简洁大方的麻布短褂，吹着竹笛；姑娘们头戴七彩包头，身穿艳丽的撒尼服饰，一路欢笑。在欢庆场地，姑娘们和小伙们彼此向自己中意的对象互赠爱情信物，如小伙送给姑娘一件事宜。接着就是订婚，请毕摩看好结婚的好日子，然后筹备婚礼。

撒尼婚礼一般分为"献小酒"和"喝大酒"两个过程，需要 10 天至半月才结束。第一个过程称为献小酒，宴请女方的舅舅和娘家，征得他们的同意，并确定喝大酒的日子。献小酒时，男方请媒人带上一瓶酒、一升宴米、一对腊肉及小菜到女方家办酒席，宴请女方的父母、兄妹、娘舅、叔伯及亲友，席间共同商议操办喝大酒的日子。

第二个过程称为喝大酒，宴请所有亲朋好友。现在大糯黑村农户通常在村礼堂里操办酒席。一般先由男方家挑礼物到女方家操办，然后再到男方家操办。喝大酒活动在女方家举行时，仪式隆重，场面热烈。届时，男方家要请媒人带领新郎的姑表兄弟等男性亲友 10 多人与新郎一起组成迎亲队伍，牵着 1—2 只羊，挑着酒、羊肉、腊肉、大米等各种食品及送给新娘的衣物、银饰等前往新娘家。新郎家请来帮忙的男子都统称"新姑爷"。酒罐上系有红丝线，表示喜庆吉祥之意。腊肉插上竹叶和松枝，象征新婚夫妇犹如金竹一样高雅、松柏一样长青。毕摩、媒人加上新郎、伴郎的数量必须成双数，以象征新婚夫妇是天作之合、永不分离、白头偕老。媒人背上酒罐，走在去女方家迎娶队列的前边，还要准备好和女方家对话。有趣的是，迎亲队伍到了新娘家门口时，新娘的朋友故意闭门不让迎亲队伍进屋，要"新姑爷"们与新娘家请来的歌手对歌。对歌时肩挑重担的新姑爷们不得落担。在新娘家帮忙的姑娘们趁机用白泥、锅灰往新郎和伴郎们的脸上涂抹，黑灰粘到脸上后，长时间洗不掉，撒尼人认为这就给新郎打上了记号，长时间不会认错人，同时还象征祛邪镇妖之意，表示希望清洁、吉祥和幸福。男女双方开始用幽默风趣、如诗如歌的撒尼语言对歌。对歌的内容包括询问媒人来做什么，是什么人，由谁派来等。

例如，对歌的内容如下：

媒人唱："美伊花，移栽花，你们家美丽的花，我们要移植到新郎某某家，把它培育得更美。"

女方家对唱："他是尊敬我们的，会把我们的女儿培育得更美。"

媒人必须挑着礼物，与迎亲的队列一同站立在新娘家门外，挑着的东西不能换肩。一直要到新娘家提出的问题得到圆满回答，新姑爷们唱赢了对手，新娘家才开门迎客，媒人才能放下礼物。新娘家还要放鞭炮。迎亲队伍获许进屋后，反客为主，勤快地把带来的食物拿出来，动手烧火做饭办酒席，准备用"八大碗"佳肴招待新娘的长辈和亲朋好友。姑娘们故意藏起炊具等物品，或与小伙子们开玩笑、抹花脸，取闹作乐，以试探他们的人品。无论姑娘们如何为难，小伙子们绝不能生气、还嘴或还手，而是要耐着性子让她们闹够，认为闹得越厉害则越吉利。其实"新姑爷"们也都乐意接受这种友好的挑逗，认为这样既消除了疲劳，又增加了欢乐和情趣。他们都会满脸笑容地接受挑战，展现自己的聪明才智和生活能力，做好饭菜请新娘家的长辈和亲朋好友入席品尝。座位不分主次，长辈们自己愿意坐哪儿便坐哪儿。新人首先给新娘的长辈敬酒，娘舅为大。如果新娘的爷爷奶奶尚健在，则要先敬他们，然后敬新娘父母，之后则敬新郎的娘舅。撒尼女性一般不喝酒，婚宴上添酒的人必须是表兄弟、堂兄弟，一般都要由男性添酒，由年轻女性添饭菜。宾主共喝喜酒，共听民间歌手吟唱叙事长诗《阿诗玛》、《竹叶长青》等。婚宴上歌声琅琅，欢声笑语，直到次日天明大家才尽兴。

第二天，主客易位，由新娘家操办酒席招待新姑爷们。新娘家请来的伴娘们动手做饭菜招待新郎家的客人，她们用线把肉串成"串串肉"给新姑爷们吃，给他们用的是现砍下的竹子做成的"长筷子"。伴娘们故意把肉切成拳头大，放入碗中，上方以米饭覆盖，并把长筷子插到肉块上，让新郎吃。碗中的长筷子是带着叶子的嫩竹或麻秆，既不能攮菜又不能吃饭。聪明的新郎和伴郎们就会说好听的话语，恳请伴娘们换筷。如果姑娘们不同意换筷，新郎必须小心地先按住米饭，再轻提筷子。如果新姑爷中有人不长心眼，抬碗就吃，一用力拔筷子，嫩竹就会折断，还会带起肉块并弄翻碗，把米饭弄泼，就会被笑话为连饭都不会吃的笨蛋，新姑爷们笨拙的动作和滑稽的场面引得大家哄堂大笑。聪明的伴娘们用尽各种方法，使结婚酒宴上的新郎和新娘一直充满欢声笑语。席间，机灵的伴娘们不断地给新姑爷们添饭加莱，凡是舀入碗里的饭菜都必须吃完，不许剩下，认为这样能使新婚夫妇婚后互敬互爱，家庭和睦，永远幸福快乐。吃完饭后，新郎带着红布去新娘的亲朋家磕头，每到一家都要磕头、挂红布。有的亲朋家还要用锣鼓测试新郎的力气大小。

　　第三天，等吃过新娘的伴娘们准备的早餐后，新郎及他家的客人便要返回新郎家。新姑爷们给新娘家留下一个长箩、一对新竹篮、一个酒罐，然后由媒人带队启程返回新郎家。这时，新娘家的伴娘们把新郎挑礼物来的蒲箩藏起来，在新姑爷们的长箩里放上沉甸甸的石头，或在下面拴上石头，然后才还给新郎，逼新姑爷们挑走。如果他们挑不动，伴娘们则要给他们画花脸，趁机往他们脸上抹锅灰。一张张黑黝黝的脸，挑起沉甸甸的长箩，你追我赶，欢声笑语经久不息，整个迎亲仪式达到高潮。新娘则留在娘家。再过三天后由婆婆和小姑来接新娘，这对撒尼青年的婚姻就得到确认。从献小酒到喝大酒，新郎和新娘都不特意露面，成为一种别具一格的婚礼。婚礼完毕后，女方到男方家待三天，男方再到女方家待三天。在此期间，无论是新郎还是新娘的饭量都很小，但干起农活来却都特别卖力，都想显露自己的勤劳能干。

　　撒尼人承办婚宴的方式因具体情况而稍有不同。如果新郎和新娘都是同村人，则在村里合办三餐。如他们不同村要分办，则为在新郎家办一餐，在新娘家办两餐。一般来说，男方家娶姑娘，则男方家挑酒菜到女方家办酒席，即入嫁为男方到女方家办酒席。女方家招亲，则女方家挑酒菜到男方家办酒席，即招婚由女方到男方家办酒席。现在还有男女双方到海邑或石林县城的饭馆里合办酒席的情形，一般是男方家、女方家负责各办一餐。

现在大糯黑村撒尼姑娘的嫁妆通常为实物，包括衣、被各一套，衣服为撒尼传统服装，还有衣柜等家具和洗衣机等现代化的生活用具，一些有条件的家庭会送手扶拖拉机给女儿做嫁妆，嫁在本村的姑娘父母也会送些土地。1982年以前，大糯黑村还分土地。到1982年以后，从外村嫁到该村的姑娘或者到该村的上门女婿不再能分到土地，因此很多该村男子都因本村姑娘家有土地而愿意娶本村的姑娘。

四　离婚与再婚

在大糯黑村彝族撒尼人中很少见离婚现象，因为他们大多是在互相了解、互相爱慕的基础上建立起婚姻关系，这种婚姻关系较为牢固。如偶有离婚，按旧时习俗，女方向男方要一块木板，男方在木板上刻几个缺口即可为凭证，表示双方解除婚约。现在该村村民离婚率较低，好几年才偶有一例。现偶有离婚的村民，双方商定离婚协议后到当地民政部门办理手续，或需按法律程序办理相关手续，解决争议。迄今为止该村尚未出现离婚后又再婚者。2003年，大糯黑村曾有一例丧偶再婚，该村妇女张寸英的丈夫不幸溺亡后，留有一个女儿王丽英，贵州人赵付义来到大糯黑村，与张寸英相识并结婚。村中的再婚者一般不办喜事，不请客。

第二节 彝族撒尼人的家庭与亲属

一 家庭关系

过去彝族撒尼人中曾有大家庭数代共居的现象，这类家庭受旧时经济条件和传统道德观念的支配，同一族姓的观念在一定程度上仍然存在，有较强内聚力。兄弟、妯娌、姑嫂和婆媳之间相处融洽，大家主动分担农事和家事，全家共爨，妇女们轮流做饭，夫媳须任劳任怨，故得以维系。撒尼父系制家庭是生产与消费的经济单位，父亲是一家之主，掌握着生产与财产等的支配权。家庭中丈夫有责任保护妻子和儿女不受伤害。

现今撒尼大家庭共居的现象已很少见，大糯黑村撒尼人是一夫一妻制的小家庭，家庭十分稳定，其生活方式深受当前经济条件制约。村中平均每户有5—6口人，多为两代人构成。农户家庭既是生活单位，又是生产单位，作为农业社会的一个细胞发挥着作用。家庭内各成员之间，父母有抚育子女的责任，儿女对父母有养老送终的义务。子女稍能从事生产活动，就由父母加以教导。在劳动分工上，一般是男子多做粗活重活，女子多做轻活细活。在家庭关系中，男女处于较平等地位，共同协商处理各种家庭事务。在分工上，男主外，女主内，一般由丈夫主管建房盖屋、兴修水利、田间重活、社会交往等，是家庭的"管家人"；妻子料理家务、烧火做饭、饲养家畜、抚养子女，也承担大量农活，是家庭中的"当家女"。妇女们除参加田间地头的劳动外，还要承担割麻、纺线、织布以及饲养家禽、照看小孩等家务。织布是妇女的一项主要劳动，她们的大部分农闲时间都用于纺线、织布、做衣等家务，她们一有空闲时间就会抓紧搓麻、纺线，每一件服饰都凝聚着撒尼妇女们的聪明才智和辛勤汗水。大糯黑村撒尼家庭里长子结婚成家后通常要自立门户，与其他兄弟和父母分家。分家主要是因为家庭成员增多，避免相互之间产生不和、矛盾，避免有的家庭成员不积极干活。幼子与父母同住，长大后兄弟共同承担赡养父母的义务。如遇重大问题时，兄弟们回父母家共同商议。等儿子们都成家后，父母根据自己的意愿选择与哪一个儿子居住，同时兄弟之间也商量如何分担赡养父母的义务。分家后，父母两人一起轮流受已婚儿子的资助与赡养。也有父母选择单独生活，由子女提供所需生活用品或生活费。父母过世时，子女们共同操办丧事。

撒尼人强调夫妻平等、恩爱。著名的叙事长诗《阿诗玛》是毕摩在婚礼上吟唱的送嫁歌，其中一种传说认为阿黑是阿诗玛的哥哥。吟唱这类送嫁歌的目的是要求新婚夫妇相亲相爱、敬老爱幼、勤劳度日，告诫新婚丈夫要善待妻子，如果虐待她，就会有阿黑哥出来保护自己的妹妹。也正因此，撒尼家庭的子女们十分尊敬舅舅。

二 家庭财产的继承与分割

在大糯黑村彝族撒尼家庭中，一般儿子成家后即行分家，父母大都由幼子赡养，诸子均有财产继承权，但女儿无财产继承权，仅得一些嫁妆。若无儿子，一般则招婿上门，女婿亦有财产继承权。若无子女，财产则由父亲的近亲继承。撒尼人比较民主、自由，土地按儿子人数平分。分家时，儿子们平均分配现有财产。一些财物好分，但住房不好分，按当地的习俗，儿子分家时必须每人分得一幢住房，因此有时村中农户为了分家，需建新房。以前，父母的老房子通常给小儿子继承，但现在各个儿子可以自行选择，老房子不一定都由小儿子继承。从1982年包产到户分过土地之后，村里再未分过土地。因此，1982年以后嫁入大糯黑村的妇女都无土地，原先分到土地的本村姑娘嫁给本村人后，可以由其父母自行决定分一部分姑娘原有的土地给她。外村原有土地的姑娘嫁入大糯黑村后,其原有土地留给其父母。入赘来本村的男子不能分到本村的土地。

三 亲属

彝族撒尼人十分尊敬娘家的舅舅,民间流传:"天上天大,地上舅大",凡与女方人权有关的大事,如婚礼或葬礼,都要听从舅舅的意见,按舅舅的要求办事。撒尼人认为有直系亲属关系者不能结亲,这与《婚姻法》一致。撒尼男女谈恋爱,一般躲着长辈进行,否则会受到别人讥笑。

撒尼人的喜酒要喝两次。第一次称为献小酒,宴请女方的娘家和舅舅,征得他们的同意,并确定喝大酒的日子。献小酒时,男方请媒人带一罐酒、一升米、一对腊肉等到女方家办酒席,招待女方的父母、兄妹、娘舅、叔伯及其他亲友,席间共同商议操办喝大酒的日子和细节。

每遇葬礼,亲友们会提前2—3天牵着牛羊、携带酒肉等前去吊祭。死者家一般要杀一头牛,用亲戚朋友送来的食物做好饭菜招待客人。一般父母去世,儿子必须每人宰一只羊来献祭,已出嫁的女儿要杀一头牛,于发丧的头天晚上送回舅舅家。近亲的礼物则根据各家的经济情况而定。届时所有的直系亲属不论住得多远、有何种困难都会赶去参加葬礼,参加葬礼的亲友最晚要在出殡的前一天带着物品赶到。孝子和孝女必须在大门外跪拜,迎接来奔丧的亲友,并引领他们与死者告别。尤其是当舅舅、姑妈到达时,孝子和孝女要向他们报告死者患病、治病、去世的过程。舅舅、姑妈表示没有意见后,才给孝子戴白孝帽,给孝女戴白孝巾。一定要给舅舅看过死者遗体并确认后,死者遗体才能入棺。发送死者前一天的一整个晚上,要举办守灵仪式和闹灵仪式,死者的家属(包括娘舅、亲家母、兄妹、女儿、儿子)等要在死者灵前守夜,做最后的道别,并相互安慰节哀顺变。午夜过后，亲人们哭着唱诉死者的一生。有时还有毕摩对唱。如死者的娘家亲属请来的毕摩唱："天大地大，舅舅为大"；死者的父系亲属请来的毕摩唱："你们在死者生病时不知，去世才知道。"对唱完毕后，孝男和孝女便痛哭起来。在闹灵仪式上，由舅舅家请来跳老虎舞的人用道具老虎叼走灵前供桌上的供品，而牛皮则由舅舅或其家人披走。

次日出殡。送葬前，用于抬棺的绳索摆放于棺木上。如果舅舅家持有异议，就会故意拖延时间，甚至不到场。倘若舅舅家没人来，就不能抬走棺木。甥家就得亲自登门赔罪，接受斥责，最后还要请舅舅到场后才能出殡。舅舅家的人到场后，毕摩把绳索递给他，他磕头，转一个圈，把绳索放回棺木上，这才可以拴绳抬棺。舅舅家还要请鼓号手和舞狮队一同去送葬，方可抬棺出门。乐队鼓乐齐鸣，走在最前边，舅舅家的人走在棺材前边。送葬途中，乐队伴奏哀乐，孝男和孝女痛哭流涕，亲友们也无不悲伤痛哭。送葬时，要带上一只公鸡、大米、玉米、荞面、小麦、大麦，把公鸡拴到棺材上，抬到墓地。如果公鸡吃食，则还要打开棺材，请舅舅、姑妈家的人再看过死者后，提酒来请客。发送死者的当天晚上，死者的儿女要拿草在路边上烧火，表示给死者送一点火，留做后用。下葬后的第二天早上，去参加葬礼的客人还未解散，本村人与死者的亲朋好友还要聚餐一次。到死者去世后1—3年内的祭日时，其家属还要杀羊邀请亲戚同去祭奠，仪式由舅舅主持，给孝子脱去孝帽，孝子也要给舅舅和姑妈家"挂红"，经过这样的"脱孝"仪式，丧事才算告终。

撒尼家庭的一些民俗事象反映了比较特殊的家庭关系。撒尼社会保留收养子的习俗。如无子嗣，可收养近亲子侄，收养远亲或异姓男孩的少。解放战争时期，到大糯黑村开展工作的中共地下党人通常以过继给当地撒尼人家做干儿子的方式，而得以隐蔽身份，安全地开展革命工作。撒尼人还有拜干亲的习俗，拜干亲即为小孩"找靠山",以"壮阳气"。通常是因为小孩出生后,体弱,气虚多病,为使孩子健壮成长,避免夭折,就为孩子拜干亲。拜得干亲后,每逢过节,孩子的父母便携酒肉等礼品去走访孩子的干爹和干妈。两家人长期和睦相处,犹如亲戚一般。

第三节 彝族撒尼人的生育健康

一 生育习俗

每逢大糯黑村中的彝族撒尼村民生男添女,亲朋好友便会携酒带肉或提蛋背米前去祝贺。按撒尼人的风俗,头胎生的婴儿,不论男女,长到半个月至1个月大时,父母会选择好婴儿满月后的日子,为婴儿操办祝米客,请亲朋好友到家里吃三餐饭,届时小孩的父母、爷爷奶奶等长辈或村里年纪最长的老人要给婴儿取名。有人家请祝米客时,被请到的亲朋好友全家同去做客。以前亲朋好友送鸡蛋、腊肉、大米、布料,现时兴送礼金、婴儿服饰等。家里第一个孩子出生后,请的祝米客较为隆重。如有第二个孩子出生后,只请近亲来祝贺,请客的范围缩小。

下面以大糯黑村的黄文学家为例,说明撒尼人请祝米客的过程和方式。因黄文学与王丽英的小孩于2004年2月26日满月,所以当天他家请祝米客,客人包括他们家本村的亲朋好友和外村的亲戚。他家提前买好待客用的各种小菜共计10个品种,还有一头牛、一头猪、300个鸡蛋。待客的前一天早上,他家请20多位亲友前去帮忙杀牛和猪,然后帮他家做菜,每两人负责做一道菜。他家亲戚负责煮米饭,前去做客的本村村民每家负责抬一套碗筷和一套桌椅到设在大糯黑村礼堂里的待客处。等各种饭菜都做熟了之后,客人们就去待客处吃饭。吃过饭后,前去做客的亲朋好友前往黄文学家送礼金和礼物。按当地撒尼人的习俗,前去做客的亲友，特别是本村的亲友，必须每家送一盆米、一串腊肉、20—30个鸡蛋，如经济条件许可，还可送婴儿服饰和礼金。亲朋好友送来贺礼之后，黄文学家给他们每位装礼物来的盆里回放一块桃红色纸包的沙糕，作为回礼的喜糖。为小孩请祝米客时，撒尼人要招待客人吃三餐饭，在吃第一餐饭时主人家要把小孩抱给所有的亲朋好友看，等招待过客人三餐饭之后，为小孩举办的祝米客方才结束。

二 取名与成年

大糯黑村的撒尼人都有撒尼语名字。婴儿出生后，父母就给其取好撒尼语名字，多为小名。以前撒尼父母通常要等到孩子入学时才取汉字学名，但现因孩子出生后便需要汉字学名用于某些证件登记，所以一些父母也会在孩子入学前就早已取好汉字学名。撒尼人家多在婴儿满月或满百日时举行传统的取名仪式，届时还要宴请全村亲友来做客，亲友们都带着食品和礼物前去庆贺，并会演唱清新、活泼、欢快、喜庆的具有童谣特色的"喜调"。

在撒尼人的传统中，父母不允许未成年的女孩子戴包头，撒尼姑娘要长到17—18岁成年后才能戴上七彩包头，包头上有两个尖角，赶集日和节庆日时姑娘们经常成群出现，在集体场合露面，表示她们已到谈婚论嫁的年龄了。撒尼男孩子长到14—15岁时，父母都要为其做好一件麻布褂，以示男子成年。

三 计划生育情况

1988年4月，国家开始在农村实行计划生育政策，农村每对夫妇只能生育两个孩子，对已生育两个孩子又怀孕者，采取人工流产等措施。1992年，大糯黑村人口自然增长仅有11人，去世7人，净增4人，计划生育工作出现成效。2003年该村的人

表 3—1　2004 年糯黑村委会生育指标张榜公布及计划名单

公布时间：2003 年 12 月 30 日

男方姓名	女方姓名	现有子女数(个)	孩次	男方姓名	女方姓名	现有子女数(个)	孩次
曾文祥	足兰英	1	2	李友华	方丽芳	1	2
王宗林	王丽英	1	2	王育德	毕兰仙	1	2
王建平	杨文兰	1	2	曾文林	昂宏兰	1	2
高学飞	昂兰芬	1	2	曾毕德	普文芳	1	2
杨加冯	高丽芬	1	2	何建生	曾丽英	1	2
李有德	金绍兰	0	1	曾建华	杨桂枝	1	2
毕海	冯丽英	0	1	曾毕祥	李秀英	1	2
杨洪明	高秀英	0	1	曾洪明	张美英	1	2
王宏德	李慧英	0	1	王志文	何秀芝	1	2
曾炳学	毕洪英	0	1	毕云峰	王芳	1	2
王云华	曾丽英	0	1	李保祥	毕和芝	1	2
王月东	何丽芝	0	1	黄文光	毕美兰	1	2
何赵兰	施有红	0	1	杨红光	李树珍	1	2
苏东奎	高琼兰	1	2	卢和友	何志兰	1	2
高跃合	金彩珍	1	2	李文春	张兰芳	1	2
何兴亮	王天英	1	2	李文辉	何兰珍	1	2
王云辉	足琼珍	1	2	王绍林	曾兰英	1	2
何正学	高琼芳	1	2	王云彬	毕会	1	2
何正祥	毕英	1	2	李取成	足毕兰	0	1
毕志林	何桂珍	1	2	曾志德	普秀芳	0	1
李鹏飞	何琼兰	1	2	何彬学	王天琼	0	1

2004年全村有58对夫妇仅有一个孩子，占全村247户的23.48%。这58对夫妇中，年龄最大者为男性，1960年5月出生，年龄最小者为女性，1982年10月出生。但到2004年2月为止，村中尚无人领取独生子女证，无人持有效的独生子女父母光荣证，其中一个原因是当时农村的独生子女优惠政策尚未落实。

四 民间医术

在大糯黑村彝族撒尼村民中，现有一位民间行医者何云明，男，1950年生，小学毕业。他家有5口人，共有25亩地，其中6—7亩地里种植烤烟，其他地里多种植玉米和土豆。2003年，他家的家庭年总收入达到1万元左右，年支出4千—5千元。

何云明主要采用中医的传统方法，用大糯黑村附近生长的中草药为村民治病，治疗的病症包括感冒、骨折、肠胃不适等常见病和膀胱炎、结石等不易治疗的病症。何云明自学中医，研读过《本草纲目》、《中南中草药》、《曲靖中草药》、《广东中草药》等医书。他曾先按医书上的图纸观察、识别和记忆中药材，再到村子周边的山上去挖采药材，他最远曾去到云南省文山州丘北县的地界挖药。他挖采中药回来后便摸索和研究药性，有的草药还要先在自己身上试验。自1973年以来，他开始行医，不以营利为目的。由于他医术好，收费低，本村和小糯黑村等附近村子的许多村民都喜欢去找他看病，周围20多公里内的村民都去找他看过病，有时每晚他家有多达7—8个病人。治疗一般病症时，他的收费不会超过5元钱。有时病人愿给多少，他就收多少；若病人给多了，他则退还；若治不好病，他甚至不收费。他曾经拜中医老师，学习治疗骨折，他的中医老师于1975年去世。2003年，邻村一个小孩的膝部至大腿摔断成3节，骨折，去请何云明接好骨头后，每3天去找他换一次药，共治疗了40天后，该小孩康复得较好，可以自己步行5公里去找他复诊。

何云明为村民们治疗感冒时，用龙胆草、大血藤、山地籍配制，加红糖煎服，早晚服用两次，治疗效果明显；治疗肠胃炎时，用虫龙、剿角嫩香（当地草药）、山茨菇、龙胆草、"刺要渣"（撒尼语），将它们磨成细粉，口服；治疗膀胱炎时，用万丈深、"母青"（撒尼语）、皂角刺、小黄连，煎服；治疗肾结石时，用盛若、露仁、"楞古思马"（撒尼语）的根、棕榈根、万丈深，煎服，早晚两次。病人在服用何云明配制的治疗肾结石的中药后一般不会有痛感，但在排石之前会有短暂的痛感。他的中药排石效果明显，他本人的儿子便是服用了这些中药而排出了直径为 0.4 厘米的结石。

五 医疗卫生条件和社会医疗保障

新中国成立前，大糯黑村的医疗和卫生条件落后，医务人员严重短缺，只有个体草医，仅靠自采草药医病，病人发病率和死亡率较高。据村民高文华回忆，这种状况一直持续到新中国成立后的一段时期内，特别在 1959—1960 年，由于缺乏医生和医疗技术有限，大糯黑村相当多的 1—8 岁的儿童患上百日咳，有时一天 5—6 个儿童夭折，当时公社虽然有靠国家财政供养的公医和靠工分谋生的民医，但由于患病儿童没有得到及时有效的治疗，死亡儿童的人数不少于 30 人。20 世纪 60—90 年代，大糯黑村出现个别患肺结核的病人，但没有发生过天花、麻疹、鼠疫、霍乱等传染性强的流行性疾病。自 2001 年以来，该村不曾爆发过血吸虫病等流行性疫病。

新中国成立后，党和政府在圭山地区逐步建立了卫生医疗机构，不断提高当地群众的健康水平。1969 年，圭山区被撤销，划分海邑等 3 个人民公社，海邑公社辖糯黑等 7 个大队。1970 年，根据各大队的具体情况，采取群众筹资办合作医疗站的方式，人均筹资 0.5 元。1970—1971 年，提倡各生产大队或各村种植药材，给合作医疗站划拨一定数量的土地，实行以地养医，免费医疗。1976年年底，各村有赤脚医生。为了巩固合作医疗站，从1978年起，合作医疗站实行独立核算，自负盈亏，治病收诊费和药费。1980年，赤脚医生更名为乡村医生。1982年，整顿合作医疗站并考核乡村医生，分别发给乡村医生证和乡村医生试用证。1984年，合作医疗实行承包管理，乡村医生不断加强业务学习，村民的一般常见病例在本村医疗站就可以得到治疗，或者去圭山民族医院治疗。

从1990年开始，大糯黑村的医疗卫生条件步入规范化、专业化的新阶段，特别是村社有了具备一定医务工作经验的卫生员后，医疗卫生质量得到强化和提升。但截至2004年，大糯黑村仍没有固定的医疗服务设施，医疗水平较低。村里有一位女卫生员董建红，她原为石林县城人，1970年出生，中专毕业，曾就读于云南农业大学在昆明西坝开办的护理职业高中班，学习了两年半，后回到石林县医院实习1年，并在诊所工作两年。因她与退伍返乡的大糯黑村村民毕宏才结婚，之后便到大糯黑村定居。村卫生所就设在她家里，每周周末她回一趟石林县城，购买有关针药回村。她负责给村民打预防针、治疗常见病和做台账等具体工作，到2004年为止，她做了共计11本台账。现在村民们感冒、发热时，大多会去找村卫生员买西药，打针治疗，而碰到腰腿疼痛等疾病时，则大多会去找撒尼草医，接受中医方法的治疗。

2001年，董建红参加了石林县保健站组织的为期3个月的培训，主要学习急产处理，后来她还到昆明医学院接受过两个月的培训，学习生产护理方面的知识。接受过相关培训之后，董建红在大糯黑村兼任妇幼保健员，负责产前护理、优生优育指导，还负责每周带村里的孕妇到圭山乡卫生院进行定期产检。2003年10月，大糯黑村的一名产妇在家中生产时，由于羊水破裂而导致胎儿缺氧死亡。除此以外，近年来该村不曾发生过危及母婴生命的生产事件。2000—2003 年，大糯黑村无孕妇、产妇死亡事例。为降低风险，上级计划生育部门规定，各村妇女生孩子时，要到圭山乡卫生院或者石林县医院接生，不允许在农户自己家里接生，否则不发给准生证。除非遇到早产等紧急情况时，才可由村卫生员兼妇幼保健员帮助在家接生。大糯黑村家庭经济条件较好的产妇大多去石林县城里的医院生孩子，经济条件一般的产妇去圭山乡卫生院生孩子。2004 年上半年，大糯黑村共有 4 个孕妇，圭山乡卫生院在距她们的预产期半个月前就给她们发出住院通知书，提醒她们及时到乡卫生院住院待产。

圭山乡卫生院按每月规划定期发放预防针疫苗，数量不少，可以满足现实需要，能够做到一般性疫苗品种齐全。每个月的第 1 个星期天，村卫生员要去乡卫生院集中开会，届时要汇报情况，交报表，领取破伤风、卡介苗（预防肺结核）等疫苗和缴纳保险费。一般在小孩刚出生后就要求打乙肝疫苗和卡介苗，两种疫苗同时打。其中乙肝疫苗要在小孩刚出生后打第 1 针，满月时打第 2 针，半岁时打第 3 针，打完 3 针便可终身免疫。3 针疫苗收费 36 元，加上 3 元手续费，共计收费 39 元。如果到圭山乡卫生院去打预防针，则每针收费 30 元。按有关规定，乙肝疫苗要求在出生地接种，即婴儿在哪儿出生便在哪儿接种。按免疫计划，小孩在 1 岁内还要接种小儿麻痹、麻疹、破伤风疫苗，需付费 30 元，到 3 岁和 7 岁时再分别加强一针，便可终身免疫。3 岁内加强打小儿麻痹、麻疹、破伤风、腮腺炎等疫苗时，要另外付费，而风疹、腮腺炎、麻疹 3 种疫苗收费 48 元。现在预防小儿麻痹的疫苗不再是针剂，而是口服糖丸，尤其适合小孩，而成人一般打预防脑炎和伤寒的疫苗。糯黑村委会通过村广播宣传预防接种事宜，在夏季接种脑炎疫苗的村民较多，尤其是小孩。2002 年，全村接种脑炎疫苗的村民达到 140—150 人。2003 年，全村接种脑炎疫苗的有 300 余人，其中有些老人认为打预防针能增强抵抗力，因此也自愿接种了疫苗。2003年,有一个3岁多的小男孩因没有接种过相关疫苗而患了脑炎,被家长送到董建红处,在此前董建红已经为他打过针,但不见好转,当时他无法站立,后又被送到圭山乡卫生院,连续输液10余天。由于医治及时,该小孩现已病愈,已无传染性。2004年5月,村里开展脑炎疫苗接种工作,主要是针对小孩,此前许多成年村民都已基本接种过相关疫苗,因而都已终身免疫。由于过去使用的不是精制疫苗,费用仅为每针2.5元。而2004年使用的精制疫苗为每针28元,一些村民嫌费用略高,因此接种的人不多。2004年,该村接种脑炎疫苗的小孩有100余人,加上接种的成年人,共达120余人接种了脑炎疫苗。伤寒疫苗为每针8元,虽然费用低廉,但接种的村民不多。水痘疫苗为每针160元,由于价格太贵而不好推广。

到2004年为止,大糯黑村村民的防病意识不够强,加之疫苗价格不断上涨,因此接种疫苗的村民人数在不断减少。对于村卫生员董建红而言,她一般在家里给村民看病、打针,同时又要接种疫苗,进行优生优育指导,工作量较大。圭山乡卫生院每月固定发给董建红60元工作津贴,此外按报表和出勤工作量,她还有10元浮动工资,因此每月她最多可得70元工作津贴,待遇与工作量不成正比,待遇偏低。此外,她靠给村里人看病打针而适当收取少量服务费。

以下是董建红制作并提供的2004年1—7月大糯黑村出生台账。

表3—2　　　　　　　　出生台账

年度:2004年1—7月

儿童姓名	父亲(或母亲)姓名	住址	出生日期	性别	出生体重(g)	接生方式 住院	接生方式 方法	出生情况 活产	出生情况 死产
邓天坤	何丽仙	大糯黑	2004.1.7	女	2500	√	新	√	

续表

儿童姓名	父亲（或母亲）姓名	住址	出生日期	性别	出生体重（g）	接生方式 住院	接生方式 方法	出生情况 活产	出生情况 死产
杨弘明	高秀英	大糯黑	2004.2.12	男	3300	√	新	√	
曾彬雄	毕洪英	大糯黑	2004.2.27	男	2900	√	新	√	
赵付义	张翠玲	大糯黑	2004.3.30	男	2700	√	新	√	
黄文学	王美英	大糯黑	2004.4.2	男	3500	√	新	√	
王云华	曾丽英	大糯黑	2004.4.11	男	3500	√	新	√	
李鹏飞	何琼兰	大糯黑	2004.6.1	女	3000	√	新	√	
王云东	何丽其	大糯黑	2004.6.25	男	2950	√	新	√	
王宏德	李惠英	大糯黑	2004.7.2	女	2600	√	新	√	

表3—3　　　　　　　　　　出生台账

年度：2004年1—7月

儿童姓名	父亲(母亲)姓名	年龄	高危因素	处理方式 药物	处理方式 增加体检或探视	处理方式 宣教转诊
何老二(尚未取名)	何正祥	6个月14天	生迟，低体重	√		
杨老大(尚未取名)	杨天德	11个月19天	消瘦，轻贫	√	9.9g/L	√
王老大(尚未取名)	王绍林	4岁10个月23天	生迟，轻贫	√	10.9g/L	√

续表

儿童姓名	父亲(母亲)姓名	年龄	高危因素	处理方式		
				药物	增加体检或探视	宣教转诊
杨老大(尚未取名)	杨福春	1岁零27天	低体重,生迟	√	√	
何老二(尚未取名)	何建生	3岁11个月18天	低体重,生迟	√	√	√
杨老大(尚未取名)	杨正详	5岁1个月20天	生迟,轻贫	√	10.79g/L	√

以下是董建红的乡村医生工作记录:

时间:2001年1月　　　下乡人员签名:董建红

指导内容:建册,对孕妇做口头健康教育,宣传生育知识。

乡村医生根据指导内容,具体要做的工作如下:

(1)到圭山乡卫生院开乡村医生例会,上报出生2人,填出生单2张和2本儿童体检表。

(2)带孕妇4人到圭山乡卫生院进行产检,筛选高危孕妇3人。王桂英的高危因素是"过期妊娠",给孕妇做了口头宣教,告知她过期妊娠对母婴的危害。王梅仙的高危因素是"斜臀位",已教她做膝胸卧位,一周后复查,建立病历,并增加产检次数。王兰英的高危因素是"高龄初产妇",告知她年龄大的产妇生孩子的危险,要她一定要增加产检次数。动员高危孕妇住院分娩,以确保母婴安全。

(3)产后探视2名产妇(黄云芬、足光兰)和新生儿,均无特殊情况。

(4)圭山乡卫生院院长毕贵荣给我们介绍了防保接种的工作情况,向新上岗的乡村医生讲解怎样搞好今年的防保工作及保健工作。

(5)打预防针,收保险费。

董建红的乡村医生工作记录:

2002年8月10日　　在大糯黑村看望孕妇,并告知她们要加强营养,注意休息,只有她们自己有了健康的身体,她们腹中的胎儿才会健康发育。

2002年8月16日　　通过村广播,宣传体检对幼儿的好处。

2002年8月19日　　到有3岁以下孩子的农户家,通知2002年9月19日上午8点带孩子到村委会体检。

2002年8月25日　　到乡卫生院开例会,本月没有新生儿,没有发现新孕妇,完成疫苗运转。

2002年8月28日　　到乡卫生院接受中医、中药的培训。

2003年4月21日　　到乡卫生院开防治"非典型性肺炎"的紧急会议。

2003年4月22日　　在村广播上宣传"非典型性肺炎"的发病症状及预防措施。

2003年4月26日　　在本村发放"非典型性肺炎"预防小常识读本。

2003年4月27日　　到乡卫生院开例会,上报出生2人,填写出生单1张,汇报有1名产妇的新生儿死亡。

2004年3月5日　　在大糯黑村看望产妇毕洪英,产妇和新生儿无特殊情况。

2004年3月15日　　到小糯黑村看望产妇毕艳兰,产妇无特殊情况,新生儿脐部有点红,已告诉其家人要给婴儿用药,不能忽视。

2004年3月20日　　发现新孕妇1名(何桂英),已建册和口头宣传健康教育知识,并给她讲解定期产检的益处。

2004年3月28日　　到乡卫生院开例会,上报出生3名,已建体检本1本,毕艳兰家已在县保健院建体检本,填出生单两张。

以下是董建红提供的孕产妇卫生健康知识普及教育的内容及方式：

针对村里孕产妇缺乏卫生健康知识，对怀孕期间的饮食、营养和个人护理方面的知识不足和到医院接生的重要性认识不够等情况，村卫生员分别选择在村委会、孕产妇家中或村礼堂对孕产妇及其家人普及相关医疗卫生知识。这种宣传和普及教育至少每月进行一次，同时还要进行记录造册，制成台账备案并交到圭山乡卫生院，由乡卫生院督导村卫生员进行宣传教育。宣传普及教育的对象视孕产妇的具体情况而定。如果遇到孕产妇的个别问题，村卫生员便专人专门对孕产妇及其家人进行宣传指导。如果遇到的是本村孕产妇普遍存在的共性问题，村卫生员就召集孕产妇及其家人到村礼堂或村委会办公室开会，进行普及教育。

以下是董建红提供的 2003 年 1 月—2004 年 6 月她对大糯黑村孕产妇的教育情况记录：

宣教日期：2003 年 1 月　　宣教地点：村委会　　宣教工作人员：1 人　　宣教人次：4 人

宣教内容：由于以前有的产妇在自己家里生孩子时难产死了，或是婴儿死了，导致人财两空，给家庭带来不幸，所以大家都说到医院生孩子好。

宣教日期：2003 年 2 月　　宣教地点：村礼堂　　宣教工作人员：1 人　　宣教人次：21 人

宣教内容：到医院生孩子，医生采用的是科学接生，产前进行严格的消毒，医生会密切观察生产的过程，发现情况不好，就及时处理，防止因接生时间过长而导致胎儿死在产妇腹中的事件发生。

宣教日期：2003年3月　　　宣教地点：村广场　　宣教工作人员：1人　　宣教人次：3人

宣教内容：1. 医生接生是按严格的操作规程进行，因此可以防止产妇的会阴撕裂、撕伤，防止产后大出血；2. 为了母婴的安全和健康，为了家庭的幸福，为了产妇及新生儿的生命安全，孕妇临近预产期时应到医院住院，特别是当出现腹痛、阴道内有少量血液流出症状时，应及时住院。

宣教日期：2003年6月　　　宣教地点：产妇家　　宣教工作人员：1人　　宣教人次：4人

宣教内容：1. 勤换内衣、内裤，使用消毒的卫生纸、卫生巾；2. 产后1—2天会出现肚子一阵阵的疼痛，这是由于产后子宫收缩引起的疼痛，3—4天后会自行消失，如果疼痛剧烈，则应及时请医生；3. 多吃易消化、营养丰富的食物和蔬菜，多喝汤和水。

宣教日期：2004年1月　　　宣教地点：孕妇家　　宣教工作人员：1人　　宣教人次：7人

宣教内容：1. 产后24小时应卧床休息，以后再逐渐起床活动；2. 多吃易消化、营养丰富的食物和蔬菜，多喝汤和水；3. 要保持产妇的居室清洁、空气流通和新鲜，每天开窗通风半小时，但不要有"穿堂风"。

宣教日期：2004年3月　　　宣教地点：产妇家　　宣教工作人员：1人　　宣教人次：7人

宣教内容：1. 从婴儿出生到出生后28天内叫新生儿期，这是人生中最脆弱的时期，生存能力差，死亡可能性最大，因此必须做好新生儿保健；2.注意保暖；3.注意皮肤清洁和脐带护理，衣服要勤换洗，脐带要保持清洁、干燥，尿布要柔软，防止臀红、尿布疹，防止大小便污染；4.保护眼睛、口腔清洁，不能挑牙，以免感染。

宣教日期：2004年6月　　宣教地点：产妇家　　宣教工作人员：1人　　宣教人次：8人

宣教内容：1.正常产妇产后2—3天可以做轻微的运动，产后保健可使妊娠期间松弛的肌肉和韧带恢复正常，帮助恢复体形，每天早晚下床活动10—15分钟；2.母乳喂养对母亲的好处：(1)有助于产妇子宫的收缩，减少产后出血；(2)增进母子感情；(3)母乳喂养可以减少母亲患卵巢癌的危险，也可能减少患乳腺癌的危险。

圭山乡卫生院每年两次组织大糯黑村育龄妇女参加妇科检查。与国家政策一致，2004年以前要求办理结婚证的村民都参加了婚前体检。村计生员可以领取计生药具，免费发放给有关村民。2004年村民就医时，需自付医疗费。村里的贫困户生孩子时，可以申领到数百元补助。

以下是2004年4月粘贴在糯黑村委会的由石林县政府颁发的布告，要求村民预防肺结核病。

布　告

为了保护人民群众的身体健康，解除肺结核病人的痛苦，有效控制肺结核病流行，在2004年4月1日—2008年12月31日期间，凡我县居民（包括在本县的暂住人口）中有咳嗽、咳痰三周以上或有咳血症状者，可持本人身份证或单位证明到县疾病预防控制中心结核病防治科进行免费检查。对确认为传染性肺结核的病人，提供免费抗结核药物治疗和管理。

石林彝族自治县人民政府
二〇〇四年四月一日

大糯黑村的村民看到上述布告后，都纷纷去找村卫生员了解和咨询肺结核病的症状，以增强肺结核病的防治意识，关注，如何预防和治疗流行性疾病的传播。

六 地方疫病和流行病的防治

石林县圭山乡卫生院、乡兽医站负责地方疫病、流行病的防治工作。如遇有关病情，县、乡政府组织乡卫生院、乡兽医站到全乡各村发放药物，注射预防针。

每年春秋两季畜禽容易患病，一般的常见病可以靠注射疫苗或打预防针而得到基本治疗。大糯黑村曾发生规模较大的畜禽流行病。1992年，大糯黑村爆发过猪瘟，当时村民尚无为牲畜打疫苗的意识，当诊断出是猪瘟时已经来不及打疫苗，因为猪瘟的潜伏期为15天，在潜伏期内打疫苗没有任何作用。当时村里死亡的猪多达40余头。1999年，村里发生之前未见过的5号病，牛、羊、猪等牲畜被传染，口部和蹄子都会溃烂，其中牛、羊发病较多，牛死了两头，羊死了30只左右。当时圭山乡兽医站到大糯黑村治疗，把已被传染的发病初期的牛、羊隔离在山上，隔离时间长达7—8天，等疾病得到有效控制后它们才被放回村中农户家。

从1996年开始一直担任大糯黑村畜牧兽医的李树光，男，1968年3月生，初中毕业，主要负责全村牲畜的疫病防治工作。他家中有两个小孩，妻子毕建珍，1970年生。2003年，他家种植了5—6亩地的烤烟、11—12亩地的玉米，全年总收入达到7千—8千元，总支出6千元左右。

平时李树光都是自己到圭山乡兽医站领取"病毒杀"、"瘟毒杀"等针药，回村为牲畜进行注射，打预防针。一般每头牛要注射1盒针水，1盒有10支，费用为每盒针水28元，根据其大小每只羊注射约半盒针水。2000年，石林县强制要求每家牲畜都打预防针，需要交费，收费标准为一头牛10元、一头猪5元、一只羊2元，在注射了疫苗后，当年村里的畜禽没有发现传染病。2003年，村里爆发"羊痘"，羊身上全身起包，这种病是由外地传入的，当时全村90％的羊死亡。对这种病只能预防，而难以治疗，一旦羊被传染了，就很容易死亡。村里未打预防针的羊大多被传染，其中有一户何姓村民家的共50余只羊中就有近45只死亡，其余的羊由于事先打了预防针没有被传染才幸存下来。2003年12月，圭山乡政府要求对牛、猪、羊进行强制免疫，收费标准为每头牛5元、每头猪2元、每只羊1.5元。2004年2月，圭山乡政府要求给每只鸡都免费接种注射禽流感疫苗，当年大糯黑村没有发现禽流感。2004年3月，全村进行5号病的免费接种，村里打过疫苗的畜禽未发现该传染病。

由于李树光过去学习过打预防针，因此大糯黑村的畜禽接种工作都由他负责。针剂要到圭山乡兽医站购买，一般是李树光自己先到乡兽医站领取，打完针收费后又把费用补交给乡兽医站。糯黑村委会、大糯黑村民小组很支持畜禽防疫工作，通过村广播等途径积极宣传和动员群众给自家畜禽接种疫苗。每当接到上级通知要求打预防针时就是李树光最忙的时候，他要挨家挨户地去打针，工作比较辛苦，有时全村打一轮下来要10—20天，周期较长，耽搁农活的时间较多。2003—2004年，乡兽医站发给他每个月100元的工作补贴，补贴不高。

现在村民给畜禽接种疫苗的意识较过去有了明显增强，自觉自愿接种疫苗的农户开始增多。一年打2—3轮预防针，主要预防猪瘟、猪肺疫，而针对牛、羊主要是为了防治5号病，但由于预防5号病的疫苗费用较高，村民较少给自家的畜禽接种，只有女儿为主祭者。第二天出殡由儿孙抬棺，孝子引路。第三天复丧，请毕摩为死者叫魂。葬礼期间，全村人停止做农活两天。死者娘家的侄儿、侄女必须戴孝，一起前去送丧，参加死者的葬礼。在葬礼上，男性家属穿着白色孝服，而女性家属和好友们则穿着黑色孝服。

出殡的日子要请毕摩卜定，陈尸家中2—9日不等。葬期确定后，须提前告知亲友们。死者所在地的亲朋分别去告知其他地方的亲朋举办葬礼的时间，要求这些亲朋到时赶去参加葬礼。通知葬礼时间的专人每到一家，先由这家的主人拿出酒（粮食酒）给他们分别喝一口，然后请他们到家里入座，敬上烟，这家人还要拿出自家的鸡蛋，用红糖和水煮给来人吃，每人吃两个，来人吃鸡蛋时或是吃完后，就把死者下葬的时间和地点告诉这家主人，之后，如时间充裕，他们就一起回忆死者生前的往事；如时间不充裕，他们则把死者下葬的安排说完后，就离开去通知其他人家。

葬礼前2—3天，亲友们牵牛羊、携酒肉等前去吊祭。吊祭者行至离丧家尚有数里路时，就要捶胸顿足，放声嚎哭，以声大者为哀。入门时，丧家捧酒相迎，吊祭者要边饮边哭，愈饮愈哭，认为这样死者和丧家才安心。死者家一般要杀一头牛，用亲戚朋友送来的米、肉、蛋等做好饭菜，招待前来参加丧事的亲朋。按照惯例，无论谁家有人去世，全村家家户户都会主动送去腊肉、大米、玉米、现金、烧柴等物品，帮助死者家属操办丧事。丧家会如实造册登记亲朋们送去的现金和实物，待对方遇有办丧事时再还礼。一般父母去世，儿子必须每人宰一只羊去献祭，已出嫁的女儿要杀一头牛，于发丧的头天晚上送回舅舅家。近亲的礼物则根据各家的经济情况而定。届时所有的直系亲属不论住得多远、有何种困难都会赶去参加丧事和葬礼，参加葬礼的亲友最晚要在出殡的前一天带着物品赶到。孝子和孝女必须在自家大门外跪拜，迎接来奔丧的亲友，并领他们入室去与死者道别。尤其是当舅舅、姑妈到达时，孝子和孝女要向他们汇报死者患病、治病、去世的过程。舅舅、姑妈表示没有意见后，才给孝子扎白孝帽，给孝女戴白孝巾。一定要给舅舅看过死者遗体并确认后，死者遗体才能入棺，然后拿布来盖上。此后，请"念诗先知"（毕摩）念《尼布姆司》，夜间全村家家户户都有人去参加守灵。发送死者前一天的一整个晚上，要举办守灵仪式和闹灵仪式。死者的家属（包括娘舅、亲家母、兄妹、女儿、儿子等）要在死者灵前守夜，做最后的道别，并相互安慰节哀顺变。午夜过后，亲人们哭着唱诉死者的一生。有时还有毕摩对唱。如死者的娘家亲属请来的毕摩唱："天大地大，舅舅为大"；死者的父系亲属请来的毕摩唱："你们在死者生病时不知，去世才知道。"对唱完毕后，孝男和孝女便痛哭起来。丧家请去闹灵的戏乐队和歌舞队要一直吹奏和表演到天亮。

　　守灵当天早上，由死者在村中所属同组（一个组约30户）的村民帮助死者家杀牛和杀猪，在晚上8点之前把饭菜准备好，招待前去守灵的人。米饭由本组村民从死者家拿生米回去煮，而布置桌椅、餐具等和接待客人则安排其他1—2个组的村民负责，并由另外一个组负责接待外村来的客人住宿。按撒尼人的风俗，用猪头来做供品。传说闹灵堂是为了赶走妖魔，村民跳老虎（撒尼人的守护神）舞以赶走邪魔。在闹灵仪式上，由舅舅家请来跳老虎舞的人用道具老虎叼走灵前供桌上的供品，而牛皮则由舅舅或其家人披走。到晚上9点左右，陆续有外村的亲朋前来闹灵，之后由本村人带领前来闹灵的死者的外村的亲朋好友去待客的地方吃饭，然后又接到各自家中住宿，而与丧家比较亲近的外村亲朋则要去守灵，直到第二天早晨。

　　次日出殡。送葬前，用于抬棺的绳索摆放于棺木上。如果舅舅家持有异议，就会故意拖延时间，甚至不到场。倘若舅舅家没人来，就不能抬走棺木。甥家就得亲自登门赔罪，接受斥责，最后还要请舅舅到场后才能出殡。舅舅或其家人到场后，毕摩把绳索递给他，他磕头，转一个圈，然后把绳索放回棺木上，这才可以拴绳抬棺。舅舅家还要请鼓号手和舞狮队一同去送葬，方可抬棺出门。乐队鼓乐齐鸣，走在最前边，舅舅家的人走在棺材前边。

　　送葬途中，乐队伴奏哀乐，孝男和孝女痛哭流涕，亲友们也无不悲伤痛哭。但是，跳狮子舞的人则做出欢乐可笑的姿态，以缓解大家的悲伤情绪。送葬时，要带上一只公鸡、大米、玉米、荞面、小麦、大麦，把公鸡拴到棺材上，抬到墓地。如果公鸡吃食，则还要打开棺材，请舅舅、姑妈家的人再看过死者后，提酒来请客。毕摩画出一个想象中的人形，用草在图像周围点燃火，把鸡放到画图像的地方，毕摩磕头，公鸡在哪儿吃食，就表示去世的人从哪儿患病。公鸡叫一声，拍拍翅膀，然后拉屎的地方，就表示是安葬的好地方。送葬队伍抬棺木上山时，毕摩手捧彝文口诵经文，入土成坟之后，还得给所有送丧者叫魂。毕摩吟唱经文的大意为："要在什么地方，不要在什么地方，吃饭不好吃，鬼在的地方，活着的人就要回家，不好的东西不要跟着来，活着的人，好的东西不要留在那儿，我们回家。"去送葬的男女老少从坟地出来时，有毕摩插在那儿的麻秆，要从麻秆下钻出来。

　　发送死者的当天晚上，死者的儿女要拿草在路边上烧火，表示给死者送一点火，留做后用。下葬后的第二天早上，去参加葬礼的亲朋还未解散，本村人与死者的亲朋好友还要聚餐一次，家家户户带一碗米、一个鸡蛋、一对香交到死者家里，由他家煮好饭菜，把米饭、鸡蛋、牛肉、羊肉等搅和起来，每人抓一把献祭。等到死者去世后1—3年内的祭日时，其家属还要杀羊邀请亲戚同去祭奠，仪式由舅舅主持，给孝子脱去孝帽，孝子则要给舅舅家和姑妈家"挂红"，经过这一"脱孝"仪式，丧事才算告终。

村中 99 岁以上的高龄老人过世后，一定要请毕摩去主持丧事。一对老年夫妇中第一位去世时，葬礼不是太复杂。等到第二位也去世时，葬礼的仪式则较为复杂，规模也较大。有一位老人去世就要杀一头牛，牛皮给舅舅家的人带走。老人的下一辈子女各请一位毕摩，两位毕摩对唱。如一个毕摩唱："在世时靠舅舅，不要出大事，高抬贵手，不要发生冲突。"另一个毕摩唱："样样靠你们。"

2004 年 2 月 23 日，村民"史走娘"的婆婆过世后要送葬，她和丈夫及女儿、女婿前往石林宜政干塘子村的婆婆家，在婆婆的灵前守夜。因"史走娘"和她丈夫都是村老年协会的成员，所以她家还请了村老年协会文艺组的 30 个成员一同前往干塘子村，为死者家属表演文艺节目，一来安慰死者家属，二来悼念死者的在天之灵。

三 现代丧葬文化观念的改变

撒尼人的丧葬文化在一定程度上反映出联姻关系带来的融合，因此大糯黑村无论彝族撒尼人或其他民族婚丧嫁娶之时，都有不同族别的亲朋好友参加，饮酒叙事，传播传统文化和风俗习惯，交流生产经验和生活经验，传授劳动技术，完全是一个民族关系团结和睦的大家庭模型。汉族人去世了，要请撒尼鼓号队、舞狮队去参加送葬，若没有请到撒尼人去参加，不但显得悲怆凄凉，还会被旁人认为是子孙不孝所致。随着现代意识的增强和社会物质文明和精神文明建设的推进，撒尼人的丧礼也有所改变，许多陈规陋习已成为历史。如现在大糯黑村也逐渐开始实行先火化死者后才能下葬到公墓的模式。又如办红白喜事时，有村民会到石林县城找个待客处或餐馆办伙食，一是好计划，采购方便，杜绝浪费；二是减少餐数，节约开支；三是文明卫生；四是交通便利,好聚好散。

第五节　彝族撒尼人的节日

一　传统节日

彝族撒尼人有自己的传统节日,如火把节、彝族年、密枝节、娜斯(意即祖神)节等。由于受到汉文化的影响,他们也过端午、春节、中秋、清明、七月半、重阳、冬至等节日。因此,撒尼人拥有丰富多彩的节日及节日文化。密枝节和娜斯节是与原始宗教有紧密联系的节日,火把节则是一个综合性的盛大民族节日。

(一)火把节

彝族火把节又称星回节,有些地方因其节期刚好是彝族十月年的上半年过年日,所以也称过小年。火把节是由古代沿袭下来的彝族先民对火的原始崇拜的遗风,至今仍带有浓重的宗教色彩。石林彝族火把节的主要民俗内容包括祭神、祭田公地母,火色占农,祈年丰收,祈除病免灾,驱逐晦气。彝族认为火炬可以驱灾除邪,故点燃火把后还要挨家挨户地走,边走边朝火把上撒松香,他们谓此为"送祟"。火把节习俗体现了彝族对火的崇拜,即把火看成能使庄稼丰收、六畜兴旺、人类免于贫穷和疾病的具有神奇力量的实体。

火把节是彝族撒尼人一年一度最盛大的传统节日,是点燃火把、除恶灭害、欢庆丰收的重大传统节日,通常在农历六月二十三日至二十五日这三天庆祝。每年火把节还未到,心灵手巧的撒尼妇女就为全家缝制好节日盛装,各村各寨杀牛宰羊,准备佳酿,备足食物准备招待客人。男子们聚集在一起,商议摔跤、斗牛比赛事宜。从跤场的选定到奖品的确定、选购和比赛规则的执行,都安排专人分工负责。撒尼村寨都以有能力举办摔跤、斗牛盛会来款待来宾为荣,能举办摔跤、斗牛盛会庆祝火把节,表明这个村的撒尼人勤劳富裕。

每到农历六月二十三日,以村为单位,各户集资买一头黄牛,到村子附近林木繁茂的山上宰杀,再把牛肉、毛皮分到各家各户,以家为单位聚餐。撒尼人认为,男女老少吃到牛肉、喝到牛肉汤可以治愈百病,延年益寿。农历六月二十四日当天的白天,许多村寨要举行规模盛大的摔跤和斗牛比赛,晚上撒尼人举着以松木为燎、高丈余的火把云游。为了保护森林,他们一般选用耐燃的老树制作火把,避免用新生的小松树。届时各村寨火把争燃,火光散布于山乡田野,用以照亮田地、祈福丰年,身着节日盛装的撒尼青年云游、欢聚于山乡田野,共杵火把为嬉,在篝火旁弹起大三弦、月琴,载歌载舞,通宵达旦,彻夜不息。撒尼青年男女利用火把节的机会,唱歌跳舞,谈情说爱,构成火把节的又一内容。农历六月二十五日,各家煮鸡蛋给孩子们吃,晚上人们点燃早已准备好的松树火把,青年人和孩子们高擎着火把在田间穿行奔走,欢快地舞动,无数流动的火把构成一幅人间的繁星图。据说火把可以烧死、消灭大量的飞蛾和其他害虫,保护庄稼,保证秋天粮满仓。撒尼人把燃烧剩下的火把拿回家门口,老人添上松毛,把五月端阳节时拴在孩子手脚上的五彩线剪下来,用火把烧毁,并一块儿烧些蚕豆给全家人吃。据说人们吃了"火把豆",一年四季平安顺利,吉祥如意。

火把节原是为了纪念彝族先民不畏强暴、利用才智战胜邪恶、追求幸福生活的历史壮举。经过漫长的历史变迁,随着社会的发展,火把节习俗的内容也在不断充实,由原来性质简单的原始宗教活动发展为兼有社会活动性质的节日。如今的撒尼火把节不是单纯的耍火把活动的节日,而是演变成集摔跤、斗牛、篝火晚会、歌舞表演、商品交易、技术交流、科普宣传、经贸洽谈等活动为一体的民族传统节日,火把节已成为一个综合性的盛大节日。撒尼村寨能举办摔跤、斗牛盛会庆祝火把节，表明村民们勤劳致富。近年来，撒尼村寨火把节的规模越来越大，内容也越来越丰富多彩。

据大糯黑村老年协会会长高文华讲，2003年10月，中央电视台、云南民族电影制片厂合作拍摄了电视剧《星空下的节日》，剧组在高家拍摄了4天，石林县政府、县民委、圭山乡政府有关领导也前去支持摄制工作。该剧曾于2004年6月在中央电视台播出。

（二）彝族十月年

按彝族十月太阳历法，彝族十月年是用12属相记日，把虎放在首位，以虎、兔、龙、蛇、马、羊、猴、鸡、犬、猪、鼠、牛为序来记日。彝历以3个属相周即36日为一个月，每轮回三十个属相周即360日为一年。十个月终了，另外5天（或6天）为"过年日"（平年为5天，每隔四年的闰年为6天）。这样4年平均为365.25天，与太阳回归年365.2422日接近。一年分5季，分别由土、铜、水、木、火代表，一季分公、母（或称雄、雌）两月，分别为一月土公，二月土母，三月铜公，四月铜母，五月水公，六月水母，七月木公，八月木母，九月火公，十月火母。根据太阳运转定冬夏，根据北斗斗柄方向定寒暑。在彝族十月历中，每月恒定为36天。北斗星北柄正上指是大暑，过"火把节"；北斗星北柄正下指为大寒，为岁首，过"十月年"。这种历法既简明又准确，因此民俗研究者将之美誉为"文明的十月太阳历"。

彝族十月太阳历源于远古三皇五帝之首的伏羲，是母系氏族时期古羌戎氏族部落的虎图腾的名号，经历万年以上，并由它的遗裔之一——彝族延续至今。它与中国传统文化有着深刻关系。如常见于经、史、子、集中的"三十六"与"七十二"、"一百零八"等数字，是中国传统的成数。如秦始皇分天下为"三十六郡"，兵法韬略有"三十六计"、"七十二变"、"七十二福地"等。关于这些成数的来源，过去虽有过各种解释，但都未能令人信服。然而，若用彝族十月太阳历法解释，便可解说得明了了。这些成数可能是源于太阳历的一年十个月，一月三十六天，一季两个月七十二天这些数字。

彝族撒尼人虽然现在不过十月年了，但在文化传统、生活习俗上仍保留着十月历的迹象。在记月和记日时还是按虎、兔、龙、蛇、马、羊、猴、鸡、犬、猪、鼠、牛来推算。大糯黑村一些上了年纪的老人虽然不识汉字，但他们通过观看北斗星和太阳便能知道节令。

（三）密枝节

密枝节又称为祭密枝，是云南石林圭山、弥勒西山等地彝族人民祈丰年的节日，而以石林圭山地区最为隆重典型。节日一般在每年农历冬月（十一月）的第一个鼠日到马日举行，祭祀时间持续7天，其中4天有宗教性仪式，只祭1个男密枝神或女密枝神的村寨只有两天有宗教性仪式。

密枝节既是一个盛大的宗教祭祀节日，是撒尼人祭祖神、林神、地神的祭祀日，同时又是一个欢乐的民族传统节日。石林撒尼人居住的村落都有一片林木茂盛的密枝林，在他们心目中，密枝林是神林，是森严神圣、不可侵犯的圣地，林中的一草一木都有威严的神性和神力，若有人冒犯，必会遭到"密枝斯玛"（撒尼语，意为密枝神或森林的保护神）的严厉惩罚。为此撒尼人相约：不准在密枝林中砍树伐木，不准在林中折枝，不准捕猎林中动物，不能在林中埋葬死者，不准女性入林。由于撒尼人给密枝林赋予了神性，许多年来，在神性的光芒笼罩下，撒尼人凭借神性的观念世世代代保护着密枝林。大糯黑村的密枝林得到很好的保护，林木茂盛，古木参天，郁郁葱葱，透露出一种森严、神秘的气氛。密枝节的活动由男性主办和参加，从某种意义上它可以说成是"男人节"。据考证,密枝节是母系社会传统遗留下来的痕迹。在母系社会时期,男性的社会地位低下,他们只能采取密林结社的方式以发泄心中的不满,求得心理的平衡。① 在密枝节期间的 7 天里,全体村民不能下地生产劳动。妇女只能待在家里做针线活、料理家务,而不能出门干活、外出挑水,也不能靠近密枝林,要尽量回避男人集会的场地,以免碰神死亡。牛、羊、车都不能外出,车辆不能跑动,车上要插上竹枝,据说这样是为了祈求全村人的健康、顺利。

彝族密枝节的"密枝"和汉文化的"社祭"都是对土地的崇拜和以土地为主要崇拜对象的原始宗教的遗迹。同所有的原始宗教一样,"密枝"也有其起源、形成、演化的过程,密枝节及密枝文化有其自身丰富的内容和一系列基本范式。密枝节的宗教仪式由以毕摩为先导的共 13 个"密枝头"或称"密枝翁"来主持,除毕摩以外的 12 个密枝头也都各有其职责和专门称谓。

早在每年农历七月十五日,大糯黑村就开始祭密枝的筹备工作。全村选出主持当年祭密枝的神职人员,当选的成员必须是德高望重、办事公道的成年男子。由往年的密枝翁确定合适人选,他们把全村分成三区/片,村里合格的其他人家按从东到西的顺序轮流当值密枝翁。三区的划分如下:从密枝林到"蟒蛇"一线、南方为第一区;从何兴跃家到毕金华家左手边为第二区,中间为何绍明家;从何兴跃家到毕金华家右手边为第三区。大糯黑村每年的密枝节庆祝活动由 8 户人家主办,他们成为密枝翁,其中占大头的 2 户,地位最高,占小头的 6 户。密枝翁采取由农户轮流组织(坐庄)的办法,不论贫富,但祭密枝很讲究纯洁,要求主办人家的成员身体健康、顺顺当当、运气好,当年家里无

---

① 何耀华主编,昂智灵副主编:《石林彝族传统文化与社会经济变迁》,云南教育出版社 2000 年版,第 378—379 页。

人或家畜死亡。当年家里有人去世，或死了牛、马、猪、羊、狗、猫的人家和行为不轨的人绝不能当选。如果轮到当值的人家当年有人去世，或死了牲畜，他家就不能组织当年的密枝节活动，则按从东到西的顺序轮到其他无人或家畜死亡的人家当值。

祭密枝的神职人员包括密枝翁（总管）、"密枝扎"（副总管）、毕摩（祭司）、"毕所"（助理祭司）、"毫罗"（主管杀牲的人）、"诗司"（牵羊的人）、"知磕"（管酒、斟酒的人）、"日纹"（挑水夫）、"相司"（领队）、"枣姆"（煮饭的人）、"布纳"（伙夫）和"布杂"（助理伙夫）。上述神职人员一经选出，就开始履行各自的职责。密枝节之前，由总管召集全体神职人员研究、磋商筹款买绵羊和食品等有关事宜。首先是着手筹款买一只纯白健壮的绵羊用于祭祀，买羊时不能与卖主讨价还价，羊的主人家必须清吉平安，羊毛必须是纯白，可带红色，但不能有任何黑点，否则就被视为不吉利。第一天鼠日做准备，各家各户凑集米、蛋、酒、香等。次日属牛日，要请毕摩主持念经、杀绵羊等，届时全村男子前往密枝林中祭祀，诵《祭神经》，祈祷庄稼丰收，然后杀绵羊，分羊肉给每户回村再祭神。第三天毕摩要与主办的8户人家聚餐。撒尼人认为密枝神喜欢猎物，因此在鼠日之后的牛日、虎日等几日里，一些男性村民则上山用火药枪打鸟雀做祭品。

在密枝节祭神的前一天，全体神职人员一定要到密枝林内清扫杂物，请毕摩念经，驱赶不吉利之物，把密枝林里的祭祀地点打扫干净，然后在一棵苍老高大的神树下布置神坛。神坛顶上插一束松枝、一束栗叶、一块拴着彩绸的鹅卵石、一个小石虎，以象征林神、地神和祖灵。神坛前面供上狩猎工具和腊肉等食品，神坛后面布置粗糙简陋的木盅、木碗和五道神门，以此表示缅怀祖先当年的狩猎生活。

到祭密枝这天一大早，鸡叫刚刚三遍后，全体神职人员就到密枝翁大头目家集中。待东方的晨曦初现时，整装待发的神职人员在"相司"（领队）的带领下，扛着一根竹竿在前面开路，毕摩手摇神铃，其他人员带着各自负责准备的用具，口中不停地喊着"哈格！""哈格！"，在喧闹声中浩浩荡荡地进入密枝林。然后，各人按照事先的分工，各司其职地忙于挑水、烧火、杀牲、煮饭。饭前举行祭神仪式，全体神职人员跪在神坛前，由毕摩祈祷求愿，请密枝神、林神、地神保佑全村男女老幼平安健康、六畜健壮、五谷丰登、山林茂盛。祈祷完毕，美味的羊肉、饭菜出锅了。午后全体人员在密枝林内摔跤、嬉戏、娱乐。晚餐后全体神职人员再次跪于神坛前，由毕摩向祖神、林神、地神祈祷，并与他们告别。然后大家喊着"哈格！""哈格！"，争先恐后地跑步离开密枝林。当晚和第二天早晨，全体神职人员在"相司"（领队）的带领下，沿着村寨小道高呼"哈格！""哈格！"，并不提名地谴责近一年来违反《村规民约》、违法乱纪、道德败坏的村民的行为，以此告诫全体村民。

由于"文化大革命"的影响，密枝节的活动曾一度暂停。1983年，大糯黑村恢复密枝节的活动，是石林地区最早恢复密枝节活动的彝族撒尼村落。笔者负责的调查组的一位男性成员参加了2003年大糯黑村的密枝节活动。从2003年12月5日（星期五、农历十一月十二日）开始，大糯黑村举办密枝节的各项活动。密枝头目由8人组成，各司其职。从海邑中寨请来一个当年73岁的老毕摩主持，担当祭司，他学名为张足金，彝族名字为"史/石虎"和"伙四"（意为"孙子"），他本是大糯黑村人，后去海邑当上门女婿。他家祖传3代毕摩，到他已经是第4代。大糯黑村曾选派两位本村毕摩世家的后人到石林县城参加石林县民族宗教事务管理局举办的毕摩培训班，其中一位是何文航，以后可由本村毕摩主持密枝节的祭祀活动。2003年密枝节祭祀活动的密枝翁为王正学、王宗林，其中占大头的主持人家为王正学，其父母皆健在，父亲曾任村长。据王正学说，这是他成年以后第一次担任密枝翁，主办密枝节的活动。但因为村里每年都举办密枝节的活动，所以年年他都经历其过程，知道如何组织，并且事先考虑好程序，以免出错。"毫罗"（主管杀牲的人）为何绍兴、高德昌、王正学，他们负责屠宰。"知磕"（管酒、斟酒的人）为王正学，负责协调安排。"日纹"（挑水夫）为张正堂，负责挑水。"布纳"（伙夫）和"布杂"（助理伙夫）为王宗林、何绍兴，负责煮饭。

2003年12月5日，两名密枝翁从外村以460元的高价买回密枝节要献祭的一只绵羊，因不许讲价，其价格略高，其实按当时市场价不会超过200元。他们负责找好所需工具、祭祀品、3棵"望嫩奶心"、6枝"银朵"，用筷子把"银朵"心穿成两个月亮（圆形），月亮摆放于祭祀品中间，左右各放一个，铺上鲜无根、松毛6枝。

12月6日，村里各户凑集香、酒、米、蛋、肉。密枝翁和全体神职人员在王正学家吃午饭，分成两桌而坐，毕摩和担任密枝翁的组织人家坐上座，客人和村里其他人坐下座。主人边说着"勒勒格格"，意为欢欢喜喜来过密枝节，边喝一口酒。午饭后，在毕摩的主持下举行"吹羊角"活动，请保护神——密枝神从密枝林里出来，请他制止村中不好的行为。要吹一公、一母两个羊角，均为绵羊角，但声音不同。公羊角体积较大一些，音量较高，传播距离较远；母羊角体积较小一些，音量较低，传播距离较近。吹羊角的目的是提醒其他人不能挡路，村中女性必须待在家里，不能去看吹羊角的人，不能外出。

晚饭由男子们在密枝林里准备，因此他们要挑水、扛大锅进密枝林。除两个密枝头目负责筹粮外，其他6个密枝头目做准备工作。晚饭的食材是由全村246户每户凑一碗米、一口酒、一个鸡蛋而组成，此外每家还出4支香。绵羊要牵到密枝林里宰杀，密枝林里有杀羊的石板。在前往密枝林途中，由两个大头目中的一人牵羊，另一人扛粮。密枝林内摆放一两枝代表神像的树枝。到达密枝林后，由毕摩拿两根麻秆在密枝林入口处插成"人"字形小门，然后各头目、其他男子、牲口都要从下面经过，才能进入密枝林。毕摩与主办人王正学先单独敬拜密枝神，并杀一只鸡做祭品。然后由毕摩指挥祭羊仪式，毕摩念祭语，负责屠宰的人员杀羊，做晚饭。晚饭准备好后，送一部分饭和羊肉给待在家里的妇女们享用，男子们则在密枝林里就餐。送晚饭回村的人进村后要大叫大骂当年不守《村规民约》之人，以告诫全体村民。当晚的酒不能喝完，密枝翁大头目需要把一个酒瓶加满，保存到次月，即农历腊月十五日，把加满的酒瓶交给下一年轮值的密枝翁大头目。

从密枝节的第二天开始，全村男子则用 5—6 天的时间进行"撵山"活动。他们分成若干小组，带上火药枪和木棍、竹竿、雀网等工具，"哈格，哈格，哦嗬，哦嗬！"地吆喝着，满山遍野地追逐鸟兽，以野画眉居多，直至把鸟兽捕获。以前不能用枪打鸟兽，要用网来套。撒尼人认为这样能使密枝林免受鸟兽的糟蹋侵害，从而长得枝繁叶茂，郁郁葱葱。密枝节的祭祀活动结束后，毕摩要再次主持吹响羊角，请密枝神返回密枝林里去。

（四）娜斯节（祭祖节）

在清明节这一天，撒尼村民要上山祭奠"娜斯"（祖神），他们杀鸡、宰羊聚餐，以表示对祖先的哀悼、敬重和怀念。

（五）杀牛节

农历七月十五日，大糯黑村全体村民到杀牛山上杀牛祭祖，他们在山上聚餐，并祈求苍天下雨，避免干旱，以利耕种。

（六）五月端午节

撒尼人传说，热天疫病多，这是因为瘟神在作乱。每到农历五月初五，家家户户蒸糖包子、肉包子吃，在门上插香，男女老少手腕缠上五彩线，以期避邪，并送瘟神。送瘟神的方向为向东和向西，分别送走来自东、西方向的瘟神。农历五月初五送西瘟神，献祭山羊。撒尼人宰杀山羊后，把羊角放于树杈上，念经书，还念出危害本村人畜的瘟神和病魔的名字，希望最强壮、跑得最快的人捉住它们，小孩用泥巴搓成团，跟在后面用小泥团冲打瘟神和病魔。各家凑集大米、猪肉、羊肉、鸡蛋等做饭菜，用铜锅做出香喷喷的米饭，全村集体聚餐一天。农历五月初六送东瘟神，献祭绵羊，全村集资购买绵羊，凑集米、肉、蛋等食材用于聚餐。送走瘟神后，村民心里很宽慰和高兴，不再有恐惧感。"文化大革命"后大糯黑村没再举行过送瘟神活动。

（七）除夕与新年节

农历除夕是一年的最后一天，大糯黑村的撒尼人家家户户一早就忙着打扫屋内屋外的环境卫生。午饭后各家都着手准备年夜饭，等待晚上宴请亲朋好友来聚餐，尽情欢乐，至夜更要燃放鞭炮，吃"夜宵"，以表示辞旧迎新。每年农历正月初一，家家户户大人小孩全天不做农活，穿上新衣服，早晚互相拜年问好，通过举办传统文体活动而尽情娱乐，夜晚燃放鞭炮礼花。村委会组织文艺晚会，由村里的多支文艺表演队竞相表演歌舞节目。村党支部组织筹款和捐物的活动，用以慰问村中的军烈属、五保户和困难户。

（八）中秋节

农历八月十五日中秋节的晚上，大糯黑村的撒尼人家家户户要吃团圆饭和月饼。如遇月朗天晴之夜，村民都要乘凉赏月至深夜。

二 现代生活习俗的进入

彝族撒尼人有自己的传统节日，如火把节、密枝节等。明朝以后，汉族大量迁入西南地区，经过与汉文化的融合，撒尼人也过春节、清明节、端午节、中秋节、重阳节等汉族传统节日。新中国成立后,村民们都欢度国家法定的三八妇女节、五一劳动节、五四青年节、十一国庆节等。改革开放后,受西方文化的影响,村中青年人也过起了情人节、愚人节、母亲节、圣诞节等。

过去撒尼人过祭祖节日组织活动,不准外族人参加。即使是同族人,当年其家中如有不清吉、不顺利的事件发生,如有家人或有大牲畜病死,或家中遭遇天灾人祸等,也不准参加。过去由于历史原因,村中曾有人不敢承认自己是少数民族。现在由于婚姻关系和党的民族政策好,石林一些地区整个村子或整个姓氏的人都要求恢复为彝族族属。撒尼人的祭祀活动大多不再忌讳外族人,只忌讳遭遇不清吉、不平安事件的人家了。汉族与彝族一起过密枝节。举行密枝节的仪式和活动时,汉族村民也都参加。每逢祭山神、祭密枝、祭龙等活动时,全村男子不分族别,都去跪拜山神庙、密枝神,非常虔诚地聆听彝族毕摩念经,乞求神灵保佑人畜全年清吉、四季平安、五谷丰登、六畜兴旺、心想事成。祭祀礼毕,全村每 8 人围坐一桌,分享、品尝祭品,互相祝福来年的兴盛,赞颂党的民族团结、维护和平等政策。民族传统节日的融合,祭祀同往,与汉族人联姻,这些都使撒尼人呈现出更多的现代生活习俗,这也是民族关系团结进步的一大特征。

第六节 彝族撒尼人的语言文字

石林彝族有自己的语言文字,仅收编入《彝汉简明词典》中的就有正体字 1059 个、系列词 8760 多条,还有许多异体字,大部分摘自古彝文献和碑铭。早在 19 世纪 80 年代,法国传教神

第三章 彝族撒尼人社会文化的变迁

甫保禄·维亚尔在其所著《法尼辞典》[①]中就论及石林彝语及其语法规则，他从语言学、历史学和民族学的角度对撒尼文字、语法、风俗习惯进行了研究。20世纪40年代，马学良先生曾到石林彝区调查，著有《撒尼彝语研究》，较详细地介绍了撒尼语言文字。[②]

一 撒尼语言文字的特点

彝语属汉藏语系藏缅语族彝语支。根据彝语内部语言、词汇和语法的差异，并参照各地社会历史状况，彝语可划分为6大方言、25种土语。撒尼人有自己的语言文字——撒尼文，撒尼语属于彝语中的东南部方言。在现今的彝语6大方言中，除中部、西部两大方言区的彝族不使用传统彝文外，东部、东南部、南部、北部方言区都使用老彝文。但在使用文字的彝语方言区内，有些支系不使用彝族文字。如东南部方言区内，彝族撒尼支系和阿哲支系使用彝文，但彝族阿细支系不使用彝文。中华人民共和国成立后，通过民族语言识别，撒尼语言的系属为：汉藏语系—藏缅语族—彝语支—东南部方言（其中有部分属东部方言）—撒尼土语。

撒尼语与彝语的其他5大方言之间有许多共同特点，如辅音有清浊的对立，元音一般分松紧；韵母主要由单元音构成，鼻韵尾和塞音韵尾罕见；声调一般是3—4个。从词汇上看，固有词多，借词少；单音节词以及在单音词根上构成的复合词多，多音节的单纯词少；四字格的联绵词较丰富。

[①] 法国传教神甫保禄·维亚尔所著的《法尼辞典》已由石林县史志办彝族撒尼学者昂智灵等编译成《法尼汉对照词典》。

[②] 何耀华主编，昂智灵副主编：《石林彝族传统文化与社会经济变迁》，云南教育出版社2000年版，第385—386页。

撒尼语的音节结构由辅音、元音和声调组成。辅音有 40 个，分为唇齿音、舌尖中音、舌面后音和小舌音。元音有 24 个，分为单元音和复元音。声调可有 5 个，即高平调、次高平调、中平调、低平调和降调。但是，只要把次高平调中的元音读成紧元音，就可以变成高平调；把低平调中的元音读成紧元音，就可以变成中平调，为此声调由 5 个调合并成 3 个调，即高平调、中平调和低降调。撒尼语中的大部分单词都带有"猫"这个音。同一个音可以代表多个意思，如"齿"这个音可以表示"狗"、"肥料"、"借"、"纺"等意思。

从语法上看，词序和助词是彝语语法的主要手段，屈折形式是其辅助手段。撒尼语有三个明显的语法特点，一是撒尼语句子的基本语序为主语—宾语—谓语，即主—宾—动结构，与汉语的动宾结构相反，如汉语的"他吃饭"，撒尼语是"开早皂"，为"他饭吃"；"走路"的概念在撒尼语中表达为"高摸厄"，其中"高摸"为"路"之意，而"厄"为"走"之意。二是动词与名词连用时，名词在前而动词置后，如汉语"喝水"，撒尼语是"日知"，为"水喝"。三是动词、形容词重叠后表示疑问，如汉语动词"唱"，撒尼语是"宗"，重叠后的"宗宗"就表示"唱不唱"；汉语形容词"好"，撒尼语是"扎"，重叠后的"扎扎"就表示"好不好"。一部分动词有自动与使动的区别。量词比较丰富，数量词和形容词等修饰语一般位于中心词之后。

随着社会的不断发展，撒尼语的书面语与口头语、古语与新词之间的差别越来越大。如"虎"古语称"窝"，现在为"拉"；"兔"古语称"娜"，现在为"痛"；"龙"古语称"香"，现在为"尔"；"蛇"古语称"满"，现在为"诗"；"马"古语称"只"，现在为"母"；"绵羊"古语称"补"，现在为"若"；"猴"古语称"智"，现在为"努"；"鸡"古语称"袜"，现在为"野"；"狗"古语称"耳"，现在为"驰"；

"猪"古语称"奴",现在为"维";"鼠"古语称"抽",现在为"黑";"牛"古语称"拉",现在为"硬";"人"古语称"主",现在为"聪"。现在只有毕摩才能解释许多古语、古词。在长期的社会交往中,撒尼人吸收了汉语及国内外其他民族语言的借词,不断丰富了撒尼语言的词汇。现代撒尼语还在不断吸收汉语,甚至英语和日语等语言的词汇。

在漫长的历史进程中,撒尼人用聪明才智创造了灿烂的民族文化,他们有自己古老、神奇、美丽的民族文字,保留着祖先们劳动生产中创造形成的古彝文字。关于撒尼文的起源,流传着两个古老的传说。一说在很古的年代,撒尼人中有一个勇敢机智的猎手名叫鲁突支那尔(意为高大如石),他为写下人间的不平,就射杀飞雁,割头做砚,取胆代墨,拔嘴成笔,铺翅为纸,一字一字地画,一句一句地写,写满了120对大雁的翅膀,就创造出撒尼文。另一说在很久以前,有一位名叫鲁波样阿乃(意为石头的儿子)的撒尼牧羊小伙,他天天赶着羊群去放羊,看着那些奇山异石、花草树木和飞禽走兽,觉得大自然很美妙,便用小石子把它们刻画在一块石板上,而且他每天坚持在一块石板上刻画一个符号,经过三年零三个月加三天时间的努力,一共在1200块石板上刻画出1200个符号,后来就成了流传至今的1200个撒尼文字。这些传说不等于事实,但在一定程度上说明撒尼文的创制与石头不无联系。

彝文最先起源于树枝符号。石林撒尼文的渊源甚早,可追寻到上万年前山东、河南等地出土的砖瓦片文字,大部分与仰韶文化彩陶刻画符号同时代,是甲骨文的原始阶段,是一种古老的象形文字,类似西安半坡出土的陶片上刻写的符号。西安半坡出土的碎陶片上刻有22种113个符号,代表着距今6000多年以前的新石器时期的仰韶文化。根据学者们的研究,石林撒尼文与西安半坡出土的彩陶器上刻画的符号相比,相同和相似的部分多达77%。① 彝族作家李乔到西安半坡遗址参观时,把彩陶刻画符号全部描摹回来,请毕摩李八一昆等认读,基本都能识读出来。石林彝族撒尼学者昂智灵对比研究彩陶刻画符号与彝文后,得出结论:相同的有26个,相似的还有13个,字义分别是父、母、哥、年、月、日、鸡、羊、牛、蛇、水、木、树、松、山等,说明彝文至少已有6500年的悠久历史。② 此外,河南舞阳县出土的柄形石饰上有"孤魂野鬼"4个刻画符号,与石林撒尼文完全相同,并可以破译,这都说明撒尼文的创制历史相当久远。居住在石林地区的彝族撒尼人用彝文记事,写出了以叙事长诗《阿诗玛》为代表的一大批民族民间文学作品。

据有关研究,撒尼文最初为图画文字,后发展为象形文字,继之又形成音缀文字。撒尼文有笔画和部首,保留了弧、圆、三角等笔画字形,并仍保留着图画、象形、会意的文字特征。以撒尼文献中的字形而论,原始的圆体字形多变异为菱形或三角形。撒尼文的形款是由左向右直行书写,除少部分由独体字组合成的合体字外,多数字形都是由一个主体结构与符号组成。撒尼文的造字方法分为象形、会意和假借等。象形文多是单音、单意,构成撒尼文的基础。会意字多数由象形文字演化而来,借词也很普遍。通过收集和整理,现行常用的撒尼文字共有1200多个,它们虽是表意的音节文字,但因字数和笔画少而便于学习和书写,具有形象优美、明快流畅、好记易学的特点。经过毕摩的世代相传,撒尼文字保存至今。

---

① 何耀华主编,昂智灵副主编:《石林彝族传统文化与社会经济变迁》,云南教育出版社2000年版,第177页。

② 同上书,第385页。

二 民族母语的使用范围及习得途径

大糯黑村及其周边村落的撒尼人虽然同说撒尼话，但仍有语言上的细微差别。通过一位撒尼人说话时的用词和腔调，可以区分说话者来自哪个村。有一首民谣描述了这种村落撒尼话的区别："依卖"维则搓，"儿饿"日这（雨胜）搓，"各仔"额冲衣搓，"阿谁"糯黑搓，"说落"海宜搓。在这首民谣中，"搓"意为"人"；"依卖"为感叹词，相当于汉语的"哎呀"；"儿饿"为开始说话前的感叹词；"各仔"意为"糟糕了"、"麻烦了"，表示发现做了不该做的不文明的事；"阿谁"意为"是不是"；"说落"为"很"之意；维则、雨胜、额冲衣、海宜都是大糯黑村周边的撒尼村落。

除了近年迁入大糯黑村的几个外来人口外，该村的撒尼人从小耳濡目染，在生产、生活中学会并使用撒尼语。村民们除外出到圭山乡政府所在地海邑、石林县城或其他地方与汉族人接触外，平日在村里都使用撒尼语言交流。早年迁入糯黑村的外族人都早已学会说撒尼语。如2004年任村委会妇女主任的王菊英本是外地壮族，嫁入大糯黑村以后，经村里人悉心教导，在日常生产、生活中很快学会了撒尼语，现在根本无法看出她与当地撒尼妇女有何区别。而2004年任糯黑村小学校长的李金祥从昆明师范学校毕业被分配到石林圭山乡工作后，曾用英语音标标注撒尼语音，试图学习撒尼语，后来感觉效果不明显而放弃了学习。

大糯黑村会听、会说汉语，且会听但不会说撒尼语的约有5人，包括村民毕宏才的妻子董建红和儿子。董建红原是石林县城的汉族，嫁到大糯黑村后逐渐学会听撒尼语，但仍不会说，其儿子在石林县城上学，只在周末和放假时回村，因此也只会听但不会说撒尼语。村里会说撒尼语，同时会听但不会说汉语的多为以前未受过教育的老人，以及现在还未入学的幼儿。只会听、说撒尼语，而既不会听也不会说汉语的人为数不多，是一些年纪较大、未受过教育且很少外出的村民。随着20世纪90年代末电视机在大糯黑村农户家庭中的普及，许多撒尼村民通过观看电视节目学会了听、说很多汉语。

三 民族文字的使用与教学

从明代以来，撒尼文字保存至今，大部分摘自古彝文献和碑铭。在长期的历史发展过程中，撒尼人用撒尼文记录了大量文献，而早期的彝文经典大多与宗教活动有关，由毕摩（原始宗教的神职人员）世代相传，大多数撒尼文经典也主要依靠在宗教仪式中被运用、起作用而保存下来。毕摩献祭、祈祷、作斋、丧葬、祭龙、祭祖、百解、安灵、指路、驱邪、诅咒等祭祀仪式中都少不了要念诵彝经，彝经的撰写者也正是历代的毕摩。新中国成立前，大糯黑村有人去世之后要请毕摩念经，撒尼人认为毕摩必须按照经书的内容来念，不能疏忽或任意发挥，否则毕摩会受到惩罚。在彝族撒尼人中，最初掌握撒尼文字的只有极少数毕摩，用于"知天象、断阴晴"，"占卜天时人事"。毕摩学习撒尼文字的方法是父传子、子传孙，一般不外传，只有极少数人是通过拜师学艺而学会撒尼文。撒尼文化的渊源久远，现收集到的撒尼文典籍共有213部，内容涉及历史、民族、文学、农技、医药和宗教等方面，其中的叙事长诗《阿诗玛》、《尼迷诗》、《美丽的彩虹》名扬中外。但长期以来，能够读懂这些撒尼文文献的也只有撒尼人的毕摩和其他少数人，如撒尼语言文字的研究者。

大糯黑村中曾有王家老祖用毛笔在篾纸上写成的撒尼文书。为把古老的撒尼文字传承下去，新中国成立后政府有关部门曾组织把村里的石碑、英雄纪念碑翻译并写成撒尼文，之后要求本村人学习。"文化大革命"前，石林县文化馆的李纯友老师曾负责教授撒尼文培训班，学制为两个月。大糯黑村的高月明曾参加学习,但他尚未学完"文化大革命"就开始了,破"四旧",撒尼文受到批判,被禁止学习,导致现在一些毕摩世家的传人手头已无经书,也没学会撒尼文字。但近年石林县民宗局专门定期举办毕摩培训班,培训内容有撒尼文字和经书。

撒尼文作为撒尼人的宝贵文化遗产,一直受到他们的珍视。现在随着社会的发展,撒尼文的使用范围也逐步扩大,被运用到社会生活的其他方面。从1956年路南彝族自治县成立时起,路南县的各级党政部门所使用的信封、门牌、印鉴及各种标记,都是撒尼文和汉文对照。此外,为了继承和弘扬撒尼文化,20世纪90年代,路南县人民政府还组织县里的一些撒尼语言文字专家,编写并出版了一些专门的撒尼语言文字学习书籍,如《彝汉简明词典》和《路南撒尼文课本》等。

第七节 彝族撒尼人的交往

彝族撒尼人热情好客,提倡多交朋友,少结冤仇。撒尼谚语说:"阿靠斥找娜,尼维白来娜。"它译成汉语的意思是:蒿枝根须多,撒尼朋友多。每逢客人到来,主人立即请进堂屋,让座、献茶、敬烟,然后拿出糖、瓜子、水果请客人吃。妇女、儿童不得在客人面前穿梭来往。吃饭时,要以好菜好酒待客;主客长者坐上席,上酒上菜时先上给他们,鸡头要给他们吃。撒尼谚语还说:"傲度日拉江,傲绕姿杯来。"它的汉语意思是:越挖越清的是泉水,越谈越拢的是朋友。每逢朋友到来,常与主人畅谈到深夜,按照撒尼人的规矩,男客由主人家的丈夫陪同,女客则由主人家的妻子陪同。主人还会热情地挽留客人留宿,次日再叙,充分体现了撒尼人对客人的尊重和友好。

撒尼人在结交朋友时重义气,讲信用,不反悔,知恩必报,一语相投,倾身与交。与朋友相处,真诚相待。萍水相逢,对方先敬你一碗酒，若一口干了，就表示你看得起他，彼此即成好友。你若喜欢他的东西，无论有多贵重，他都会马上赠予。撒尼人的质朴好义、诚实守信，也反映了他们重仁道、轻功利的道德取向。他们提倡尊重他人，"别人哭时你莫笑，别人悲时话要少"。他们认为，对待他人不仅要语言有分寸，还要尊重别人的感情，充分尊重他人，才能在人与人之间建立良好的关系。撒尼人民风淳朴，提倡交友要识人，在交友时始终坚信以下原则："石头不能做枕头，坏人不能做朋友"；"叶子密扎扎的树，不一定多结果子；外壳花哨的蚌，不一定藏着珍珠"。他们认为，看人如只看外表，往往会吃亏上当，而长时间交往，特别是同甘苦、共患难，才能找到真朋友或知己。

每逢婚嫁喜事或生男添女，亲朋好友会携酒带肉、提蛋背米去祝贺；每逢起房盖屋或举办丧事，村民也无须主人邀请而自动伸出援助之手。有人家结婚、建房竖梁、请祝米客、举行葬礼时，被请到的亲朋好友通常全家同去做客。每逢腊月杀年猪时，帮忙的人家一家去一人即可，但到吃饭时则会请帮忙者全家人都同去吃饭，不用送礼，因为几乎每家都要杀年猪，所以实际上是互相换吃杀猪饭，互相帮忙。村民何文航于2003年从石林县民宗局毕摩培训班结业，据他说，一般村中老年人80岁时才祝寿，要请客，但不用请毕摩。

大糯黑村中如有人家遇到天灾人祸时，邻里都去探望、安慰，并解囊相助。平时家庭中妇女负责做饭、做菜。每到办酒席、请客时，妇女负责做饭，男子负责做菜。席间妇女负责给客人添饭，男子则负责给客人添菜、加酒。撒尼人中只有男子才喝酒，即使在酒宴上妇女也不沾酒。办红喜事时只请亲戚去做客，而办丧事或称白喜事时，除请亲戚外，还要请一些帮忙的人，之后帮忙者全家人都会被请去吃饭。吃酒席时，座位随意，只是会喝酒的男子多聚在一块儿坐，不会喝酒的妇女、儿童则聚在另一边坐。

按照大糯黑村彝族撒尼人的传统,每到接近过春节时,即自农历腊月十日起,就是盛行杀年猪的时期。各家各户打扫住房卫生,购买杀猪时用的工具、各种蔬菜,杀完年猪后,举办杀猪宴,请亲朋好友到自己家里至少吃一顿饭,共庆春节的到来。自农历腊月十六日起,更是大糯黑村每年最盛行杀年猪的时期,届时全村大部分村民大多待在家里,不外出干活。有的农户在家掰玉米粒,以便星期天前往海邑赶集时去卖掰下的玉米粒,然后用所得的现金收入去购置杀年猪时的各种所需和各种蔬菜。村民杀年猪的日子会一直持续到大年三十这一天。杀年猪日当天一大早,主人请各家亲戚的代表即每户一人来家里帮忙杀猪。等到下午杀猪、做菜的工作基本完工后,由帮助杀猪的亲朋回家邀请其家里所有人都来吃杀猪饭。吃杀猪宴的亲朋好友通常多达上百人,因此吃饭的地点通常设在村大礼堂里。村民们就这样互相帮助杀年猪,互相换吃杀猪饭,保持联系和交流,增进相互之间的团结友爱。

下面以村民何正明家杀年猪的情景为例。2004年1月5日(农历癸未年腊月十四日)早晨,在何正明家房子后面,装满了水的锅置于路边的石缝上,石缝中间已燃起火,火非常旺地燃烧着,锅里的水快要沸腾了,何正明家要屠宰年猪了。他家的猪圈旁边站了7—8个男子,是头天晚上他请来帮忙杀猪的亲戚朋友。他家猪圈里关着4头猪,一头又黑又亮的大肥猪约重达180公斤,其余3头是架子猪。何正明开始动手,他跑到猪圈里面,把靠在石脚下的大肥猪赶过来,叫帮忙的人把它抓住。亲戚朋友听从他的安排,各就各位把大猪抓住,有的抓着耳朵,有的压着身子,有的拉着脚,有的拉着尾巴。何正明的哥哥何光华拿着一根绳子过来,稍微给大猪喂点猪食,然后趁大猪吃食不注意之时,用力把绳子套在猪嘴上,使它不能咬人或攻击人。男子们抓住大猪后，把它抬到杀猪桌上，一般由岁数较大或比主人年长的长者来主刀杀猪。何正明家是安排他父亲来主刀，他把猪杀死后，大家要把大猪抬到何家的拖拉机上，因为猪又大又肥，所以大家非常吃力，都流汗了，然后把猪运到何家房子背后的路边烧水之处，水已经烧开了，人们把猪搬下拖拉机，有的拿瓢倒水，有的刮毛，不到两个小时，他们把猪洗得干干净净，然后再拉回何家，到中午12点他家杀年猪的工作才结束。

无论是办红、白喜事或杀年猪时请客，还是清明节上坟或立碑时请客，村民大多请自家亲戚朋友每家一人来帮忙，饭菜做好后再去请前来帮忙的亲朋全家人同来吃饭。吃饭时亲戚、朋友、邻里、老人与年轻人一起随意坐着吃，男性与女性也没有特定的座位规矩，通常会喝酒的男子聚集在一起坐。清明节时一般是各家上各家祖坟扫墓，如果大家族一块儿上坟，则要请客，平时立墓碑也要请客。"晚姆"（做客）也是撒尼人之间的一种传统的集体社交活动，至今仍然流行。每逢村中有人家举行起房盖屋、婚礼喜庆、孩子取名等重大活动时，本村及其他村寨的亲朋好友、男女老幼都要去做客。主人家与宾客们通过对歌、弹奏月琴、跳乐比赛以及交换礼品等联谊活动，使撒尼人与人、村与村之间的感情、友谊得以巩固和加强。传统的请客和做客活动不仅是撒尼人增添生活情趣的娱乐或休闲活动，更是他们不断加强本民族内部团结、增进族人之间交往的社交活动，体现了撒尼传统文化的特征——群体意识和整体协作精神。

第八节 彝族撒尼人的社会组织结构

一 村行政组织

1949—1972年，大糯黑村被划为糯黑大队。1961—1965年，大糯黑村共有8个生产小队，据当时担任生产小队会计的高文华回忆，当时1个生产小队仅有67人。1971年3月25日—1978年6月22日，高文华担任大队书记。他说当时实行大集体，生活很艰苦。当时历届大队领导是王有志、高文华、曾映光3人，他们分别担任主任、书记、大队长，曾映光兼任文书。王有志于1972年入党，高文华是他的入党介绍人。

1983年以前，大糯黑村分为4个社/队、8个小组，劳作活动由村委会分配到各个小组。1982年，原来的生产队被划分为两个队，当年12月开始实行家庭联产承包责任制，包产到户，平均分组，各家各户轮流当1个月组长，石林其他地方无此做法。1984年，王有志担任支部书记，其他领导为毕何兴、小糯黑村的李坚华。同年，圭山区糯黑乡成立。体改期间，村领导为王有志、何文珍、李坚华。经人民代表选举，何文彬被选为乡长，但他不愿就任，上级改为委任何正伟担任代理乡长。1987年2月25日，高文华被推选为乡长。到1988年3月以后，昆明市各乡都改为办事处，区改为乡。1987—1988年3月的小乡，自1988年4月以后改为办事处。1988年5月16日—1989年4月4日，毕文昌担任办事处主任。1993年4月1日，海宜人张志敏来到大糯黑村担任书记。1994年4月1日—1995年7月24日，高文华以干部交流方式被派到海宜办事处担任书记。1993年—1999年4月，何文航担任办事处主任。1997年7月—2000年8月，毕文昌担任书记。1999年4月—2000年8月，高映峰担任村委会主任。

1983—1990年，设立糯黑乡。1990—2000年，改设糯黑办事处。自2000年8月15日以后，组建糯黑村委会。2004年，当地的行政组织结构为：石林县——圭山乡——糯黑村委会（即过去的行政村，包括大糯黑村和小糯黑村）——大糯黑村（自然村）村民小组——1—8组。

2000年8月—2003年8月，糯黑村委会成员包括：主任何文彬，副主任曾建宏，委员有毕宏光、曾毕华、高玉兰，大糯黑村村民小组组长毕宏光，副组长兼会计曾毕华，副组长兼出纳高玉兰，林业员曾文明，保管员王宏德，民兵连长李江，妇女主任李学珍，兽医李树光，计生员曾跃华，农科员何巨华，烤烟辅导员毕宏光。

糯黑村委会干部的报酬由圭山乡政府发放，烤烟辅导员的报酬由石林县烟草公司圭山烟叶站发放，村民小组组长的报酬由村委会发放。据村民王光珍提供的信息，1996—1999年她担任村烤烟辅导员期间，报酬为每月400元。村委会各大员由村委会领导直接提名，计生员经考试录用，对各大员的工作进行打分考核。2003年，村委会主任、副主任的报酬为每月390元；村民小组领导成员的待遇为每月120元，经村委会审批、村委会主任签字，直接由村民小组发放。村委会成员因公出差的差旅费、办事费、生活补助费由集体公款支付，生活补助费标准为每人每天10元。

2000年8月15日，组建第一届糯黑村委会，村委会主任为何文彬。2003年8月16日，第二届糯黑村委会干部换届选举产生，村委会成员如下：主任王光辉，副主任曾建宏（从1999年8月起一直担任村干部），委员有王文和、何健光、黄学，王文和负责大糯黑村，何健光、黄学负责小糯黑村，后两人既不是村民小组领导，又不是村委会的大员，因此无工作报酬。大糯黑村村民小组组长高德昌，副组长兼会计王文和，出纳毕宏才，妇女主任王菊英。小糯黑村村民小组组长高映辉，副组长曾志明。大糯黑村村民小组分管8个社（组），各社（组）成员推选社长（组长），社长（组长）按月轮流担任，一般谁有时间谁可自愿担任，年轻的未婚者也可担任。每个组最多38—41户，最少23—25户，组长负责政策宣传工作，无报酬。村委会主任分管林业员曾文明，土管员何俊，兽医李树光，治保员（或称调解员）曾光祥，卫生员李云德（男）、董建红（女），烤烟辅导员高映辉、高德昌、毕宏才，农经员曾毕华，农科员何巨华。

以下是笔者在糯黑村委会办公室收集到的两份工作人员名单：

2004年糯黑村委会带班领导每月值班表

高映峰1—3日，王光辉4—6日，曾建宏7—9日，高映峰10—12日，王光辉13—15日，曾建宏16—18日，高映峰19—21日，王光辉22—24日，曾建宏25—27日，高映峰28日，王光辉29日，曾建宏30—31日。

2003—2004年糯黑村委会护林防火领导小组及义务扑火队成员名单

为了贯彻石林县有关防火工作的决定和指示精神，认真抓好今冬明春的防火工作，进一步加强领导，落实责任，禁止野外用火，确保我村委会的社会稳定，经我村委会会议研究决定，成立护林防火领导小组及义务扑火队。现将名单公布如下：

一、领导小组：组长王光辉，副组长高映峰、曾建宏，成员有曾文明、王文和、李江、高德昌、高映辉、曾志明、曾德华。

二、义务扑火队名单：毕宏才、曾跃华、王有昌、何文航、高跃华、何德华、王菊英、李文德、杨天保、杨聪华、李学德、王映德、黄学、李建兴、王正学、苏登有、何绍学、王云德、何建光、曾凤明、王兴辉、王小保、李兴义、李权、何建学、金小河、何跃林、李兴明、何俊、何志林、苏冬有、王学文、杨学兴、李学珍、李恒、何绍祥、黄文学、王文才、曾光祥、何永才、曾利华、李海和、李洪学、何巨华、王天学、苏继奎、李得祥、李文学。

二　党团组织

表 3—4　　　　　　　糯黑乡党支部书记更迭

支部名称	支书姓名	任职时间
糯黑乡	王志昌	1954.12—1957.3
糯黑公社	金文华	1962.1—1964.5
糯黑公社	李春芳	1964.5—1967.3
糯黑大队	赵国臣	1970.7—1973.3
糯黑大队	王有志	1973.3—1984.10
糯黑乡	王有志	1984.4—1985.9
糯黑乡	毕宏兴	1985.9—1988.5
糯黑乡办事处	高文华	1988.6—1992.12

2000年8月—2003年8月，糯黑村党支部书记为高映峰，委员包括纪检委员曾凤明、宣传委员曾利华、调解委员曾光祥、组织委员王光珍，团支部书记为曾德华。2003年8月—2006年8月，村党支部书记为高映峰，村党支部书记的报酬为每月390元，委员包括纪检委员王光辉、宣传委员曾建宏、组织委员高玉兰、调解委员高映辉，村党支部书记分管民兵连长李江、团支部书记曾德华、妇女主任李学珍、计生员曾跃华。2003年，该村有1个党支部、两个党小组、45名党员。正式党员总数为43人，全是少数民族，妇女党员有7人。43名正式党员的文化程度如下：高中/中专文化7人，初中文化23人，小学以下文化

13人；年龄结构为：60岁以上的11人，35—60岁的21人，35岁以下的11人。

圭山乡糯黑村委会是石林县民宗局的支农联系点，2004年3月30日上午，县民宗局有关领导到该村上党课，进行党员培训，参加党员共有40人，有5位党员因事请假。石林县民宗局局长毕玉昌发表了《认清形势加快发展，努力实现小康社会》的讲话，他分析了当前国际和国内的形势，提出了加快经济建设步伐、建设小康社会的要求和想法。石林县民宗局副局长李毅飞讲解了如何理解小康社会的定性和定量标准，石林县建设小康社会的思路、方法及步骤，如何结合糯黑村实际情况围绕九（乡）—石（林）—阿（庐古洞）旅游专线公路发展经济奔小康的一些建议。

表3—5　　　　党群组织概况（2002年）

名称	数量（个）	委员（人）
党支部	1	5
党小组	2	2
团总支	1	5
团支部	2	6
妇委会	1	5
妇代小组	2	6
民兵	1	5
治保调解	1	7
专业生产合作组织	2	5
老年协会	1	5
计生协会	1	7
各种研究协会	1	7

表 3—6　　　党支部年度工作履历（2002 年）　　　　单位：人

时间	活动内容	活动地点	应参加人数	实际参加人数
2 月 18 日	培训	村委会	43	39
2 月 26 日	学"三个代表"	村委会	43	40
7 月 1 日	收看电视	村委会	43	36
9 月 2 日	学"三个代表"	村委会	43	38
12 月 21—22 日	党员评议	村委会	43	39

糯黑村党支部的规章制度健全，内容包括：圭山乡农村党支部对村民委员会的管理制度、党支部工作制度、办事处党支部"五个好"原则、党支部议事规则、糯黑党支部书记工作要求、党支部委员民主生活制度、党支部纪律检查委员职责、党支部组织委员职责、党支部宣传委员职责、党支部组织建设三年（2000 年 9 月—2003 年 8 月）规划、"三会一课"制度、党小组会主要职责、党员学习制度、党员议事制度，详细内容参看附录二。

三　民间社团组织

（一）村老年协会

1999 年，石林县组织第一期老龄协会培训班，当时的糯黑村委会文书王光珍参加了培训。王光珍学习回来后，就去找大糯黑村小学退休教师金国兴，请他对开展大糯黑村老年人的活动出谋划策。金老师建议组织村里 60 岁以上的老人参加文艺表演、篮球比赛等活动，并邀请在外工作的本村人回村开座谈会等。2000 年，石林县组织第二期老龄协会培训班，王光珍请金老师去参会。金老师先是推辞，认为自己已退休，应选派其他村民参加，后在王光珍等人的请求下，他欣然答应，参加该培训需交

225元有关费用。金老师学习了两天后返回村里，并与村民王有志、回村居住的原石林县兽医站离休干部何文光等老年人商量，决定成立村老年协会。2001年1月24日（农历正月初一），在当时的村长王绍华组织下，召开了老年人座谈会。2001年1月25日（农历正月初二）上午10时左右，当时担任石林县县长的大糯黑人王光华带着一位名为"刘老五"的昆明私营企业老板到大糯黑村，听说该村正在筹备成立村老年协会一事之后，刘老五欣然为村里老年人捐赠2万元人民币，这笔资金暂由村委会保管。据王光华讲述，刘老五原为石林县北大村人，汉族，"文化大革命"期间曾差点被人打死。之后他独自一人到昆明闯荡，后在昆明创建水利机械化施工公司，承包修建水库、水坝工程。村委会为支持村老年协会的成立，把大糯黑村口的池塘交给村老协管理，老协买来鱼苗养鱼，每周六允许村民钓鱼，每根渔竿收费4元钱，钓到的鱼就不再收费，钓鱼的收入归老协作为活动经费。

2001年1月25日，大糯黑村老年协会正式成立。按成立时订定的章程，老协领导每3年换届，因此村委会干部组织村老协会员于2004年1月27日（农历正月初六）举行换届选举。上午9点，村老协141名会员中的111人到老协会址（原村老学校）集中，有少数老协会员因家里有事或患病而未能出席。10点，上一届即第一届村老协会长金国兴汇报3年以来的成绩和不足后，老协会计高月明通报3年来的所有收入和支出。除刘老五捐赠的2万元人民币外，大糯黑村在外地单位工作的人员共捐赠5000多元给老协。经过3年的收入和支出，老协的活动经费还剩余13000多元。之后，选举新一届村老协领导班子。选举人数为到会的111人，其中有1人弃权，实际选举人数为110人，后经投票、唱票，最后选出新一届即第二届村老协领导成员。之后村委会、村党支部和村老协领导为老协会员发放糖果，并祝福全体会员在新的一年里身体健康、万事如意。

以下为2004年1月27日村老年协会开会会议记录。记录人为李琳，后经笔者整理。

时间：2004年1月27日。地点：村老学校。

参会人员：村老协全体会员，村委会、村小组有关领导，共160人左右。

会议内容：2004年迎新春座谈会；老协上一届领导3年工作总结；选举老协第二届领导成员。

第一届村老协有会员141人，但近3年来去世14人。曾组建了老年文艺队，参加了石林县组织的老年文艺比赛，参加了1999年昆明世界园艺博览会老年协会文艺表演。村鱼塘给老协带来了经济收入。老协买鱼秧共花费13898元；老协活动地点设在村老学校，维修村老学校花费7132.15元，购置音响等设备花费2360元，两项支出共9492.15元；老协总收入20882元，纯收入8502元。

选举第二届村老协领导时，发出选票111张，收回110张。毕宏才、王文和计票，高映峰、王光辉监票，王菊英、高德昌唱票。结果得票数为：高文华50张，何德有50张，王正林43张，高月明40张，何兰英36张，王建辉34张。选举结果为：村老协第二届领导成员有会长高文华，副会长何德有、王正林，会计高月明，出纳何兰英。

（二）村文艺表演队

大糯黑村的村民们自发组建起多支文艺表演队，又可具体分为老年、中年、青少年多支表演队。在农闲时节，各表演队编排节目，表演民族歌舞。在重大节庆的前夕，每天晚饭后文艺队成员都集中到村礼堂等地排练，经常排练到午夜12点左右。每年春节期间，村里都举行文艺晚会，石林县、昆明市也经常组织村文艺表演队到石林县城、昆明市区等地表演撒尼人的大三弦舞、狮舞等。2004年1月23日（农历正月初二），由约80人组成的大糯黑村大三弦舞队被昆明市选送为到昆明市区参加庆新春表演的郊县文艺代表队之一。

（三）村发展管理委员会

2004年2月，大糯黑村发展管理委员会成立，成员包括糯黑村委会领导、大糯黑村村民小组领导、4位德高望重的老年顾问、8位党员、1位会计。该管委会的宗旨是搞好宣传，办实事，为大糯黑村的发展和建设出谋划策，监督村委会的管理工作。

四 社会分层

1951年，大糯黑村清匪反霸。1952年，进行土改。1953年，划分阶级，村民被划分为地主、富农、中农、贫农、雇农5种成分，当时该村有5户地主，分别是王姓两家、金姓两家及杨姓一家，他们的土地收归村社所有，财产被没收，一些财产被分送到贫农、雇农家。之后村民间经济上的贫富悬殊不大，社会分层不明显。

随着改革开放和农村家庭联产承包责任制的推行，大糯黑村村民从事农业生产活动的自由度扩大，农业种植的积极性随之提高，该村还出现了从事运输、采石、畜牧、商业等多种产业的群体，这些群体成为该村有不同价值取向、追求不同利益的主体，这些利益主体围绕着致富兴村的目标产生了重组和分化，村社会朝多元化方向发展，大糯黑村又出现了社会分层。以下根据2003—2004年的经济收入、职业类别、受教育程度等不同标准对大糯黑村村社会进行划分，以揭示大糯黑村的社会结构状况。

（一）按经济收入分层

大糯黑村村社成员的整体收入水平不高，具有一定收入差距，低收入和高收入群体人数较少，中等收入群体人数较多，并占绝大部分比重。

表 3—7　　大糯黑村经济收入社会分层抽样调查统计

单位：元；N = 20

序号	人口(人)	家庭年总收入(元)	人均年收入(元)	序号	人口(人)	家庭年总收入(元)	人均年收入(元)
1	6	20000	3333	11	4	7000	1750
2	6	18000	3000	12	5	8500	1700
3	4	8000	2000	13	5	8500	1700
4	4	8000	2000	14	5	8000	1600
5	4	8000	2000	15	5	7000	1400
6	4	8000	2000	16	5	6000	1200
7	3	6000	2000	17	4	4500	1125
8	3	6000	2000	18	3	3000	1000
9	4	7500	1875	19	3	3000	1000
10	4	7000	1750	20	4	1000	250

注：本表的统计结果是根据随机抽样的 20 户农户 2003 年的经济收入情况得来。

在上表随机抽样的大糯黑村 20 户农户中，家庭年总收入在 18000—20000 元的农户有两户，占被抽样群体的 10%；年总收入在 6000—8500 元的农户有 14 户，占 70%；而年总收入在 1000—4500 元的农户有 4 户，占 20%。由此可见，大糯黑村大部分农户的年总收入集中于 6000—8500 元，其中年总收入在 7000—8500 元的农户有 11 户，占样本总数的 55%，这说明绝大部分农户的年总收入集中于 7000—8500 元。村民的收入来源主要以种植烤烟、玉米、马铃薯为主，其中烤烟种植平均每年每户大概可获得5000元收入，而玉米和马铃薯种植平均每年每户大概可获得3000—4000元收入。大糯黑村农户的整体收入差距不明显，且收入水平大致相当。在调查中发现，大糯黑村农户在每年玉米收获后，扣除自己家用外，平均每户用于商品销售的大致有1.5—2吨玉米，按2003年的市场卖价约有2000元的收入；加上种植马铃薯有1—2吨的产量，按市场卖价可获得1000—2000元的收入；再加上种植烤烟的收入，能达到8000元左右的总收入。少数从事养殖业的农户收入微薄。如果扣除一年中购置种子、薄膜、化肥等成本以及吃、穿、住、行等家用外，每年有1000元的存款已经很不错，有的农户还要偿还贷款。但是，村内也有2—3户农户从事石材、采砂经营和建筑等第三产业，年总收入可能达到20万—30万元。

在被抽样调查的20户农户群体中，人均年收入达到2000元及以上的有8户，占40%；1000元及以上2000元以下的有11户，占55%；而人均年收入在1000元以下的农户有1户，占5%。如果按照2004年云南省划定的人均月收入低于120元为农村贫困家庭的标准，低收入群体在大糯黑村所占比例较大，他们的人均月收入大部分集中于100—200元，占全村农户总数的一半多，而人均月收入低于贫困标准的占被抽样农户的5%。

鉴于上述数据，如果按经济收入分层，可以把大糯黑村村民分为低收入、中等收入和高收入三个阶层。人均月收入达到200元左右的家庭在大糯黑村成为中等收入阶层，占绝大部分，他们已完全解决了温饱问题，都盖有两层的石板住房，有基本的生活家具和电视机、洗衣机、电话、影碟机等家用电器，还有手扶拖拉机、两头以上的耕牛等生产资料，有的还有摩托车，都能够基本维持家庭生活必需的开支，可以为小孩提供教育费和住校寄宿费。而家庭人均月收入在贫困线以下的低收入群体在村内为数不多，但也存在，他们主要靠耕种田地和搞副业为生，在收成好和副业收入较高时，能基本维持自己的生计，但平时要靠政府的救济，他们比村内其他农户相对要困难得多，勉强能保障温饱，由于家境困难，他们家里最多有一些基本家具，住房在较早时盖好后再没有翻修过，有时小孩的学费和书费要东凑西借。

此外，大糯黑村存在从事第三产业的人员，其家庭人均月收入高于 500 元，整体收入水平较高，成为村内的高收入群体。人均月收入达到 500 元以上的家庭在村内所占比重仅次于中等收入阶层。由于收入水平较高，高收入群体成为其他村民仿效的目标，成为村中名副其实的"富户"，他们生活富足，能够使自己的子女有较好的受教育条件，如把子女送到石林县城就读，有的把闲置资金用于扩大投资，有的拿出部分资金帮助困难户发展。

（二）按职业类别分层

改革开放后，大糯黑村出现职业多元化，村民从事不同的工作和职业，为按职业类别进行社会分层提供了客观依据。

调查中随机抽取了大糯黑村 70 位村民，对其职业进行登记并归类，发现他们由从事种植业和养殖业的普通农业劳动者、农村知识分子、村干部、农村个体户、私营企业受雇者构成，其中农村知识分子包括村里的农业技术人员、乡村医生、乡村教师、文艺工作者。抽样调查的大糯黑村普通农业劳动者 55 人，占调查总人数的 78.57%；农村知识分子 5 人，占 7.14%，村干部 4 人，占 5.71%，农村个体户 4 人，占 5.71%，私营企业受雇者 2 人，占 2.86%。这些数据表明，大糯黑村作为农村社区，农业劳动者仍占绝大部分比重，七成以上的村民从事传统农业中的种植业和养殖业。第二大群体是农村知识分子，他们是村社中从事教育、科技、卫生、文化等工作的主要人员，在村社生活中发挥着巨大影响力，是村社十分活跃的群体。村干部虽然人数不多，比重不大，但在村社社会生活中发挥着重要作用和巨大影响，他们不仅是村社政治生活的主角，而且是影响村社政治发展的精英人物。而农村个体户和私营企业受雇者成为村社新兴的从业人员，虽然目前他们所占的比重不大，但是代表着村民在谋求新的创业和发展途径（见表3—8）。

表3—8　　大糯黑村按职业类别社会分层抽样调查统计（2004年）

N = 70

职业	人数（人）	比例（%）
普通农业劳动者	55人	78.57
农村知识分子	5人	7.14
村干部	4人	5.71
农村个体户	4人	5.71
私营企业受雇者	2人	2.86

（三）按教育程度分层

早在1914年大糯黑村就建立了村小学，该村发展初等教育的时间较早。新中国成立后，随着党和政府的民族平等、民族团结和共同繁荣政策的贯彻和实施，以及"普九"义务教育的推行，大糯黑村的民族教育走向了全民教育的新阶段。调查发现，大糯黑村的家长都比较重视教育，都把子女送到村小学就读，升6年级时便把子女送到圭山乡中心小学就读。即使一些村民的家庭经济条件不好，他们也不会要子女辍学。村民们普遍认为，父母的责任是使子女受到良好教育而成才，培养对国家和社会有用的人才。

表3—9　　大糯黑村按教育分层的统计（2004年）

N = 48	小学	初中	高中	中专	大学
人数（人）	8人	32人	6人	1人	1人
比例（%）	16.67	66.67	12.5	2.08	2.08

在2004年随机抽样调查的大糯黑村48人中，有8人是小学文化，受过小学教育，占调查总人数的16.67%；有32人接受过初中教育，占66.67%；有6人接受过高中教育，占12.5%；有1人是中专生，占2.08%；有1人是大专生，接受过高等教育，占2.08%（见表3—9）。大糯黑村有初中文化的村民占绝大部分，保持较高比例。这在一定程度上反映了大多数村民都能通过广播、电视、会议、报纸、杂志等渠道获取农业生产知识，基本上都能用汉语和彝语进行交流，接受过中专、高中教育的村民所占比例接近15%，中等教育受众仅次于初等教育受众，很少有文盲。

五　社会保障

就目前而言，通常所说的社会保障体系由社会保险、社会福利、社会救济和社会服务4个部分组成。新中国成立后，建立了以政府民政机构发挥主要功能、处于主导地位的社会保障体系。1950年3月以后，圭山乡人民政府首次建立了民政机构，并安排1名党政领导分管此项工作。自1980年开始，配备了专职的民政助理员，他们具体负责各村委会的民政工作。与我国其他农村地区一样，大糯黑村的社会保障职能主要由村社的自治组织——村民委员会承载，形成"组织明确，自我服务，自我管理，保障有力"的社会保障体系，具体而言，主要包括以下3种类型。

（一）对革命烈士家属的抚恤和救济及对军属的优抚

新中国成立前，大糯黑村牺牲的革命烈士有李玉扬，他是彝族撒尼人，1910年生，1948年12月参加革命，1949年2月在攻打宜良县禄丰村的战斗中牺牲。大糯黑村在解放战争时期曾是边纵的革命指挥所驻地，因此村中曾有40—50人参军，并涌现出金发友、李玉元等烈士。该村参加抗美援朝战役牺牲的烈士有17人之多。对于这些烈士家属，民政系统在1950—1955年实行代耕助耕制度，并对生活有困难的军烈属给予补助，如当他们生病住院时，民政部门派人前往看望和慰问，并承担一定的住院治疗费用，军烈属可减免医疗费及住院伙食费的50％，基本上解决了优抚对象生产和生活的困难。实行农业合作化以后，优抚方式改为优待劳动日，同时对军烈属给予困难补助，使其生活水平不低于当地中等生活水平。1983年，优抚方法又改为发放优待金。从1986年开始，每年每户烈属补助120元。自1992年起，每年每户烈属补助增加到260元，而对病故军人家属每年每户补助220元，伤残军人每年每户补助120元，并给予日常生活照顾和有关优惠倾斜。现在村中有一家烈属，1968年该烈士在部队训练过程中心脏病突然发作，被送至宜良县58医院抢救无效而去世。牺牲的烈士在他家中排行老二，他家老四非正常死亡，老大和老三已分家，轮流赡养母亲王足仕，她1920年出生，是村老年协会会员。从1968年开始，一直定期发放定量补助给烈属王足仕，抚恤金按季度发放。自1986年起，每年每户军属补助100元。自1992年起，每年每户军属补助250元。而2003年服兵役的家属头3年有优抚款，每年有1320元，3年以后复原者或提干者则不再享有优抚款。2002年，大糯黑村用于优抚的费用合计为1433元。

（二）对困难户的补助和救济

1956年以后，大糯黑村社会保障工作的一个主要方面是对困难户和五保户给予扶助和救济。对五保户采取集中供养和分散供养的方法，除了解决五保户的全部伙食费外，每个月发放一定数量的生活必需品，由大队发给3—5元的穿用费。由大队确定对困难户的全年生活补助金额并给予发放，并在安排生产劳动方面给予适度优待倾斜，以增加困难户的收入。1983年实行家庭联产承包责任制以后，村内贫富差距逐步拉大。2004年，村内有3户贫困户，贫困人口12人，他们平时难以自己解决温饱问题，如果患病，生活就更加困难。对这些贫困户的鉴别主要以其实际生活状况来评判，避免人为的主观臆断。救济的具体程序是首先由大糯黑村村民小组上报给糯黑村委会，接着由民政助理员核实情况后再上报给圭山乡政府，待乡政府批准后，由民政助理员进行发放。此项救济自1961年开始实行，一直持续到2004年笔者调查之时，持续时间比较长。自1991年1月开始，救济方式有所调整，主要体现在发放的现金和物资上，现在发放的现金为最少每年每人300元，并根据各户的具体实际情况，有的还高于300元，一般按年度发放，同时发放的物资有口粮、衣服和棉被。2003年，大糯黑村用于五保户供养的费用合计为1072元。

（三）社会保险

2004年，大糯黑村村民参加社会保险的种类主要集中在人身意外保险、养老保险和医疗保险，呈现出总体参保人数不多、分布不均衡的特点。村内小孩只要一出生，就要向村卫生员缴纳保险费，费用为每人38元，投保时间到7岁，此后要另行缴纳。由于石林县教育局有明文规定，凡是在校的中小学生都要参加人身意外伤害保险和医疗保险，所以村民大多让自家小孩参加这两类保险。投保后，保险公司对小孩意外伤害保险和医疗保险的赔付比较及时。例如，2003年，高文华的孙女患了眼疾住院，当时缴纳了30元的医疗保险费，而住院治疗和补助费用报销了800多元，保险赔付率达到总费用的80％，高文华对赔付结果比较满意，自己也想从2004年起参加医疗保险和养老保险。1997年，石林县保险公司的工作人员到大糯黑村开展过养老保险试点，当时每位村民只用一次性缴纳投保费1200元，到60岁以后便可以每月领取600元，但是当时村内投保的人数很少，仅有约20人。有些村民尽管当时家里经济条件较好，但未及时参加投保,现在有不少村民对当时没有参加试点投保而感到遗憾和后悔。2004年,大糯黑村有8位退休人员,他们都由原单位缴纳了养老保险,如高月明老师从大糯黑村小学退休,在学校工作时就参加了医疗保险和养老保险。随着2004年度计划生育政策的调整,为农村独生子女家庭带来了福音。根据新颁政策,办理了独生子女证且未满14岁的儿童在校读书期间,书费和一切学杂费全免,并给予一定的生活补助;村委会规定的义务性投工投劳可免;独生子女中考和高考可以加分录取;独生子女的父母双方到60岁以后,每人每月可以领到由民政部门发放的300元生活补助。2004年,大糯黑村补办和领取独生子女证的村民非常多,已形成一股潮流。许多新婚夫妇表现出极大的兴趣,有不少人到村委会了解政策,并表示愿意只生一个孩子。

第九节 彝族撒尼人的习惯法与《村规民约》

一 习惯法

彝族撒尼人历来注重维护宗族以及家庭内部的团结和睦。一个宗族和家庭的成员经常一起劳动和生活,世代相守,朝夕共处,难免会发生这样或那样的矛盾。为了避免矛盾激化导致内部冲突,往往以习惯法或相关《村规民约》作为防止冲突、增进和睦的机制。撒尼社会中的习惯法在维护个体家庭的私有财产、保护宗族安定、建立公共道德、选择配偶通婚等方面发挥着独特的作用。

古籍记载撒尼风俗:"自治规约极严密,无人敢犯,犯则必惩,故以同类中无盗贼。外贼亦不敢入,入则合力击之,虽千万人不稍惧,以此身死者优葬之,并代为农事至其父母终、子女成人而后已;退缩者则处死。虽近年匪患频,此族聚居区则仍然夜不闭户、道不拾遗。"① 习惯法的一部分现在多通过村里制定的《村规民约》而形成书面形式。

二　禁忌

历史上彝族撒尼人有一些禁忌，其中有些与迷信有关。如忌妇女在起房盖屋时跨过搭架木料；忌踩锅灶，以免伤害灶神，把嘴扯歪；忌儿媳妇在公公面前梳头；忌在神山和"密枝林"砍树、割草；忌死在村外者被抬入村内；忌在立春日种农作物，以免打伤庄稼；忌称彝家为"倮倮"，认为这是对彝家人的侮辱；忌舀饭时舀中间翻甑底，不顺着甑子的四周舀饭；妇女生孩子时忌外人入室；忌在门槛上坐，以免挡住财神进家的路；忌说"卖"自家的牲畜。撒尼人认为"一山不容二虎"，因此都属虎的男女双方不能结婚。吃饭时，晚辈不能先于长辈动碗筷。在家中，不准唱调子，不准吹口哨。弟弟可以与嫂子开玩笑，哥哥却不能与弟媳开玩笑。大年初一早上不能去串门，不能听乌鸦叫。平时不能听狗哭，不能看老鹰抓野鸡，不能看豹子吃麂子。家中的母鸡不能叫唤出公鸡声。妇女的衣裤不能晒在过路的地方。不能看见蛇呈盘子形。

三　《村规民约》

历届糯黑村委会当选后，均会在以往《村规民约》的基础上，与时俱进，不断完善和增补，颁布并执行更新的《村规民约》。调查组调查到两届村委会制订的《村规民约》，具体包括《村规民约（试行）》、《糯黑村村规民约》、《大糯黑村村规民约补充条例》，详细内容参看附录二。

---

① 卢义、黄建明：《石林文化景观》，中国文学出版社1990年版，第123、134、136页。

四 村民自治

彝族撒尼人的"尼聪"组织其实就是一种维系文化行为的整体性群众组织。它是过去撒尼地区的自治组织，是维系一个区域民族的纽带，这条纽带把整个尼聪组织内部统一起来，形成强大的集体力量。尼聪组织对撒尼人的日常行为、社交活动及道德准则等都有严密的具体规定，要求大家严格遵守。一旦有人触犯规定，将予以严厉惩罚。尼聪条约对盗窃、抢劫、放火、投毒、斗殴、赌博等罪行均按规定的处罚条例惩处。尼聪规章的约束作用使得撒尼社会历史上一直都比较稳定，有助于强化民族内部的团结。

现在糯黑村委会成员由村民民主选举产生。大糯黑村中心有一个大礼堂，村民大会通常在村大礼堂里举行，大礼堂旁边有大糯黑村村民小组的广播室。2003年8月15日，糯黑村委会召开村民大会，大糯黑、小糯黑两个村同时进行换届选举，共有1137位选民参加选举。2003年8月16日，村委会干部经选举产生，生于1963年8月的大糯黑村村民王光辉以711票当选村委会主任，另一位村委会主任候选人为何耀彪。石林县民宗局、县检察院有关领导，圭山乡纪委书记、乡人大主任参加并监督了选举过程。选举出的糯黑村委会成员名单如下：主任王光辉，副主任曾建宏（自1999年8月一直担任此职），委员有王文和、何健光、黄学，王文和负责大糯黑村，何健光、黄学负责小糯黑村。选举出大糯黑村村民小组组长高德昌、副组长兼会计王文和、出纳毕宏才、妇女主任王菊英。选举出小糯黑村村民小组组长高映辉、副组长曾志明。按照惯例，大糯黑村村民小组分管8个社（组），各社（组）成员推选社长（组长），社长（组长）按月轮流担任，一般谁有时间谁可自愿担任，年轻的未婚者也可担任。每个组最多38—41户，最少23—25户，组长负责政策宣传，无工作报酬。

大糯黑村干群关系融洽，村委会和村民小组积极帮助群众解决生活和生产中的实际困难，群众全力支持村委会和村民小组的工作。村委会力图做好群众的思想工作，解决热点问题，如烤烟种植、粮食生产、养殖业，搞活第三产业，组织民族文化艺术活动，实施民族文化旅游村建设。例如，2003年9月10日，村委会组织村小学退休教师和在职教师、村委会及村民小组干部共30人到昆明市区、宜良县、呈贡县等地参观、考察。又如，村子上半部分地势较高，农户缺水，村委会一方面贷款筹集资金，另一方面组织农户适当出资，请乡水管所来安装水管，于2004年年初把自来水管接到了全村的各家各户，解决了全村农户饮用自来水的问题。2004年3月8日，村委会组织了妇女知识竞赛和游园活动，大糯黑村、小糯黑村共有约500名妇女参加。

大糯黑村自发评选"十星级文明户"，十星分别是：五爱星、致富星、法纪星、科教星、计生星、义务星、团结星、新风星、卫生星、绿化星。

糯黑村委会实施了村务公开制度、民主选举制度、民主决策制度、民主管理制度、经济管理委员会制度、村民代表会议制度、村委会干部民主评议制度、村委会民主评议党员制度、村民小组工作制度，制定了村民委员会职责、村民委员会主任职责、村委会副主任（兼文书）职责、村妇女主任职责、人民调解委员工作职责、民兵组织工作职责、治安保卫委员会工作职责、村民小组组长职责，具体内容参看附录二。

五　村寨人际关系的协调

（一）村寨内部及村寨间的关系协调

据调查，几乎从未出现过大糯黑村村民与其他村的村民打架闹事的事例。村里偶有邻里关系不和、吵架、打官司等情形。邻里之间的矛盾主要是地盘之争，争夺山上地界或房屋附近地盘，一般最后都能协商解决。

（二）本民族支系间及民族间的关系协调

彝族撒尼人对其他兄弟民族历来持平等友好的态度，他们认为各民族同出一体，有共同的祖先，大家应该像兄弟姐妹般友好相处。在撒尼古歌和故事传说中，没有撒尼人与其他民族之间争斗冲突的记载，而是处处体现了和睦相处、团结互助的精神。

撒尼人与彝族其他支系、其他民族的交往极为真诚。不论与什么民族路途相遇，都要互相问候；打招呼时男子互换烟叶，相呼冠以"乌"音以表示客气与亲热；主客之间，客人入室请上座，主人则坐于客人的左边奉陪；贵客至，则宰羊杀鸡，诚心招待，绝不向客人索取报酬，客人离开时一直送至村外。

六 纠纷及纠纷的解决

在调查中发现，由于大糯黑村历来倡导尊老爱幼的传统，重视邻里的和睦相处，村民之间的矛盾和纠纷不多。村内即使出现诸如婆媳不和等矛盾，基本上都通过召开家庭会议，把双方家人都请来现场解决，晚辈大都听从长辈的意见，主动承认错误，展开自我评批，长辈也能谅解晚辈，这些矛盾大都能在家庭范围内得以解决，并且家人都不愿让外人知道家庭出现的矛盾。

2003年3月，大糯黑村发生一次较大的纠纷。由于政府统购烟叶，圭山乡烤烟收购站统一规划种烟面积和烟叶品种，要把原先的种烟铲除，有些村民不理解，认为此举侵犯了他们的利益，几百人去上访，请村委会反映问题。后经石林县、圭山乡政府有关领导及与村民联系较多的乡水管所、乡供电所有关工作人员的调解，向村民宣讲铲除种烟是为了保证村民的种烟面积、规范烟叶品种、保证烟叶能被乡烤烟收购站收购，这才稳定了村民的情绪，使他们按要求铲除了原先种植的种烟。

大糯黑村设有专门负责调解民事纠纷的村人民调解委员会，

它是司法业务部门的基层群众组织。村中如发生土地和山林的纠纷与争执，都由村调解委员会负责协调和化解矛盾，并且每月向圭山乡政府上报一次，实行零报告制度。村调解委员会的主要职责是：宣传党和政府的法律法规，为村民提供法律咨询和服务；深入群众，调查了解和掌握情况，为村民排忧解难；及时调解民事纠纷，并争取一般的民事纠纷在村内得以解决。村调解委员会成为调解村民之间的矛盾、保障村社秩序稳定的重要力量。由于村里农户的家庭矛盾和纠纷较少，因此很少要借助村人民调解委员会进行调解。撒尼人特别注重道德规范和自身的言行，提倡民族成员之间的团结友爱，村民之间也很少出现矛盾或纠纷，因此村调解委员会对村社事务的调解活动不多，其作用基本上集中于对村内农户之间用水、土地归属和与外村的山林划界方面发生的矛盾与纠纷的调解上。在调解时，村调解委员会站在公平、公正的立场上，综合考虑历史和现实因素，兼顾双方利益，实事求是，不偏不倚，以消解和处理矛盾为主要宗旨。目前村内经常出现的纠纷是：当种完烤烟后，由于村民开荒挖地，会有意无意占到本村他人的土地或与外村相邻的土地而引起纠纷。特别在实行家庭联产承包责任制、农户单干后，这种纠纷较为普遍。但凡遇到类似情况，村调解委员会常会接到被占土地的村民一方的反映，即使没有接到直接的调解请求，村调解委员会也通过平时群众的反映加以关注，找到当事人，力求及时、有效地化解矛盾。一般而言，村调解委员会通过实地勘查，弄清界线，明确原先所划分的地界，要求占地一方退回多占土地。如果遇到界线模糊或没有明确划分过界线的情况，村调解委员会则协同村委会和村民小组重新按中线划分。如果遇到村调解委员会难以协调解决的纠纷，则由村民小组和村委会共同调解，如果仍难以调解，则上报圭山乡政府乃至石林县政府有关部门，由上级有关部门负责出面协调解决。例如，2000年前大糯黑村与临近的亩竹箐乡的山林纠纷比较严重，矛盾比较突出，后经过石林县有关部门出面调解，近年来没有再发生过纠纷或冲突。

七　国家法律的推行及案例

大糯黑村为配合依法治村的工作规划，由村委会牵头，负责组织实施普法学法活动，旨在通过组织村民学习法律知识，进行法制宣传教育，增强村民的法律意识和法制观念，树立法制权威，全面推进依法治村工作，为村社的经济建设和各项事业的发展营造良好的法制环境。1992年和1995年，大糯黑村分别组织过两次涉及面较广、影响较大的普法教育，主要针对村干部和村民，由石林县司法局和圭山乡派出所派来专人，针对《民法通则》和圭山乡存在的刑事案件进行宣传教育，地点设在村大礼堂，当时众多村民参加。普法教育后，村民对普法反响强烈，增强了村干部和村民的法制意识，收效良好。

2004年2月5日，石林县委宣传部、县司法局、县法院联合组织工作人员到大糯黑村进行普法教育，由圭山乡副乡长负责协调，主要对村干部和村民宣讲《宪法》、《民法通则》、《婚姻法》、《社会治安综合管理条例》，其中，《宪法》和《婚姻法》是最新颁布的新《宪法》和新《婚姻法》。在村礼堂里，全体村民济济一堂，仔细倾听宣讲内容。之后，有关工作人员又在村委会专门针对村干部进行普法教育，村干部上课要打考勤，并通过考试测评普法效果，考试采用笔试和口试两种方式进行。

每个季度村党支部和村委会都要定期开展普法教育活动，学习内容为邓小平关于社会主义民主与法制理论，以及《宪法》、《民法通则》、《民事诉讼法》、《刑法》、《刑事诉讼法》、《村民委员会组织法》、《云南省农民负担管理条例》等法律法规及相关条例。村委会有时还利用村广播宣传普法指导思想、任务和要求，扩大普法的影响和声势，做到家喻户晓，同时培养普法骨干和普法宣传员,不仅对村干部进行普法,还对村里的青年、妇女、老人和儿童普法,特别是对儿童采取家长带动学法与学校普法相结合的方式,促进儿童学法,使村民知法、懂法、守法。普法以面授为主,辅之以广播、讲座、定期出黑板报等方式,同时为村民提供法律知识解答和法律咨询服务。

以下是2004年调查组收集到的大糯黑村村民之间的民事诉讼个案的《民事起诉状》:

民事起诉状

原告张某~,男,1950年生,彝族,石林县农民,住石林县圭山乡糯黑村民委会大糯黑村村民小组。

被告王某~,男,1942年12月4日生,彝族,石林县农民,住石林县圭山乡糯黑村委会大糯黑村民村小组。

诉讼请求

一、请求石林县人民法院责令被告停止对我实施的侵害行为,并要求排除妨碍,恢复原状。

二、诉讼费由被告承担。

事实和理由:

我与被告系邻居。2002年,被告建盖现居住的三间耳房。在建盖过程中,把废石、废土全堆在我堆柴、堆粪的空地上,而这块空地是村上划归给我管理使用的。2002年10月20日早,被告找来汽车拉土,沿着我的猪厩要填平出一条进出的路。当天早上就把我堆着的粪和沙填平掉,经我制止并报请村委会后,被告当天就没再拉土来填,之后他把建房产生的垃圾又全部堆至我管理使用的空地上。2002年10月31日,大糯黑村村民小组成员毕宏光、曾毕华、高玉兰和村委会土地管理员王宏德一起参与调解,并写出调解书。我们双方当事人均到场。调解书要求被告把土清理掉,对猪厩和烧柴恢复原状。但被告不但不依,且一张诉状把我诉至法院，要求给被告让出一条通道，经石林县人民法院调解审理后，被告依法向法院申请撤诉。撤诉后，被告不但不停止对我实施侵权行为，还经常用侮辱性的语言谩骂我。

　　我为依法保护我的合法权益现诉至法院，望法院支持我的诉讼请求。

　　此致
　　石林县人民法院

起诉人：张某~
2003 年 10 月 8 日

　　以下是 2003 年 11 月 17 日签收的石林县人民法院《民事判决书》内容：

石林彝族自治县人民法院
民事判决书

【2003】石民初字第 857 号

　　原告张某~，男，1950 年生，彝族，农民，小学文化，石林县人，住石林县圭山乡糯黑村委会大糯黑村。

　　委托代理人李某~，石林县公平法律服务所法律工作者。一般诉讼代理。

　　被告王某~，男，1942 年生，彝族，农民，小学文化，石林县人，住石林县圭山乡糯黑村委会大糯黑村。

　　委托代理人王某~，石林法律服务所法律工作者。特别授权代理。

　　委托代理人曾某~，男，1970 年生，彝族，农民，住石林县旅游服务公司宿舍。系被告王某~女婿，特别授权代理。

　　原告张某~诉被告王某~相邻土地使用关系纠纷一案，本院受理后，于 2003 年 10 月 31 日公开开庭进行了审理。原告张某~及委托代理人李某~、被告王某~及委托代理人王某~、曾某~均到庭参加了诉讼,本案现已审理终结。

原告诉称:2002年,被告建盖现居住的三间耳房。在建盖过程中,把废石废土全堆在我堆柴、堆粪的空地上,而这块空地是村上划归给我管理使用的。2002年10月20日早,被告用汽车拉土沿着我的猪厩填出一条进出的路,把我堆着的粪和沙填平掉。经我制止并报请村委会后,被告当天就没有拉土来填,之后又把建房产生的废料垃圾全部堆至我管理使用的空地上。2002年10月31日,大糯黑村民小组成员毕某~、曾某~、高某~和村委会土地管理员王宏德一起参加调解,并写出调解书。我们双方当事人均到场。调解书要求被告把土清理掉,对猪厩和烧柴恢复原状。但被告不但不听,还一纸诉状把我诉至法院,要求让出一条通道。经审理后,被告向法院申请撤诉。撤诉后,被告不但不停止对我家实施侵权行为,还经常用侮辱性语言谩骂我。为维护我的合法权益,特起诉至法院,请求法院责令被告停止对我家实施的侵害行为,并要求排除妨碍,恢复原状。本案诉讼费由被告承担。

被告辩称:原告所诉不符合客观事实,我自始至终没有对原告的土地使用权实施过侵害,原告仅凭2002年10月31日由原告及村民小组达成的所谓调解协议,这是没有任何法律依据的。根据1993年元月17日由石林彝族自治县人民政府颁发给我的糯93地(籍)字第55170号,我从未对原告使用、管理的土地实施过任何侵害。因此原告起诉我没有任何法律依据,请求驳回原告无理的诉讼请求。

综合诉辩主张,本案双方当事人争议的焦点是:1.双方争议地点的土地使用权归谁管理使用?2.被告的行为是否侵犯了原告的使用权以及是否应承担责任?

针对以上争议,原告张某~向本院提交如下证据:

1.提交糯93地(籍)字第55172号土地使用证,证实争议的土地属原告家管理使用。土地使用证上已明确了四至界限,包含在争议土地范围内 $70.9m^2$ 的空地面积。

被告质证认为,对土地使用证无异议,但土地使用证上不包含争议的土地,土地使用证上的方位不准确,争议的空地方位有误。

2. 提交村小组和村土地管理员参加做出的调解书。欲证实所争议的土地经村小组、村土管员及双方当事人参加下的调解经过。

被告质证认为,调解书的形式不合法,是原告单方行为,不予认可。应按土地使用权证所划定的图纸确定。

3. 提交原告自己的土地管理档案,提交被告王某~的土地管理档案。证实争议的土地属原告家管理使用。

被告质证认为,对两家的土地管理档案真实性无异议,但不能证实原告的主张,原告把方位搞错了。

4. 提交现场照片,欲证实争议地点在原告的土地使用权范围内。

被告质证认为无异议,我家是在管理使用自己的权属范围。

被告王某~为其答辩理由向本院提交下列证据:

1. 提交原告的地籍管理档案,证实争议地点并不包含在原告的土地使用证内。

原告质证认为,被告只说了一部分,但未涉及争议的空地,只说了房子的情况。

2. 提交自己的土地使用权证,证实争议的空地属集体所有,不属于被告或其他任何一方。

原告质证认为,争议的空地属原告,被告说的不符合事实。

3. 提交现场照片。证实争议的地点是被告的通道,属集体。

原告质证认为,被告标出的红线恰好是争议的空地,含在 $70.9m^2$ 范围内。

4. 提交现场草图一份，说明争议地点是被告的通道，而不属于空地。

原告质证认为，现场草图与土地使用权证上的方位不符。

5. 提交同村7位村民的证言，证明争议地点是被告家的通道。

原告质证认为，与本案无关，不能作为定案的依据。

根据庭审和质证，本院确认如下法律事实：

原告张某~与被告王某~系同村邻居。原告张某~经县人民政府1993年6月17日确认给其用地面积203m^2，建筑面积83.9m^2，空地为108.9m^2，四至为东至本已墙外口皮止，南至本已石围墙外口皮止，西至本已墙外口皮止，北至本已墙外口皮止，其中畜厩10.2m^{2}与被告王某~家相连。同时被告王某~经县人民政府确认给其用地面积341.3m^2，建筑面积97m^2，空地157.4m^2，四至为东至本已走沿延伸9.7m^{2}止，南至老学校墙外口皮止，西至本已墙外口皮延伸5.7 m^{2}止，北至本已墙外口皮止，其中部分与张某~家空地畜厩相连。1990年被告王某~拆旧翻新建盖新房，2002年建起新房。2003年3月20日，被告王某~以原告张某~在通道上堆粪和杂物，要求排除妨碍、停止侵害为由诉至本院，后王某~向本院提出撤诉申请，本院裁定准予王某~撤回起诉。原告张某~以所管理使用的70.9m^{2}空地包括现双方争议的通道空地属自己管理范围为由，要求被告王某~停止侵害、清除在空地上堆放的土和废料而诉至本院。

本院认为：原、被告双方经县人民政府核准登记，已取得了对集体土地的管理和使用权，可以对所管理的土地行使使用权，但在本案中原、被告所争议的空地，原告张某~所主张的70.9m^{2}的空地已包括争议的空地，使用权属不明且无充分证据证实，村民小组和村土管员虽然对双方所争议的通道权属做出了调解书，但不能足以证明本案的法律事实。因此，原告在法庭上所提交的相关土地权属证明确实存在瑕疵，不足以证明其诉讼主张得以成立。且根据本案的实情，该双方所涉及的土地使用权属应由相关的土地管理部门做出认定。据此，依照《中华人民共和国民事诉讼法》第六十四条第一款之规定，判决如下：

驳回原告张某~的诉讼请求。

案件受理费、其他诉讼费共计 300 元，由原告张某~承担。

如不服本判决，可在判决书送达之日起 15 日内，向本院递交上诉状，并按对方当事人的人数提出副本，上诉于昆明市中级人民法院。

审判员　昂志忠
二〇〇三年十月三十一日
书记员　李发文

以下是 2003 年 12 月 2 日签收的《民事上诉状》内容：

民事上诉状

上诉人：张某~，男，1950 年生，彝族，农民，小学文化，石林县人，住石林县圭山乡糯黑村委会大糯黑村。

被上诉人：王某~，男，1942 年生，彝族，农民，小学文化，石林县人，住石林县圭山乡糯黑村委会大糯黑村。

上诉人张某~因不服石林县人民法院做出的［2003］石民初字第 857 号民事判决，特提出上诉。

上诉请求：

一、请求昆明市中级人民法院依法撤销［2003］石民初字第 857 号民事判决书；做出责令被上诉人停止对我实施的侵权行为，并要求恢复原状、排除妨碍的公正判决。

事实和理由：

一、上诉人主张 70.9 m² 空地权属明确，证据确凿充分。

1993 年，我依法取得现居住房屋和房前 70.9 m² 的 93 地（籍）

第四章　彝族撒尼人精神文化的变迁

第一节　彝族撒尼人的宗教信仰

　　石林地区宗教文化种类多样，内涵丰富，具有浓厚的民族特色和地方特色，主要包括原始宗教和天主教。在历史发展进程中，撒尼人的宗教信仰基本上仍处于原始宗教的发展阶段，万物有灵、鬼神崇拜、自然崇拜、图腾崇拜、祖先崇拜、祭密枝以及毕摩文化等形式的宗教信仰还普遍存在于其社会生活中，拥有特殊技能与素质的毕摩是其宗教活动的中心人物。近代以来，随着西方势力进入中国，天主教也在中国一些地区传播。自1887年以来，由于西方传教士的进入和布道，石林的一些群众成为天主教徒，从而使彝族撒尼人的宗教文化在原有的传统宗教之外，又增加了新的外来宗教。

一　自然崇拜

　　自然崇拜实际上就是自然神灵崇拜。由于古人对自然和社会科学的无知，总把一切祸福都归于神灵。在历史上，万物有灵的观念曾广泛存在于彝族撒尼群众的精神世界中。撒尼人认为，天、地、日、月、水、火、山、石、林都各有其神灵在主宰，都与某种神秘的精灵联系在一经，因而他们对天、地、山、石等自然物加以顶礼膜拜。

（一）天神崇拜

据彝族经书记载，宇宙万物皆为天神所造和主宰，因此要敬天祭天。至今撒尼人仍教育后代要孝敬父母和长辈，爱惜五谷粮食，多行善事，不做恶事，否则要遭天神惩罚，天打五雷轰。每年农历十月五日是大糯黑村庆丰收、祭祀天神的日子。

2004年11月16日是农历十月五日，每年的这个时候，大糯黑村全体村民都要祭祀天神（雨神）。在此之前已由村民小组组长负责去外村买了一只绵羊回来。16日早上，在毕摩主持下，村干部组织大糯黑村村民小组下属8个组的组长把绵羊拴到祭祀天神的地方——"子枪奔"（山名）的祭祀台上，由毕摩先念过祭神词后，把羊杀了，用羊头祭过天神，然后把羊肉放入锅里煮熟，在天黑前，晚上6点钟左右，再由毕摩用热羊肉祭过天神（雨神），感谢上苍（天神）保佑本村的人畜平安、五谷丰收，并祈求天神明年能继续保护人畜平安、五谷丰收，然后把羊肉分成8份，每个小组一份，由组长把羊肉带回平均分给村民，或者由村民前去"子枪奔"上，与天神一起分享羊肉。

（二）地神崇拜

土地是人类衣食之本。撒尼人对土地神的崇拜由来已久。以前撒尼人建新房祭土地神，往升斗里插三对香，将鸡头、鸡心、鸡翅膀、鸡脚放到升斗下面熟祭。据撒尼老人说，过去撒尼人在新婚后怀头胎孩子时需祭土地神，这有两个目的，一是为了祈求新妈妈和新人（小孩）顺利平安、一生健康；其二，撒尼人认为新生命诞生需要土地上的万物来滋养，增加了土地神的负担，因此要祭土地神以示感谢。

关于新婚后怀头胎孩子时需祭土地神，撒尼人还有一个传说：相传阿诗玛被热布巴拉家抢走后，阿黑得知此事，就到热布巴拉家救回阿诗玛，当他们走到深山老林时，热布巴拉家放虎欲伤害他俩，阿黑急中生智，用他的神箭射死了老虎。因此，撒尼人认为弓箭有祛邪镇妖的作用,直到现在撒尼妇女怀头胎孩子祭土地神时,还会用竹子枝条做一把弓、五支箭,用泥巴或麦面做几只小老虎,代表阿黑的神弓箭和热布巴拉家的虎,用弓箭连射几次,以求妇女生育时胎儿能平安、顺利地出生。此外,大糯黑村人每年大年初二时也要去祭拜土地神。村边作为何氏祭祖场地的杀牛山上有两个土地庙,村民认为有两个土地神,按性别区分为男土地神、女土地神,要同时祭拜。

(三)风神崇拜

撒尼人认为风神威力巨大,能给人带来旦夕祸害。过去每遇巨风毁坏房屋、刮倒庄稼、拔起树木,或者人遭遇旋涡风,撒尼人便认为是怪事、凶事,是风神在作乱,因此必须速请毕摩诵经,杀鸡祭献,讨好风神,并到遭遇旋涡风的地方为当事者叫魂,让失去的魂魄重新回到身上。

(四)火神崇拜

撒尼人相信火神的存在,每逢村寨失火烧毁房屋,他们都认为是火神在作乱,因此必须组织全村老少送火神,以求全村平安。同样为了祈求火神不要危害村寨,每年农历正月初三,撒尼人要送火神,也称祭火龙。这天,每家要自制火神像,备好香火、酒肉、木炭,交给送火神者。送火神的人把一只白公鸡拴在竹竿上,在每家屋头上绕一圈,然后去到村外,杀白鸡祭献,请求火神不要进村纵火烧房。送火神这一天,毕摩抱一只公鸡到村口路旁诵经,然后杀鸡祭献火神。煮鸡所用的火不能从家中带来,必须在野外钻木取火。在有的村寨,下午送火神活动开始时,两个男子手持两棵带枝叶的竹竿,竹竿上用草绳系上一把木制匕首。两个男子在前面开道,毕摩手提3个诵经铃在后诵经,他们在村中主要道路上绕行一周,便把竹竿插在村外大路旁,表示火神已被送走。

（五）山神崇拜

撒尼人认为，诸神之中最有力量的是山神，风、雨、雷、电、年成好坏、升官发财等都与山神有关。撒尼村寨都建有山神庙，供奉山神，在山神庙里摆放一块石头代表山神。每年正月初二、初三，撒尼人请毕摩与自己全家人一起到山神庙供酒献肉，杀鸡祭献。毕摩念诵《诵神经》，并做法术，请求远近诸神降临，保佑全家平安，日后给儿孙带来好运。

（六）石崇拜

在崇拜山神的同时，撒尼人还崇拜石神，认为石神可以保佑孩子不受病魔的侵扰，因此父母常带孩子祭石头以防病，并常给孩子取小名为石头。传说中撒尼人由石头变成，因此撒尼人非常崇拜石头，视石头为自己的化身和民族精神支柱，体现了撒尼人的石文化心理。撒尼人祭密枝神（象征男女生殖器的自然石）、送祖宗神灵"娜斯"进石洞、求子祭石头、孩子取名祭石头、结婚拜石头和大年初一人畜绕石头等活动，都体现了他们对石头的崇拜。石头赋予撒尼男子坚如磐石般的坚强性格，使他们成为英勇善战而又忠贞不贰的武士，因此新中国成立前云南省府的警卫部队常到石林撒尼地区去征集士兵。彝族古代以龙、虎为图腾，彝族对虎的崇拜表现在许多方面。大糯黑村崇拜石老虎，一些人家屋檐下有石雕小老虎，面朝山的方向，村民认为小石虎可以为自家镇邪。

（七）虎龙崇拜

撒尼人对虎和龙尤为崇拜，他们认为虎是至高无上的，而认为神秘的龙能够呼风唤雨。每年农历正月，各村都要杀猪宰羊祭龙求雨水，以保丰年。在农历三月龙月龙日、四月间的属龙和属蛇日，有的在农历三月属鼠日，撒尼人会在村边附近的龙潭边进行祭龙活动。距离大糯黑村不远的石林县北大村乡月湖村的撒尼人，还有接雨节及田间祭祀活动，一般在农历四月属蛇日举行。

根据当年下雨的情况，如果雨水充沛，就举行接雨节；如果雨量少，就举行接雨仪式。撒尼人对龙的根本认知以及接雨节等祭祀活动，体现了撒尼人对龙的崇拜。他们认为有水的地方就有龙，平时不能把衣服、菜叶等物直接放进龙潭里洗，不能让洗过东西的脏水流进龙潭。

二 祭密枝（树崇拜）

撒尼人古老的祭密枝风俗活动内容丰富，仪式繁杂，同时还有许多禁忌。密枝节是撒尼人的传统节日，它是以一个村寨为单位进行的祭献活动，节期一般在每年农历十一月属鼠日到属马日，持续7天，参加者包括毕摩以及全村所有男性村民。地点在村寨里或附近的一片茂密的树林中，俗称密枝林。任何一个密枝林中都有一棵或几棵较高大、古老的树（神树）作为祭献的对象。毕摩在这棵或几棵神树前念经，祈求五谷丰登、六畜兴旺、社民安康，然后将祭献过的山羊肉平均分给随后跟来的村民，大家在山上一起吃饭，尔后每人带一块羊肉回家祭神密枝节还有许多禁忌，例如：女人不能参加，节期一般不能去密枝林方向劳动，当年家中有人畜死亡者不能参加，平时密枝林中不允许人或牲畜进入等。

三 祖先崇拜

祖先崇拜广泛存在于撒尼群众当中，各个不同家族都有自己的祖灵洞。撒尼人认为，人有灵魂，灵魂不会死，生时附于躯体，死后独立存在，它可以上天，是永恒的，或附着于他物，或往来于阴阳之间，或游荡于死者的村寨住所附近，这种灵魂就是鬼。鬼掌管着人们的生老病死和吉凶祸福，鬼又分为善鬼、恶鬼和善恶兼有的中鬼3类。祖先及已亡故父母之灵是善鬼，善鬼即神，能够保佑全家平安、人畜兴旺、香火延绵不绝。为此，祖先的神灵受到后人的隆重祭拜。①

长辈去世后，撒尼人要剪下死者的一绺头发，用麻布及红布条把它与松毛枝、栗叶包扎在一起，装入竹筒里，作为死者的牌位供奉于正堂屋的正梁上，撒尼语称之为"娜斯"（意即祖神）。3年后，把它取下来，装入用松木雕成的新牌位，上面用撒尼文写上死者姓名、生卒年月以及儿子姓名，但不写女儿姓名，然后将"娜斯"送入家族共有的祖宗岩洞里，或在家中供桌上供奉。每年农历正月，家家户户都要携带香烛和供品前去祭祀祖神。逢火把节等传统节日，撒尼人也要祭祖，杀猪宰羊，用新荞、新米做成荞粑、米饭，一起供奉到祖先灵前，表示与祖先共享欢乐，并感谢祖灵赐予收获，祈求祖灵保佑后代清吉平安。除了节日时祭祖外，撒尼人平时也要祭祀祖灵，通常在家人患病或认为出现凶兆（如家中人畜产怪胎，母鸡自食其蛋，半夜牛叫、马嘶、鸡鸣等）时进行，届时将酒、肉等供奉于祖先灵牌之前，祈求祖灵驱凶降吉。

撒尼人相信人死后还有灵魂，对祖父母和父母的灵魂加以祭祀，他们的灵魂就会保佑家中六畜兴旺、五谷丰登，否则，其灵魂就会回到家中作祟，或使人生病，或使家畜不安。以前一些撒尼人曾有正月初二、初三祭老祖的传统，把先前取下的去世长辈的头发放于太阳光下晒，然后用绸布包裹起来，放入木盒里，请毕摩来喊魂。现在医学发达，患病的人少了，信迷信的人也少了。一年中除专门的娜斯节（祭祖节）以祭祀祖先为主要内容外，在其他节日期间撒尼人也会祭祖，如春节，农历二月八日年节、五月五日端午节、六月二十四日火把节、八月十五日中秋节。撒尼人祭祖的仪式多种多样，有的杀猪煮肉祭祖，有的替祖

---

① 何耀华主编，昂智灵副主编：《石林彝族传统文化与社会经济变迁》，云南教育出版社2000年版，第122页。

宗换"枕头"等。

大糯黑村三年两头举办何氏祭祖活动，为该年牛月牛日举行，正式仪式需有毕摩参加。"文化大革命"期间何氏祭祖活动曾被破除，何氏祭祖山成为禁区。从1981年起，大糯黑村恢复了何氏祭祖活动，认识何氏家族的上千人都可以参加。一般先由何家买来两头牛作为祭献的主要物品，然后由参加何氏祭祖的众人平摊费用。此外，村民们准备好米、鸡、酒等食物，带到祭祖山上，大设宴，大请客，在山上食宿一天一夜。头一天晚上，男人们就带着孩子们上山，第二天早晨其他人也上山，人们放鞭炮，献牛肉、酒、钱，拔鸡毛放到祖神牌位的两边。青年人有的唱起《阿诗玛》的歌调，有的跳起大三弦舞，有的吟诗，有的打牌，尽情狂欢。

四 毕摩文化

在彝族社会生活中，特别是在宗教祭祀活动中，毕摩具有至高无上的权威和地位。实际上，毕摩就是彝族原始宗教活动中的巫师或祭司。由于毕摩在彝族社会历史中具有的特殊地位和作用，以至在彝族文化中，形成了一种引人注目的毕摩文化。关于毕摩文化的起源，传说毕摩最初是彝族氏族部落的首领。后来，毕摩的地位下降，变成了彝族首领的高级幕僚和参谋。明清以后，朝廷实行"改土归流"，彝族土司被废除，设立"流官"进行统治，毕摩进一步失去原有的政治地位，变成了专门主管宗教事务的祭司。石林彝族毕摩在传承上分为世袭毕摩和师徒毕摩两种，即父子相传和师徒相传，他们都必须精通彝文，熟悉彝文经典，并得到群众的公认。他们的职能是诵经驱鬼、祈福消灾、占卜吉凶、招魂送鬼等。平时，他们是村社的普通成员，参加生产劳动，自食其力；遇有祭祀活动时，他们则是祭祀活动的主持者，并可以由此获得一些报酬。

彝族撒尼人信仰原始宗教，在长期祭天拜地、祭山神树神的活动中，毕摩创造了一套祭祀制度，因此毕摩是以祭司的身份登上历史舞台的。在彝族历史长河中，毕摩通过口诵手录，用撒尼文记录下了天文、历史、医药、历法等内容丰富的历史资料和民间文学，成为撒尼人中的知识分子。毕摩熟知彝文，通晓史事典故，主持占卜、治病、祛灾、开路、祭祖等，身兼巫、医、史、文、法等多种职能，在彝族撒尼社会的生育、婚丧、疾病、灾患、征战、节日、出猎、播种、联盟、联姻等生产、生活活动的方方面面中都扮演着特定角色，发挥着特定作用。在撒尼人看来，毕摩不仅是祭司，而且是教师、军师、医师和法官。毕摩掌管人们的生死大事，同时又是创造文字，撰写、收藏彝文经典，通晓彝族历史、地理的知识分子。在撒尼社会中，毕摩具有较高的社会地位。毕摩身兼数职，其主要任务有司祭仪、行巫医、决占卜、主盟诅。

毕摩译成汉语，有教师、祭司、经师的含义，备受撒尼人尊敬。在科学不发达的过去，当撒尼人家中有人生病时，必须请毕摩到家中驱鬼降神，毕摩还治病救人，给病人吃自采自制的草药；有人不幸病故，举行葬礼时，要请毕摩为死者念《指路经》，告诉死者祖先迁徙的路线，希望他沿着祖先走过的路回到故土去。撒尼青年喜结良缘，要请毕摩到家中吟唱送嫁歌。在火把节、密枝节和摔跤、斗牛等节庆活动中，毕摩也是不可缺少的主持者之一。毕摩曾扮演彝族撒尼人生活中必不可少的、至关重要的、备受尊敬的师傅角色。

毕摩在彝族社会生活中所承担的宗教性职能包括：1.主持生产中的祭祀活动。每当彝族在狩猎前祭祀猎神、在播种前祭祀水神时都要请毕摩诵经，主持祭祀仪式。2.主持婚礼。彝族青年男女结婚时，也要请毕摩主持婚礼，并唱《送嫁歌》为新人祝福。3.主持葬礼。在丧葬活动中，毕摩更是扮演着举足轻重的角色,一切传统宗教事务均由毕摩主持。毕摩要为死者选择下葬的吉日;念《指路经》为死者招魂,把死者灵魂引领和送回祖先的发祥地;诵经为死者祈祷;为死者挑选坟地,并主持下葬仪式;念经为死者家属叫魂等。4.为人消灾治病。毕摩既是祭司,又是巫医,凡有族人生病时,毕摩既要为病人念经驱鬼,同时又让病人服用自制的草药,神药并举,以使病人康复。

同时,毕摩也是彝族社会中的"知识分子",是彝族传统文化的继承者、保存者和传播者。毕摩通晓彝文,熟悉彝族文献和历史文化。许多彝族原始宗教经典中,既有愚昧和迷信的内容,也有大量反映彝族历史、神话、诗歌、哲学的内容。著名的叙事长诗《阿诗玛》就是用撒尼文记载并由毕摩传唱而保存下来的。在"文化大革命"中,毕摩曾被当作"牛鬼蛇神"而受到迫害。现在毕摩已被正式当作彝族"知识分子"而受到人们的普遍尊敬。石林县现有彝族毕摩80多人,他们在彝族传统文化的搜集、整理、保护和传播工作中正发挥着积极的作用。

撒尼人传统上认为,要做一个合格的宗教神职人员,必须具备专门的知识和与鬼神交流、互通的特殊技能,这就需要专门的教育和培训。毕摩教育的内容是从宗教仪式开始展开和延伸的,主要包括神鬼知识、经书知识、仪式仪轨知识、历法星占知识、史地知识、家谱知识、造型艺术知识等。在长期的宗教实践活动中,毕摩队伍在新成员的补充方面形成了一套独特的传承制度和培养制度。毕摩的传承和教育维系着毕摩阶层的存在和延续,促进了撒尼传统宗教信仰的巩固和发展。毕摩传承遵循这样的原则:1.传男不传女。毕摩阶层是一个只限于男性的单性阶层,奉行传男不传女的传承原则。女性没有接受毕摩教育和从事毕摩职业的权利和机会。在彝族的传统宗教观念中,女性污秽不洁,不能充任人与神和人与鬼的沟通和中介。2.以毕摩世家家传为主。在撒尼社会里,有一些家族被社会认可是从其祖先开始就从事毕摩职业的家族,这些家族有从事毕摩活动的传统,并且都有自己的《毕摩谱系》。在毕摩阶层中,家传毕摩的人数多,而非家传拜师学成的只占少数。家传毕摩因有自己的毕摩祖先做护法神,有祖传的经书和法具,因而在人们看来法力高、可信度高。
3. 以非毕摩世家家传为补充。非家传的毕摩指没有毕摩家传背景而拜师学成的毕摩,彝族称之为"之毕"。非家传的毕摩没有做毕摩的义务,但有自愿做毕摩的自由。毕摩除有义务培养自己的子孙外,也有义务传授每一个向其拜师求学的人。但"之毕"只能做一些小型法事,始终不能成为毕摩阶层的中坚力量。

五 传统信仰在当代社会中的变迁

彝族的宗教信仰是一个以祖先崇拜为核心,集自然崇拜、图腾崇拜和多神信仰为一体的复杂的宗教体系。撒尼人在精神追求方面很讲究现实,注重人生的追求,这主要从其传统宗教信仰上表现出来。在清代,佛教就已传入石林彝族撒尼人聚居区——圭山地区,清道光年间建有殿宇金碧辉煌的圭山寺,但当地很少有人信仰佛教,因此佛教难以在撒尼地区立足扎根。佛教寺庙里木雕的"菩萨"神像,撒尼语之称为"布绕"。在撒尼人家中的供桌上或是在祖宗洞里,随处可见类似"布绕"的称为"娜斯"的木雕神像,但这并不是佛教意义上的菩萨,而是撒尼人祖宗祖先的化身。撒尼人没有统一的宗教信仰,他们对天地祖先、阴阳五行、巫术占卜等兼而信之。而这只是形式与外表而已,真正的内容实质仍是为了现实人生的需要。撒尼人对信仰的追求,只是为了对平安生活的保障。在撒尼地区,宗教活动的主持者分工并不很明确,只要村寨中有法事仪式或红白喜事,一般是由毕摩主持,但有时不是毕摩的人也可以主持。在撒尼人看来,由谁主持仪式和活动并不重要,只要他们是代表神灵而来就行。他们对佛教那些超凡脱俗的生活追求、清心寡欲的生活态度、脱离实际的空谈阔论觉得不可理解,因为这些与他们的价值观念、思维方式和道德标准都格格不入。在撒尼社会里,无法形成一整套系统的宗教信仰。他们只是以部落神、氏族神、祖先神为主,套上一层阴阳学说的外壳,来追求他们自己的人生理想。

以前毕摩的教育是一种传帮带的师徒式教育法,毕摩招收学生,属于私塾性质,学生学业结束(学习期限有的2—3年,有的7—8年),须经领职仪式正式领职之后方能成为毕摩。1999年,石林县组织"文化大革命"之后的首届密枝节活动,全县共有75个毕摩参加。现在由石林县民宗局定期组织毕摩培训班,主讲教师为石林西街口乡毕摩世家第4代毕摩毕华玉,以帮助恢复和传承以毕摩为代表的彝族撒尼宗教文化。

大糯黑村举行传统活动时,常从海邑请来一个老毕摩主持,他生于1931年,学名为张足金,彝族名字为"史/石虎"和"伙四"(意为"孙子"),他本是大糯黑村人,后到海邑去当上门女婿了。他家祖传3代毕摩,到他已经是第4代。近年大糯黑村选派了两人去县城参加石林县民宗局举办的毕摩培训班,以后可由本村的毕摩来主持密枝节的祭祀活动。其中一位是何文航,他爷爷曾是毕摩,由于时代背景,他父亲没有学习过当毕摩,何文航的母亲认为何家祖传3代毕摩,何家一定还要有毕摩,何文航能学会,因此支持他去学习。何文航主动要求参加石林县民宗局2003年举办的毕摩培训班,笔试和实践考试均合格。何文航的儿子名何伟,1981年生,曾是云南迪庆州香格里拉县武警部队的士官,每年春节回大糯黑村探亲。2004年1月,笔者在何伟回家过春节之际采访了他,他认为毕摩学习很难,但当毕摩有用,因此他很想学,打算服完兵役之后回到石林学习,并且相信自己也能学会。

20世纪初,法国神甫保禄·维亚尔到石林圭山地区传教,创办学校,兴修教堂,在距离大糯黑村4公里的海邑就建有一座教堂,大糯黑村周边的撒尼村落有一些撒尼人开始接受和信奉天主教,但大糯黑村人一直无人信奉天主教。邻村小糯黑有一部分人信奉天主教,大糯黑村王胜忠家只有两个女儿,没有儿子,大女儿招小糯黑村的曾绍华为上门女婿,曾绍华曾参军而在大理服兵役,转业之后曾被分配到石林县旅游管理局工作,对王家影响较大。1990年,王家盖起新房。2002年,他家对房子内部进行了比较现代化的装修,装修完后曾绍华送给其岳父一幅圣母圣心像和耶稣圣心像,王胜忠便贴到客厅的墙上,起装饰作用。

这幅中国本土化的天主教图像上方、左边、右边的文字如下:

真神 + 天主

圣母圣心像	开天辟地大神明	至公至义至仁慈	源真有无	造物生人真主宰	耶稣圣心像
				全能全知全美德	

该天主教图像下方写着:"立天地之主宰,肇人物之根宗;推之于前无始,引之于后无终;弥六合兮无间,超庶类兮非同;本无形之可拟,乃降生之遗容;显神化以博爱,昭劝征以大公;位至尊而无对,理微妙而无穷。"

到2004年1月时,王胜忠家的客厅里仍贴着那幅圣母圣心像和耶稣圣心像。笔者曾去采访王胜忠,他说他从未听别人讲解过那幅图像的含义。此外,大糯黑村未见有天主教影响的其他踪迹。

第二节 彝族撒尼人的教育

一 传统教育方式、内容及成效

彝族撒尼人的生产知识的教育和传承，是与物质资料的生产和获取紧密、有机地结合起来进行的。撒尼人以农业为主，其畜牧业、林业、渔业、采集业、手工业和商业都从属于农业，属家庭副业性质。社会内部一般已有分工，按性别和年龄自然分工，男子主要负责犁田、耙地、修水利、狩猎、放牧等，妇女则主要从事栽秧、除草、种菜、采集、纺织、刺绣、饲养家禽等。男孩长到12—13岁以后，便跟随父亲从事放牧、打猎和砍柴；女孩则跟随母亲锄地、栽秧和照管小牲畜。等子女长到13—14岁以后，父母开始带领他们从事各种复杂、繁重的劳动。生产知识一方面直接保存于撒尼个体劳动者的经验和技能中，另一方面则大量间接保存在他们的"劳动歌"中，《节令歌》这些歌谣比较完整地总结了全年的生产过程。在实际生活中，撒尼人从小就养成孝敬父母、尊老爱幼的传统美德。生活经验和人生哲理的教育和传承，既在现实生活的实践中直接获得，也通过长辈言传身教进行，此外，他们还通过一些谚语、家训和文学艺术作品间接获得，并获得一种重视教育的社会共识。至于道德规范和行为准则，除了家庭教育中十分重视外，还与撒尼社会习惯法的监督和实施机制有机结合起来，成为家庭教育的重要内容。平时，老年人给年轻一代讲述祖先的历史、族谱或家谱，这也成为家族团结和内聚的源泉。青年人都自觉地遵守这些约定俗成的不成文法规，这显然是受到社会教育影响后形成的品德和风尚。

撒尼人的婚姻和家庭很早就进入了一夫一妻制的阶段，其社会结构的特点是以家庭为核心、家族扩展的村落和社区组织，因此家庭教育既是家族、亲族内聚的重要条件，也是协调村社社会关系、维持物质文化和精神文化再生产的重要环节。撒尼人家庭教育的内容十分广泛，涉及社会生活的各个方面，大致可分为生产知识、生活经验、人生哲理、道德规范等类别。撒尼家庭教育有下述一些特点：从内容上来讲，具有广泛性，从基本的生活能力、生产劳动技能到道德规范、处世哲学等无所不包；从教育方式上讲，具有寓教于行、耳濡目染的特点。在家庭教育中，父母言传身教，把教育过程寓于各种生产实践活动中，并在教育中互相配合。有的知识，父亲教儿子，母亲教女儿，形成一种自然分工。而有的生活常识，父亲、母亲都共同教子女，一家人吃饭时父母亲边教边讲。尽管在具体环节中具有无意识的特点，但撒尼人的整个传统教育过程是有意识的、系统的。从时间上来说，具有周期长的特点。从儿童到成人，撒尼人更多的教育都在家庭氛围中进行和习得，从而了解并熟悉本民族的文化。这种文化的习得与生命的发育和成长同时进行。

　　社会教育是在家庭教育的基础上，通过村落与社区的交往和社会联系，对本民族的成员进行传统和伦理道德的教育。撒尼人的家庭教育与社会教育有意无意地交替进行。他们的社会教育的形式多种多样，或围坐火塘，老人讲述本民族的历史和文化传统；或通过宗教活动，对年轻的社会成员进行民族传统的教育；或通过集体生产劳动，培养集体观念和意识；或通过歌舞娱乐活动，宣传本民族的传统美德，弘扬本民族的文化艺术传统等。撒尼人以农牧为主，聚族而居，过着定居的生活，因而社会教育对于其社会成员的教育和熏陶以及整个民族文化的传承都具有重要作用。整合和协调社会关系、增强民族的认同意识和内聚感情，是撒尼人的社会教育的两个主要目的和功能。

　　在伦理道德教育方面，撒尼人要求为人处事要公正，不能为非作歹，要务农为本，勤俭节约，行善孝敬，礼貌待人等。由于有一套伦理道德作为约束行为的道德规范，撒尼人从小继承和发扬从事正当职业、尊老爱幼、扬善抑恶的传统美德。宗教文化由毕摩、长老通过宗教活动以及有关年节、婚丧活动而传授,这就使教育形式社会化、全民化,遍及妇孺老幼。撒尼人丰富的传统文化内容,涉及民族历史、宗教信仰、社会制度、生产方式、伦理道德、语言文字、文学艺术、天文历法、医药卫生等。在日常的社交活动中,撒尼青年男女不仅表达情谊,而且也学到一些生产、生活等方面的知识。撒尼人能歌善舞,经常举行"跳大三弦"等民族歌舞活动,既给外人一种美的艺术享受,又能使本民族的青少年一代获得德、智、体、美诸方面的传统教育和熏陶。

二 国民教育

(一) 国民教育的历史

据史书记载,彝族的学校教育始于元代。民国时期,国民政府在彝族聚居和杂居区推行"国民教育"和"边地教育",一般都建立了国民小学。1928年,彝族人龙云接任云南省主席后,增加全省的教育经费,彝区的中、小学得以进一步发展。在此期间,一些彝族有识之士牵头创办了一批中、小学,如彝族人张冲创办圭山省立第一师范学校等,撒尼子弟就读者越来越多。民国七年(1918),开办大糯黑小学。民国二十八年(1939),原属陆良县的海邑、大糯黑、小糯黑小学被划入路南圭山管辖,并把所有的学校改为县立小学。

1960年,圭山公社每个管理区都办起了幼儿班。1962年,公共食堂下放,幼儿班也停办。1962年,开办糯黑小学。之后贯彻教育部《全日制小学工作条例(草案)》,小学又得以逐步恢复和发展。1980年,糯黑、海邑等村率先恢复了幼儿班。1984年9月,路南彝族自治县人民政府为加强山区少数民族的教育事业,在尾乍黑、海邑、糯黑三个完小增办了寄宿制民族高小班，建盖新校舍，添置教具、课桌椅，不断改善教学条件，激发了教师的教学热情和积极性，从而使教学质量有一定的提高。1992年，开办糯黑办事处的"农民文化科技夜校"。

据访谈对象——大糯黑村的高月明介绍，他1937年12月24日出生，8岁上学，在本村读到小学4年级，因参加革命而中断学业几个月。新中国成立之初，全村村民推选高月明、李宗强、金国兴3人到圭山海邑云南省立第二小学读5年级，村里每月集资8元扶持他们3人读书。两年后他们读完5—6年级便可报考中学，当时附近仅有位于维则的圭山中学。村里撒尼人传统上认为，教书当老师一年可得7担荞子，是一个理想的职业。高月明由于受传统思想影响，报考了师范，被录取到圭山中学师范（1）班，为新中国成立后圭山地区的第一批教师培训班。他在就读师范期间加入了中国共青团，3年后毕业，被分配到陆良9区芳华小学（完小）任教。1年后，他被抽调参加征兵工作，进而报考了军校，被四川重庆技校录取入伍，服兵役4年，1958年复员后回乡。1962—1982年，他在糯黑村小学任教；1982—1998年，担任村小学校长，其间1982—1985年，在尾炸黑完小任教并担任校长；1985—1998年，在大糯黑村小学担任校长，负责中年级即4—5年级教学的时间较长，长达10年，其间曾到小糯黑村任教1年。他回到大糯黑村任教18年，1998年7月退休。

据高月明回忆，新中国成立后大糯黑村曾办过托儿所，设在村老学校里。从1960年开始，村小学开设扫盲班，扫盲老师一年发得一次年薪。那时有识字课本，多为日常生活用语，图文并茂。扫盲对象为中青年人群中不具备小学文化者，上课时间多在晚上收工后。村民何正伟一直担任村里的扫盲老师。过去的海邑老街上，去赶集的村民常会被专人拦住，要求他们认字，如不认得"共产党万岁"这5字者就得回村去学习。村里开办扫盲班期间，高月明晚上备课、授课，曾被评为"扫盲先进个人"。

据访谈对象——大糯黑村的高文华介绍，他 1942 年 12 月 11 日出生于大糯黑村，小学 1—4 年级在本村小学就读，后就读过云南省立圭山第二小学，当时每月可获得 6 元助学金。1957 年 7 月 15 日，高文华小学毕业。1957—1959 年"大跃进"高潮时期，他开始下地干农活。1966 年"文化大革命"开始，1966 年 8 月—1971 年 3 月 25 日，高文华在大糯黑村小学担任民办教师。当时村小学有 3 位老师，有一位公办老师李慧英，她原是石林亩竹箐乡的黑彝，后嫁到宜良县去了。村小学当时有 1—4 年级，学生 124 人。3 位老师的教学任务很重，每位老师负责 1—3 个班，学生多，教学条件差。一位老师同时交叉讲授不同班级的不同课程。原昆明市旅游局局长王光华、石林县委组织部副部长王云龙都曾是高文华的学生。1971 年 3 月 25 日，高文华离开教学岗位，到大队工作，担任党支部书记。

自 1975 年起，大糯黑村开办学前班。一般情况下，村中儿童 5 岁上学前班，满 6 岁后可入小学 1 年级。有的家长因忙于农活，无暇照看孩子，孩子满 4 岁后便被送进幼儿班，幼儿班老师的报酬由村里负责支付。幼儿班学制为 1 年，学前班学制为 1 年，相当于城里幼儿园的小班和大班。小学 3 年级以下为低年级，4—5 年级为中年级，5—6 年级为高年级，大糯黑村、小糯黑村的小学生 1—4 年级时分别在各村村小就读，5—6 年级都到大糯黑村完小就读。高年级的班主任不中途更换，要负责到学生小学毕业。大糯黑村完小的高年级要与周边其他小学的高年级比较、竞争初中升学率。

（二）教学语言

2001 年 8 月以前，大糯黑村小学 1—2 年级的教师课堂上多用撒尼语讲解，3—4 年级的教师偶尔用撒尼语讲解，5 年级以上的教师基本上用汉语讲课。考试时，1—2 年级学生的考题由教师用撒尼语念一遍，3年级以上的试题教师不再用撒尼语解释。尽管有关部门要求3年级以上的任课教师和学生在课堂上和日常生活中都使用汉语，但事实上，出了课堂以后，村小学的老师与学生之间、学生与学生之间仍主要使用撒尼语交流，因为他们觉得不习惯使用汉语交流，或者有时感觉因汉语表达能力欠缺而交流不便。

2001年9月，圭山乡所有小学开始实行课改，不再实行低年级的双语教学。理由是以前实行双语教学，撒尼小学生的汉语表达能力发展比较缓慢，普通话表达能力较差。小学所有年级全部实行汉语教学，学生汉语表达能力提高快，而撒尼语表达能力也不会受到影响或减弱，因为学生放学回家后都与家人说撒尼语。

但据大糯黑村小学教师、本村撒尼人王建和说，实际上会说撒尼语的老师有时在课堂上仍会借用撒尼语给小学生解释，尤其是针对1—2年级的小学生。在王建和老师看来，实行普通话单语教学，既有利也有弊。正面影响是小学生的汉语普通话口语表达能力提高快，负面影响是有时小学生接受、理解老师所授内容的效果不理想，因为老师不能用撒尼语进一步解释，不能借用撒尼学生已有的概念作为一种理解的中介。糯黑村小学幼儿班、学前班的教学语言仍为撒尼语，2004年担任幼儿班、学前班的任课教师是张秀花，女，撒尼人。

（三）大糯黑村小学概况

大糯黑村有初级小学一所，教师6人，学生120余人。2004年任大糯黑村小学校长的是李金祥，汉族，石林县鹿阜镇人。1990—1993年，他就读于昆明师范学校，2001年9月被调到大糯黑村小学工作，担任校长。2004年他在职在云南师范大学体育专业函授专科班学习。他能听懂60%—70%的撒尼语，但几乎不会说撒尼语。

据李金祥校长介绍，从2003年开始，圭山乡的小学不再设尖子班，学生全部打散，石林县民族小学到圭山乡小学来选拔尖子生。小学生3年级结业时，参加由石林县教育局出题的统考，成绩优秀者被选拔到石林县民族小学就读4年级。大糯黑村小学教学开放，教师工作负责，学生学习认真。村小学的自来水管大约有1/3的时间有自来水，其余时间则需要去旁边水塘挑饮用水。从2003年开始，大糯黑村小学聘请了村里一位男子来给学生做饭，只有男子才有足够体力胜任到学校旁边水塘挑水、用特大甑子给全校学生做饭的工作。他的报酬为每月200元。2004年，石林县教育局要求3—5年级的小学生全部住校，大糯黑村小学3—5年级的学生人数分别为17、14、16人，共有47人。住校学生星期五下午放学后可以回家，星期天晚上返校。

据李金祥校长介绍，期末考试后主动来询问孩子学习成绩的大糯黑村小学生家长不多。平时村民大都忙于农活，几乎无闲暇去关注自己子女的学习成绩，也几乎没有村民在课外对子女的学习有更多的要求和辅导。每个学期村小学召开一次家长座谈会，希望家长们多提意见，多关注孩子们的学习。李校长说，由于学校的基础设施较差，教学设施欠缺，小学生的发展比较单一，教学成效不太好。与圭山乡的其他小学相比，大糯黑村小学学生的总体成绩为中上；但在全石林县范围内看，大糯黑村小学学生的总体成绩属于中等偏下水平。

大糯黑村小学曾荣获各种荣誉称号，如路南彝族自治县人民政府授予的"文明单位"、石林彝族自治县教育局授予的"文明学校"、1992年12月颁发的石林彝族自治县教育局小学办学水平综合评估"优级学校"、石林彝族自治县教育局绿化美化校园"甲级学校"。在圭山乡中心学校2002年度圭山乡小学艺术教育成果展中，大糯黑村小学荣获绘画、书法、剪纸、刺绣、根雕、草编、泥塑第3名。2004年3月，该村小学荣获圭山乡第五届小学生篮球运动会男子组第2名。相关奖状和证书都挂在村小学的教师办公室里。

大糯黑村适龄儿童的入学率为100%，无辍学先例。有少数有条件的村民把孩子送到海邑或石林县城的小学上学。除学前班少数同学外，该村小学学生的出勤率为100%。2004年春季学期，大糯黑村小学1—5年级有学生79人，男生30人，女生49人；其中1—2年级有学生32人，男生12人，女生20人；3—5年级有学生47人，男生18人，女生29人；学前班有学生45人，男生23人，女生22人（见表4—1）。

大糯黑村小学的作息制度分为夏季和冬季两种。

表4—1　　　　大糯黑村小学的学生人数　　　　单位：人

学年	一年级	二年级	三年级	四年级	五年级	六年级
1999—2000	12	10	16	9	12	16
2000—2001	14	12	13	0(原三年级的13人由于各种原因全部转学)	9	12
2001—2002	14	14	18（合并小糯黑村小学的5人）	8	0（原四年级的学生全部转学）	9
2002—2003	17(包括一个智力残疾儿童)	20	14	16	7	
2003—2004	15	17	15（上学期）/17（下学期）	14	17（上学期）/16（下学期）	

表 4—2　　　　　大糯黑村小学夏季作息时间

6:30	6:40 | 7:00	7:00 | 7:30	7:30 | 7:45	7:45 | 8:25	8:45 | 9:25	9:25 | 9:50	9:50 | 10:30	10:30
起床	跑步、做早操	早自习	搞卫生	第1节课	第2节课	课间操	第3节课	吃早饭
11:30 | 13:30	14:00 | 14:40	15:00 | 15:40	16:00 | 16:40	17:00 | 17:30	17:30 | 18:00	19:00 | 20:30	21:00	
午休	第4节课	第5节课	第6节课	课外活动	吃晚饭	晚自习	就寝	

表 4—3　　　　　大糯黑村小学冬季作息时间

6:45	7:00 | 7:15	7:15 | 7:45	8:05 | 8:45	9:00 | 9:45	9:45 | 10:10	10:10 | 10:50	11:30
起床	做早操	早自习	第1节课	第2节课	课间操	第3节课	吃早饭
12:00 | 13:10	13:40 | 14:20	14:40 | 15:20	15:40 | 16:20	16:30 | 17:00	17:30 | 18:00	18:30 | 20:00	20:30
午休	第4节课	第5节课	第6节课	课外活动	吃晚饭	晚自习	就寝

　　大糯黑村小学学生每天上午做的课间操，包括推广了两年的少年儿童广播体操和本校老师自编、自创的民族集体舞。低年级

学生一般无午休习惯，他们利用午休时间给学校的菜地浇水，或做作业，而高年级的学生多已养成午休习惯。每天上午的课多为正科科目，下午的课多为副科科目。每到课外活动时间，小学生们打篮球、乒乓球、羽毛球，学习和练习本校老师自编的各种民族集体舞，女生跳自制的橡皮筋。上晚自习时，老师到教室辅导。每天晚上9点以前，小学生回宿舍就寝。

以下是大糯黑村小学1—5年级课程表：

表4—4　　　　　　　　一年级课程表

一年级	第1节	第2节	第3节	第4节	第5节	第6节
星期一	语文	数学	卫生与保健	班队活动	美术	品德与生活
星期二	数学	语文	辅导（数）	音乐	体育	少先队活动
星期三	语文	数学	口语	体育	写字	兴趣活动
星期四	数学	语文	写字	音乐	品德与生活	口语
星期五	语文	数学	辅导（语）	美术	卫生与保健	体育

表4—5　　　　　　　　二年级课程表

二年级	第1节	第2节	第3节	第4节	第5节	第6节
星期一	语文	数学	语文	班队活动	写字	体育
星期二	数学	语文	辅导	音乐	品德	文艺活动
星期三	语文	数学	语文	口语交际	体育	兴趣活动

二年级	第1节	第2节	第3节	第4节	第5节	第6节
星期四	数学	语文	品德	辅导	音乐	美术
星期五	语文	数学	语文	美术	体育	口语交际

表4—6　　　　三年级课程表

三年级			第1节	第2节	第3节	第4节		第5节	第6节	
星期一	早自习	早操	语文	数学	语文	班队活动	眼保健操	音乐	美术	晚自习
星期二			数学	语文	思品	自然		辅导	文艺活动	
星期三			语文	数学	语文	辅导		美术	兴趣活动	
星期四			数学	语文	辅导	语文		思品	辅导	
星期五			语文	数学	语文	体育		音乐	科技活动	

表4—7　　　　四年级课程表

四年级	第1节	第2节	第3节	第4节	第5节	第6节
星期一	数学	语文	思品	班会（单）／队会（双）	体育	美术
星期二	语文	数学	语文	美术	自然	科技活动

续表

四年级	第1节	第2节	第3节	第4节	第5节	第6节
星期三	数学	语文	思品	语文	体育	兴趣活动
星期四	语文	数学	语文	社会	自然	音乐
星期五	数学	语文	体育	语文（单）/音乐（双）	社会	健教（单）/安全（双）

表4—8　　　　五年级课程表

五年级	第1节	第2节	第3节	第4节	第5节	第6节
星期一	语文	数学	语文	班会（单）/队会（双）	体育	科技活动
星期二	数学	语文	思品	辅导	社会	美术
星期三	语文	数学	语文	美术	体育	兴趣活动
星期四	数学	语文	思品	自然	社会	音乐
星期五	语文	数学	体育	语文（单）/音乐（双）	自然	健教（单）/安全（双）

附表：大糯黑村小学值日教师职责及安排

1. 按时起床，组织学生上好两操，搞好办公室内的一切清洁卫生工作。

2. 负责烧水、洗茶杯、接待客人等工作。

3. 检查学生宿舍和校园的卫生工作、安全工作，发现问题及时解决。

4. 下晚自习后，必须督促学生按时就寝，检查是否有学生擅自离校,并及时采取措施。

5. 值日教师必须到食堂看一看、摸一摸、闻一闻,确保学生饮食安全。

6. 认真组织学生抬水,老师必须亲自带领,不准让学生私自去抬水。

7. 认真填写各种记录,严格检查教师出勤情况。

以上7条,望大家严格执行,否则责任由值日教师承担。

具体安排如下:

表4—9　　　　　大糯黑村小学教师值日表

星期	值 日 教 师
一	李金祥
二	李跃红
三	杨永平
四	王建和
五	曾炳祥

2003年9月

(四) 大糯黑村小学办学形式

按石林县教育局的要求,大糯黑村小学为省、市合办,实行寄宿制度,要求3年级以上的学生都住校,从而给农村学生更多在校学习时间,以便他们集中精力学习,同时培养学生良好的生活习惯。政府给住校生每人每月补助15元,大糯黑村小学把这笔补助金用做学生的伙食费,学生自带大米到校,经学校称重后,按重量发给学生相应的饭票。小学生在校吃饭时,凭饭票购饭,蔬菜则为每人数量相同的一份,每餐只有一个菜。老师自带大米到校,每月再交40元钱购买蔬菜,等学生们吃完饭后,老师们一块儿在学校厨房里自己做饭吃。

大糯黑村小学的教师为公办教师，工资由石林县财政拨款，每月13号左右他们的工资会被存入农行账户的工资卡上。该校老师每3年一聘，如笔者去调查时，该校任职教师的聘期为2001年9月—2004年8月。每次新聘教师时，80%的教师为上一届或之前就在本校的教师。

2001年教改前，大糯黑村小学开设1—6年级，由于2002年9月开始实行合班并校，6年级学生要到位于圭山乡政府所在地海邑的圭山乡中心学校就读。大糯黑村小学不再开设6年级。2004年，村小学开设1—5年级，每个年级有一个班，还开设幼儿小班、中班、大班，小班和中班又合称幼儿班，而大班又称学前班。村里的孩子一般3岁开始进小班，4岁进中班，5—6岁进大班或学前班，7岁开始上小学1年级。每个学期的期中考由村小学自行组织，各个年级的老师自行阅卷。期末考由石林县教育局组织统考。语文、数学两个科目为考试科目，其他科目为考查科目。1—3年级学生的考试成绩为笔试成绩占60%，面试成绩占40%。面试由圭山乡中心学校的老师到大糯黑村小学进行主考。现在评价小学生学习效果的方式比以前更为多样化。

（五）大糯黑村小学的软件和硬件条件

大糯黑村小学的校舍包括一幢两层楼的新教学楼、一个小型操场。教学楼上贴着红色大字，分别为安全、团结、勤奋、求实、进取、培养新人、美化心灵、塑造人格、陶冶情操。教学楼里有1—5年级的5间教室和一间教师办公室，办公室里有8套办公桌椅和3个文件柜。2000年7月，原石林县县长王光华离任前，为村小学筹集到1万元经费，为教师办公室添置了办公桌椅和文件柜，当时全圭山乡只有乡政府所在地的海邑小学才有类似的教师办公桌椅。

大糯黑村小学的教师办公室里有一台崭新的电冰箱，2003年，负责九（乡）—石（林）—阿（庐古洞）旅游专线公路建设工程的一个承包商来到学校，看到学生和老师们的生活很艰苦，便捐赠了这台电冰箱。但由于学校的伙食非常简单，几乎无肉食，所以无食品需冷藏，而且李金祥校长感到厨房被柴火熏黑的环境与新电冰箱不协调，便把电冰箱放置到了教师办公室。教学楼里还有一间实验室、一间保管室，但实验室、保管室几乎空空荡荡，内无器材或设施。新教学楼后面有一块学校的菜地，菜地旁有一排老房子，包括4间学生宿舍，女生宿舍、男生宿舍各有两间，还有一个厨房，一间幼儿、学前班教室，一间阅览室，对面一排平房为教师宿舍，约有10间，每间有10平方米。幼儿班与学前班共用一间教室，由同一位教师分时段给两个班同时授课。厨房里有一个大灶，平时学生的饭是由聘请来的男炊事员用大木甑子在大灶上煮，教师的饭由他们自己用电饭煲煮。

2004年，大糯黑村小学教学设施欠缺，没有电视机、电脑等设备，甚至无电铃，只有用抗战时期在圭山地区失事坠毁的美军飞机的一块金属残骸作为上、下课时敲钟之用。学校的录音机、扩音器、话筒和高音喇叭年久失修，经常出故障，小学生做课间操和跳民族集体舞的活动经常因音响中断而暂停。村小学仅有的体育课教学设施为两个篮球，其中一个给学生使用，另一个新篮球放置在教师办公室里备用，无足球、排球、海绵垫子或单双杠等设施。学生宿舍里的床由村里集资购置，村小学免费提供，但每两个小学生共用一张床，被褥自带。

糯黑村委会曾划拨7—8亩地给大糯黑村小学，以前由该校老师和小学生共同耕种，现在学生人数少，学校便把这些地转租给村民耕种，每3年租一次，租地的农户每年向村小学缴纳租金。由于土地的好坏不同，租金也不等，租好地的农户每亩地每年缴纳租金约450元，租差地的农户每亩地每年缴纳租金约170元，村小学用这些经费来补贴购置办公用品、教具等的开销。

2004年，大糯黑村小学共有7位教师。除校长李金祥讲授

4—5年级的语文课外,其他4位男教师分别是:王建和,大糯黑村撒尼人,会说撒尼语,昆明师范学校毕业,主要讲授语文;李跃红,石林板桥人,会说撒尼语、阿细语,能歌善舞,教美术;杨永平,石林路美邑人,不会说撒尼语,但能听懂一部分撒尼语;曾炳祥:小糯黑村撒尼人,会说撒尼语,高中毕业;共有两位女教师:张秀花,石林干塘子村撒尼人,会说撒尼语;董俊芳,石林鹿阜镇人,汉族,新调来,不会说撒尼语。由于糯黑村委会管辖大糯黑、小糯黑两个自然村,所以在小糯黑村附设有幼儿班、学前班和1年级,由一名老师杨宝任教,他是石林尼镇老寨的汉族,但会听、会说撒尼语。

2004年3月19日调查组看到,大糯黑村小学围墙上的墙报一侧是由小学生与教师共同绘制的大糯黑村景远眺图。围墙的墙报上还有如下专题宣传文字:

六个一工程:

1. 抓师资队伍建设,建一支骨干教师队伍;
2. 建立一套科学合理、涵盖学校全面工作的体系;
3. 开辟一块德育走廊;
4. 开辟一块素质教育基地;
5. 建一支艺术教育活动团体;
6. 创建一个管理规范、环境优美的育人环境。

八个坚持:

1. 坚持学习制度;
2. 坚持升国旗和国旗下讲话制度;
3. 坚持师德师风专项教育活动;
4. 坚持检查、考评制度;
5. 坚持活动制度;
6. 坚持家庭联系制度;
7. 坚持报栏宣传、教育制度;

8. 坚持帮扶贫困生制度。

安全教育：

风高物燥，校内校外严禁用火；

严禁到井边、池塘边玩耍；

生病或有事必须向老师请假。

生活百科：

春天"上火"和"降火"。

在春天，由于气温逐渐变暖，时冷时热，人们的吃和穿还不能完全适应变化，很容易"上火"。"上火"的临床表现为口腔溃疡、唇舌肿痛、咽喉不适。天气炎热干燥，过食辛辣煎炒食物，长时间讲话，也常常引起脾胃伏热，心火上炎，导致口腔溃疡。

据李金祥校长介绍，关于墙报的内容，一个月更新一次生活百科，一个学期更新一次有关原则、制度，由于购买油漆、水彩等涂料的经费有限，一年更新一次墙报画面。

大糯黑村小学执行的有关学校管理规章制度包括：圭山乡中心学校有关规定、圭山乡中心学校学生宿舍管理制度、糯黑小学教育教学管理制度、糯黑小学学校管理制度、校长职责、少先队活动管理制度、糯黑小学财经管理制度、糯黑小学档案管理制度、糯黑小学学校设施管理制度、糯黑小学安全管理制度、糯黑小学学校水电安全管理制度、糯黑小学后勤管理制度、糯黑小学校园环境卫生管理制度，具体内容参看附录二。

（六）教育经费

按照昆明市教育局统一的收费标准，大糯黑村小学每学期收取1—5年级学生20元学杂费。幼儿、学前班学生每学期收65元，其中20元为杂费，45元为教育费，教育费由学校统筹安排，包括为幼儿班、学前班的孩子购买玩具、糖果等。村小学的教师除工资外，没有任何其他经费可用于诸如购买办公用品、订阅书报等类开支。

2004年3月,在大糯黑村小学围墙的墙报上,公布了大糯黑村小学"2004年3月—2004年7月学期收费公示栏",见下表。

表4—10　　大糯黑村小学2004年3月—2004年7月学期收费公示

年级	预收书费（元）	杂费（元）	实收	应退
一	46.7	20		
二	85	20		
三	85	20		
四	50	20		
五	85	20		

（七）村民受教育率/文盲率

2004年,石林县人均受教育年限为7年,圭山乡人均受教育年限为5—6年。大糯黑村适龄儿童小学入学率为100%,初中入学率为80%。大糯黑村村民的文化素质水平不高。据2004年2月的不完全统计,大糯黑村村民的文化水平结构如下表。

表4—11　　　　　大糯黑村村民的文化水平结构

N=823

文化程度	未上过小学	扫盲班	小学	初中	高中和中专	大专及以上
人数（人）	92	4	491	209	26	1
所占百分比（%）	11.18	0.49	59.66	25.39	3.16	0.12

由此可见,大糯黑村文盲较多,劳动者文化程度较低,科技人员较少,彝族劳动者在文化素质上的差距仍很大。因此,采取

有利于民族教育发展的政策和措施，扫除文盲，提高彝族撒尼人口的文化素质，加强技术培训，这些是大糯黑村今后发展必须重点解决的难题。

三　传统教育与国民教育的关系

新中国成立前，由于石林圭山地区周边学校少，交通不便，能入学的彝族撒尼孩子较少，传统教育在撒尼人的成长过程中占有重要地位。新中国成立后，随着学校增多、交通条件的改善和政府的鼓励，越来越多的彝族撒尼孩子入学，接受正规教育，传统教育与国民教育成为互相补充的关系。传统教育方式有助于撒尼人承袭传统的生产生活经验和为人处世美德，而国民教育则帮助撒尼人学习更多的科学文化知识，提高他们的素质，有助于他们将来掌握先进的生产技能。

四　现代科技的推广运用

1995年，石林县农科站曾到大糯黑村举办农业知识培训班，培训地点设在村小学，此外没有在村里举行过其他针对广大村民的农业知识培训班。石林县烟草公司、圭山乡烤烟收购站在种植烤烟的相关时节会到村里进行辅导，提供咨询。此外，糯黑村委会、村党支部分管的计生员、林业员、兽医、卫生员、烤烟辅导员、农经员、农科员等15大员会定期轮流在村委会办公室值班，接受村民的咨询，为他们提供相关科学技术指导和咨询服务。

（一）烤烟技术的推广

圭山乡烤烟收购站通常聘用10人为烤烟辅导员，每个村委会办事处1人。他们在烤烟生产第一线指导生产，并解决烟农成本、垫款困难，扶持烤烟生产发展，逐年发放预购定金。

访谈对象毕宏才，1964年生，高中毕业，是糯黑村委会的烤烟辅导员兼出纳。他家里有6口人，妻子董建红，1970年生，中专毕业，是村卫生员，育有一个6岁的儿子。他父亲毕连安，1937年生，母亲何兰芳，1940年生，还有1个弟弟。全家种了7亩地的烤烟、15亩地的玉米。2003年，他全家总收入达到1万元左右，支出6—8千元，主要支出是水电费、化肥、农药、除草剂、种苗费和他儿子在石林县城的入托费用。

大糯黑村里刚开始种植烤烟时，圭山乡烤烟收购站曾派专人来进行技术指导，2004年村民的种植技术正是按照乡烤烟收购站的要求来操作。按石林县有关要求，各村必须由村民小组组长和烤烟辅导员管理烤烟种植，并负责烤烟种植技术的推广。在种植烤烟时，关键要做好烟草的选种、育苗和移栽工作。一般由圭山乡烤烟技术指导站根据不同地域的地质、气候、土壤等实地客观条件和市场需求，进行烟草种苗的选种，选好后分发到各村让农户种植。农户不能自行决定种植种类，否则烤烟成熟后乡烤烟收购站不收购。种植烤烟的农户要服从乡政府有关部门的统一安排。

种植烤烟育苗时首先要平整土地，使土质变得松软，接着要把苗床铺好，用药物除草的方式把杂草移除，才开始撒种，然后在苗床上加盖松毛并浇水，铺上塑料薄膜，用以保持和控制温度，同时防止病虫害。待烟叶发芽后放入营养袋，开始排苗。排苗时把苗排成相距5厘米的纵行，然后用支架和塑料薄膜做成温室，温室的长度为4—5米，宽度为1米左右，如果温室太长，那温度会太高而不利于种苗的发育。等烟叶长出4—5片叶子后，就开始移栽。移栽时先把地一路一路纵向理平，开始打台，台面行距保持40—50厘米，要做到3看一条线，即直看、横看和斜看都成一条线，同时要注意保持通风。村民们通过烤烟辅导员的面授、看书学习或互相交流学习，都能掌握并运用这些烤烟种植技术。经过近20年的实践和摸索，加之乡政府有关部门技术人员的指导，村民们都已积累了一些烤烟种植经验。但也有栽种的烤烟质量不合格之时,原因是烤烟对气候的要求十分高,如果当年气候好、雨水恰到好处,烤烟收成就好,不合格的烤烟也就少,否则不合格的烟叶就多,栽烟农户的损失也就大。大糯黑村有的农户也会把质量不达等级的烟叶低价卖给一些个体烟草收购者,以减少损失。

等烤烟种下去之后,第一次打农药时,使用的是链霉素。一般1亩地需用1包农药,每包农药用喷壶兑20公斤水。如果烤烟长得小,则至少要打3次农药;如果烤烟长得大,打农药的次数可稍微减少一些。打农药主要是为了防治病毒,如赤星病、碳素病。同时圭山乡烤烟收购站的工作人员也提供技术指导,他们分片包干,专门安排两个联络人负责一个村。他们常到村中的烤烟种植现场巡视,如果发现种植的烤烟受病虫害影响,则指导农户及时打药。农药由乡烤烟收购站配好,直接送到村里来喷洒,有些农药免费,有些要收费。如用于治赤霉病、纹枯病就用特效农药吡虫啉和甲醛托布津,它们也可防止烟蚜,乡烤烟收购站不收费,农户普遍使用这些农药。如果这些农药要收费,则平均每户每年需要花费300—400元。虽说种植烤烟比种植农作物获利更多,但其成本也高。在打完农药后,等烟叶长大,继而开始封顶打叉,此时由石林县烟草公司派专人到田间进行指导,接着农户用抑芽敏这种农药防止烟叶生长叉芽,即抑阻烟叶长出侧芽,主要是为了使烟叶长厚、变长,同时防止蚜虫等虫害。

等烟叶长成熟之后还需要经过烘烤工序,烤烟的关键是看烤烟房,烤烟房是用土或石头砌成,大糯黑村由于天然石材较多,村民就地取材,多建石板烤烟房,烤出来的烟叶品质还不错。2004年,石林县开始推广节能型烤烟棚,每户用100公斤木炭即可完成烤烟量,但技术性要求更高。在烤烟时对烤烟温度的控制十分关键。一般来讲,头一天需要恒温,而后逐渐升高温度,但如果温度过高,又会使烟叶烤煳,接着又逐渐降温。烤烟时开始温度控制在34—35℃，等烟叶由绿色变成黄色后，才可以加温，48小时后开始加中火，温度控制在50—60℃，持续烤24个小时，然后用大火，使用大火时烤棚温度应控制在80—90℃，直到烟叶片烤干为止。在整个烤烟过程中，要密切注意烟叶水分的含量，掌握火候。如果烟叶中水分的含量大，则烤烟持续时间就要相应延长，直到叶片烤干为止，此时切记要逐渐减少燃料以降温，但降到中火后就不能再降温，要直到把烟叶烤干为止才能退火。如果发现烟叶烤得不脆，则把烟叶捆扎成包继续烘烤。烤烟要根据烟叶的含水量和成熟度来选择不同的烤法，如果成熟度低，含水量高，则烘烤时间较长，反之则烘烤时间较短。

（二）科普活动的开展与成效

据糯黑村委会党支部书记高映峰介绍，改革开放前，村里的种植业没有使用现代科学技术，如以前栽种的是常规烟，村民不会使用盖薄膜技术。现在有盖薄膜的技术和条件，种烤烟施混合肥，烤烟的产量和质量都相应提高。以前村中的养殖业主要是放养奶山羊，而现在实行高床圈养。高床圈养可以预防诸如羊口蹄等疾病，而且羊粪得到了管理，因此村里的卫生情况也有所改善。

糯黑村委会是石林县民宗局的支农联系点。2004年3月30日下午，石林县民宗局在大糯黑村组织了主要针对党员的科技培训，参加培训的党员有40人，有5人请事假，还邀请了该村13位养羊农户参加培训。主要内容为石林县农业局畜牧兽医总站的赵文和讲授高床厩养羊技术，他讲授了羊的种类、羊的饲草、高床厩养羊的一些方法和管理技术，以及羊病的防治等知识。参加培训的该村党员们说："通过这次上党课，了解了很多外面的信息，也了解了县政府建设小康社会的一些想法和做法，我们很支持。我们希望县政府和县上的其他部门也来帮助我们村，我们有信心和决心建设我们的小康村。"参加培训的该村养羊户说：

"这种培训通俗易懂，都是一些实用技术，对我们养羊户来说很有用，希望以后多举办一些培训，让我们多学技术好致富。"

第三节　彝族撒尼人的文学艺术

彝族撒尼人不仅有自己的语言文字，而且有自己的民族民间文学。正如撒尼人所说："天上星星多，地上草木多，撒尼人的诗和故事比星星和草木还要多。"[①] 撒尼民间文学的种类很多，十分丰富，有史诗、叙事长诗、抒情长诗、歌谣、谜语、谚语、神话、传说、故事、寓言、童话等。撒尼人以这些文学形式创造了丰富多彩的民间文学作品，成为他们传授各种知识，进行思想品德教育、自我教育和自我娱乐的有力工具和宣传手段。通过这些作品，可以看到撒尼人在各个历史时期的生活景象和时代精神，也是其民族精神的体现。如在远古时期，生产力十分低下，人们在强大的自然力量面前还处于无能的地位，不具备解释变幻无常的自然现象的能力，但又产生了驾驭和支配自然的愿望，于是便产生了十分天真而又极富艺术魅力的神话史诗《洪水泛滥史》，讲述的是人类经历洪荒大难，大哥、二哥因贪婪和自私而躲进金柜和银柜之中，最终沉入洪水里，而好心的三哥舒尔和妹妹布鲁诗阿曼在天神的示意下，带着小猫和小狗躲进木柜（另一说是木盆）里而免于被洪水淹死，天神准许他们兄妹成婚，繁衍了人类。这首史诗透露出原始社会血缘婚制时代的信息，为研究史前历史提供了十分宝贵的资料。叙事诗《鲁突支那尔》叙述了聪明智慧的鲁突支那尔用兽皮做纸、雁羽当笔，苦心创造彝文的故事，反映了人类从蒙昧野蛮社会过渡到文明社会所经历

[①] 何耀华主编，昂智灵副主编：《石林彝族传统文化与社会经济变迁》，云南教育出版社 2000 年版，第 129 页。

的艰辛,以及文明给人类社会的进步带来的力量,同时表现出人们对文明社会的向往。《尼行经》叙述祖先迁徙的路线。《祭密枝》、《祭山神》、《祭地神》、《祭龙辞》、《祭火神》等是彝族原始宗教的祭祀词。

20世纪50年代以来,经过(发掘、整理),翻译并出版的撒尼民间文学代表作有叙事长诗《阿诗玛》、《尼迷诗》、《逃到甜蜜的地方》、《放羊小伙子》、《竹叶长青》、《圭山彩虹》、《石林的传说》、《斯木乃朵》等。石林撒尼人的民间文学作品以叙事长诗所取得的艺术成就最大。这些叙事长诗讲究音韵,声情并茂,语言朴实生动,用词巧妙精炼,重复而不烦琐,夸张而不离奇,达到了相当高的文学水平。叙事长诗《阿诗玛》叙述了撒尼姑娘阿诗玛从出生到变成岩石的过程,突出她与撒尼小伙阿黑之间曲折动人的爱情故事。在表现手法上采用生动形象的比喻,使普通群众一听就明白。《阿诗玛》已先后被译成英、俄、法、德、日等20多种文字在海外出版发行,在国内17种报刊上发表,[①] 改编成同名电影后家喻户晓。阿诗玛的艺术形象已成为石林撒尼人的民族魂。《尼迷诗》叙说的是撒尼祖先与洪水搏斗、顽强生存的故事。《阿诗玛》、《竹叶长青》、《逃到甜蜜的地方》都塑造了撒尼姑娘美丽、勤劳、勇敢、智慧的艺术形象,她们反抗封建婚姻世俗制度,追求自由幸福的恋爱婚姻,反映了撒尼人"宁折不弯腰"的民族性格。《竹叶长青》、《逃到甜蜜的地方》表现自由恋爱者的抗争。上述撒尼文学作品的主题思想、人物塑造、艺术风格、语言提炼都达到很高水平,堪称彝族民间文学优秀作品的典范。

撒尼人的传说故事也十分丰富,反映的社会生活极为广泛,

[①] 何耀华主编,昂智灵副主编:《石林彝族传统文化与社会经济变迁》,云南教育出版社2000年版,第367页。

触及社会的各个方面。如《兄弟俩的故事》、《三个女婿和丈人》等故事充分揭露了爱财如命、薄情寡义的人,对撒尼群众起到自我教育的作用。随着石林旅游业的发展和兴旺,风景优美的胜景又唤起了撒尼人无限的回忆和联想,从而涌现了更多的传说故事,如《石林的传说》、《乃古石林的传说》、《大叠水的传说》、《长湖的传说》等,这些传说故事激发着撒尼人热爱大自然、热爱家乡之情。

石林彝族撒尼民间文学多数属口头文学,内容表现生产劳动、生活、道德等的方方面面,经过不断完善后形成完整的故事,由毕摩用撒尼文字记录整理而保存下来。由于是口头文学传记,生活在不同地域的撒尼人所讲的故事也有所不同或有变体。1953年有关专家收集整理叙事长诗《阿诗玛》时,发现石林地区就有20多种大同小异的版本或表述方式。如有的说阿诗玛与阿黑是恋人,多数说二者是兄妹。不同的表述方式与不同讲述者的生活环境有关。每当毕摩吟唱《阿诗玛》时,撒尼人通宵达旦地聆听,到了动情之处他们会泪流满面,身心进入情节。叙事长诗《阿诗玛》通过李广田等专家的发掘和整理,情节更加生动,故事更加完美,语言表达更加准确,因而才能成为享誉世界文坛的彝族撒尼民间文学作品。

一 民间传说

(一)何氏家族的传说

大糯黑村的何氏家族原先为大理的一杨姓家族,因故携宗祠碑经昆明移居到石林,他们途经南盘江时,圣祖牌掉进河里,因此改姓何。在大糯黑村附近山上的祖灵洞里还有何氏先祖杨干贞、杨宝善的塑像。当时大理兵荒马乱,何氏先祖生下一女,称"阿英",阿英父母忙于打仗,把她放入柁木树洞,对阿英说:"我们打仗7天以后回来,如果你还活着,我们就三年两头祭你。"结果他们7天后回来,阿英还活着,手插在嘴里,他们便把阿英抱出树洞养大成人,何氏后人繁衍下来,并从此三年两头举行何氏祭祖盛典活动。

(二) 王姓由来的传说

"王"姓在撒尼语中称"阿能",意为乌鸦氏族。传说撒尼人中的乌鸦姓祖先正在犁地,地边有树,树上有果实,乌鸦口里含肉而叫。王姓祖先对乌鸦说:"如果你真是乌鸦,就请你放下嘴里的肉。"结果乌鸦果然放下嘴里的肉,于是王姓祖先遂跟随乌鸦姓。石林当地的汉话俗称乌鸦即老鸹为"老 wa",由于"wa"的发音与百家姓的"王"(wang)相似或接近,因此撒尼人中的乌鸦姓祖先便采用了百家姓中的"王"姓。

(三) 火把节的传说

关于火把节的传说很多,说法不尽相同,据目前掌握的资料看已多达十余种,大致都附会到彝族祖先用火烧天神并降下"天虫"一说,进而有了夏季驱瘟灭虫的祈禳意义,赞扬撒尼人的神勇非凡。其中最古老的一个传说如下:很古的时候,勤劳的彝家迎来了一个金色的秋天,眼看就要丰收了,可是天王恩泽古兹不愿让彝族人民过好日子,就派十大力到彝山把所有庄稼都踏坏了。彝族人民满腔愤怒,一个名叫包聪的小伙子要与十大力较量摔跤武艺。包聪脱下羊皮领褂,亮出钢筋铁臂,大步冲过去抓住十大力的脖子不放。摔跤比武持续了3天3夜,最后包聪胜利了,十大力灰溜溜地低下头变成了一座秃山。天王又羞又恼,撒下一把香灰面,像一片乌云遮住太阳,霎时变成数不清的害虫,纷纷落在彝山,要把所有庄稼吃光。彝族人民为了保护庄稼、点燃希望,便举起火把将害虫一烧而光,夺得了大丰收,这一天正是农历六月二十四日。从此每年的农历六月二十四日就成了彝族人民举火把除恶灭害、共庆丰收的传统节日。

另一个有关火把节的传说如下:很久以前,在一个撒尼村寨

"龟山",后演变写为"圭山"。撒尼语称圭山为"构波玛",意为形似大雁的山,其中"构"意为大雁,"波玛"意为大山,圭山亦因远看如一只振翅欲飞的大雁而得名。大糯黑村周边的山、地多以动物名字命名,每一座山都有名字,如"狐狸门"、"蟒蛇山"等,这些名字都有其起源传说。如有一座山被命名为"歪脖子山",传说这座山惹怒了老圭山,老圭山生气地指着它,欲打它一巴掌,它害怕地歪起脖子以躲避这一巴掌,从此变成了歪脖子山。

(七)摔跤起源传说

在漫长的人类社会历史发展长河中,撒尼人把摔跤运动演变为其他各族人民也都非常喜欢的体育活动,并为摔跤运动谱写了许多美丽动人的传说。流传最广的传说是:天上的阿育神把五谷撒到地上,从此人间才有了五谷,丰衣足食。谁知天王对此不满,他派大力神下凡毁坏地里的庄稼,降瘟疫来危害牛、羊和人类。彝族英雄朵阿惹由于天天为财主家放牧牛羊,从小就天天抱小牛、小羊过河,天长日久就连大牛他都能轻轻松松地抱过河,力大过人。朵阿惹见义勇为,与大力神展开摔跤搏斗,他们头顶头、手推手、脚绊脚地斗了3天3夜,最终朵阿惹用抱腿的方法打败了大力神。谁知大力神败走时,从空中撒下香炉灰,炉灰变成许多害虫来啃吃庄稼,彝民见状,便扎出无数火把在村里田头巡烧害虫。这就是彝族火把节白天斗牛、摔跤,夜晚手举火把巡游习俗的由来。

此外,《石林的传说》、《圭山的传说》等民间故事则表现了撒尼人的山乡风貌。《搓羌阿布的故事》等成功地塑造了一批机智、聪明的奴隶和农民形象,并对土司、奴隶主、地主的贪婪、吝啬、愚蠢、狠毒,做了无情的揭露和辛辣的讽刺。

二 诗歌

（一）地理诗

据大糯黑村长者王有志介绍，撒尼诗词多带忧伤情调。大糯黑村撒尼人中流传着有关其先民来到大糯黑的"地理诗"。大糯黑先民从甘肃凉州迁徙到四川凉山，后又迁徙到云南陆良凉州。从明代一直到民国二年（1913），陆良凉州一直是全云南省的4个穷困州之一，曾有"与水为固，与水为忠，妄获宜居"的诗句来描述陆良县。大糯黑村的地理诗有《撵地理》，追述先民的迁徙路线；有"四川隔年山，云南老圭山"的《选择》地理诗，叙说当时大圭山、小圭山人烟稀少，无人居住，撒尼先民从四川来到云南圭山地区定居。

下面是王有志提供的一首地理诗。

第1节：撒尼话为"目书目仔仔，仔仔木书弱，目落个奔么"，汉语意思对应为："疏疏葱郁郁/悠悠，悠悠可做勺，天下野猪山。"

第2节：撒尼语为"过奔么，过灶，吃星那土少，不次次尬哨，烟沙减得少，不这山少摸"，汉语意思为："大圭山，小圭山，跳蚤穿鼻难，蚊子拨油难，鸡蛋索拴难，背水穷山难。"

第3节：撒尼语为"死赖死冒目，死赖死笨把，糯黑死把子"，汉语意思为："啄树不做木，啄树树偏跳，糯黑死把子。"

第4节：撒尼语为"排血排冒目，排血讷高到，糯黑陪减子，摘叶叶不吹，摘叶口也搁，糯黑密枝山"，汉语意思为："已经到了密枝山，是人杰地灵的地方，月琴伴奏着弹唱，由远到近的路线。"

（二）创世史诗《尼迷诗》

《尼迷诗》是一部近850行的优美叙事长诗，记录远古时期人类经历了冰雪、干旱和洪水3个时代，讲述的也是一个关于世代和人类繁衍、生存、发展的问题。它着重记述洪水到来，人类几乎灭绝，大地上只剩下阿尔和阿诗兄妹两人，他们坐在木柜里得以逃生。洪水退去后，天神给了他们不同的豆种，兄妹俩把豆种撒在地上，"黑豆变树林，树林绿茵茵"，"花豆变花草，花草鲜艳艳"，"白豆变谷种，谷种黄生生"，"绿豆变菜籽，菜籽细绵绵"，"黄豆变黄牛，黄牛红亮亮"，"青豆变羊群，羊群黑油油"。万物重新开始生长，但阿尔和阿诗却找不到别的人相配来传宗接代。后来天神阿霹让兄妹俩隔山滚磨盘，隔坡滚筛子，隔河穿针线，隔坡烧柴火，结果两扇磨盘重合了，两面筛子重合了，线穿进了针眼，两股火烟也相合。为了传宗接代，兄妹两人成婚繁衍人类。该史诗形象地反映了人类早期洪荒时代存在的兄妹血缘婚姻的历史，说明各民族同源异流的历史关系。按历史顺序来看，《尼迷诗》反映的是氏族社会时期的人类历史，而《阿诗玛》反映的是私有制和阶级社会时期彝族的社会生活状况。虽同是兄妹婚，《尼迷诗》中记述人类尚处于洪荒时代，是兄妹血缘婚的初级阶段，而《阿诗玛》已进入兄妹血缘家庭婚阶段，因而《尼迷诗》应早于《阿诗玛》。

"尼"是撒尼的自称，"迷诗"是"歌"或"调"的意思，"尼迷诗"的汉语意思为撒尼人的歌。按《尼迷诗》的说法，人类同样经历了3个大的种族更替阶段。与相邻的彝族阿细人的创世史诗不同，彝族撒尼人的《尼迷诗》并不在意对每一代先祖生理特征的人种学描述，而是更多注意每一次的毁灭原因和再一次的复生。第1代人在无法得知确切年代的远古生存繁衍，他们毁于冰雪严寒。而第2代人的生活时代同样无法把握，他们毁于大火。最后是第3代人，即阿尔和阿诗及其儿女们，这一代人的相关部分中提到日后在彝族历法中占据显要地位的12属相中的一部分名称，如老大阿托属兔，老二阿斥属狗，老三阿尔属龙，最后一个女子名阿诗，属蛇。在他们长成之后，洪水开始到来，最后只剩下老三和老四兄妹二人。接下来，类似许多民族的创世和洪水神话，兄妹二人结为夫妻，使人类得以繁衍和延续。

《尼迷诗》的独特之处从这以后突然显露出来，它讲述了彝族和其他兄弟民族的关系，也讲述了彝族各分支之间的关系。妹妹阿诗怀孕3年不见分娩，第5年一个肉团落地，面对这样一个怪胎，兄妹二人既奇怪又伤心，他们用刀将它剁碎，撒进山林。7天过后，出现一件让人诧异和震惊的奇观：其肉变成汉族，住到平坝；血流进大河变成傣族，住到河边；而住在山林里的彝族，则由肉团中的骨变成。彝族居住于6处山林，分为6个支系，分别是黑彝、白彝、红彝、甘彝（即彝亲）、撒尼和阿细，他们是现今居住在石林一带的主要彝族支系。《尼迷诗》的语言古朴优美，想象丰富，尤为可贵的是其中提出了汉、傣、彝等各民族同源的观点。它虽是传说，无科学根据，但也表达了撒尼人渴望民族团结、亲如一家的美好愿望，同时也为历史学、民族学等学科的研究提供了珍贵资料。《尼迷诗》这类记载了夸张历史的史诗，记载了旧石器时代和新石器时代彝人先祖的生存、毁灭、奋斗、拼杀以及大地上越来越稠密的人烟和鸟鸣，也许正好补充滇地先民与西羌接触之前的漫长历史。

（三）史诗《普帕米》（即祖先的歌）

撒尼老人在追述祖先业绩时，无不对撒尼祖先——牧羊人史郎若十分敬重。史诗《普帕米》记述史郎若在涝泥依南底时用薄口石头割脐带，用山草做垫褥；他在彝乡阿着底时过着游牧生活，上身披树叶，下身裹兽皮；他在圭山时用羊皮去换针和线，无布就用羊皮缝成衣，巧妻舒日玛做成羊皮褂。羊皮褂子身上穿，不怕天冷和下雨，不会再被刺挂伤。要脱羊皮换麻布，自己搓麻学织布，穿上麻布衣，穿上麻布裤，从此以后见着老人、小孩不用害羞了。这部史诗充分反映了撒尼人的服饰从树叶、兽皮到羊皮、麻布的漫长发展历史和演变过程。

(四) 民间叙事长诗《阿诗玛》

根据思想内容，撒尼叙事长诗大体可分为反映抑恶扬善的和表现男女青年坚贞爱情的两类。《阿诗玛》为后一类的代表作，是彝族支系撒尼人的长篇叙事诗。《阿诗玛》全诗约1500行，以阿黑和阿诗玛兄妹反抗不合理婚姻为线索，揭示了尖锐的阶级矛盾，颂扬了兄妹俩的高尚品格。长诗一开始就用对比手法，描述了"格格日明家，花开蜜蜂来"，而有钱有势的热布巴拉家，"花开蜂不来"，将美与丑生动地对比展现出来。接着便是善与恶的冲突斗争：热布巴拉家要娶美丽的阿诗玛给儿子阿支做媳妇，遭到了阿诗玛的严词拒绝。热布巴拉家依仗权势，强行抢走阿诗玛。哥哥阿黑为营救阿诗玛，与热布巴拉家进行了各式各样的较量，如对歌、砍树、接树、撒米、拾米等，阿黑都一一取胜。热布巴拉家又放虎伤人，阿黑射死了老虎。阿黑又射出3箭，一箭钉在热布巴拉家的祖先牌位上，迫使他家释放了阿诗玛。热布巴拉纵容崖神发大水，阿诗玛在回家的路上被洪水卷走了，她变成了坚贞不动的石像，耸立于石林之中，她的回声永远回响在撒尼人居住的崇山峻岭之中。

据2004年1月29日大糯黑村高月明讲述，撒尼语"阿着底"意为撒尼人居住的地方。传说那里有一位美丽的姑娘叫阿诗玛，她是一位纺织、搓麻、织麻和绣花能手，她不仅人长得甜美，织的布也最秀美。她纯朴、善良，说话超人，能歌善舞。阿诗玛的朋友和仰慕者很多，摔跤比赛时，阿黑获胜，赢得阿诗玛的爱慕。贵族热布巴拉在摔跤时注意到了阿诗玛，想要儿子阿支娶阿诗玛做媳妇。阿支请人去说媒，不得逞，于是强行抢亲，阿诗玛被关在热布巴拉家。阿黑出门放羊，春天的布谷鸟会带信，把不幸的消息传给阿黑。阿黑闻讯后赶回援救阿诗玛。阿支家饲养老虎，欲借虎害死阿黑。阿诗玛吹口弦给阿黑传信，阿黑做好准备，用3支箭将猛虎击中。热布巴拉不甘心，把箐沟水坝闸门打开，阿诗玛被水冲走，变成女神雕像，屹立于石林，山谷中总有她的回音，她一直活在撒尼人的心中。大糯黑村邻近的维则乡干塘子村，现已更名为阿着底村，自认那里为阿诗玛的故乡。根据传说阿诗玛居住于石板房中，而只有大糯黑村的民居一直是石板房，因此高月明等大糯黑村人认为阿诗玛的故乡应为大糯黑村。

《阿诗玛》讲述了撒尼姑娘阿诗玛与撒尼小伙阿黑之间曲折动人的爱情故事，歌颂了彝族人民勤劳智慧、敢于追求自由幸福和反抗邪恶势力的美好品格和民族性格。它的主题思想、人物塑造、艺术风格、语言特色都达到较高水平。《阿诗玛》长期在撒尼民间传唱，深受撒尼人的喜爱。从20世纪50年代起，我国民族文学研究工作者对流传在民间的《阿诗玛》长诗进行了搜集和整理，并加以翻译和注释，出版了最初的《阿诗玛》中文译本。20世纪80年代初期，中国社会科学院民族文学研究所的学者又深入路南进一步调查，收集《阿诗玛》的彝文写本，同时参照民间口头流传的《阿诗玛》，以彝族毕摩家传的《阿诗玛》写本为主，采用四行译法，进行整理、翻译和注释，即第1行是彝文原诗，第2行用国际音标注音，第3行逐字直译，第4行意译（句译），然后随文加注说明有关彝族撒尼习俗，通过这种译法翻译出了《彝文阿诗玛译注》一书。这种译法既忠实于撒尼文原文，同时又保留了原文的民族形式、语言特色和艺术风格。《阿诗玛》不仅被翻译出版，而且还被改编拍摄成电影。电影《阿诗玛》受到了全国观众的喜爱，于1982年获西班牙桑坦德第3届国际音乐舞蹈电影节最佳舞蹈片奖。

（五）爱情长诗《美丽的彩虹》

长诗《美丽的彩虹》讲述小伙子沙那与姑娘若资倾心相爱，但不幸的是，恶人木格谋占若资，竟害死沙那，焚尸灭迹。若资忠贞不渝，投火殉情。两人成为一道青烟，腾空化作彩虹。该故事优美感人。至今撒尼姑娘们偏爱以彩虹图案作为七彩包头的花纹图案,以示对忠贞爱情的仰慕。该长诗歌颂撒尼人勤劳、勇敢、智慧以及酷爱自由的民族性格。它的主题思想、人物塑造、艺术风格、语言运用都达到了较高的境界。

(六) 长篇抒情诗《逃到甜蜜的地方》

长诗《逃到甜蜜的地方》全诗1000余行,由《序曲》、《活是一条心,死是一堆土》、《不管你走到哪里,妹妹都跟着去》、《走到了水塘边》、《别人喜欢啊,我们也喜欢》、《生了男孩女孩》和《尾声》7个部分组成。它以歌颂劳动和爱情为主题,采用男女对唱的形式,具有朴素优美的特点,是撒尼人多年来保留下来的口头文学遗产。过去逃婚是撒尼青年的一种风习。在撒尼人中,贫富悬殊较大而结合起来的夫妻很少能白头偕老。撒尼人对逃婚者一般采取同情态度,甚至有些老年人还向青年讲述逃婚的故事,演唱逃婚调子。《逃到甜蜜的地方》就一直为撒尼人所传诵。诗中的一对青年男女真诚相爱,可是姑娘被迫嫁给了有钱人家。小伙子想方设法要把姑娘赎出来,可惜没成功,他们只好相约逃到遥远的地方去。他们逃婚的途中遇到许多困难,最后终于找到自由和理想的地方成亲立业,过上甜蜜的生活。《逃到甜蜜的地方》不仅歌唱男女缠绵的爱情,而且通过对爱情的歌颂,反映了撒尼人对于自由的勇敢追求和对美好生活的坚定信念。

三　民间艺术的传承与发展

民族歌舞是民族传统文化在艺术上的表现形式。彝族撒尼民间歌手很多,特别是掌握彝文的毕摩,他们不但为保存、丰富和发展彝族传统文化作出了不可磨灭的贡献,而且是歌舞节目的创作者和表演者。他们不仅能唱诗诵经,而且能即兴创作情歌、叙事歌、风俗歌谣,还会演奏各种彝族乐器,真是吹拉弹跳唱无所不通。撒尼民歌调子有叙事调、放羊调、喊调、库吼调、绣花调、悲调、骂调、嬉戏调、犁地调等16类之多。撒尼乐曲有细乐、经乐、伴乐、舞乐等，乐器有竹笛、三胡、三弦、口弦、月琴等。撒尼人真是人人爱跳舞，个个能唱歌。每逢佳节盛会，撒尼人听见三弦响，脚板就发痒。

早在20世纪40年代，彝族撒尼音乐、舞蹈、乐器等就享誉国内。1946年，撒尼英雄毕恒光率领圭山彝族音乐舞蹈队赴昆明演出，轰动春城，得到闻一多、费孝通等著名学者的高度赞扬。优秀的撒尼音乐教师金国富与词作者范禹、曲作者麦丁合作，在石林撒尼地区深入生活，根据民间《勒着迷》创作改编的歌曲《远方的客人请你留下来》荣获1956年世界青年联欢节金奖，在国内外深受欢迎，广为传唱。2000年2月，该歌曲被石林县第十三届三次人民代表大会确定为县歌。

石林彝族撒尼支系人民在长期的生产劳动中创造了丰富多彩的民族音乐舞蹈文化，并与这里的喀斯特地质景观一起被世人熟悉和热爱。撒尼人的音乐舞蹈和器乐文化除了有彝族音乐舞蹈和器乐文化的共性之外，还有其独特的地方性和民族性，在整个彝族文化中占有相当重要的地位。撒尼歌舞源远流长，优美多姿，风格独特，从形式到内容，表现的整体性相当明显。撒尼民间音乐包括民歌民谣曲调、宗教祭祀曲调、民间器乐独奏合奏曲调和大三弦舞等舞曲，数量多，尚保留着较为原始质朴的生活风味，涉及撒尼人的衣食住行、婚嫁丧葬的方方面面，能细腻准确地传达出撒尼人的喜怒哀乐等复杂情感。歌曲有叙事歌、"该迷"（情歌）。舞蹈有跳大三弦、跳叉、跳鼓、跳刀、跳狮子、跳老虎等。其中，跳大三弦舞最具代表性，舞蹈动作为三步一踢脚，男性弹奏大三弦，女性拍掌和声，只要竹笛吹奏者"快点来呀！快！快！"地一叫，大三弦随即被欢乐地奏响起来，成百上千的男女老少便会不约而同地舞动起来。整个舞蹈雄浑有力，气氛热烈，场面壮观，显示出熟练的整体配合，使人感到一种强烈的整体力量。这种歌舞艺术的整体性体现了撒尼人强烈的群体意识和集体精神。撒尼传统节庆和联欢活动较多，节日里撒尼人通过对唱山歌、跳大三弦舞及走亲访友等一系列社交娱乐活动，使自己融入彝族撒尼人这个文化群体中去。

（一）文艺传统

早在1946年，撒尼革命青年毕恒光组织圭山撒尼同胞抵达昆明参加"圭山彝族音乐舞蹈会"，他们的精彩演出受到热烈欢迎，影响深远。这次极有意义的演出活动是从1945年开始酝酿的。当时西南联大中共地下党组织通过民主青年联盟（以下简称"民青"），以学生服务处少数民族服务队名义，由王松声同志（当时西南联大地下党组织负责人之一）组织了15人（10男、5女）的暑期组，到石林圭山一带开展宣传服务工作和社会调查。他们白天与撒尼同胞们一起下地劳动，晚上开展活动。他们开办了小学教师培训班，为撒尼同胞培养师资；为妇女开办识字班；组织青年演出队，王松声为演出队编写了歌舞《彝汉一家》、《插秧谣》等。晚上在皎洁的月光下，他们和撒尼青年一起跳撒尼舞蹈，同学们深受教育。假期结束回到昆明后，以王松声和毕恒光为首倡议，为增进民族团结，交流文化，组织圭山彝族同胞到昆明演出，该建议得到闻一多、赵沨、梁伦等的支持。1946年春，由王松声、毕恒光、梁伦一行3人深入石林各村，花了20多天选定节目，确定人选，并集中排练。大糯黑村的撒尼姑娘王兰英、王兰珍均入选，之后王兰珍的剧照还被刊登在香港《环球》杂志的封面上。王松声等返回昆明汇报后，经地下党组织安排，由联大师院、云大自治会精密筹备、集资，借用联大师生的复员费，克服了重重困难，终于使圭山彝族旅昆演出队于1946年5月17日到达昆明，住进联大师院。

1946年5月19日，演出队在国民党云南省党部礼堂开始招待演出。由于演出前又进行了排练，并由一些专家组成的导演团予以指导提高，当时昆明知名的文艺界人士几乎都参加了，费孝通还为编好的节目之间衔接撰写了生动活泼的连接词。演出轰动了整个昆明城。少数民族的歌舞艺术登上了舞台，这在云南省是空前的壮举。圭山彝族同胞以本民族民间歌舞的特有形式，显示了深刻的思想，演员们真挚的情感和生气勃勃的艺术表现力冲击着每个观众的心扉。那些纯朴自然、充满着对生活和对家乡无限热爱的彝族歌舞，向外界展示了一幅祖国丰富多彩的民族艺术画卷。文化界著名人士如闻一多、费孝通、楚图南、徐嘉瑞等均著文予以赞扬，各报刊纷纷刊登消息，报道这次空前的演出。通过演出，不仅大大增强了民族团结，同时为争取演出，组织者与反动政府当局进行了针锋相对的斗争，致使反动政府的破坏、阻挠未能得逞，反而由原定演出7场增加到10多场，演出持续到6月3日，不仅场场爆满，而且许多人由于买不到票而站在礼堂外久久不散。这次演出经过地下党组织的精心安排和机智引导而取得了胜利，从而也教育了彝族同胞，使中国共产党的威信在彝族同胞的心中扎下根，并对云南民族歌舞的发展具有深远意义。

1946年5月在昆明举办的圭山彝族音乐舞蹈会结束后，同年5月的《时代评论》特刊登出了"夷族音乐舞踊会"专刊，刊登费孝通、赵沨、梁伦、楚图南等学者关于这次音乐舞蹈会的评论文章。他们的文章简要分析了彝族撒尼歌舞的特点，并盛赞其质朴、热情与健康之美。楚图南还用笔名"高寒"，对毕恒光率领的石林圭山、弥勒西山彝族歌舞队到昆明云南省党部礼堂公演的节目进行评论，文章题为《夷族舞踊》，对彝族舞蹈给予很高评价。

20世纪50年代，石林圭山地区每个村都有歌舞队，大糯黑村有文艺宣传队，金文英负责该村文艺队歌舞组。张冲在维则创办圭山中学时，当地特地组织民族歌舞团欢迎张冲，表演时演员全用撒尼语，配有汉语翻译。张冲观看演出之后，很满意，提议歌舞团到昆明、北京去表演。1961年，圭山区党支部书记周勇要求大糯黑村人高月明到圭山区组织基干民兵红专连，红专连早晨出操，上文化课、军事课，午饭后组织军事训练、文艺演出。后来红专连解散，但海邑、亩竹箐、维则、野核桃树村的8位男演员和8位女演员被挑选出来，组成圭山文工队，利用民歌改编歌舞剧。1年以后，高月明收集了阿诗玛的故事，改编为阿诗玛成长、摔跤、说媒、抢亲、阿黑与阿支对歌、回家6个场景，用撒尼语和撒尼唱腔表演叙事诗《阿诗玛》。圭山文工队到路南、宜良县城表演，又代表县文艺队到曲靖专区汇演。1961年10月，圭山文工队到昆明艺术剧院汇演，用幻灯片投影汉语译文。据高月明说，导演刘琼观看表演后索要了叙事诗《阿诗玛》的草稿，请人译成汉语。刘琼曾带领之后电影《阿诗玛》中女主角的扮演者彝族演员杨丽坤等到大糯黑村体验生活，高月明当时尚不知刘琼已将收集整理的叙事诗《阿诗玛》改编成电影《阿诗玛》剧本，并要拍摄电影。1964年电影《阿诗玛》问世。刘琼把高月明所编的布谷鸟带信给阿黑，改为溪花随溪水往高处倒流带信。大糯黑村文艺宣传队曾被邀请到北京表演，但因当时临近春节，大糯黑村演员未能前往。石林海宜撒尼人金国富负责的海邑歌舞队前往北京演出，金国富参加创作的歌曲《远方的客人请你留下来》引起关注，后成为经典名曲，金国富也因此成名。

2001年，大糯黑村老年协会成立，其中也包括村老协文艺表演队的组建。2002年，该村老协文艺队到石林县城表演，获一等奖。他们表演的歌舞反映了旧社会撒尼人的悲惨生活场面、共产党解救撒尼人和改革开放后撒尼人生活条件改善的巨大变化。村老协文艺队演唱了《圭山谣》、《历史组歌》以及一些反映村民早出晚归等农耕生活情景的歌曲。《圭山谣》由竹子创作，他是小糯黑村李荣春家的大姑爷。《历史组歌》由村老协副会长兼文化室主任高月明创作,他把反映新中国成立前、成立后、合作社、合作化、共同富裕、反贪污浪费等各个历史阶段主题的撒尼歌曲组合起来。

(二)曲调

根据曲调的乐汇、乐句特点,按曲调的节奏及内在结构形式,石林撒尼民间音乐大致可分为3种类型:《撒尼跳乐》类、《毕摩调》类、《撒尼情歌》类。彝族撒尼支系的众多民歌曲调大多是依据表现内容即歌词特点来划分的。"放羊调"是牧羊人的调子。撒尼人放羊时,常以旋律高亢悠扬的民歌来抒发自己的感情。"喊调"是撒尼人在山上放牧或做农活时,在一座山上与另一座山上的人对唱时喊出的调子。"叙事调"主要用来传唱民间叙事长诗和成套的民歌,如《阿诗玛》、《圭山彩虹》、《送嫁歌》等。"绣花调"是妇女们绣花时即兴演唱的民歌,常常是领唱的姑娘唱出第一句,然后众人应和。她们边绣边唱,不仅歌声动听,而且在音乐的伴随下,绣花的动作都和谐一致,如同整齐的舞蹈动作。"库吼调"是诉说歌者内心情感活动的山歌,多为妇女们即兴演唱,曲调高昂,站在高山上演唱时,可随风传至远方。"犁地调"是撒尼人做农活、下地劳动时唱的民歌,也可以在婚礼上由歌手们对唱,内容丰富,既有即兴创作的咏物歌,也有长篇的叙事歌,歌手们可以由月出东山一直唱到第二天拂晓。"骂调"是旧社会撒尼青年男女反抗包办婚姻时唱的调子。此外,还有表达不同情感的"喜调"、"悲调",适用于不同乐器的"三弦调"、"月琴调"、"口弦调",宗教仪式上毕摩常演唱的"祭神调"、"念经调"、"招魂调"等。撒尼民歌的曲调结构大多是以两句或一句为基调进行变化或重复,同时还常常使用"赛洛赛"、"唉洛唉"等衬词,传说"赛洛赛"和"唉洛唉"是古时候撒尼人放牧的地方。撒尼曲调的歌词只有少数固定,大部分是同一曲调而歌词变化多样,经常是根据不同情景即兴编唱歌词。

叙事歌是撒尼传统民歌中的重要内容。每逢民族传统节日、婚嫁喜庆等日子，撒尼人都有演唱叙事歌的传统，方式有独唱、对唱等。内容有叙述远古时代天地日月、山川树木形成的神话，有洪水滔天、兄妹成亲繁衍后代的故事，有关于婚姻嫁娶礼仪的古歌，有回忆彝族先民大迁徙的史诗等。其中还有包容上述若干内容为一体的叙事歌，也有描述人物故事的叙事歌，如《阿诗玛》。《阿诗玛》是撒尼人凭惊人的记忆加上口耳相传，以歌唱形式保存下来的艺术珍品，主要是在结婚仪式上歌唱，歌唱时无乐器伴奏。词句的格式为撒尼传统的5音节句，基本音符以"135i"四个音组成骨干音，构成跳跃的曲调。按照主人公的成长过程及故事情节的发展，其音乐又分为不同曲调。

喜调。撒尼人保留着宴请满月客、百日客的习俗。撒尼婴儿满月或满百日时，父母要举行取名仪式，届时宴请全村亲友来做客，亲友们都带着食物和礼物来庆贺，这种仪式自始至终是欢快隆重、热闹非凡的。传说中阿诗玛满月时，就举行了取名仪式。在这样可喜可贺的大喜日子里，撒尼人便会演唱清新、欢快、活泼、欢乐的具有童谣特色的"喜调"。

出嫁调。撒尼青年喜结良缘时，要请毕摩到家中吟唱送嫁歌。著名叙事长诗《阿诗玛》就是毕摩在婚礼上吟唱的送嫁歌，其中一种传说认为阿黑是阿诗玛的哥哥。吟唱此类送嫁歌的目的是要求新婚夫妇相亲相爱、敬老爱幼、勤劳度日，告诫新婚丈夫要善待妻子，如果虐待她，就会有阿黑哥出来保护自己的妹妹。据有关叙事诗讲述，阿诗玛因容貌美丽、心地善良、勇敢非凡而闻名遐迩。等她长到出嫁年龄时，头人热布巴拉请媒人海热代表其儿子阿支去说亲。按照撒尼人的礼节，结婚时，男方家要送新娘的父亲一瓶酒，送给新娘的母亲一箩饭，送给新娘的哥哥一头牛，送给新娘的嫂嫂一串麻。几件薄礼，就要抢走自己的亲骨肉，况且阿诗玛爱恋着的是心上人阿黑，而非心狠手辣、遭世人唾骂的阿支。这怎么不令人伤心呢？况且热布巴拉连这点薄礼都不送，就以强权抢走阿诗玛。就在这难分难解之时，阿诗玛唱出了感人肺腑的"出嫁调"。人们听了都为阿诗玛的不幸遭遇而抛洒着同情的泪水，尤其是撒尼妇女、女孩听了更感触深沉。

骂调。媒人海热去阿诗玛家提亲时，试图用热布巴拉家的权势和金银财宝及自己的花言巧语打动阿诗玛和她母亲，但阿诗玛以斩钉截铁般的有力节奏、强烈激愤的较快速度和激情果敢的音调唱出自己心中的愤恨之情。她通过"骂调"轻蔑地嘲笑了极其渺小的剥削阶级，显示了劳动人民不畏强暴和敢于斗争的英雄气概，有力地驳斥了"金钱万能"的剥削阶级思想，彻底揭穿了头人热布巴拉家用金银财宝诱惑阿诗玛的阴谋。

其他诸如"绣花调"、"悲调"等均与情节发展和人物情感相配合。总体来看，《阿诗玛》的音乐具有如下特色：音调悠长，节奏自由，较多运用了自由延长音；形象鲜明，特色浓郁，较好地刻画了人物在故事情节中不同场合的内心活动；一曲多词，反复吟唱，使人加深印象，也因其易学易唱而广为流传；运用虚词润色唱腔，使音乐的表现力得到进一步升华；字正腔圆，声情并茂。

从结构方面来看，撒尼叙事歌的音乐一般都较为短小精炼，常以两个乐句反复咏唱，曲调行进顺畅，起伏不大，音域也不太宽，词与曲结合紧密。在文化教育设施匮乏的时代和地区，叙事歌的传唱起着对后人进行民族文化、历史、生产知识和风俗礼仪等方面的教育作用。

对唱"该迷"是撒尼人的又一特色民俗。"该迷"即情歌，是青年男女恋爱时对唱的调子。每逢农历三月三日，撒尼青年男女都会到约会地点参加对唱"该迷"，用这种低回婉转、声轻意浓、如泣如诉的曲调各自介绍情况，互相倾吐爱慕之情，商定婚约。这种情歌是与撒尼人的爱情生活密切联系的艺术形式，并与彝族撒尼人特有的风俗习惯，尤其与青年男女婚前的社交活动方式分不开。撒尼人婚前的社交活动比较自由。村中建有青年男女的娱乐场所——公房，每至夜晚，青年们便在公房中唱歌、跳舞、谈情说爱。对唱"该迷"时，撒尼青年男女常常用小嗓轻声说唱给对方听，曲调温柔，情意绵绵。

撒尼人繁杂的丧葬仪式则有繁杂的仪式歌，分为11章、数十个小节。丧葬仪式歌的11章的名称分别是：《天地起源》、《盖房子》、《立神祭神》、《不祥的预兆》、《生病治病》、《病人死亡》、《做棺材》、《出殡告别》、《教示亡魂生产生活》、《送亡魂》、《招生魂》。念完整部丧葬仪式歌需用一整天的时间。

（三）乐器与器乐

石林地区举行庆典活动时，成百上千手持民间乐器的表演者大都来自撒尼山寨，他们带来自制的三弦、月琴、笛子、三胡等乐器，这些音响不同、形状各异的民间乐器都用彩带装饰，美丽大方，透着浓浓的民族韵味。编排成方队的民族乐器演奏者使喜庆活动隆重热烈，风格独特。"月琴会唱歌"，"口弦会说话"，这是石林撒尼人民对器乐表达思想感情作用的生动比喻和形象描绘。撒尼民间器乐是一个极其丰富的宝藏，它不仅具有一些其他民族没有的独特风格和特色，而且以其多姿多彩的演奏形式在彝族民间音乐中占据重要地位，同时也丰富着中国民族乐器艺术的宝库。下面对撒尼人特有的常见乐器做一个概要介绍。

三弦。撒尼民间乐器中典型的是弹拨乐器三弦，分为大三弦、中三弦、小三弦共3种，三根弦定音为151。撒尼人把大三弦称为"三弦亚莫"，中三弦称为"三弦阿底日阿"。三弦琴身木制，羊皮蒙面，长100—130厘米不等，有3根筋弦，其中1根弹音调，另外两根用于伴奏。弦下端有许多小铁片，随弦振动发声。演奏时撒尼男子把三弦斜挂身肩，边弹边舞。石林地区撒尼民间乐器中最具特色的是大三弦。撒尼人把木桶粗的优质木材锯成理想的长度，掏成空桶状，打眼装上2米左右的琴柄，蒙上精选羊皮，装上粗细3根弦，穿一串铁皮挂上，拴弦的铁皮上装有几道可松动的铁皮扣子，弹拨时发出弦和铁皮的颤响声，突出伴音效果，增添乐曲的节奏感和欢乐气氛。再系上红、黄、绿三色彩带，一把别具风格的大三弦就做好了。大三弦是撒尼人跳大三弦舞时男性身背手弹必备的伴奏乐器。由于只能弹出$\underline{1}$—$\underline{5}$两个伴奏音，只要稍加训练，人人能弹。跳大三弦舞时，数十把大三弦齐鸣，热烈奔放，雄浑有力，很有感染力。"听见三弦响，脚板就会痒"，这就是撒尼人大三弦舞的魅力。

大糯黑村文艺表演队使用的大三弦多为自制。据时任村委会主任的王光辉讲，2004年1月23日（农历正月初二），该村文艺表演队被选拔出到昆明参加跳大三弦舞表演，参加表演的村民年纪最大者为73岁，男子们手持的大三弦皆为自制。一把大三弦两天可以做好，成本约为每把120元。大糯黑村人也会做大三弦，但做得较慢，而定居石林的一些四川人的木活做得更快、更好，因此村里买来材料后便请一些四川木工来做大三弦，工钱由村委会支付，王光辉负责统一大三弦的长度和颜色。

小三弦形同大三弦，但只有大三弦的一半或1/3大小，长80—100厘米不等。多用蛇皮蒙琴桶，做工较精细。弹拨时发出的声音柔美动听，清脆响亮，旋律多变，能与其他乐器共奏出优美旋律。大糯黑村的老年人小三弦表演队基本上每晚都表演，既自娱自乐，又吸引观众和游客，已成了一道不可多得的撒尼民俗景观。中三弦为中音，演奏时与小三弦乐曲同部，可弥补小三弦音色厚度之不足。

月琴。撒尼语称"巴布"、"班匹"等，流行甚广，大致凡彝族聚居地区都有月琴。除彝族外，哈尼、布依、苗族等少数民族也使用月琴。在石林彝族撒尼人的音乐歌舞生活中，月琴与大三弦、小三弦一样，占有十分重要的地位。而且从使用情况看，如使用月琴伴舞，则没有大三弦那样狂欢热烈，比较轻便、温润、柔和，因此月琴更适用于为中老年人伴舞，也大多为中老年人所喜用。

目前流行于石林撒尼人中的月琴的基本形制是圆腹、长颈，弦数为3、4弦等类。随弦数不同，月琴的颈长、圆腹大小相应不同，弹奏效果也有别。但不论哪一类月琴，在制作时均非常注重选料和装饰。琴头常雕含珠龙头，上插两个五彩绒球。面板装饰华丽，雕有龙凤或镂空的民族图案，有的还嵌镶闪闪发亮的镜子。月琴不仅是乐器，也是精美的彝族民间工艺品。月琴音色明亮，轻快华丽。古老的弹奏方法不用拨子，而用手指弹奏，音量较小，但音色柔和。现在普遍采用拨子弹奏，音量较大，常用双音、和弦、轮扫、琶音、颤音、倚音等技法演奏。内弦奏旋律时，外弦做空弦持续音伴奏；外弦奏旋律时，内弦做空弦持续音伴奏。弹奏舞曲时，用手指击拍，以增加音乐的热烈气氛。月琴是妇女们喜爱的独奏乐器，演奏时除了靠音位定音准外，还凭指力的轻重变化而发出上滑音、下滑音，从而更为充分地抒发演奏者的内心情感。

撒尼人的笛子包括直笛和横笛两种，横笛又分大、中、小3种，大笛发音低沉，音色宽厚，而中笛、小笛发音激越活泼。

竹笛。犹如三弦、月琴一样，撒尼人的竹笛是其音乐舞蹈生活中不可缺少的乐器之一。撒尼语称之为"织拉弯"，以细竹制作，头部留节堵塞，尾部贯通，烙通7个洞，一个洞用于吹奏，另外6个洞用手指控制演奏曲调，也有再烙一个洞做笛膜颤音之用。竹笛的长短、粗细不同，吹奏曲调有异。细长竹笛吹奏出响亮喜悦的旋律，而粗短竹笛吹奏出沉闷哀怨的旋律。

据民间传说，古时候撒尼人居住的地方山清水秀，牧草丰富，他们主要从事狩猎和畜牧。有一天，一个放羊的小伙子在山上放牧，太阳西下时，羊群吃饱了草，便向一个山凹地奔去。他很奇怪，也跟随着跑过去看。原来那儿有一汪又清又凉的龙潭水，羊群正在争先恐后地喝水。他便在一棵大树下生火烧食物吃。不一会儿，火星飞溅到火堆旁他用于赶羊的竹棍上，有一颗火星把赶羊竹棍烧通一个洞，发出"比剥比剥"的响声。小伙子忙拿起竹棍吹，竹棍却发出了"嘟嘟嘟嘟"的声音。他很高兴，觉得这声音很好听，便继续用柴火烙起洞孔来。每多烙一个洞孔，就能多吹出一个音。就这样，他一直烙了7个洞孔。他用几个手指来回按洞孔，吹奏出了优美悦耳的曲调，连羊群都忘了喝水，竖起耳朵听他吹奏。这个放羊小伙子就这样制成了撒尼人的第一支竹笛，并一代一代地传承下来。撒尼人的竹笛已融入中华民族的乐器大家庭之中，可独奏，可合奏，而在撒尼跳乐歌舞中，是缺它不可的。它与三弦一样，是石林彝族极富浓郁民族特色和民族风格的乐器。

闷笛。闷笛形同于竹笛，是撒尼人自采原料自制的乐器之一，采用粗长的竹子做成，音色低厚。撒尼人中有许多吹奏闷笛的高手，跳大三弦舞和小三弦舞都离不开闷笛的伴奏。

叶笛。叶笛也是撒尼人独具地方民族特色的乐器，实为来自天然、随手可得的树叶。撒尼语称树叶为"排比"，称叶笛为"排比木"，即"吹树叶"。贵州、四川的彝族也会吹奏叶笛。多才多艺的彝族姑娘到山上放牧牛羊或劳动休闲时，摘片树叶子，放在嘴边就能吹出旋律优美动听的民歌，甚至能吹一些流行歌曲。据史书记载，吹叶曾被称为"啸叶"。唐代樊绰在《蛮书》中记述："少年子弟暮夜游行间巷，吹葫芦笙或树叶，声韵之中，皆寄情言。"在四川成都的五代前蜀王建墓石刻中也有吹木叶的乐伎图像。唐代著名诗人白居易写道："苏家小女旧知名，杨柳风前别有情。剥条盘作银环样，卷叶以为玉笛声。"[①] 这些

[①] 何耀华主编，昂智灵副主编：《石林彝族传统文化与社会经济变迁》，云南教育出版社2000年版，第354页。

跳鼓、跳霸王鞭、跳狮子、跳老虎、织麻舞、细乐舞等，其中最为著名、流行且最具浓郁地方民族特色的是跳大三弦舞，也称"撒尼跳乐"或"撒尼跳月"，撒尼语称为"三弦比"。这些舞蹈都是随伴奏乐器的节拍起舞，不同于边歌边舞的舞蹈形式。

关于跳乐舞蹈的由来，据石林圭山撒尼前辈讲，古时候他们的祖先以狩猎和刀耕火种为生，先辈们砍倒树木、放火烧山进行耕种。为了赶节令，他们不等树木烧成的土灰完全冷却就开始播种，脚底经常被灰烬灼伤，往往边跳边抖，努力把粘在脚底上的炭灰抖落下来，同时嘴里还发出"阿啧啧"的声音。后来，这种生产动作演变为跳舞动作。另一传说为，土司头人强迫穷人们先完成土司头人家的播种任务，然后才能播种自己的田地。穷人们只好白天去播种土司头人的土地，夜晚才披星戴月赶种自己的田地。为了抢节令，大家不得不在火炭还没有完全熄灭、烫土还没有完全冷却的"火地"里点播种子。因为没有鞋子穿，双脚被土烫得难以忍受，所以他们只好每走三步就把一只脚抬起来蹬两下，两只脚轮换着抬起，有时烫得嘴里还喊一声"阿啧啧"。等到农闲时节，大家回忆起播种的这种动作，觉得很好看，能充分表现自己的欢乐情感，便当作舞蹈来跳。随后撒尼人又配上清脆嘹亮的竹笛和浑厚跳荡的大三弦等乐器的伴奏，逐步发展成现在的撒尼大三弦舞。

"撒尼跳乐"是撒尼人最喜爱的歌舞，他们用"是人不跳乐，白来世上活；听见三弦响，心喜脚板痒"来表达他们对大三弦舞的热爱之情。小三弦舞也叫跳乐，是撒尼人集会时常跳的集体舞。小三弦舞与大三弦舞有共同之处，同是撒尼集体舞，少到四五人、多到四五百人都可同跳。男女跳舞者面对面排成行或围成圈。男性身挎三弦，手弹三弦，脚随节拍抬脚踢腿向前退后、向左向右交换舞步。女性随伴奏乐的节拍抬腿踢脚拍手甩手，男进女退左右移步。不同之处是三弦越大，弹拨出来的声音越洪亮，舞蹈动作越豪放热烈。大三弦舞的舞曲热烈，动作鲜明，加之大三弦节奏有力、音色浑厚的伴奏，形成粗犷、乐观的风格，淋漓尽致地表现出撒尼人昂扬向上、热情奔放的性格，又称为撒尼"青年舞"；而小三弦弹拨出来的乐音柔和动听，舞蹈动作诙谐优雅，又称为撒尼"老人舞"。

跳乐时，领舞者一人吹哨，一人吹笛，交替协调整个舞蹈队的节奏，男队弹奏大三弦，老年人跳时则弹奏月琴，女队面对男队拍掌起舞。参加人数不限，多则上百人，少则数十人，一般为双数。跳乐多由青年男女集体表演，男青年手持竹笛、树叶、月琴、大三弦等边奏边跳，女青年则边跳边拍手。舞蹈也有不同的队形变化，热烈欢快，动作奔放。这种舞蹈各个季节都可跳，平时多在夜晚月亮上升的时候跳。男女青年群集在树林里或空场上，男子弹起大三弦，吹起清脆的竹笛和响亮的哨子，妇女踏着欢快的节奏拍掌对舞，有时月落星稀还余兴未尽，这便是"跳月"名称的由来，当地人亦称"跳乐"。跳乐也是撒尼青年男女之间表示爱情的一种方式，每逢火把节，各村的撒尼人都聚集在一起，参加斗牛、摔跤等文体娱乐活动，跳乐是这些场合必不可少的歌舞助兴项目之一。

"撒尼跳乐"或三弦舞可进而分为青年舞、老人舞、娃娃舞3种，最具代表性的是青年舞。跳大三弦的基本舞步是跳步，走三步踢两脚，并在此基础上不断变化队形，故又称为"跳三步乐"或"跳乐"。三步乐舞步为五拍组成，动作反复进行，可进可退，也可转身。"三步乐"又因速度的快慢不同，分为"快三步乐"和"慢三步乐"。快三步乐的基本形式是男子弹奏大三弦，女子边拍掌边翩翩起舞，使用大三弦和竹笛伴奏。快三步乐节奏、速度欢快，粗犷豪放，动作跳跃，情绪热烈，爆发性和感召力特强，富有强烈的艺术感染力，给人以跃跃欲试之感，适合青年人的性格特点，充分表达出撒尼青年乐观开朗、热爱生活的美好情感，故又得名"青年舞"，深受彝族人民喜爱，也为其他民族所欣赏。慢三步乐的速度、节奏缓慢，只用小三弦伴奏，风格诙谐,适合中老年人的性格特点,故又称为"老人舞"。快三步乐、慢三步乐竹笛部分的基本曲调相似,只是在速度上不同,而大三弦、小三弦部分两者的曲调也不尽相同。老人舞的动作在三步乐基础上可自由发挥,不受限制,有时可抬脚在空中边跳边转,连续数十拍,这是跳乐中带技巧性的动作。娃娃舞是带游戏性的舞蹈,基本跳法同三步乐,有时把蹬脚改为点步,或是把脚抬起互相搭在一起,边跳边唱。近年来,经过石林县文教工作者的不断润色加工,娃娃舞备受撒尼中小学生乃至幼儿园小朋友的欢迎。跳乐舞蹈是彝族撒尼舞蹈中一颗光彩夺目的明珠,具有浓郁的民族风格和独特的艺术感染力。

撒尼男子普遍喜欢跳狮子舞,每逢红白喜事都要跳个够。他们自己制作狮子,一人跳头,一人跳尾,扮虎扮猴陪舞,紧密配合牛皮大鼓和大锣、小钹,舞姿翩翩,旋律铮铮。跳狮子舞的场合很多,如出殡送葬、节日喜庆时,以及庆祝"五谷丰登"、"六畜兴旺"、"财源丰盛"等时机。跳狮子舞实质是源于撒尼人的跳老虎舞。彝族崇拜老虎,有"虎的民族"之称。节日庆典、丧葬礼仪、重大民间活动时都有手持虎面具的舞者参加。虎面具最少两个,最多几十个。装扮成虎的舞者随锣、鼓等打击乐器奏出的节拍做出各种动作,一般模仿虎的跑、咬、扑、跳、戏等动作进行夸张表演,没有统一规定的动作。跳狮子舞有求神娱神的本意,也有欢庆祝福的喜悦。葬礼中跳狮子舞时,锣鼓齐鸣,气氛热烈,老虎扮演者滑稽可笑的舞姿让人忍俊不禁,可以缓解因亲人去世而产生的过度悲痛之情。

叉舞或称跳叉是由狩猎、战争场面演化而成并在撒尼民间代代相传的武舞。撒尼男子都喜爱跳叉,他们手持木柄铁叉组成舞队,模仿狩猎、战争中举叉刺向各个方向的攻、防等动作,动作威武勇猛。伴随着有节奏的锣鼓声,跳叉者时而翻滚,时而冲刺,发出铿锵有力的声音,表现出撒尼人民机智勇敢的性格和不可战胜的毅力。

鼓舞舞者身背大鼓，边敲边舞，为迎接凯旋的勇士而舞动。鼓与军号相配，鼓声咚咚，军号齐鸣，欢庆感染力较强。一听到鼓号响，撒尼人就知道有喜庆活动。

撒尼细乐队由笛子、唢呐组成，乐队手边吹边随节拍舞动。细乐音响柔和婉转动听，与鼓号声形成鲜明对比。

彝族撒尼歌舞以其鲜明的民族特色而名闻中外，属于典型的民族民间歌舞，具有广泛的群众性和生活性，它们源于生活，反映生活，充分表达了撒尼人的情感，因此它们也深受其他各族人民的喜爱，在国内外产生了广泛影响。撒尼人天生喜欢唱歌跳舞，子女无须家长刻意培养或教授，儿童们平日看到大人们表演，自然模仿，耳濡目染，也都变得能歌善舞。

（五）现场表演

2004年2月3日（农历正月十三日）晚上9点，笔者到大糯黑村礼堂观看村民的文艺表演。表演开始前，播放着用撒尼语演唱的《马铃儿响起来》、《放羊调》等歌曲。观众中女性多于男性。青年组演员中有一些中学生。晚上9点半，演出开始。

节目依次为：

中青年文艺队表演的大三弦舞《欢快地跳起来》、舞蹈《彝山情歌》；

老年协会文艺队表演的《霸王鞭》，与大理白族霸王鞭舞类似，以及《彝乡早晨》；

高月明创作的歌舞伴唱《春歌喜歌》，部分撒尼语歌词的大意如下：杜鹃花站在高树枝上，镰刀割小麦，老人赶不上我们，割了一块又一块，大块栽秧，比天地高，科学种田，相信党的领导，我们出汗才把生产搞好；

舞蹈《酒情歌》，大糯黑村文艺表演队选用石林县文艺工作者创作的撒尼歌曲作为舞蹈伴奏音乐，撒尼语歌词的大意为：彝族喝完酒后，什么事情都干得好，舞蹈中有模仿划拳的动作；

舞蹈《彝乡情谊》，伴奏歌曲为《石林是个好地方》；

舞蹈《纳西歌舞》；

老年协会表演的舞蹈《小三弦》，演员自弹伴奏音乐，以及舞蹈《跳起来》；

中年组舞蹈《相会》；

四人小合唱，撒尼语唱词的大意为：各级领导、各级干部、各位观众，如果我们没有唱好，没有跳好，就请你们提出意见；

舞蹈《圭山水》，表现如下内容：以前圭山地区缺水，撒尼人在毕摩带领下求雨，后来共产党和政府帮助撒尼人引水来，圭山面貌已改变，撒尼语唱词的大意为：求天求地，党和人民把水引到我们这里；

大型舞蹈《阿诗玛回故乡》；

歌曲《彝乡迎客敬酒歌》，部分撒尼语歌词的大意如下：无论喜不喜欢，都来喝一口酒；

舞蹈《彝族欢歌》；

舞蹈《母亲的期盼》，表现撒尼母亲织布、绣花的情景，她们的竹篮里盛有绣花的针、线、布；

舞蹈《芦笙与白云》、《织麻舞》、《打猎》；

老年协会演员表演的舞蹈《喜送公余粮》、《红土情》等。

当晚大糯黑村民们的歌舞表演一直持续到午夜12点半，尚有许多节目未上台表演，但鉴于时间已晚，演出不得不宣告结束。

第四节　彝族撒尼人的闲暇生活

一　民间传统体育竞技

彝族撒尼人的传统体育竞技丰富多彩，风格独特。大糯黑村的民族传统体育活动以摔跤和斗牛最为著名。过去每当一场流行病被克服后，或在丰年、节日以及夺取胜利的狂欢日子，由村里公众议定，订出日子，向邻近村寨发出通告和邀请，到时在选好的凹地举行摔跤和斗牛比赛，不论是晴天还是雨天都按预定计划举行。摔跤比赛中大体分年龄级别，或村对村比赛。以脊背落地为输，每对赛手以三摔为胜，胜两人奖一条布，胜3人以上者即可在最后参加绕场。当天的取胜者按取胜人数多少排列名次，第一名称大红，第二名称二大红，第三名称三大红。比赛结束时，在鼓号和鞭炮声中，胜3人以上者挂红绕场一周，表示对观众的致谢。1991年，在糯黑办事处举行的摔跤比赛还有撒尼女子摔跤项目。现在摔跤的形式有古典式和自由式，获胜者可获得各种奖品。

摔跤是一项源于生活的典型的人与人力量抗衡的竞技项目，最早的摔跤运动出自彝族先民的祖先——氐羌游牧民族模拟动物角斗对抗行为的活动。这种游戏既能进行力量与技巧的对抗，又是格斗的一种方式。摔跤比赛具有广泛的群众基础，撒尼人无论大人小孩，都喜爱参加或观看摔跤比赛。每年撒尼摔跤和斗牛比赛的高潮都是在火把节上。火把节的摔跤盛会规模最大，而且分外隆重。一处摔跤，八方相聚。石林素有"摔跤之乡"的美誉，石林撒尼人的摔跤活动多在春季举行。不同季节的摔跤有不同的寓意，春季摔跤意味着万物齐发、四季平安。每到农历六月二十四日前后，圭山等地的撒尼村寨都要依户凑钱粮，以村为单位举办摔跤运动会，庆祝火把节。男子们聚集在一起，提前商议好摔跤和斗牛比赛的事宜。从跤场的选定到奖品的选购和比赛规则的执行，都有专人分工负责。火把节的摔跤和斗牛比赛的场地选在盆型山谷中。在宽阔的盆底形赛场上，牛与牛较量，人与人斗智斗勇，精彩的斗智斗勇较量牵动着成千上万名观众的情绪，他们时而喝彩，时而惊叫，有惊无险，回味无穷。赛场四周山林间的平地上，一队队身着撒尼节日盛装的男女青年弹响大三弦，尽情跳起节奏欢快的大三弦舞。中年人则用自制的特有的小三弦、三胡、竹笛、哨子为青年人伴奏，也有老年人不甘示弱，跳起动作缓慢的"老人舞"。无论是女子摔跤比赛，还是男子摔跤比赛，都紧张热烈，扣人心弦，观众为他们的精彩表现欢呼。摔跤手都是各村推选出来的勇士，他们头缠青布方巾，腰系红巾，赤膊上阵。按照当地的比赛规则，三战两胜为赢，不受时间限制，有时一场比赛要争夺1个多小时。撒尼人家家户户都喜爱摔跤，村村寨寨都有摔跤能手，参加摔跤的人多是青少年。获胜的勇士不仅给村寨赢得荣誉，而且也可赢得姑娘的爱慕之情。撒尼人习惯把摔跤比赛的优胜者称为大力士，人们纷纷向大力士敬酒，长者为他披红挂彩，无比荣耀。

撒尼人的斗牛比赛独具特色，为当地黄牛（又称石林驼峰牛）之间的角斗，经常与摔跤比赛同时进行，大都在喜庆的日子进行。全村村民商议后，确定斗牛的时间、地点，然后发出通告和邀请。斗牛比赛设一、二、三等奖，对手的选择方式可为由主人牵牛去参赛者当中寻找对手，双方主人均认可即可比赛。斗牛前，各村寨要选出代表参加比赛，并选出膘肥体壮的斗牛牵至比赛场地，村民们穿红着绿前往观看。届时，由一位有威望的长者宣布比赛开始，顿时锣鼓喧天，长号齐鸣，鞭炮震耳，一对对男女青年在赛场边弹起大三弦，跳起欢乐的舞蹈。在欢腾的气氛中，斗牛爱好者们牵着自己精心饲养的膘肥体壮、威风凛凛的大牯牛来到场内。场边的木杆上挂起用红布扎成的球形"彩红"，获胜的斗牛即可披挂上它。比赛开始后，牛的主人将一头头体大角尖的公牛牵入赛场内，接受裁判员过目。一声令下，主人们根据事先选择好的对手，按淘汰制比赛程序将牛放出，任其格斗，斗牛们一对一地角斗厮杀，进行较量。凶猛的公牛扬蹄翘尾，勇猛地向对手冲击，角对角地顶碰，直至将对方斗败为止。如果一方不再敢触角或力不从心而退逃，那就被视为战败方。胜一头牛者奖一条红布，胜两头牛以上者就可参加最后的评奖，连胜5次的斗牛为优胜者。经过一番激烈的较量，获胜的斗牛披红挂彩，由主人牵着绕场一周，场上观众纷纷喝彩，祝贺斗牛及其主人的胜利。现在获得名次的斗牛的主人还可获得一定数量的奖金。斗牛其实也是一种选择优良牛种的形式，对畜牧业及农业生产的发展有促进作用。谁家的牛获胜，那就意味着牛的主人家是勤劳的畜牧能手。姑娘们往往在摔跤和斗牛活动中物色、选择自己爱慕的男青年。斗牛和摔跤活动是融群众性、竞技性、娱乐性与观赏性为一体的体育项目，它们不仅为撒尼群众酷爱，也为其他各族人民欣赏。

2004年3月28日，石林圭山乡糯黑村发起并主办了一次大型的斗牛比赛，该村已有10多年未举办过如此大型的斗牛比赛，因此这次比赛经过全村精心准备和安排，场面和规模空前，邻近的泸西、弥勒、宜良等县的斗牛爱好者都运送斗牛到大糯黑村去参赛。

二 男女青年的社交活动

大糯黑村彝族撒尼青年男女通过公房、节日集会、劳动等方式，自由恋爱后结成终身伴侣。撒尼青年婚前有社交和恋爱的自由，择偶主要靠晚上农作之余谈情说爱。在撒尼人传统的婚恋文化中，有"公房"这一古老的恋爱习俗，公房既是一个撒尼青年结交异性伴侣、谈情说爱的集结地，又是一个歌唱娱乐的休闲之地，同时它还是撒尼青年通过弹唱来学习、传承民族传统文化艺术的场所之一。在20世纪50年代以前，石林地区的彝族撒尼村落里一直都保存着公房。现在大糯黑村仍保存有古老的公房旧址，但去公房中交友娱乐的人数更少了。

撒尼青年的社交活动一般都在公房中进行，所谓"公房"就是撒尼青年男女结交异性、谈情说爱、歌唱娱乐的一间专用房。大糯黑村撒尼人的住房一般是三间两耳的石木结构，其中一间耳房留给成年青年居住。相好的同性伙伴集中住在一家的耳房中，男青年集中住宿的房间叫"男公房"，女青年集中住宿的房间叫"女公房"。有的父母当儿女们长到16岁时，便在正房之外加盖一些小房间，供儿女们的社交活动之用，这种房子就是公房。有的公房是一个村或几个村联合捐资在村外修建的公共交际场所，专门作为青年男女聚会和娱乐之所。传统的公房实为一间屋子，地上铺满绿茸茸的松毛，中间有一个火塘，架起熊熊柴火。未婚青年男女在公房里集会，谈情说爱，俗称"玩小姑娘"。女青年也可主动到"男公房"去找男青年，称为"玩小伙子"。男青年会去串公房，使男女双方有比较和选择的余地，青年男女也可前往其他撒尼村落的公房去访友，唱歌跳舞，寻找情侣。

三 现代通信方式和大众传媒的进入及影响

随着广播、电视在大糯黑村的普及，越来越多的彝族撒尼村民通过收听广播、观看电视等途径，增加对外部世界的了解，拓宽了眼界，萌发了增强与外界交流、发展致富的强烈愿望。通过接触现代通信方式的语言媒介——汉语普通话，越来越多的撒尼人能更多地使用汉语交流，或者在某种程度上提高了汉语的表达能力。

（一）电视

1990年年底，圭山乡人民政府拨款购买、安装一台50瓦彩色电视差转机及其他辅助设备，发射塔高34米，包括糯黑办事处两个自然村在内的圭山乡各村的人民群众可收看到中央电视台一台、二台和云南电视台一台、二台的节目。

从1996年开始，大糯黑村开通闭路电视，部分村民家中安装了闭路电视线，可收看到8个台的电视节目，每年收费72元。

有的村民为了扩充可接收的电视频道数量，还自己安装了地面电视接收器，可以接收到20—30个台的电视节目。2004年，全村大约有90%的农户已经购买了电视机，电视普及率高，平时农活不忙时村民们全家人围坐在电视机旁观看电视节目，其中老人看电视的时间比较充裕，孩子们放学做完作业后或放假回家基本上都在家看电视。笔者看到，即使在收烤烟的农忙季节，许多农户在烤烟烘烤干后编烟叶时，全家人和互助小组的成员也喜欢边看电视边捆扎烤烟。中老年男性村民一般喜欢观看《新闻联播》、《焦点访谈》、《社会记录》、《晚间关注》、《云南新闻》、《昆明新闻》和《都市条形码》等新闻节目，一些中年男子表示特别喜欢观看足球比赛。村中妇女则喜欢观看国内、港台和韩国的电视连续剧，儿童们喜欢观看动画片和一些港台影视剧。有的家庭还喜欢每逢星期日到海邑赶集时租些VCD影碟回来，在家里播放和观看。电视的普及既丰富了彝族撒尼村民的文化娱乐生活，开阔了他们的视野，增进了民族成员对外界的了解与认知，同时也促进了党和国家的各项路线、方针、政策和措施在彝族撒尼村寨快速及时地传播，进而有利于加强民族成员对国家政治体系和政治信息的认知，使民族成员的国家意识得到强化，培养他们对党和国家的政治情感，增强民族成员对国家政治体系和政治过程的认同与效忠。另一方面，电视上一些影视节目反映的拜金主义、享乐主义和功利主义思想对撒尼人恪守的勤俭节约、勤劳淳朴的民族传统思想和意识造成冲击，使撒尼传统文化受到涵化，特别一些带有凶杀、暴力和不健康场面的影视剧对未成年人的消极影响十分突出。笔者在调查中了解到，大糯黑村的学生家长普遍反映这些消极影响，同时还提到孩子们对电视节目的兴趣时常会分散他们的学习注意力，有的小学生由于迷恋看电视而造成学习成绩下降，有的小孩由于每晚看电视直到深夜，影响其睡眠时间，进而对其健康产生不利影响。

(二) 电台广播和报纸、杂志

大糯黑村的一些村民还经常收听电台广播，这部分群体主要是老年人，他们都有早起的习惯，早晨起来后便打开收音机，边做家务活边听广播，收听的电台主要是中央人民广播电台和云南人民广播电台，收听内容主要集中于新闻、报纸摘要、农业科技、医疗卫生等方面。如村老协会长高文华有早晨收听新闻广播的习惯，而退休教师高月明有早晚都收听新闻广播、农业科技的习惯。村中一些中老年人，特别是村党支部和村委会领导、村民小组组长及成员都有平时看报纸、杂志的习惯。糯黑村委会办公室订有《人民日报》、《云南日报》、《都市时报》、《春城晚报》、《昆明日报》、《半月谈》、《支部生活》、《民主与法制》等报纸、杂志，农闲时村民们会聚集于村委会办公室，阅读有关报纸和杂志，学习各种科学文化知识。还有少数村民自己订阅报纸和杂志，如高月明从村小学退休后便待在家里，并帮小儿子家做些农活，他自己订阅了《老友》和《百事通》，闲暇之余经常阅读和学习。村民们还通过阅读报纸和杂志，学习、掌握烤烟等经济作物和玉米、马铃薯等农作物的种植和栽培技术，同时高度关注先进的畜牧养殖、病虫害防治、科学施肥、品种改良等生产技术和知识，努力提高科技意识与水平。笔者在调查中发现，100%的村民都认同科技种田和科学发展养殖的重要性，对科学技术在生产和生活中起到的重要作用都有普遍共识。

(三) 村广播

由于大糯黑村落规模较大，地势不平，各家各户虽然紧密相连，但纵横交错，伴山而建，所以农户居住较分散。以前如果遇到急事需要通知或召集群众开会，则需有人挨家挨户去通知，传达效率较低，难以及时开展工作。1971年，圭山公社广播站在海邑建立。1992年，圭山乡的糯黑等10个办事处都建起了广播室，广播设施不断更新，条件逐年改善。糯黑办事处广播室除转播圭山乡广播站等上级台站的节目外，还采用汉语和撒尼语双语广播，办起了本地新闻节目和一些专题节目，使广播起到了宣传国家政策、法律，提供商品信息，传播科学知识，交流致富，真正为改革开放服务的作用。

大糯黑村设有一个广播室，位于村礼堂旁，广播设备是2003年购置的，高音喇叭安放在广播室里的铁架上，铁架高约15米。村内凡有各项事务和各种信息需要通知时，都由村委会或村民小组的领导通过村广播用撒尼语向全体村民传达，村广播已成为村社交流信息和政治沟通的主要渠道。在大糯黑村，当村老协要排练节目、召集会员彩排或逢周六要开放村口鱼塘钓鱼时，当卫生员要通知孕产妇及家属开会学习时，当烤烟辅导员要宣传烤烟收购办法时，当计划生育员要宣传计生政策时，当村委会要召集村民小组组长和村社"八大员"开会等时，他们都通过村广播及时通知。与此同时，村广播室在宣传党和国家的政策、路线和方针等方面也发挥了独特的传播功能。由于党和国家的方针政策由村党支部书记或村委会主任用撒尼语通过村广播向村民宣传、解释和传达，便于村民理解和掌握，许多村民对村广播高度关注，认真收听、了解并讨论相关的政策、精神和信息。村广播成为村社重要的政治传输渠道，对于村民领悟政策精神、了解政策初衷、支持相关工作具有重要意义。大糯黑村通过村广播传输信息，节省了村干部的工作时间，减少了工作量，提高了工作效率，同时减少了信息传输信道的关节，避免了信息流量的损失和信息的歪曲传输，保证了党和国家政治信息沟通的及时性、严密性、完整性和真实性。

四 村社组织的文艺活动及休闲活动

每逢农闲时节，大糯黑村彝族撒尼村民们自发组建的老年、中年、青少年文艺表演队编排节目，表演民族歌舞。在重大节庆的前夕，每天晚饭后各支文艺队的成员都集中到村礼堂等地排练，经常排练到午夜12点左右。每年春节期间，村里都举行文艺汇演晚会，昆明市、石林县有关部门也经常组织村文艺表演队到昆明市区、石林县城等地表演撒尼大三弦舞、舞狮等。2004年1月23日（农历正月初二），大糯黑村有一支约80人组成的撒尼大三弦舞队被昆明市选送为到市区参加庆新春展演的郊县文艺代表队之一。

每逢周边村寨有老人去世时，大糯黑村老协的文艺表演队经常被邀请到守灵现场，为死者家属表演文艺节目，一来安慰死者家属，缓解他们失去亲人的悲痛之情，二来悼念死者的在天之灵。

每周六，大糯黑村口水塘对本村村民、外村村民和外来游客开放，允许钓鱼，每根渔竿收费4元钱，钓到的鱼就不再收费，开放钓鱼的收入归村老协作为活动经费。尤其到农闲时的周六，村里许多老年人、一些年轻人、外村村民和外来游客都会在村口水塘边悠闲地垂钓一整天，到晚上村民就把钓到的鱼带回家，烹调和品尝鲜美的鱼肉。

第五节　彝族撒尼人的价值观念

一　社会伦理道德

千百年来，彝族撒尼人长期居住在山高林密、峰峦叠嶂、自然条件较差的山区，养成了吃苦耐劳、热爱劳动的习性和道德风尚。他们以自己坚韧的辛勤劳动和非凡的吃苦耐劳精神，披荆斩棘，开山辟地，在恶劣的环境里建立起自己的美好家园。在对待劳动的态度上，撒尼人以勤劳为荣，以懒惰为耻，因而他们总是把吃苦耐劳、勤奋劳动当成崇高的道德准则。他们盛传民谚："勤人汗水多，馋人口水多"；"脚勤不怕路远，火大不怕柴湿"；

"手忙脚忙,多谷多粒;手懒脚懒,缺油缺盐"。撒尼人诚实忠厚,鄙视偷窃,路不拾遗、夜不闭户是村寨民风,他们相信:"裙子再长也扫不光脚印,谎话再美也遮不住事实";"戏弄人的话像冰雹,让人听后心寒;诚实的话像火塘,让人感到温暖"。撒尼人谦虚谨慎,他们相信:"蠢驴爱叫唤,蠢人爱自夸";"别人的短处少讥,自己的长处莫夸"。

撒尼社会珍重的传统美德还有:忠诚、善良、友爱、互助、勇敢、礼信、团结和睦、尊老爱幼等。在撒尼人的家庭生活中,尊敬长辈、孝敬父母、爱护妇孺是传统的道德规范,并形成了一定的规制礼俗。"在暗无天日的黑暗社会里,彝乡从来没有过游民或乞丐。幼年成孤或老人丧子,亲友和邻居都争相赡养,友爱的民风养育了刚强的性格,彝谚云:'宁肯站着饿死,也不跪在他人檐下讨口。'……敬重长者已成为彝乡的不成文法规,为长者让座,端茶递水,是青年人最起码的行为规范。""彝族村寨里,无论谁患了重病,亲朋好友、乡邻族人闻讯之后,都要带着米面、鸡蛋、糖果等物品前去探问,并协助家属日夜陪伴和守护病人。无法救治的病人断气时,家属痛哭寄情并鸣枪致哀。邻里闻声即自觉前往帮忙,自发组成'治丧委员会',分别承担起某一方面的责任,亡者家属专心守灵,不用操心其他杂务。"①撒尼传统社会展现出一派融洽、亲和、友爱的氛围。

尊老爱幼是撒尼人的传统美德,在撒尼社会中保留着许多敬老的礼节。以前每个撒尼家庭设有火塘,三面铺有篾席,正面是上座,为长老、家长坐憩之处,其他人不得随便去坐。撒尼人认为,老人养育子女一生非常不容易,子女必须好好报答;老年人积累了丰富的生产知识和生活经验,懂得许多习惯法和祖辈相传

---

① 卢义、黄建明:《石林文化景观》,中国文学出版社1990年版,第123、134、136页。

的规矩，年轻人要好好地向他们学习。撒尼人说："支中差莫只，农中阿尼青"，汉语意为"有酒敬老人，有活使小孩"。吃饭时，要把老人请入上席，要先给老人盛饭，吃鸡时鸡头要敬给老人；逢年过节和举办婚礼、祝米客时，都要请长辈坐到第一桌上；结婚时新人先给女方长辈敬酒，再敬其他人，媒人敬酒时先敬女方长辈。父母年老后，子女要尽全力赡养，不善待老人者要遭到村社舆论的谴责。父母有病时，子女要寻医买药，千方百计医治好；父母去世，子女要认真操办丧事。子女与父母分家后，逢年过节必须送鸡、猪肉、牛肉、细面、荞粑粑等孝敬老人。在长辈面前，不能说脏话、跷腿、吐口水、放屁、挤眉弄眼、指鼻子、摸头等；除在节日庆典时以外，不能在长辈面前弹月琴、弹三弦、唱"该迷"、吹笛子、拉三胡，总之不能有不庄重的言行。子女对父母的意见都很尊重。撒尼人认为长辈辈分大，地位也应高于晚辈。年轻人路遇长者或长辈，必须让路，立路侧问候；晚辈对长辈必用敬语，长辈入室，小辈须起身站立让座，敬烟敬茶；家庭、家族、村寨内的大事往往由老年长者们主持协商，以前家族或村寨的头人也往往由老年长者担任。相应地，长辈对晚辈也十分关心爱护，尽力用自己的心血和汗水扶持后代健康成长，对晚辈关怀备至。撒尼谚语说："私勾好丛姿，阿尼样里模"，汉语意思是："木盆靠刀斧砍圆，儿女靠父母教乖。"因此，在撒尼家庭里，长辈极受尊重，家庭成员的关系比较平等，男女老幼其乐融融，充满了温馨的天伦之乐。

以孝为重，是撒尼地区最具普遍性的伦理模式。其一是对在世父母奉养、敬重、服从的孝。这是基于以血缘为纽带的家支和家族亲情，为了报答父母的养育之恩，子女必须孝敬父母。按撒尼人的礼制，子女与父母同桌进餐，要请父母上座，主动给父母斟酒添饭；父母坐在屋里，子女不得爬梯上楼，以免走过老人头上；与父母说话要轻声细语，不能高声喧哗。其二是对祖先及已故父母祭祀怀念之孝,"孝敬父母为人之道,抚育儿女世人之职"。作为父母,在世时子孙满堂是天伦之乐,而死后享受子孙供奉也是一种天伦之乐。撒尼人认为,父母去世后必须做祭,用宗教仪式来表达其孝心。撒尼人非常注重孝道,而这种为孝而做的祭祀是他们信仰活动的中心。在一些家族中,老年人去世,丧礼的隆重程度要高于婚礼,这也是撒尼家庭敬老道德的具体体现。

尊重妇女也是撒尼人的一种传统美德。撒尼妇女不论在生产劳动或家务劳动中都起着一定的积极作用,她们吃苦耐劳,操持家务,养儿育女,故受人尊重。撒尼人传统上重视夫妻相互尊重,不能有情感上的不忠。据大糯黑村小学原校长——本村人高月明讲述,在20世纪30年代,大糯黑村一位已婚妇女被额冲衣村一个名为"四八"的男子抢走一晚。后来该妇女的丈夫要惩罚"四八",他把"四八"捆绑起来,放下手枪,给他两种选择:要么准备好棺材,以命抵偿;要么赔偿48石荞子,1石为10袋。"四八"选择了后者,后来额冲衣人用了共计40辆牛车才把赔偿的荞子全部运到大糯黑村,以示歉意。

社会公德是一种非常重要的行为规范。在漫长的历史发展过程中,撒尼社会形成了自己完整的道德规范。撒尼人十分强调团结互助、协商解决矛盾的集体意识。他们认为,"你能背别人过河,别人会扶你上坡",友好的表示总会受到更友好的回报。在农忙时节里,村民们互相帮助,不计报酬;在耕种和收割时换工互助,缺农具时互相借用;谁家起房盖屋,大家出义务工帮忙,宅主除供给伙食外,不用付分毫工钱。撒尼人的仁爱精神还体现在对待孤儿、寡母、单夫、残疾人的态度上。在日常生活中,当这些人有困难时,乡亲邻里会争相帮忙;村上的公益劳动不用他们参加;村社群众舆论对他们不歧视。在撒尼社会内部,凡遇婚丧大事,同一村寨或同一宗族的成员必须互相支援。一家娶亲嫁女，全宗族的人都去恭贺。一家有人去世，同宗族的每个人都会自动去帮忙料理死者后事。彼此素不相识的撒尼人相遇相会在一起时，互相攀谈起来，有时就会互相背诵各自的家谱。他们若从背诵家谱中知道是同一祖先的后代，那就会特别亲热，认为是同一祖源的同宗，彼此有特别亲切之感。上山狩猎，凡集体出猎所得的猎物，不分老幼，一律按人平均分配，甚至当路遇行人时，见者也有份。

在撒尼人的历史上和社会中，其伦理道德具有深厚的民族性、广泛的群众性、相对的稳定性，它深深地积淀并融化于撒尼人的思想意识和行为规范里，成为其民族文化中的一种心理结构。它既反映了撒尼人政治、经济和文化发展的程度，又反过来影响着撒尼人政治、经济和文化发展的进程，影响着他们的现在和未来。撒尼人传统的伦理道德及价值观有其积极的、有益的、值得发扬光大的一面，但同时也有其消极的、落后的、与现代化的发展不相适应甚至相抵触的一面。

在其历史上，撒尼人传统的道德价值观，如集体意识、团结互助、吃苦耐劳、重义轻利、以孝为重等，对于稳定集团的统一、维系家族和家支的延续和团结、促进撒尼社会的发展起到了巨大作用。尤其作为撒尼人传统的道德价值观所反映出来的集体意识，是撒尼人在长期的生产生活实践中形成的。这种纯朴的集体意识观念一经形成，就世代相传，构成撒尼人特有的心理素质和民族精神，并成为他们传统道德的基本内容。在集体意识观念的影响下，撒尼人表现出亲密团结、互助互济和集体主义等朴素而高尚的美德。

但是也应该看到，这种建立在父系血缘基础上的集体意识有时局限于同一血缘关系内部，是一种比较原始的血缘互助，它带有较浓厚的自发性和血缘性，往往比较重视本地区、本民族和本家族的利益，这与今天社会主义道德中的集体主义原则尚有一定差距。由于撒尼人吃苦耐劳的道德价值观建立在小农经济基础之上，使得他们的有些思维方法和心理状态具有明显的滞后性和依赖性，极大地制约着他们的进取精神。从新的道德价值观而言，过分提倡尊长重孝，唯长辈之命是听，唯祖宗之法是从，严重束缚了撒尼人的思想、生活、个性和行为的发展。此外，一些村民奢办祭祖、丧事等活动，耗费本来就不太丰富的村社财富，必然会延缓彝区摆脱贫困的步伐，制约其经济发展，阻碍彝区现代化的发展进程，应对有些陈规陋习进行相应的革新。

二 民族认同与民族自觉

彝族人自称为"尼"，他们共同的心理认为，"尼"是万物之母，天地日月星、风雨雷电以及天上飞的、地上跑的、水中游的万物都是由"尼"演化而成。撒尼人语言的相通、文字的统一，便于他们之间的相互交往，对其民族意识和民族凝聚力的增强具有重要作用。共同的语言文字体现了撒尼文化的整体性。撒尼人说："替波木若"，意为人不能离开群体，这句话成了撒尼人的行为规范。他们非常注重群体性和整体性，在漫长的岁月中形成了很强的群体意识和集体凝聚力。由于历史原因，过去大多数撒尼人都生活于交通不便、信息闭塞的环境中，生产力发展缓慢。较之周围的先进民族来说，过去撒尼社会的发展一直处于相对落后的状态。直至新中国成立前，部分撒尼地区仍有原始共有制的残余。落后的社会生产力必然要求本民族大众共同协作、团结互助，以维护本民族的共同利益。撒尼人有一句俗语说："阿斯冒替波，斯里胎斥里"，汉语意思是：内部不团结，外人好欺负。他们认为，每一个人都是社会关系的一个组成部分，如果离开了这些社会关系，个人就难以生存。撒尼人还有一句谚语说道："再破也是自己的土碗，再穷也是自己的家园"，表达了他们对本民族和自己乡土的热爱之情。在撒尼人的传统文化行为中,带有极其浓厚的群体和整体合作精神。撒尼人的很多集体娱乐活动,充分表现了撒尼文化的群体性和整体性,有利于巩固和加强民族团结。

撒尼人的歌舞艺术,从形式到内容,都表现出他们的民族自觉意识。只要大三弦一响,成百上千的撒尼男女老少就会不约而同地围圆跳起大三弦舞,显示出强烈的整体配合和民族自豪感。撒尼人的传统节庆和联欢聚会较多,几乎每月都有。每逢节庆,撒尼人身穿民族传统服饰,成群结队地赶去参加传统文娱、体育活动,通过对歌、跳大三弦舞、摔跤、斗牛、走亲访友及请客和做客等一系列社交娱乐活动,深情地融入撒尼群体之中,自觉地传承着撒尼人的传统文化和艺术。

文化行为的群体意识和整体性是由群众组织的严密性决定的,只有具备严密组织的群体才能造就出具有强烈整体性的传统文化。撒尼人的"尼聪"组织其实就是一种维系文化行为整体性的群众组织。撒尼人文化行为的群体意识和整体性是由撒尼群众组织的严密性决定的,也需要撒尼群众组织的严密性来维持。除此之外,在精神生活中,它又表现为撒尼人对群体的精神依恋。

撒尼人把石头视为自己的精神支柱,其实是对撒尼群体的向心力和对本民族的依附感的直观体现。如石栏文化所表现出的撒尼传统文化特征,是对群众组织的依恋性,是撒尼传统文化特征之整体性的表现。撒尼人具有很强烈的群体意识,这成为撒尼社会强大的民族凝聚力,也使得撒尼传统文化即使受到外来文化的强烈冲击时也能完好地保持着自身的民族传统和特色。

附录

民族文化特色村落旅游业可持续发展研究
——以石林圭山大糯黑村为例

摘　要： 旅游业可持续发展实质是要求旅游与自然、文化及环境构成协调的整体。石林县圭山乡大糯黑村拥有丰富多样的彝族撒尼文化旅游资源，明显具有发展旅游业的有利条件，但其旅游业开发也面临各种问题。独特而丰富的彝族撒尼文化是大糯黑村旅游业直接依存的资源，只有通过保护和传承撒尼文化，才能实现当地民族文化旅游业持续、稳定和健康发展，进而推动当地的文化、社会、经济、生态全面可持续发展。要实现大糯黑村民族文化特色村落旅游业可持续发展的构想和实践，就必须采取一些必要的措施。制定规范统一的大糯黑村旅游规划时，应遵循可持续发展的原则，积极开展区域旅游联合，进行客源市场分析和旅游环境容量测算，采取参与体验型开发模式，把大糯黑村建成个性鲜明、特色突出、可持续发展的撒尼文化生态旅游村，创建撒尼文化的优势品牌。

关键词： 大糯黑村；撒尼文化；旅游业可持续发展；文化旅游资源

一 旅游业可持续发展的定义和原则

纵观世界旅游业的发展进程，在初期发展阶段，旅游开发者往往片面追求旅游业带来的经济效益，而忽视它对环境的消极影响，导致人类在发展旅游业的同时，也破坏着旅游业赖以生存和发展的生态和环境，影响到人类发展的长远利益，不利于旅游业的可持续发展。旅游业发展的前提是丰富的自然旅游资源、人文旅游资源和良好的环境条件。由于旅游与资源和环境密切相关，因此旅游业发展必须走可持续发展的道路。可持续发展是当今时代的主题，最初被定义为"既满足当代的需求，又不危及后代满足需求能力的发展"，这就是著名的布氏（Brundtland）定义，它包含5个原则，即发展原则、公平性原则、可持续原则、主权原则和共性原则。

旅游业的发展是一个产生经济、社会和环境多重效应的复杂过程，它产生和发展的基础取决于许多因素的良好结合，特别是它对资源环境有极强的依赖性。同时一旦旅游业开发付诸实施，也将对各个方面产生强烈影响。在全球人口压力和地球各种资源趋于短缺的时代，树立旅游业可持续发展的观念非常必要。根据旅游业自身的特点和发展规律，旅游业可持续发展的基本目标被确立为：第一，旅游业发展要以不破坏其赖以生存的自然资源、文化资源及其他资源为前提，并能对其生态环境保护给予资金支持，使其得到可持续发展利用；第二，旅游资源应能承载数量日益增长的旅游者，动态满足旅游者日益增加的多样化需求，并能保持对未来旅游者的吸引力；第三，旅游业必须能满足当地居民长期发展经济、提高生活水平的愿望。旅游业可持续发展的3个基本目标是相互关联的，而要实现这3个目标，需要注意3个相应的关键环节，即环境保护、资源的可持续利用和旅游的经济带动。

同时，有关研究人员总结近年来旅游业发展的历程和经验，提出了旅游业可持续发展的7项原则：第一，环境具有超过其旅游资产价值的固有价值，绝不能以短期的利用行为去破坏下一代人对它的利用，或者对下一代人自身的生存构成威胁；第二，在开发旅游产业的同时，要考虑到访问者、社区和当地的利益，或者说要努力实现使旅游者、当地居民、政府和投资商这4方均衡满意；第三，要处理好旅游与环境之间的关系，使环境能够保持长期延续性，旅游不能损害资源，不能损害未来游客的利益，以避免产生难以弥补的危害；第四，旅游活动和开发要充分考虑到空间尺度、自然特征、地方性等因素的影响；第五，无论处于何种区位，都要努力寻求来访客人和接待地居民之间的和谐关系，即客人（Guest）与主人（Host）之间的关系，简称G—H关系；第六，在一个动态世界里，变化不可避免，且变化也可能生成许多益处，但接受这些变化的前提是不能损害上述所有原则；第七，旅游企业、当地政府以及环境监督机构都有责任尊重上述原则，并相互协调合作，以推动和确保上述原则的实现。

综上所述，旅游业可持续发展就是在保持和增进未来发展机会的同时，以保持生态系统（物种多样性）、环境系统和文化系统的完整为前提，实现现实的旅游发展。旅游业可持续发展实质是要求旅游与自然、文化及人类生存环境构成一个和谐的整体。

二 大糯黑村的概况及特色

云南省石林彝族自治县圭山乡大糯黑村位于东经103°31′，北纬24°30′，1949年以前属于陆良县，1950年被划入路南县圭山乡。大糯黑村属低纬高原季风气候，其特点为冬无严寒，夏无酷暑，四季如春，干湿分明。夏秋半年5—10月为雨季，冬春半年11月—次年4月为干季，年均气温为13.7℃，最热月是7月，平均气温为19.74℃，最冷月是1月，平均气温为6.9℃，年均降雨量为848毫米。土壤类型兼有自然土、油红土、红胶泥土、红土、红泡砂土、红石渣子土等。大糯黑村的基础设施初具规模，全村通水、通电、通路，基本实现"三通"，自来水管已接到各家各户。全村有15%的农户安装了程控电话，90%的农户家里有电视机，80%的农户购买了手扶拖拉机。村中有一所大糯黑村小学（1—5年级），但尚无固定的医疗服务设施，医疗服务水平较低。

大糯黑村是一个传统、典型的彝族撒尼村落，当地村民以彝族的一个支系——撒尼人为主，彝族撒尼人口历来占全村总人口的98%以上。据2000年的第5次全国人口普查统计，大糯黑村236户人家990人几乎全是撒尼人，撒尼人口占全村总人口的98.54%，此外，仅有汉族12人、壮族1人。大糯黑村已有600余年的历史，彝族撒尼传统文化积淀深厚，保存完整，内容丰富，特色突出。大糯黑村被誉为"彝族大三弦第一村"、"圭山彝区第一校"（1914年创建村小学）、"七彩包头第一村"、"彝族碑刻第一村"（石刻撒尼碑文最早、最多），村后传统的火葬场保存完好。撒尼人在漫长的历史进程中创造了灿烂的民族文化，拥有自己的语言文字。20世纪30年代以来，著名学者楚图南、吴晗、闻一多、李公朴、朱自清、杨春洲、李广田等曾先后到石林实地考察，留下了关于大糯黑村的珍贵记录和照片。1946年，大糯黑村撒尼青年参加了由西南联大组织的圭山彝族赴昆音乐舞蹈团，他们的撒尼歌舞表演引起很大的社会反响。

大糯黑村原名"藤子哨"，撒尼语"糯"意为"猿猴"，"黑"是水塘的意思，"糯黑"的中文含义为"猿猴戏水的水塘"。顾名思义，大糯黑村依山傍水，山清水秀，景色宜人。村子四周群山环绕，中间有一个明净如镜的圆形大水塘，倒映着水塘周边别致的石板房和远处高耸入云的青山。大糯黑村位于圭山国家森林公园附近，生态环境保护完好，村子四周的山林枝繁叶茂，森林覆盖率高达86%，村中仍完好地保存有撒尼人传统而神圣的密枝林。

大糯黑村海拔1985米，处于海拔在1900米以上的山原地貌区，地处岩溶喀斯特地貌发育地带，拥有丰富的自然景观旅游资源。这里山峰石岭，重岩叠嶂，层林尽染，溶沟、峰丛发育，喀斯特地貌特征十分显著。大糯黑村四周树木茂密，石头成林，满山遍地都是石头，因此当地木材和石材资源丰富。石头是大糯黑村最突出的特征。自古以来，石头就与大糯黑村撒尼人结下了不解之缘，石头不仅托起了撒尼人的梦想，而且与他们的生产、生活息息相关。

彝族有众多支系，如黑彝、白彝、乾夷、撒尼、撒梅、阿细、阿折等，诚然，石林县作为一个彝族自治县，彝族人口并不仅仅分布于大糯黑村，但大糯黑村却是撒尼人最集中分布的地区之一，具有其他彝族村寨没有的许多特色，特别是石板建筑。石头是大糯黑村撒尼民居建筑的核心，石楼建筑成为撒尼人石文化的重要标志。由于大糯黑村出产的青石坚硬，产状独特，具有明显的层理结构，所以生活在这里的撒尼人因地制宜，就地取材，上山采石，依照其纹理将青石切割、改制成大小不等的石板，然后结合彝族土掌房建筑风格，依地势巧妙设计，创造性地建盖了造型优美、布局美观、居住舒适、使用方便、结实耐用的石板房。大糯黑村98%以上的民居均为具有撒尼传统特色的石板房，有的石板房已有300年的历史。一栋栋石板垒砌而成的房屋顺着山势一排排展开，显得错落有致，别具特色。以石材为原料建成的民居形成独树一帜的房屋建筑特色，成为大糯黑村一道独特的风景线。勤劳智慧的大糯黑村撒尼村民还就地取材，修建石板烤烟棚、石板围墙、石板小路、石板广场、石板舞台等，具有很高的观赏价值。大糯黑村是一座典型的"石头城"、"石头寨"，撒尼石板建筑不仅独具特色，而且风格多样，异彩纷呈，在彝族地区非常具有代表性,堪称少数民族石板建筑之标本。

大糯黑村现存象征撒尼青年美好爱情乐园的"公房"。村民组建的老、中、青文艺表演队非常活跃,每晚在村大礼堂里和石板铺就的文化广场上,都有撒尼传统的大三弦舞、狮舞、鼓舞、叉舞、霸王鞭舞、弹月琴、"该迷"(即情歌)对唱等表演。每个月都有撒尼传统节庆活动或竞技活动,如火把节、密枝节、娜斯节(祭祖节)、何氏祭祖、摔跤、斗牛等。该村撒尼妇女擅长手工纺麻、刺绣、挑花等民族传统手工艺,手工制作的撒尼服饰、七彩包头、刺绣品、麻织品远近闻名。撒尼姑娘早已通过电影《阿诗玛》在世人面前展示了自己绚丽多彩的撒尼服饰和民族风情。村民用乳山羊奶制作的乳饼、腌骨头参等独具特色的撒尼风味食品,在云南享有美誉。

三 大糯黑村发展民族文化旅游业的优势和问题

就目前来看,大糯黑村要发展民族文化旅游业,优势与挑战并存。

(一)有利条件

大糯黑村发展旅游业优势明显,具有诸多有利条件,具体表现在以下5个方面。

1. 旅游资源丰富

一方面,大糯黑村处于岩溶喀斯特地貌景观的包围之中,自然旅游资源独特。另一方面,大糯黑村的撒尼民族文化资源丰富,类型多样,特色鲜明,具有较高的开发潜力和价值。撒尼民风民俗可为游客提供参与、体验内容,如撒尼歌舞、饮食、节庆活动等都可作为旅游项目开发出来。该村作为一个民族文化特色村落,比民族风情园更具开发价值。旅游中民族文化的开发不仅是为了服务于旅游,同时也是为了民族文化自身的保护和发展。现在有些地方盲目开发民族文化,如在许多大城市、旅游区都兴建民族风情园，进行民俗风情表演，但这些表演大多是艺术团体或艺术院校学生的演出，已经过艺术加工和包装，距离原生态的民族文化、民族艺术已有很大距离，更严重的是它们抹杀了民族文化和艺术的个性特点，将民族艺术表演类型化、模式化、程式化，似乎一个民族只有一种表演形式。而且，这类表演最欠缺的是少数民族艺术原生态的自然氛围，表演者纯商业化的演出和机械化的动作，使民族文化变质、变味，使其失掉生机和活力。而大糯黑村的文化旅游资源却与之完全相反，完整保留着彝族撒尼文化土生土长的原汁原味、朴素纯洁的自然氛围。

2. 旅游交通区位优势显著

大糯黑村距昆明市约90公里，距石林县城约30公里，处于昆明市和石林县东部的边远地区。大糯黑村现已具有明显的旅游交通区位优势，它距石林风景名胜区25公里，处于石林、大叠水、阿庐古洞、白龙洞、九乡等岩溶喀斯特地貌景观的包围之中，有省道昆明—泸西公路从该村经过，昆明—石林高速公路连接昆明市和石林县。2004年开通的九（乡）—石（林）—阿（庐古洞）旅游专线公路总长94公里，而大糯黑村位于该旅游专线附近1公里处，通过一条水泥路与旅游专线相连，交通便利，可达性较好。

3. 各级政府重视和支持

大糯黑村发展民族文化旅游的愿望得到昆明市、石林县、圭山乡政府的大力支持。2005年9月19日，"糯黑彝族文化保护区"被列入昆明市级民族民间文化保护名录。大糯黑村已被石林县政府列入该县民族文化旅游规划，与石林"阿诗玛民族文化长廊"相配套的子工程——"糯黑民族生态示范村"规划项目被纳入规划重点，已在实施中。圭山乡政府已成立专门的领导机构，由一名副乡长专门负责当地的民族文化产业发展和旅游开发。

4. 撒尼村民积极准备投入

大糯黑村许多撒尼村民有发展旅游业的强烈愿望和现实条件。近年来，在糯黑村委会的领导和组织下，村干部和部分村民代表先后到昆明市西山区团结乡"农家乐"、红河州弥勒县西三乡可邑民族文化生态村、石林县维则乡阿着底村"彝家乐"等地进行参观、考察，学习发展旅游业的经验。有的村民已对自家的院落、居住环境进行改建和装修，积极投入和准备，以适应将来发展旅游业的需要。

5. 国内外专家学者关注和支持

自2003年12月云南大学"211工程""十五"民族学重点学科建设项目子项目"云南彝族（撒尼支系）调查研究及小康社会建设示范基地"工作站设在大糯黑村后，已有不少中外学者到工作站所在地开展调查研究，旨在协助制订村落发展规划，协调各类资金，加大对大糯黑村基础设施的投入，加大彝族撒尼文化保护、开发的力度，重点对当地生态以及彝族撒尼文化进行保护和包装，同时架构既保护又发展的双赢体系，助推当地的经济发展。

（二）主要问题

石林风景名胜区被誉为"天下第一奇观"，年均游客量和旅游收入均居石林县首位，当地政府对石林风景区投入大量的人力、物力和财力，而对大糯黑村这样的民族文化特色村落投入较少，开发不够。大糯黑村以传统农耕经济为主，产业结构单一，社会和经济发展程度不高，缺乏开发旅游业的启动资金，配套服务设施滞后。该村处于喀斯特地貌发育区，存在典型的溶沟、峰丛、地下喀斯特地貌等，地形结构复杂，起伏不定，旅游用地较少，开发较困难。大糯黑村是今后石林县发展旅游业的重要基地之一，但现阶段旅游业在该村是新兴产业，基础工作滞后，科学依据不足，有的旅游资源尚未开发，尤其是民族文化旅游资源欠开发。此外，旅游活动要在具体环境中发生和进行，因此旅游业的开发必然给旅游地的经济、环境、社会等带来影响。大糯黑村旅游业发展所面临的主要问题具体表现在以下5个方面。

1. 旅游的生态环境影响

旅游业的发展越迅速，旅游景区、景点的生态环境面临的挑战就越严峻。如果只注重开发，不注重保护，只向自然索取，不给自然回报，只注重眼前利益，不注重长远利益，只讲经济效益，忽视生态效应，那么绝对不可能把大糯黑村的旅游业建成可持续发展的支柱产业。2004年大糯黑村的生态环境总体上较好，但也存在不如人意之处，如没有固定垃圾堆放点和处理点；村民在村口的水塘里漂麻、洗衣服、放养牲畜，造成了一定程度的水体污染，加之水塘周边的树木比密枝林等地的树木稀少，净化能力较弱，水质浑浊，影响了自然景观的观赏价值。而且从长远来看，旅游业带来的废弃物污染和污水处理问题也不容忽视。

2. 旅游的社会文化影响

大糯黑村撒尼村民的衣着、言行、生活方式及文化氛围等与大多数游客不同，甚至存在巨大差别。随着旅游业的发展，大量游客涌入，当地村民与游客的交流沟通日益增多，不但会使当地空间密度增大，给当地村民造成压力，而且游客的言行也会使村民在衣着、言行和生活方式等方面发生改变。例如撒尼姑娘的七彩包头、撒尼男子朴实大方的麻布褂具有民族传统价值，但现在大多数撒尼青年平日多穿着汉族服装，只在节日里才穿上撒尼服饰。刺绣、纺麻是撒尼妇女的传统手工艺，但在旅游工艺品的需求下，在外溢文化内涵的同时转化为商品，在某种意义上贬低了民族手工艺术品的价值。撒尼人拥有自己的语言和文字，但随着旅游的发展和对外交流的增多，除少数男性长者和毕摩会写撒尼文外，普通村民会更多使用汉语和汉字。现在有个别农户盲目仿效，建起砖混结构的楼房，打破了传统石板民居的和谐一致和独特性，造成视觉污染。

此外，有些游客的不良行为亦会对当地造成负面影响，旅游者享乐型的生活方式也会影响村民，甚至诱发不正常的享乐主义。有关部门为迎合旅游者而刻意营造的设施，也会潜移默化地影响当地的撒尼传统文化氛围。

3. 村民的文化素质较低

据2004年的调查和统计，石林县人均受教育年限为7年，圭山乡人均受教育年限为5—6年。大糯黑村适龄儿童小学入学率为100%，初中入学率为80%。

大糯黑村村民的文化水平结构如表1所示：

表1　　　　　大糯黑村村民的文化水平结构

文化程度	未上过小学	扫盲班	小学	初中	高中或中专	大专及以上
人数（人）	92	4	491	209	26	1
所占百分比（%）	11.18	0.49	59.66	25.39	3.16	0.12

由此可见，大糯黑村村民的文化素质水平不高，文盲较多，劳动者文化程度低，科技人员少。因此，如何扫除文盲、提高村民的文化素质、加强技术培训是大糯黑村今后发展必须解决的难题。

4. 缺乏统一的旅游规划

旅游业的发展也充满风险，制订旅游规划就是要有效地引导和控制旅游发展，避免风险，保障旅游符合目的、符合规律、可持续发展。到2004年笔者调查时为止，有关部门尚未完成规范统一的大糯黑村旅游规划，尚未在充分研究内部条件和外部市场可能性的基础上确定明确的目标，尚未建立起良好的发展框架，因此不能主动及时地调节旅游系统内部各要素之间、旅游系统与变化着的环境之间的各种关系，不能适时地补充后继发展的动力与资源，旅游发展层次低。此外，旅游业涉及农业、林业、制造业、建筑业、餐饮业、文化产业、环境保护等部门，具有多部门整合的特征，但同样由于大糯黑村尚无统一的民族文化村落旅游规划，导致多层次、分散经营的各部门欠整合，效益较差。

5. 旅游业的不稳定性

游客总量及旅游收入是衡量旅游业发展的两个重要指标，而它们又受到经济、社会、政治、环境等因素的影响。以云南省的旅游业发展为例，由于1996年的丽江大地震和1998年的全国性洪灾，省外游客数量及国内旅游收入出现两个下浮波动点；而到1999年，由于中国1999年昆明世界园艺博览会的拉动，国内外旅游人数及收入出现了一个弱跳跃，可见旅游业的发展具有波动性和不稳定性。倘若把旅游业作为大糯黑村的主导产业，一旦旅游业受阻，势必会使全村的社会经济发展处于瘫痪状态，甚至造成极其严重的影响。

四 大糯黑村的旅游开发必须走可持续发展之路

随着可持续发展观深入人心，人类的环境保护意识、生态意识不断增强，在旅游发展中保护和开发的协调日益受到重视。从旅游业的发展趋势以及大糯黑村的资源特点和发展实际来看，当地旅游业必须走可持续发展之路，实现持续、稳定和健康发展，使旅游业在当地社会、经济发展中发挥持续长久而与日俱增的作用。

首先，像自然遗产和历史文化遗产一样，民族文化不可再生，它们的抗干扰性弱，会因外部环境的剧变和外来人口的猛增而变异和流失，尤其是社会发育程度不高的民族文化变异和流失的可能性更大，一旦受到破坏就可能永远消失。

其次，旅游业需要许多发展要素支持，在一个仍以农业为主、经济落后的撒尼村落里发展民族文化旅游，必须选择与资源、环境、经济、社会、民族文化相互协调的发展模式，依靠和调动各种发展要素，深入挖掘它们的潜能，才能使当地通过旅游业的发展获得实质性的、永续性的进步和发展；反之，急功近利，不顾旅游业自身的特点和当地实际，一味进行大规模、高耗能的经济开发，将会导致资源的破坏、社会的不平衡动荡和民族文化的流失。

最后，民族文化资源的保护与传承不仅是旅游业发展所必需的，而且是由其自身发展所决定的。独特而丰富的彝族撒尼文化艺术是大糯黑村旅游业直接依存的资源，只有通过保护和传承撒尼文化艺术，才能实现当地民族文化旅游业持续、稳定和健康发展，进而推动当地的经济、文化、社会、生态全面可持续发展。要实现大糯黑村民族文化特色村落旅游业可持续发展的构想和实践，就必须采取一些必要的措施。

（一）具体措施

1. 发展生态旅游

与传统旅游不同，生态旅游是将可持续旅游具体化，强调自然保护及旅游地居民的参与。发展生态旅游，倡导爱护环境，提供相应的环保设施和教育资源，使旅游者在不损害大糯黑村生态系统和地域文化的前提下，访问、了解、鉴赏、享受当地的自然景观和地域文化。确定大糯黑村的环境极限值，根据合理的旅游容量接纳游客，防止旅游开发的强度超过极限而导致破坏性影响。

2. 保护与开发文化旅游资源同时并举

加强对彝族撒尼文化的研究，制定符合文化旅游资源开发特点的保护措施，并监督其实施。对已受到破坏或濒临失传的民族文化艺术、习俗，要尽快组织抢救，以保护为前提，进行保护性开发。必须严格限制砖混结构房屋的建造，保持大糯黑村撒尼人的石板房特色。同时，通过文化过滤来消除外来文化的不利影响，加强民族文化心理的自觉、自信和自强意识，实现大糯黑村撒尼文化旅游资源的可持续利用。

3. 努力提高村民的文化水平和业务素质

扫除文盲和半文盲，普及义务教育，提高大糯黑村村民的受教育程度和文化水平，加强农业科技培训，并对有意从事旅游服务工作的村民进行专业培训，不断提高他们的业务技术水平和从业素质。

4. 合理制订民族文化特色村落旅游业可持续发展规划

确定具体的发展目标，从宏观上指导大糯黑村文化旅游资源的开发和建设，合理配置资源，并由主管部门协调相关部门，制定相互配合、协调一致的扶持政策，并提供相应的资金支持。

5. 坚持以农业为主导，以旅游业为增值产业

要保持大糯黑村现有耕地面积基本不变，努力提高单产，绝不能牺牲农业的发展来换取旅游业一时的兴盛，要坚持以农业为主导，旅游业仅作为增殖产业。

6. 树立民族文化生态旅游村的良好形象

利用各种传播媒介和手段，结合影视作品，加强对大糯黑村民族文化旅游的宣传。通过各种民族风光影视片、歌曲、绘画、摄影作品等，充分展示绚丽多彩的撒尼文化，逐步增强大糯黑民族文化生态旅游村的知名度和吸引力。

（二）制订大糯黑村旅游业可持续发展规划的原则

在制定大糯黑村旅游业可持续发展规划时，应充分发挥撒尼文化旅游资源的特色优势，积极开展区域旅游联合，以撒尼文化促旅游，以旅游促经济，确立民族文化旅游在石林县乃至云南省旅游业发展中的重要地位。以民族文化资源保护为前提，以景区建设为基础，以游客需求为导向，以市场开拓为重点，以服务设

施为保障，实现经济效益、社会效益、文化效益与生态效益相结合，直接效益与综合效益相结合，眼前利益与长远利益相结合。通过优质有序的开发，把大糯黑村建成个性鲜明、特色突出、可持续发展的撒尼文化生态旅游村，创建撒尼文化的优势品牌。

1. 坚持可持续利用的原则

民俗作为一个地区民族历史文化演变的产物，具有鲜明的地域特色，生动地反映了当地民众的生活习惯、行为方式、信仰伦理观及心理结构等传统特征，是构成社会民众生活文化史的主体和核心，是宝贵的历史遗产。因此，开发民族文化旅游资源时，要坚持可持续利用原则。

2. 坚持发挥资源优势、突出特色的原则

特色是旅游业的灵魂和生命。应以大糯黑村撒尼文化旅游资源为主，以周边独特秀丽的自然风光为辅，挖掘以撒尼文化为代表的民族风情，把资源优势转化为旅游经济优势。

3. 坚持市场导向的原则

旅游开发是以旅游的供求关系和市场导向为核心，必须面向市场，研究和拓展市场，满足不同区域、不同层次消费群体的市场需求。随着社会经济的发展和"返璞归真"潮流的推进，越来越多的旅游者怀着强烈的兴趣和好奇，去体验世界各地不同的民俗风情和不同渊源文明的魅力，参与异俗生活体验成为国际旅游的新趋势，逐步取代走马观花的传统观光旅游。

4. 坚持开展区域联合的原则

应把大糯黑村以撒尼风情为主的人文旅游资源与石林及周边地区众多自然旅游资源结合起来，充分利用该村邻近昆明和阳宗海、石林、阿庐古洞、九乡等旅游景点的区位优势，吸引这些景区的游客来到大糯黑村，通过区域旅游联合来发展自身市场。

5. 坚持增强抗风险性的原则

旅游业具有不稳定性，因此绝不能削弱大糯黑村农业的主导地位，要处理好农业与旅游业的关系，使二者协调发展，降低旅游业可能的波动所带来的风险性。

（三）大糯黑村旅游业可持续发展的规划构想

在制定大糯黑村旅游业可持续发展规划时，必须从以下4个方面着手。

1. 客源市场分析

客源是旅游业发展的原动力，只有进行客源市场分析，才能准确把握旅游地的生命力和旅游投资的可行性与安全性。大糯黑村交通区位优势明显，因此要从它与周边旅游景区的联系来分析其旅游客源市场。2004年建成并开通的九（乡）—石（林）—阿（庐古洞）旅游专线公路连接着云南省3个著名的风景区。石林景区是我国岩溶地貌较为集中的地区，突出特色是石头，奇石拔地而起，参差峥嵘，千姿百态，巧夺天工，其峰丛岩溶景观被誉为"天下第一奇观"。1982年，经国务院批准，石林被确定为第一批国家级重点风景名胜区，年均国内外游客量达150万人次。九乡景区以溶洞景观为主，为国内规模最大、数量最多的洞穴群落体系，类型齐全，风格多样，有"溶洞博物馆"之称，也属于国家级风景名胜区，年均国内外游客量达80万人次。阿庐古洞景区洞长3公里，有10个大厅，大者可容纳4千人，洞内的钟乳石不仅数量众多，而且形态秀丽，为其他溶洞之少见，被誉为"云南第一洞"，属于省级风景区，年均游客量为31万人次。

石林主要突出奇石，而九乡和阿庐古洞则以溶洞见长，这3个景区都是岩溶地貌景观，属于自然景观旅游。而大糯黑村突出的是彝族撒尼文化旅游资源，属于人文景观旅游。经抽样调查和统计，石林景区80%的游客想参观"阿诗玛"（借代指撒尼姑娘）的故乡，除去误差后取50%的游客，就是到大糯黑村的潜在客源；而预计九乡和阿庐古洞的游客中有1/3为到大糯黑村的潜在客源。因此，到大糯黑村的年均潜在客源为：150×50%＋(80＋31) /3＝112万人次。

2. 旅游环境容量测算

旅游环境容量组成体系如下图所示：

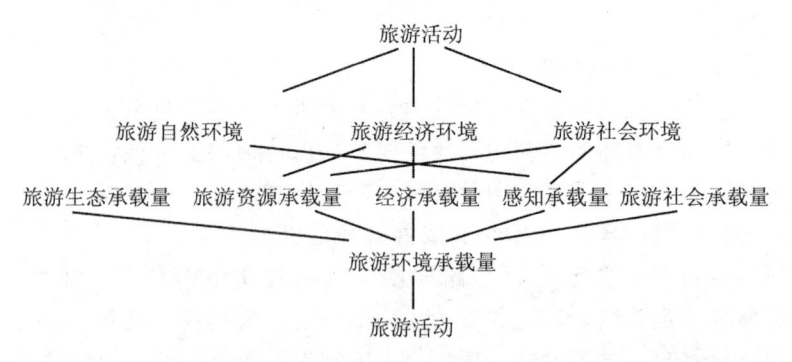

```
                        旅游活动
                           │
        ┌──────────────────┼──────────────────┐
     旅游自然环境        旅游经济环境        旅游社会环境
        │                  │                  │
  旅游生态承载量 旅游资源承载量 经济承载量 感知承载量 旅游社会承载量
                           │
                      旅游环境承载量
                           │
                        旅游活动
```

旅游生态容量的测定主要是对污染物的处理。大糯黑村有一定的自然净化能力，加上旅游开发规划前期对环境保护的注重，因此旅游生态容量不作为旅游环境容量的限制因子来考虑。确定旅游地资源极限容量的公式为：$Cs＝(T/t)×(A/Ak)$，其中 Cs 为日极限容量，T 为每日开放时间，t 为人均每次利用时间，A 为资源的空间规模，Ak 为每人最低空间标准。由于尚无规范统一的大糯黑村旅游规划，没有测量和计算过其可利用旅游地资源空间规模，其 A 值不能确定，所以该地的旅游资源容量不能确定。旅游经济承载量体现为影响旅游需求的食宿供给等敏感问题。大糯黑村的旅游业应提倡参与式开发，游客吃、住在撒尼人家。2003 年，全村有 239 户，其中 80% 愿意接待游客，按每户每天接待 5 人计算，其旅游经济承载量为：239×80%×5＝956 人。旅游感知容量和合理容量在量上相同。旅游社会容量一般用旅游者人数和当地居民人数的比值来表征，在量上为旅游区居民在不影响其生活质量的前提下所能接受的游客人数。大糯黑村

80%以上的村民愿意并欢迎当地的旅游开发，因此其旅游社会容量也不作为旅游容量估算的限制因子。旅游环境容量应取旅游生态容量、资源容量、经济容量、社会容量中的瓶颈因子，即最小值，但由于大糯黑村的资源承载量无法确定，因此其最终的旅游环境容量有待进一步研究。

3. 开发模式选择

鉴于上述分析，大糯黑村发展旅游业应采取参与体验型开发模式，即通过当地撒尼村民自己组织开发和经营，让游客参与体验撒尼文化艺术和民俗礼仪的模式。

（1）依托撒尼人的文化艺术、生活习俗、喜庆节日、风味食品、竞技活动等，向中外游客展示绚丽奇异的彝族撒尼文化艺术和民族风情。

游客可参与体验撒尼人的成年、婚嫁、寿诞、竖梁、祭祖等礼仪，撒尼节庆聚会及民俗礼仪能引发游客的好奇心，激发他们的兴趣。在2006年新铺设的大糯黑村石板文化广场和石板舞台上，轮流展演撒尼细乐、鼓号、舞狮等歌舞娱乐节目；举办篝火晚会，吸引游客在当地留宿。组织和安排村老年协会文艺表演队和村中年、青年文艺表演队等民间文艺团体，傍晚轮流举行撒尼传统大三弦舞、弹月琴、民歌对唱等表演。

大糯黑村几乎每个月都有传统民族节庆活动，因此应组织好火把节、密枝节、祭祖活动等节庆活动。定期举办赛装节、刺绣节、纺麻节等民族节庆，每个节庆活动可持续5—10天。定期举行斗牛、摔跤、赛马、斗羊、斗画眉、打陀螺、荡秋千等民间竞技活动和健身活动。把具有高度观赏性和娱乐性的撒尼传统体育竞技与休闲游娱活动转化为精彩的旅游项目，给游客带来欢乐感和刺激感。

（2）切实搞好民族文化旅游产品的策划、制作和宣传。

使游客除游览村景、体验撒尼节庆、品尝撒尼风味、观看撒尼歌舞、参与各种撒尼文化活动之外，购买撒尼手工艺品，如刺绣品、麻织品、竹编器具、布贴艺术品、石雕工艺品、根雕工艺品等。

大糯黑村被誉为"七彩包头第一村"，撒尼妇女手工制作的撒尼服饰和撒尼姑娘的七彩金绒布包头远近闻名。村中妇女擅长手工纺麻、刺绣、挑花等民族传统手工艺，她们手工制作的撒尼刺绣包、自织和缝制的撒尼麻布褂远近闻名。可以帮助撒尼村民设计既保持民族特色，又适应不同节令和劳作方式的服装，便于年轻人恢复穿着民族服饰的风俗习惯。同时，可以创办民间传统刺绣品厂和麻织品厂，组织村中妇女一边生产商品销售，一边展示手工制作工艺，供游客参观和了解民间手工艺，然后购买民间手工艺品作为纪念品。

（3）发展参与式农业旅游，进一步增强游客的参与性。

在保护大糯黑村撒尼文化和现有自然、人文生态环境的基础上，利用农业的主导优势，利用农业资源进行规划、设计，将农业生态建设、农艺展示、农产品加工与旅游者的参与体验融为一体，使游客领略农业艺术和大自然的情趣。

（4）减少污染，改善卫生状况。

大糯黑村内污水要统一排放处理，减少水污染，近期考虑使用生物排放方法，长远考虑安装小型污水处理设备。垃圾要分类堆放，统一处理。改善村中的环境卫生，适当规范牲畜的放养范围和路线，保持村中主要石板道路的清洁，改造猪舍、牛厩、羊圈、厕所等处的卫生状况。筹集资金，引进技术，帮助农户家修建沼气池，有条件的农户可以安装太阳能，使村民尽早使用上干净而经济的能源，促使他们逐步减少烧柴的使用量，以保护村中林木、水体资源和生态环境。

（5）加强绿化，突出特色，保护和美化环境。

在进入大糯黑村的主干道两侧及村口水塘周围种植具有当地

特色的火把果树、香樟树等树木和花草，对水塘周边环境进行生态保护和美化，还可以通过建立喷泉、用水泵抽水等方式使塘水流动起来，形成一个流动水体景观。此外，重新整修入村的石板主干道，平整村中的石板小道，以突出石板特色，方便游客步行体验。

4. 多种开发模式并举

（1）开辟爱国主义教育基地

大糯黑村老学校有着光荣的革命历史，本身就是一个具有革命纪念意义的文物。1927年，张冲将军曾在该校内居住。1927—1930年，大糯黑村老学校是中共陆良地下党联络据点，有不少中共地下党人曾在校内居住。解放战争时期，它是中国人民解放军滇桂黔边区纵队司令部、中共路南县临时人民政府所在地，边纵司令朱家璧等人整编部队时居住于校内。大糯黑村老学校校址可以开辟为爱国主义教育基地，供人参观和瞻仰。

（2）宣传和展现历史文物古迹

大糯黑村被誉为"彝族碑刻第一村"（石刻撒尼碑文最早、最多），村子周边的山上有古城遗址和石碉堡，村后传统的火葬场保存完好。这些体现撒尼历史和文化的文物古迹经宣传和展现后，都可以成为民族文化旅游观光点。

（3）开发"彝家乐"生态体验旅游

大糯黑村"彝家乐"生态体验旅游以村中各家各户为单位，选择条件成熟的农户为扶持对象，开办初期给予适当资助，然后由彝家自己投资、自主经营、自己受益。首先组织有意开办"彝家乐"的农户到昆明西山区团结乡等地的"农家乐"参观、学习、培训、取经。然后挑选出屋舍和院落干净整洁、条件较好的撒尼农户家作为定点参观户和能够接待5—10人的旅游专业户，开办"彝家乐"生态体验旅游试点。"彝家乐"各家改善庭院，内部装修屋舍，置办5—10个床位及床上用品，购置所需厨具、餐具和卫生间用品，厨房配备电冰箱、消毒碗柜，床上用品每走一位客人就换洗一次，保证卫生质量严格达标。"彝家乐"采取灵活经营方式，游客可以选择吃、住、娱一条龙消费方式，也可以随心所欲品尝彝家饭菜，游览彝家山寨，观赏撒尼手工艺品。游客可以到村中的民族民间传统手工艺厂的陈列室参观和购买喜欢的刺绣品、麻织品、竹编器具、石雕品、根雕品等。"彝家乐"提供的食品全为撒尼风味和当地无污染的生态土特产，例如荞饼、玉米饼、土鸡、土鸡蛋、腊肉、长湖游鱼、油炸鸡枞、甜南瓜、烤全羊、全羊席、羊奶乳饼、石林腐乳等。新鲜蔬菜一律施用农家肥，游客随吃随采。游客可以免费到果园摘吃核桃、向日葵、苹果、柿子、黄皮梨等，如需要带走再论价购买。每逢夏秋雨季，游客可以上山捡拾野生食用菌。大糯黑村村口水塘承包给村老协管理，每周六对外开放钓鱼。游客既可享受钓鱼的情趣，又可自行烹调、品尝自己钓鱼的收获物。

　　大糯黑村"彝家乐"要突出彝族撒尼文化特色。在房屋建筑和装修上，本着"修旧如旧"的原则，在大糯黑村撒尼传统建筑——三室两耳石板房的基础上，扩展或延伸新的石板建筑和庭院。庭院一角开辟出小菜园或小果园，供游客自己采摘想吃的蔬菜瓜果，庭院中种植花草、果树。在石板房顶、门柱上悬挂装饰南瓜、玉米棒子、红辣椒等农产品，营造出一种浓郁的撒尼农家氛围，使游客有宾至如归的温馨感。吃饭时，按照彝家传统待客习俗，主人唱着撒尼祝酒歌——向客人敬酒。客人要离开时，演唱或播放彝族经典名歌《远方的客人请你留下来》。晚上，由"彝家乐"每家出人联合组成歌舞队为游客演出原汁原味的撒尼歌舞，并燃起篝火，邀约游客一起欢跳大三弦舞。"彝家乐"旅游经营和农业生产两不误，有客人来时，农户全家投入接待工作，等客人一走，农户就照常干农活。

　　（4）建设彝族撒尼文化特色村

根据公平性原则，要使人文景观和自然景观公平发展，因此大糯黑村旅游业的发展应以民族文化旅游作为主要产品。可筹建独具特色的彝族撒尼文化村，使之成为与自然景观并驾齐驱的民族文化生态旅游村和鲜活的民族博物馆，供游览者、研究者细加品味，增加当地民族文化旅游的内涵。建设过程中，应以保护为主，原汁原味展示撒尼文化及撒尼人的生产生活方式。规范村寨整体建设，原则是大统一，小变化。在大糯黑村已成为云南各艺术院校师生写生基地、彝族影视作品创作和拍摄基地、彝族民间绘画之乡等的基础上，力争把大糯黑村建成彝族撒尼文化特色村。

建设彝族撒尼文化特色村时，要依托现有的大糯黑撒尼村寨，突出彝族撒尼民居石板房，用青石板进行道路改造、房屋修缮，建好"石头寨"大门，合理修建与石板房配套的石板路。修整爬山的石板小路，让游客从植物茂盛的东面爬山俯瞰村景，再坐牛车从西面下山。村中适当增加火把果、干果树种及香樟树等乡土树种绿化，形成一个自然生态圈。民居墙边悬挂装饰南瓜、玉米棒子、红辣椒等农产品，并适当摆放一些老式牛车、木犁、石磨、石碾、木柏做点缀。室内墙上装饰撒尼壁挂、挂包等民族手工艺品。撒尼村民穿着撒尼服饰，生产生活方式不改变，该干什么农活还干什么农活。村中设有专门的撒尼刺绣生产表演和纺麻、织布、绣花一条龙展示。每天晚上有撒尼大三弦舞等歌舞活动、篝火晚会和具有民族特色的公房晚会。修建阿诗玛与阿黑哥骑马场和斗牛场，开展摔跤、斗牛、荡秋千、打陀螺、斗鸡等民族体育活动，进一步丰富"彝家乐"活动内容。村里的业余文艺演出队要推出质量上档次、民族特色浓郁的保留节目。培养文化商人，宣传和推销彝族撒尼文化艺术产品，为彝族撒尼文化特色村的发展创造条件。

大糯黑彝族撒尼文化特色村的建设要借鉴景区和公园的建设

模式，因此要高起点，并且需要一定的投入，硬件和软件都要跟上，力争突出该村的自然特色、文化特色和生态特色。注意石、山、水、林的协调配合，努力使石、山、水、林组成一幅美丽画卷，构成一个生态大花园，成为滇中的绿色宝地。要继承和发扬撒尼优秀传统文化，并在保持民族特色的前提下为旅游业服务，把以自然景观为主的石文化和"七彩包头第一村"的撒尼"包头"文化巧妙结合起来，在大力宣传喀斯特景观的同时，大力宣传阿诗玛的故乡，使这里的旅游内涵更加丰富，更具吸引力，最终把大糯黑村建成一个经济、社会、旅游和生态效益良性互动的彝族撒尼文化特色村。

（5）调整产业结构

大糯黑村人均耕地面积近3亩，人均年纯收入约2000元人民币，人均年粮食产量约1000公斤。当地没有稻田，村民主要以种植旱作物为主，主产玉米、马铃薯、小麦、大麦、荞麦、豆类、油菜等，村民用这些杂粮到相距4公里的乡政府所在地海邑集市上交换大米作为主食。村民的经济来源以农业为主，收入主要靠种植烤烟、玉米、马铃薯、绿肥等，其中最重要的经济作物是烤烟，大糯黑村一直是昆明市、石林县的烤烟种植示范基地。畜牧业在大糯黑村占重要地位，尤以黄牛、乳山羊和猪居圭山乡之首。该村出产大麻、南瓜、葵花籽、核桃、苹果、柿子、梨和多种中草药药材。

从2004年的整体情况来看，大糯黑村第一产业占90%，第二产业、第三产业仅占10%，第一产业的生产水平有待提高。该村可以考虑增加奶山羊的养殖，建立乳品加工厂，为特产羊奶乳饼的营养价值和民族特色做宣传；也可增加黄皮梨、核桃等经济林木的栽培和加工；还可就地取材，建立石材加工厂和石雕工艺品厂。在产业结构调整方面，结合旅游开发制定保护措施，围绕撒尼文化、生态的保护来进行产业结构调整。产业结构调整应有规划，应循序渐进，以民族文化观光旅游带动产业结构的调整。

（6）保留彝族撒尼文化影视节目场景地

大糯黑村已成为一批反映民族文化的影视作品的拍摄地。如2003年10月，中央电视台、民族电影制片厂到大糯黑村联合拍摄《星空下的节日》，该节目于2004年6月在中央电视台播出。2003年在该村拍摄的电视连续剧《野核桃树村的故事》，于2004年1月春节期间在中央电视台播出。2004年12月13日，中央电视台健康频道《健康之路》节目组到大糯黑村，拍摄名为"民族石板房，健康之路，家庭健康星——大糯黑"的专题电视节目，有50多位该村撒尼村民参加了拍摄。2005年3月4日，中央电视台播放了这一专题电视节目。2005年4月7日—5月2日，中央电视台电视剧摄制组进驻大糯黑村，拍摄20集电视连续剧《阿诗玛新传》，该村成为《阿诗玛新传》的主要场景地。因此，可以保留上述影视节目拍摄场景地供体验旅游，还可争取有关方面的支持和协调，考虑建立彝族撒尼文化影视拍摄基地的可能性。

五　结语

大糯黑村彝族撒尼文化历史悠久，积淀深厚，特色突出，因此该村被誉为未经刻意保护而保存彝族撒尼文化最为完整的村落。大糯黑村撒尼人传统的民风民俗保留得较为完整，因此其民族文化旅游资源极为丰富，开发潜力与开发价值很大。大糯黑村类型众多的撒尼文化旅游资源将为彝族撒尼文化特色村落的建设及其旅游业的开发奠定坚实的基础。旅游业已成为石林县的支柱产业，大糯黑村拥有丰富的自然资源和民族文化资源，已成为石林县民族文化旅游开发的重点区域，面临着产业结构调整的大好机遇，经济发展前景十分看好。大糯黑村发展民族文化观光、休闲度假旅游前景看好，因此已被昆明市旅游局和石林县政府列入与石林"阿诗玛民族文化长廊"相配套的子工程——"糯黑民族生态示范村"规划项目，被纳入民族文化旅游规划重点，已在实施中。2005年9月19日，"糯黑彝族文化保护区"被列入昆明市级民族民间文化保护名录。经昆明市旅游局和石林县旅游局批准并提供相应扶持，大糯黑村已有5家撒尼农户获准开办经营"彝家乐"民族文化生态旅游，还有更多的农户正在积极准备，有意投入发展"彝家乐"民族文化生态旅游。

弘扬民族文化，打造民族文化品牌，对于旅游业和旅游经济的发展至关重要。石林彝乡撒尼文化特色村落完全可以实现双打和双赢，既可打自然资源之牌，又可打民族文化之牌，"山石冠天下，风情醉国人"就是对其自然资源和民族文化优势的概括。石林彝乡发展旅游业的潜在资源集中体现为自然资源、民族文化、交通区位和旅游商品优势。撒尼文化特色村落不仅能以其神奇秀美的自然景观吸引世界各地的游客，而且将凭以撒尼文化为主要特征的人文景观令中外游客流连忘返。

参考文献

1. 戴学军、丁登山、林辰：《可持续旅游下旅游环境容量的量测问题探讨》，《人文地理》2002年第6期。
2. 何耀华、昂智灵主编：《石林彝族传统文化与社会经济变迁》，云南教育出版社2000年版。
3. 刘小海、刘建林：《论云南民族文化旅游的可持续发展》，《云南师范大学学报》2002年第3期。
4. 覃光广、冯利、陈朴主编：《文学辞典》，中央民族学院出版社1988年版。
5. 王筱春、赵世林：《论石林旅游业的可持续发展》，《云南民族学院学报》（哲学社会科学版）2002年第3期。
6. 吴必虎：《地方旅游开发与管理》，科学出版社2000年版。

7. 张捷：《区域民族文化旅游资源的类型及旅游业价值研究》，《人文地理》1997年第3期。

8. 赵德光主编：《21世纪初石林彝族自治县村寨调查——月湖、宜政、松子园村》，云南民族出版社2004年版。

9. 政协石林彝族自治县委员会编：《石林彝族自治县民族文化在旅游中的开发运用情况调查专辑》（内部资料），政协石林彝族自治县委员会2003年版。

10. 中国旅游业可持续发展研究组：《中国旅游业可持续发展研究》，河北科学出版社1999年版。

彝族撒尼文化旅游资源探究
——以石林圭山大糯黑村为例

摘　要：旅游本身就是为获取一种对异文化的体验，文化应该是旅游的灵魂，旅游就是体验文化的媒介。从旅游业的角度和游客的感知方式，石林县圭山乡大糯黑村丰富多样的撒尼文化旅游资源可划分为观赏型、参与型、体验型、研讨型、辅助型这5大类型的文化旅游资源。大糯黑村彝族撒尼人传统的民风民俗保留得较为完整，因此其民族文化旅游资源极其丰富，开发潜力与开发价值很大。大糯黑村类型众多的撒尼文化旅游资源将为彝族撒尼文化特色村落的建设及其旅游业的开发奠定坚实的基础。弘扬民族文化，打造民族文化品牌，对于旅游业和旅游经济的发展至关重要。

关键词：大糯黑村；撒尼人；撒尼文化；文化旅游资源

一　大糯黑村简介

云南省石林彝族自治县圭山乡大糯黑村位于东经103°31′，北纬24°30′，1949年以前属于陆良县，1950年被划入路南县圭山乡。大糯黑村距昆明市约90公里，距石林县城约30公里，处于昆明市和石林县东部的边远地区。大糯黑村具有明显的旅游交通区位优势，它距石林风景名胜区25公里，处于石林、大叠水、阿庐古洞、白龙洞、九乡等岩溶喀斯特地貌景观的包围之中，有省道昆明—泸西公路从该村经过，昆明—石林高速公路连接昆明市和石林县。2004年通车的九（乡）—石（林）—阿（庐古洞）旅游专线公路总长94公里，而大糯黑村位于该旅游专线附近1公里处，通过一条水泥路与旅游专线相连，交通便利，可达性较好。

大糯黑村属低纬高原季风气候，其特点为冬无严寒，夏无酷暑，四季如春，干湿分明。夏秋半年5—10月为雨季，冬春半年11月—次年4月为干季，年均气温为13.7℃，最热月是7月，平均气温为19.74℃，最冷是1月，平均气温为6.9℃，年均降雨量为848毫米。土壤类型兼有自然土、油红土、红胶泥土、红土、红泡砂土、红石渣子土等。大糯黑村的基础设施初具规模，全村通水、通电、通路，基本实现"三通"，自来水管已接到各家各户。全村有15%的农户安装了程控电话，90%的农户家里有电视机，80%的农户购买了手扶拖拉机。村中有一所大糯黑小学（1—5年级），但尚无固定的医疗服务设施，医疗水平较低。

大糯黑村是一个典型、传统的彝族撒尼村落，当地村民以彝族的一个支系——撒尼人为主，彝族撒尼人口历来占全村总人口的98%以上。据2000年的第5次全国人口普查统计，大糯黑村236户人家990人几乎全是撒尼人，撒尼人口占全村总人口的98.54%，此外，仅有汉族12人、壮族1人。大糯黑村已有600余年的历史，彝族撒尼传统文化积淀深厚，保存完整，内容丰富，特色突出。大糯黑村被誉为"彝族大三弦第一村"、"圭山彝区第一校"（1914年创建村小学）、"七彩包头第一村"、"彝族碑刻第一村"（石刻撒尼碑文最早、最多），村后传统的火葬场保存完好。20世纪30年代以来，著名学者楚图南、吴晗、闻一多、李公朴、朱自清、杨春洲、李广田等曾先后到石林实地考察，留下了关于大糯黑村的珍贵记录和照片。1946年，大糯黑村撒尼青年参加了由西南联大组织的圭山彝族赴昆音乐舞蹈团，他们的撒尼歌舞表演引起很大社会反响。

大糯黑村原名"藤子哨",撒尼语"糯"意为"猿猴","黑"是水塘的意思,"糯黑"的中文含义为"猿猴戏水的水塘"。顾名思义,大糯黑村依山傍水,山清水秀,景色宜人。村子四周群山环绕,中间有一个明净如镜的圆形大水塘,倒映着水塘周边别致的石板房和远处高耸入云的青山(见图1)。大糯黑村位于圭山国家森林公园附近,生态环境保护完好,村子四周的山林枝繁叶茂,森林覆盖率高达86%,村中仍完好地保存有撒尼人传统而神圣的密枝林。

图1 俯瞰大糯黑村全貌

大糯黑村海拔1985米,处于海拔在1900米以上的山原地貌区,地处岩溶喀斯特地貌发育地带,拥有丰富的自然景观旅游资源。这里山峰石岭,重峦叠嶂,层林尽染,溶沟、峰丛发育,喀斯特地貌特征十分显著。大糯黑村四周树木茂密,石头成林,满山遍地都是石头,因此当地木材和石材资源丰富。石头是大糯黑村最突出的特征。自古以来,石头就与大糯黑村撒尼人结下了不解之缘，石头不仅托起了撒尼人的梦想，而且与他们的生产、生活息息相关。

彝族有众多支系，如黑彝、白彝、乾夷、撒尼、撒梅、阿细、阿折等，诚然，石林县作为一个彝族自治县，彝族人口并不仅仅分布于大糯黑村，但大糯黑村却是撒尼人最集中分布的地区之一，具有其他彝族村寨没有的许多特色，特别是石板建筑。石头是大糯黑村撒尼民居建筑的核心，石楼建筑成为撒尼人石文化的重要标志。

二 大糯黑村丰富多样的彝族撒尼文化旅游资源

旅游业是利用旅游资源和设施为旅游者提供吃、住、行、游、购、娱等的服务性行业，而文化产业的特点中也包括了生产、经营文化产品和文化服务以满足消费者的精神需求，因此旅游业与文化产业之间存在着必然联系。因为旅游本身就是为获取一种对异文化的体验，所以旅游如果失去了文化的内涵，那么也就失去了旅游的意义。文化应该是旅游的灵魂，而旅游就是体验文化的媒介，旅游业应该属于文化产业的一部分。

民族文化是指民间广泛稳定传袭并流传至今，具有一定形式，表现于一个民族的行为、口头语言、心理上的文化事物及现象。民族文化具有典型的民族性、全体性、历史性、传承性、地域性、原始神秘性等多种属性特征，而这些属性特征正是旅游资源的吸引力赖以存在的内在要素。因此，文化旅游资源包括一个民族在衣着、居住、饮食、娱乐、节庆、礼仪、婚恋、丧葬、生产、交通、村落外观等方面特有的喜好、风尚、传统和禁忌。大糯黑村拥有丰富多样的撒尼文化旅游资源。从旅游业的角度和游客的感知方式，大糯黑村的文化旅游资源可划分为5大类型。

（一）观赏型文化旅游资源

观赏型文化旅游资源主要指通过外观表现及活动方式来吸引

游客视觉的一些文化现象，主要包括民居建筑、衣着服饰、民间手工艺等。

1. 撒尼民居建筑

撒尼人民间有这样 4 句民谣："象曰努拖黑，努黑努遮黑，顾黑查夜黑，格思拖拍黑"，把它们翻译为汉语后意为："海邑土库房，糯黑石板房，和合篱笆房，月湖茅草房。"海邑、和合、月湖都是大糯黑村周边的撒尼村落，这 4 句民谣概括了石林彝族撒尼人 4 种有代表性的民居建筑及其主要的分布村落。

石板房只存在于大糯黑村，十分具有代表性。村中一栋栋石板垒砌而成的房屋，顺着山势一排排展开，显得错落有致，别具特色。大糯黑村石板房成群成片，一方面是由于当地岩石较多，另一方面也有防火的作用，后者在防御和战争时尤为重要。而且当地的青石坚硬，产状独特，具有明显的层理结构（见图2），用它修建的石板房结实耐用。大糯黑村的民居 98% 以上是石板房，依地势设计巧妙，布局美观，有的石板房已经有 300 年的历史。大糯黑村石板房（见图3）多为两层楼房，楼上、楼下各 3 间房，梁、柱、椽、楼均为木料，唯山墙、背墙与一般的土基房和砖房不同，是用石板垒砌而成。石板房比土木结构、砖木结构的房屋在外观上更为整齐美观，在结构功能上更为坚固结实。

图 2　　　　　　　　图 3

此外，勤劳智慧的大糯黑村撒尼村民还就地取材，利用石板修建了石板烤烟棚（见图4）、石板庭院、石板围墙（见图5）、石板路、石板文化广场、石板舞台等，用石头砌成牛厩、羊圈、猪圈、鸡圈、狗窝、蜂窝等。这些石板建筑具有很高的观赏价值，因此不少民俗学家、画家和艺术院校的师生常到大糯黑村研究、写生。大糯黑村可以发挥其石板建筑特色，筹建独具特色的彝族撒尼文化生态村，供游览者、研究者细加品味，以增加当地旅游的文化内涵。

图4

图5

2. 撒尼衣着服饰

撒尼姑娘早已通过电影《阿诗玛》在世人面前展示了自己绚丽

多彩的服饰。她们的七彩包头（见图6）是引人注目的精美艺术品。金绒布包头以红、绿、蓝、紫、黄、青、白7种颜色的丝绸条配制，边沿钉有银泡泡（撒尼语称"卡士玛"），姑娘的长辫裹于包头中，包头两侧竖立一对三角形的"彩蝶"，表明其少女身份，"彩蝶"后垂一对串珠，末端系银链铃须穗。姑娘们的上装多以纯白化纤布制作，袖子用彩色丝绸布镶两道宽花边，左襟边沿用紫红或黑色绒布镶牛鼻子形纹宽边，背部披一块以黑绒布做外壳的小羊羔皮，腰部系花围腰，肩挎绣花包。

图6

结婚成家以后，撒尼妇女的服饰变化明显。包头不再似七彩长虹，而改用桃红或大红布与青布相配缝制，两个三角形的"彩蝶"要折压下来，装饰大为简化，无银泡泡和串珠。

撒尼男子的上装为青色或灰色对襟衣，外罩撒尼妇女手工纺麻、织麻、缝制的对襟式无袖麻布褂，褂边镶上一道蓝布边，并绣上蓝色的花纹图案，整洁的白麻布褂镶上蓝边罩在宽松的浅蓝色衣服上，显得朴实潇洒，洁净美观。

3. 撒尼民间手工艺

大糯黑村撒尼妇女擅长刺绣和挑花。她们刺绣时，不描样，不画线，胸有成竹，凭着聪慧的头脑和灵巧的手指，在绩麻、纺线、织布的基础上飞针走线，挑花绣朵，绣出色彩斑斓、形态各异、多姿多彩的图案。经撒尼妇女的模拟、提炼、概括，精心构思，巧妙布局，日常生活中常见的花鸟虫鱼、飞禽走兽、日月山川等成为变化多端、鲜艳夺目的图案。这些图案刺绣于撒尼姑娘的包头、衣服、袖口上和中老年妇女的衣着、围腰、飘带、鞋面以及日常生活使用的挎包上，命名为"繁花似锦"、"吉祥如意"、"五谷丰登"、"日月交辉"、"鱼水和谐"等，充分体现了撒尼女性的审美观念和对幸福生活的憧憬。撒尼妇女刺绣的针法除了挑花、平绣、镶绣之外，还有纳花、纤花、链子扣等。刺绣的图案色彩繁简不一，用色均能富而不乱，主调鲜明，能表现其庄重典雅、鲜艳瑰丽的韵味。撒尼妇女在刺绣艺术上表现出来的地方特色、高超技巧和民族风格，受到各族人民的欣赏和喜爱。撒尼妇女刺绣既是一种生产活动，同时也是一种艺术创作，反映了她们对美的追求和对自己民族文化艺术的热爱。

大糯黑村撒尼妇女的手工纺麻是一项独具特色的传统手工艺。她们种麻、收割、捆把晒干、浸泡、手工捻线，用自制的木头织布机（撒尼人称"也鸽无潮"）纺织出来。织出来的麻布一般宽约5寸，线条清晰，洁白中间又有红线或黑线。心灵手巧的撒尼妇女用自制的麻布为撒尼男子缝制具有地方民族特色的麻布褂，她们用蓝布装饰麻布褂边，绣上精美图案花纹，缝上两个衣袋和一个小口袋，钉上特制的布纽扣。麻布褂的缝制凝结着撒尼妇女的聪明才智和勤劳汗水，倾注了她们的理想和情感。

此外，大糯黑村由于其特有的石材资源，石雕工艺在当地颇为著名。

（二）参与型文化旅游资源

参与型文化旅游资源是指游客可以参与的当地特殊的集体民俗娱乐活动等文化现象，主要包括民族歌舞、节庆等。这类集体民俗娱乐活动本身就是可供观赏的，并且因游客的参与而使其旅游开发价值更为突出。

1. 撒尼歌舞

民族歌舞是民族传统文化在艺术上的表现形式。撒尼民间歌手很多,特别是掌握彝文的毕摩(原始宗教的神职人员),他们不但为保存、丰富和发展彝族传统文化作出了不可磨灭的贡献,而且是歌舞节目的创作者和表演者。他们不但能唱诗诵经,而且能即兴创作民歌、叙事歌、风俗歌谣,还会演奏各种彝族乐器,真是吹拉弹跳唱无所不通。20世纪40年代,撒尼音乐、舞蹈、乐器等就享誉国内。1946年,撒尼英雄毕恒光率领圭山彝族音乐舞蹈队赴昆明演出,轰动春城,得到闻一多、费孝通等著名学者的高度赞扬。优秀的撒尼音乐教师金国富与词作者范禹、曲作者麦丁合作,根据石林撒尼民间《勒着迷》创作改编的歌曲《远方的客人请你留下来》,荣获1956年世界青年联欢节金奖,在国内外深受欢迎,广为传唱。撒尼人真是人人爱跳舞,个个能唱歌,每逢佳节盛会,听见三弦响,脚板就发痒。

撒尼歌舞源远流长,优美多姿,风格独特。撒尼民间音乐包括民歌民谣曲调、宗教祭祀曲调、民间器乐独奏合奏曲调和大三弦舞曲等,数量众多,而且保留着较为原始自然的生活风味,涉及撒尼人的衣食住行、婚嫁丧葬的方方面面,细腻准确地传达出撒尼人的喜怒哀乐等复杂情感。撒尼调子有叙事调、放羊调、喊调、"库吼"调(即诉说歌者内心情感活动的山歌)、绣花调、悲调、骂调、婚戏调、犁地调等16类之多。乐器有竹笛、三胡、三弦、口弦、月琴等,乐曲有细乐、经乐、伴乐、舞乐等。

撒尼歌曲有叙事歌、"该迷"(即情歌)等。对唱"该迷"是撒尼人的又一特色民俗,是撒尼青年男女恋爱时对唱的曲调。每逢农历三月三日,撒尼青年男女都会到约会地点参加对唱"该迷",用这种低回婉转、声轻意浓、如泣如诉的曲调各自介绍情况,互相倾吐爱慕之情,商定婚约。

撒尼舞蹈形式多样,种类繁多,有跳大三弦、跳叉、跳刀、跳鼓、跳霸王鞭、跳狮子、跳老虎、织麻舞、细乐舞等,其中最为著名、流行和最富浓郁地方民族特色的是大三弦舞(见图7)。

大三弦舞舞曲热烈，动作鲜明，加之大三弦节奏有力、音色浑厚的伴奏，形成粗犷、乐观的风格，淋漓尽致地表现出撒尼人昂扬向上、热情奔放的性格。大三弦舞的基本舞步是走三步蹬两下，并在此基础上不断变化队形，因此又称"三步乐"或"撒尼跳乐"、"撒尼跳月"。

图7

大糯黑村撒尼男子普遍喜欢跳狮子舞。狮子由村民自制，表演时一人跳头，另一人跳尾，其他人扮虎、扮猴陪舞，紧密配合牛皮大鼓和大锣、小钹，舞姿翩翩，旋律铮铮。跳狮子舞的场合很多，出殡送葬、节日喜庆、"五谷丰登"、"六畜兴旺"、"财源丰盛"等时机村民都会跳起狮子舞。

叉舞是狩猎、战争场面演化而成的武舞，由撒尼男子手持钢叉组成舞队，模仿狩猎、战争中举叉刺向各个方向的姿势，动作有攻、防等，威武勇猛。

鼓舞起源于古代为迎接凯旋的勇士而舞的习俗，舞者身背大鼓，边敲边舞，欢庆胜利。鼓声与军号相配，鼓声咚咚，军号齐鸣，欢庆感染力较强。听到鼓号响，撒尼人就知道有喜庆。

2. 撒尼节庆

大糯黑村撒尼人保留着自己独具民族特色的传统节日，如火把节、密枝节、娜斯节（祭祖节）、彝族年等。密枝节和娜斯节与撒尼原始宗教有紧密联系。娜斯节在清明节这一天举行，内容是祭奠"娜斯"（即祖先）。由于受到汉文化的影响，大糯黑村撒尼人也过春节、清明、端午、中秋、七月半、重阳、冬至等节日。因此，大糯黑村撒尼人拥有丰富多彩的节日及各种节庆文化。

密枝节在每年农历冬月的第一个鼠日到马日举行，祭祀时间持续7天。它是一个盛大的宗教祭祀活动，是撒尼人祭祖神、林神、地神的祭祀日。第一天鼠日做准备，各家各户凑集米、蛋、酒、香等，交给"密枝翁"（密枝头目），"密枝翁"买来祭祀用的绵羊。次日属牛，密枝翁们吹响羊角号，在毕摩的带领下前往密枝林中祭祀密枝神。在密枝林中，毕摩诵《祭神经》，祈祷庄稼丰收，然后密枝翁们杀绵羊祭神。密枝翁们煮熟羊肉、饭菜后，通知全村每户一位男子到密枝林中分饭、分肉，男子们分到饭食后就各自带回家，让全家人享用。从第二天开始，全村男子用5—6天的时间进行"撵山"活动。他们分成若干小组，带上竹竿、鸟网等工具，吆喝着满山遍野地追捕鸟兽。撒尼人认为这样能使密枝林免受鸟兽危害，从而长得枝繁叶茂，郁郁葱葱。

火把节是一个综合性的盛大民族节日，通常在每年农历六月二十三日至二十五日这3天内举行。农历六月二十三日这一天，以村为单位买一头黄牛，到村子附近林木繁茂的山上宰杀，再把肉、皮分到各家。撒尼人认为，男女老少只要吃到牛肉、喝到牛肉汤就可以治愈百病，延年益寿。农历六月二十四日这一天，举行规模宏大的摔跤比赛（见图8）和斗牛比赛（见图9），晚上撒尼村民聚集在一起，点燃篝火，弹起大三弦、月琴，载歌载舞，通宵达旦。撒尼青年男女利用火把节的时机，唱歌跳舞，谈

彝族撒尼文化旅游资源探究 273

图 8

图 9

情说爱,构成节日的又一内容。到农历六月二十五日,各家各户煮鸡蛋给孩子们吃,晚上点燃火把,让孩子们高擎着火把在田间穿行奔走。火把可以消灭大量的飞蛾和其他害虫,保护庄稼。

(三) 体验型文化旅游资源

体验型文化旅游资源是指游客通过各种方式所感知、感受和体验的特有民族文化现象和事物,主要包括特有的饮食类型、品种，以及富有地方特色的各种礼仪、民俗文化。

1. 撒尼饮食

在长期的生活实践中，大糯黑村彝族撒尼人烹饪出了许多独具特色的风味食品。撒尼人挤山羊奶，煮沸，加酸浆水点制而成羊奶乳饼，类似北方的奶酪。乳饼形似豆腐，白嫩滋润，味道鲜美，营养丰富。其吃法多样，蒸、烩、煎、炸皆宜，如切成薄片后内夹宣威火腿片蒸熟，即成云南名菜"火腿乳饼"，在云南享有美誉。

玉米成熟时，撒尼人剥下饱满鲜嫩的颗粒，去壳、去核，将包谷米籽用石磨磨成糊状，加入适量红糖或白糖，也可再加入鸡蛋拌匀，倒入平底锅中用油煎熟。玉米饼（包谷粑粑）味道鲜甜、可口、清香，久食不厌。

撒尼人将荞面掺水揉合，做成荞饼蒸熟，然后放在炭火上慢慢烘烤，边烤边蘸蜂蜜吃。荞粑粑蘸蜂蜜不仅味道香甜，而且营养价值较高。

撒尼人将年猪腊肉切片入锅，炼出油，放进生鸡块煸炒，再下淘洗好的大米，加盐和水一起煮，即做成香气四溢的鸡肉稀饭。

骨头参是撒尼人最为喜爱的传统腌制食品之一。每逢春节前夕，大糯黑村撒尼人家家户户杀年猪。除板油炼油、猪肉腌制腊肉外，用刀将排骨、油渣、肚杂剁成细末，加入适量葱、姜、蒜、花椒粉、草果粉、八角粉、辣椒粉、玉米酒、盐等配料拌匀，装入陶罐腌制半月后即可，用蒸、煮、炒、炖等方法烹调皆宜。腌骨头参香、酸、辣、甜、咸五味俱全，味道鲜美，含有丰富的钙质、蛋白质和脂肪。

此外，大糯黑村撒尼人还有麂子干巴、圭山腊肉、卤腐、油炸鸡枞等特色食品和蜂蜜拌炒燕麦面、全羊烩煮荞粑粑等饮食民俗。

2. 撒尼礼仪

撒尼人热情好客，普遍认为要多交朋友，少结冤仇。每逢朋友到来，撒尼人家的主人立即请客人进堂屋，让座，献茶敬烟，或抬出糖果、瓜子、核桃、水果请客人吃。家里的妇女、儿童不得在客人面前穿梭来往。吃饭时，要以好酒好菜待客，主客和长者坐上席，先给他们上酒上菜。如遇朋友来访，主人常常与客人畅谈到深夜，并热情挽留客人吃饭和留宿。按撒尼人的规矩，男客由主人家的丈夫陪同，女客由妻子陪同，充分体现了对客人的尊重。

每逢大糯黑村撒尼人家有婚嫁喜事或生男添女，亲朋好友就携酒带肉、提蛋背米去祝贺。每逢起房盖屋或举办丧事，撒尼村民也无须主人邀请而自动伸出援助之手。村中有人家结婚、建房竖梁、请祝米客、举行葬礼、何氏祭祖时，被请到的亲朋好友全家同去做客。春节前杀年猪时，亲朋好友家一家来一人帮忙，到吃饭时请帮忙者全家人都来吃杀猪宴，且不再送礼，因为几乎每家都要杀年猪，所以实际上是互相帮忙，换吃杀猪宴。村中有人家遇到天灾人祸，邻里都去探望、安慰，并解囊相助。

3. 撒尼婚恋

大糯黑村的撒尼青年男女通过前往"公房"、共同参加节日集会和生产劳动等方式，自由恋爱并结成终身伴侣。撒尼青年的公房既是一个结交异性伴侣、谈情说爱的地方，也是一个交流生产和生活经验、歌唱娱乐的场所，同时它还有助于撒尼青年通过弹唱来学习、传承民族传统文化艺术。公房纯真自然、情意绵长的美好氛围，使人联想起西方圣经故事中的"伊甸园"，令现代人心向往之。因此，通过某种形式来集中展示和表现撒尼人质朴纯真、情深意切的婚恋习俗，尤其是保留那象征美好爱情乐园的公房，将会给游客带来令人难以忘怀的兴奋和惊喜体验。

撒尼婚俗较为隆重。未婚青年男女通过多次交往、自由恋爱并订下终身大事后,男青年就会主动告诉父母,征得父母同意。男青年的父母要请村中能说会道、办事能力强的人去女方家说媒、提亲。如女方父母也满意,就接着订婚,请毕摩看好结婚日子,筹备婚礼。撒尼人喝喜酒一般分为"喝小酒"、"喝大酒"两个过程,需要延续10天至半个月才结束。当新郎和伴郎们到新娘家迎娶新娘时,还有对歌、给新郎抹花脸、考验新郎体力等热闹的婚俗活动。

(四) 研讨型文化旅游资源

研讨型文化旅游资源是指内涵式的、深层的文化形式和氛围,包括语言文字、传统禁忌等。

1. 撒尼语言文字

撒尼人在漫长的历史进程中创造了灿烂的民族文化,他们拥有自己的语言文字。撒尼语言的系属为汉藏语系—藏缅语族—彝语支—东南部方言(其中有部分属东部方言)—撒尼土语。撒尼语与彝语的其他5大方言之间有许多共同特点,撒尼语还有3个明显的语法特点。一是撒尼语句子的语序为主语—宾语—谓语,即主—宾—动结构,与汉语的动宾结构相反。二是动词和名词连用时,名词在前。三是动词和形容词都能重复,重复后即构成疑问句。在长期的社会交往中,撒尼人吸收了一些汉语措辞及国内外其他民族语言的措辞,不断丰富了自己的语言词汇,现代撒尼语还在不断吸收汉语、英语和日语等语言中的词汇。撒尼文字具有形象优美、明快流畅、好记易学的特点。常用的撒尼文字约有1200个,它们既表音又表意,有笔画部首,还保留了弧、圆、三角等笔画字形,保存着独立的文字体系特征。

明代以来,撒尼文字保存至今,大部分摘自古彝文献和碑铭。在长期的历史发展中,撒尼人用撒尼文记录了大量文献,而早期的彝文经典大多与宗教活动有关,由毕摩世代相传,大多数撒尼文经典也主要依靠在宗教仪式中起作用而保存下来。撒尼文化渊源久远，用撒尼文字书写的典籍卷帙浩繁，保存完整。现收集到的撒尼文典籍多达213部，内容涉及天文、地理、历史、民族、宗教、文学、农技和医药等领域。

2. 撒尼传统禁忌

大糯黑村中有一片林木茂盛的密枝林，它是撒尼人心目中的神林，是神圣不可侵犯的圣地。撒尼人坚信，密枝林中的一草一木都有神性和神力，若有人冒犯，必会遭到"密枝司摩"（森林保护神）的严厉惩罚。为此撒尼祖先规定：平时密枝林中不得有人或牲畜进入，不准在密枝林中砍树伐木，不准捕猎林中动物，不能在林中埋葬死者。由于密枝林被赋予了神性，许多年来，在神性的光芒笼罩下，村里的密枝林得到很好的保护，林木茂盛、古木参天、郁郁葱葱，透露出一种神秘的气氛。从某种意义上说，密枝节是撒尼人的"男人节"，撒尼女性不能参加，妇女只能待在家中刺绣、纺麻、料理家务，不能出门干活、外出挑水，更不能靠近密枝林，据说以免碰神死亡。在密枝节期间的7天里，全体村民不能下地干活，村里的牛、羊都不能外出，车辆不能跑动，车上要插上竹枝，据说这样是为了全村人的健康、顺利。当年家中有人畜死亡者不能当选为"密枝翁"（密枝头目）。

大糯黑村的撒尼人还有一些传统禁忌，如忌妇女在起房盖屋时跨过搭架木料；忌踩锅灶，据说以免伤害灶神，把嘴扯歪；忌儿媳妇在公公面前梳头；忌在神山和密枝林里砍树、割草；忌把死在村外者抬入村内；忌在立春日种农作物，据说以免打伤庄稼；忌称撒尼人为"倮倮"，认为这是对撒尼人的侮辱；忌舀饭时舀中间翻甑底，而不顺甑子四周舀；忌外人在妇女生孩子时入室；忌坐在门槛上，据说以免挡住财神进家的路；忌说"卖"自家的牲畜等。

对于作为青年们的重要婚恋场所的公房，撒尼人也定有禁忌：第一，青年男女在公房中不能说下流话，不能做下流动作，更不能同宿发生性关系；第二，若有自己的姐妹、堂姐妹或与自己不同辈分的姑娘在公房里，小伙子就不能进入该公房，而只能到其他公房去；第三，在同一公房里对歌的青年男女须属不同家族，同一家族的男女即使相隔8代，也不能到同一公房中对歌。

（五）辅助型文化旅游资源

辅助型文化旅游资源主要指民间神话故事、传说等，其本身一般不具备独立的旅游价值，但作为与之相关的旅游景点景区或民俗现象客体的注释阐发，则有极强的辅助作用，可增加文化旅游地的神秘性和感召力。

撒尼人不仅有自己的语言文字，而且有自己的民族民间文学。20世纪50年代以来，经过发掘、整理、翻译并出版的撒尼民间文学代表作有叙事长诗《阿诗玛》、创世史诗《尼迷诗》、爱情长诗《美丽的彩虹》、长篇抒情诗《逃到甜蜜的地方》，以及《放羊小伙子》、《竹叶长青》、《圭山彩虹》、《石林的传说》、《斯木乃朵》等。其中《阿诗玛》被译成英、俄、日等20多种语言文字在海外出版发行，在国内17种报刊上发表。改编成电影剧本搬上银幕后，《阿诗玛》家喻户晓。阿诗玛的艺术形象已成为石林撒尼人的民族魂和骄傲。

撒尼人的传说、故事也十分丰富，反映的内容极为广泛，涉及撒尼人的历史、文化和社会生活的各个方面。大糯黑村撒尼人中流传着地理诗和许多神奇美丽的传说。除阿诗玛的传说外，撒尼人传说撒尼姑娘的七彩花包头是模仿天上的彩虹制作，为了纪念一对投火殉情的恋人。此外，大糯黑村还流传着火把节的传说、密枝节的传说、周边山名和地名的传说、摔跤起源传说、何氏家族的传说、王姓由来的传说等。这些民族民间文学作为辅助型文化旅游资源，有助于增强大糯黑村旅游资源的文化内涵。

三 彝族撒尼文化旅游资源的开发前景

大糯黑村彝族撒尼文化历史悠久，积淀深厚，特色突出，因此该村被誉为未经刻意保护而保存彝族撒尼文化最为完整的村落。大糯黑村撒尼人传统的民风民俗保留得较为完整，因此其民族文化旅游资源极为丰富，开发潜力与开发价值很大。大糯黑村类型众多的撒尼文化旅游资源将为彝族撒尼文化特色村落的建设及其旅游业的开发奠定坚实的基础。旅游业已成为石林县的支柱产业，大糯黑村拥有丰富的自然资源和民族文化资源，已成为石林县民族文化旅游开发的重点区域，面临着产业结构调整的大好机遇，经济发展前景十分看好。大糯黑村发展民族文化观光、休闲度假旅游前景看好，因此已被昆明市旅游局和石林县政府列入与石林"阿诗玛民族文化长廊"相配套的子工程——"糯黑民族生态示范村"规划项目，被纳入民族文化旅游规划重点，已在实施中。2005年9月19日，"糯黑彝族文化保护区"被列入昆明市级民族民间文化保护名录。经昆明市旅游局和石林县旅游局批准并提供相应扶持，大糯黑村已有5家撒尼农户获准开办经营"彝家乐"民族文化生态旅游，还有更多的农户正在积极准备，有意投入发展"彝家乐"民族文化生态旅游。

弘扬民族文化，打造民族文化品牌，对于旅游业和旅游经济的发展至关重要。石林彝乡撒尼文化特色村落完全可以实现双打和双赢，既可打自然资源之牌，又可打民族文化之牌，"山石冠天下，风情醉国人"就是对其自然资源和民族文化优势的概括。石林彝乡发展旅游业的潜在资源集中体现为自然资源、民族文化、交通区位和旅游商品优势。撒尼文化特色村落不仅能以其神奇秀美的自然景观吸引世界各地的游客，而且将凭以撒尼文化为主要特征的人文景观令中外游客流连忘返。

参考文献

1. 戴学军、丁登山、林辰：《可持续旅游下旅游环境容量的量测问题探讨》，《人文地理》2002 年第 6 期。
2. 何耀华、昂智灵主编：《石林彝族传统文化与社会经济变迁》，云南教育出版社 2000 年版。
3. 刘小海、刘建林：《论云南民族文化旅游的可持续发展》，《云南师范大学学报》2002 年第 3 期。
4. 覃光广、冯利、陈朴主编：《文学辞典》，中央民族学院出版社 1988 年版。
5. 王筱春、赵世林：《论石林旅游业的可持续发展》，《云南民族学院学报》（哲学社会科学版）2002 年第 3 期。
6. 吴必虎：《地方旅游开发与管理》，科学出版社 2000 年版。
7. 张捷：《区域民族文化旅游资源的类型及旅游业价值研究》，《人文地理》1997 年第 3 期。
8. 赵德光主编：《21 世纪初石林彝族自治县村寨调查——月湖、宜政、松子园村》，云南民族出版社 2004 年版。
9. 政协石林彝族自治县委员会编：《石林彝族自治县民族文化在旅游中的开发运用情况调查专辑》（内部资料），政协石林彝族自治县委员会 2003。
10. 中国旅游业可持续发展研究组：《中国旅游业可持续发展研究》，河北科学出版社 1999 年版。

石林圭山大糯黑村彝族撒尼人政治文化分析

摘　要：撒尼人作为彝族的一个支系，在漫长的历史发展进程中，由原生态民族向次生态民族转变，形成了兼具彝族特色的历史文化传统和民族心理素质，但作为聚居于特殊地形地貌，受特定生存环境影响的特有族群，同时形成了独具特色的民族文化和历史传统，使其被称为撒尼人而与其他族群相区别。撒尼人在逐步被纳入国家政治体系的进程中，受自身历史文化的影响，形成了具有本民族特色的对政治活动的主观意识和价值取向，而撒尼人具有的这种对政治体系和各种政治活动及过程的主观心理取向就被称为撒尼人的政治文化。这种政治文化影响并规定着撒尼人的政治态度，使他们生成特有的政治行为模式，制约着他们的政治参与能力和技巧，影响着撒尼人政治运行的效能。随着社会主义市场经济在民族地区的建立和逐步完善，民族利益意识得以不断强化，各民族的共同繁荣和发展有赖于不同族群合理利用现行民主运行规则，提高其政治参与能力，依法争取和占有各种政治资源，维护并实现自身的利益，而实现民族的政治发展离不开构建和塑造适合现行民主政治运行的新型政治文化。研究并关注撒尼人的政治文化问题不仅对于解构并把握撒尼人政治文化的样态和实质具有重要意义，而且对于实现民族的政治文明和政治发展是必要与必然的。

关键词：彝族撒尼人；政治文化；政治文明；政治发展

一 大糯黑村彝族撒尼人的政治文化结构

美国政治学家阿尔蒙德认为政治文化"是一个民族在特定时期流行的一套政治态度、信仰和感情"①,是对现实政治体系的主观取向。他把政治文化界定在民族范围之内,这为撒尼人政治文化概念的界定和分解提供了理论指导与科学路径。

(一)从概念结构上分,可以把撒尼人的政治文化结构分为认知取向、情感取向和评价取向。

撒尼人政治文化作为撒尼民族成员对现行政治体系和政治过程的主观取向,包括认知、情感和评价成分。认知取向是撒尼人对政治形式、政治组织、政治过程、政治关系、政治角色、政治手段等方面的知识。情感取向是指撒尼人对政治体系的组成部分及政治体系的运作过程所形成的情绪反映,表现为热爱、忠诚、怀疑、疏远等。评价取向是指撒尼人依据一套在社会生活中长期形成的价值观念,或明确或含蓄地对政治体系进行的判断。

(二)从群体结构上分,可以把撒尼政治文化结构分为精英文化和大众文化。

撒尼精英文化是撒尼人中的干部和知识分子等这些"深谙民族文化精神,拥有一系列方式、方法和资源,能够直接或间接地左右或影响全民族与全社会的生存与发展方向"②的撒尼人精英对政治的主观取向,它与普通撒尼成员的取向有一定的差异。撒尼精英关心政治,对政治体系及运行过程比较了解,掌握较多的政治资讯,具有支配各种社会资源的能力和政治参与技能,对

---

① [美]加布里埃尔·A.阿尔蒙德:《比较政治体系》,《政治学杂志》[美] 1956 年第 18 卷,第 396 页。
② 周星:《民族政治学》,中国社会科学出版社 1993 年版,第 104 页。

政治的情感更加多样和复杂，对政治的信仰更加明确，对政治的评价也更加深入和自觉。而撒尼大众对政治则相对淡漠，并对政治缺少系统的了解，缺乏获取政治资讯的能力和途径，在特定情况下有政治参与，但参与的技巧和经验不足，对政治的情感比较单纯、一致，对政治的评价也比较简单。在撒尼人的政治亚文化中，撒尼人的精英文化和大众文化的地位和影响是不同的。无论是在支持政治体系的运行方面，还是在影响撒尼地区的政治发展和传播主导政治文化等方面，精英文化都发挥着支配大众文化的影响和作用。

二 大糯黑村彝族撒尼人的政治文化内容

通过对大糯黑村寨的实地调查，我们采用实证主义的研究方法，运用政治学的概念与研究范式，采取抽样调查、问卷调查、面对面访谈、资料与历史文献研究、定量和定性分析相结合等具体调查方法，来分析和考察撒尼人的政治文化状况，以期对撒尼政治文化的本质和特点有一个清晰的认识。通过分析，大糯黑村彝族撒尼人政治文化的具体内容主要表现在以下方面。

（一）政治认同

大糯黑村撒尼人的政治认同体现为具有对国家政治体系的高度认同，但同时存在认同的二元结构的特征。政治认同在政治文化内部处于一个十分重要的地位，在整个政治文化中起着基础性作用。撒尼人的政治认同是指撒尼人对国家、民族、地区、村社等特定的政治单位的归属感。这种政治认同产生于撒尼成员与各种政治单位的相互关系之中，当撒尼成员体察、认识到自己归属于某个政治单位时，就形成了对该政治单位的认同。对某个政治单位的认同不仅表现为对该政治单位的活动的参与，也表现为对该政治单位的义务、责任、支持、效忠，并形成对该政治单位深深的情感依恋。对政治单位来说，获得政治认同具有极为重要的意义。如果人们的政治认同不具有相容性，是排他的，并且人们效忠的对象是国家，就为国家的政治稳定奠定了基础；如果人们效忠的对象是国家以下的政治单位，国家的统一和稳定就往往为各个政治单位的争斗所困扰，分裂主义运动就难以避免。如果政治认同具有相容性，那么各种政治认同次序就极为重要。在这种情况下，人们对国家的认同优先于对其他政治单位的认同，国家的统一和稳定就有了基础，反之国家会陷于分裂和内乱。[①]通过调查发现，撒尼人的政治认同程度较高，并具二元性认同的特点。在被访谈的撒尼成员中，100%的成员同意"中国是我们各族人民的国家，我们都热爱它"（见表1），98.57%的成员以自己作为一个中国公民而感到自豪（见表2），表明撒尼人对国家的高度认同和忠诚，这源于撒尼人历来具有的爱国主义传统和对中国共产党的深挚情感。大糯黑村撒尼人在太平天国时期参加了为期3年的反清运动，1911年支持和参加辛亥革命，推翻清朝的封建统治。进入民国时期，龙云与胡若愚争斗，张冲将胡若愚欲献给国民政府的105驮共计21万两白银藏到大糯黑村撒尼人家中，挫败了胡若愚靠拢国民党当局的阴谋。1930年，中共第一任云南省委书记王德三策动陆良暴动，大糯黑小学的第一届学生在此背景熏陶下成长，许多毕业生后来成为中共地下党员。大糯黑村成为当时陆良地下党的联络基地，同时也是圭山革命根据地的中心。1945年，陆良县县长宣传抗日，主张武装斗争，被国民党特务谋害，此间大糯黑村成为圭山地下党活动的主要基地。1948年4月，中国人民解放军滇桂黔边区纵队进入大糯黑村。1949年，边纵指挥所驻扎在村老学校，指挥县、乡、区革命。大糯黑村组织情报小组和民兵小组，协助边纵开展革命斗

---

① 周平：《云南少数民族政治文化论》，云南大学出版社1995年版，第88页。

争。当时村民白天劳动,晚上帮助传递情报,救治伤员,村民参军人数达40—50人。在国民党26军481团、57团及保卫团围剿圭山时,大糯黑村成为边纵的后勤供应点,军民鱼水相依。有不少村民在抗日战争、解放战争中献出了宝贵生命。

表1　　　　　　大糯黑村撒尼人的国家忠诚感

N = 48	您是否同意"中国是我们各族人民的国家,我们都热爱它"?	
	同意	不同意
比　例（%）	100	0

注:表中的"同意"项由原题中的"同意"、"基本同意"和"不反对"三项合并而成;"不同意"项由原题中的"不完全同意"和"不同意"两项合并而成。

表2　　　　　　大糯黑村撒尼人对国家的认同情况

N = 48	您以自己作为一个中国公民而感到自豪吗?			
	自豪	无所谓	没什么好自豪的	恰恰相反
比　例（%）	98.57	1.43	0	0

撒尼人在对国家高度认同的同时,高度认同于本民族,这在表3中得以反映。当被问及是否认同"比起对国家的关心,您更关心撒尼人的发展"之时,58.72%的成员认为更关心国家的发展,而41.28%的成员表示更关心本民族的发展,这说明撒尼人存在对国家和民族双重认同的心理取向,但对两者的认同是相容的,并不相互排斥（见表3）。在对两者的认同上存在先后顺序,即他们首先认同于国家,其次认同于本民族,这种二元认同的结构使撒尼人在处理国家和民族的事务中,首先考虑国家的利益,以国家利益至上,而后考虑本民族的利益。撒尼人的二元认

同结构使他们在开展本民族的村社政治生活的过程中,保持对国家政治体系的高度认同,服从和效忠于国家政治体系,使本民族能够和谐地融入国家的政治生活之中。

表3 大糯黑村撒尼人与国家政治体系的关系

N = 48	比起对国家的关心,您更关心撒尼人的发展。				
回答	完全不同意	不太同意	说不清	比较同意	完全同意
比例(%)	38.41	20.31	7.42	16.26	17.6

(二)政权取向

这里的政权取向是指撒尼成员对国家现行政权的基本态度。通常人们对国家政权的态度基本上可以分为两种不同的倾向:一种是热情、忠顺、支持的倾向,另一种是冷漠、疏远和反对的倾向。政权取向与政治认同相互联系并受其制约,但二者又是相互区别和各自独立的。撒尼人的政治认同是撒尼人对归属于某个政治单位的自觉,而其政权取向是撒尼人对国家现行政权体系的态度。

通过调查发现,大糯黑村撒尼人对国家政权有着深厚的情感和肯定的评价取向。撒尼人对国家政权的情感和评价的状况很大程度上源于他们承认和接受国家政权的方式。撒尼人对国家政权的情感作为他们在政治生活中对政治制度、政权组织和政治事件的一种心理体验,是由国家政权能否维护撒尼人的利益及其程度所决定的。由于党和政府为撒尼社会的繁荣、稳定和发展做了大量的工作,制定和实施了一系列的民族优惠政策,撒尼人民的生活水平日益提高,从而使撒尼成员对党和政府表现出深厚的情感。100%的被访谈者同意:"我们现在的幸福生活都是由党和政府带来的。"(见表4)撒尼人对国家政权的评价与撒尼人对国家政权的情感是一致的。由于撒尼人认识到国家政权能够维护和实现本民族的利益,因而对国家政权形成了肯定的评价。在被调查的撒尼成员中,97.13%的人认为:"政府在保障撒尼人的平等权利方面的工作"是令人满意的(见表5)。

表4　　　　　大糯黑村撒尼人对党和政府的情感

N = 48	您是否同意"我们现在的幸福生活都是由党和政府带来的"?	
	同意	不同意
比　例（％）	100	0

注:本表中的"同意"项系由原题中的"同意"、"基本同意"和"不反对"三项合成;"不同意"项由原题中的"不完全同意"和"不同意"两项合成。

表5　　　　大糯黑村撒尼人对政府民族工作的评价

N = 48	您对现在政府在保障撒尼人的平等权利方面的工作是否满意?	
	满意	不满意
比　例（％）	97.13	2.87

注:本表中的"满意"项系由原题中的"非常满意"、"满意"和"基本满意"三项合成;"不满意"项由原题中的"不完全满意"和"不满意"两项合成。

（三）民主法制意识

建构适合社会主义民主政治的新型政治文化,就需要培植并强化公民的民主法制意识。在现实的政治生活中,自由、平等是实现民主政治的基本逻辑前提,而从根本上说,法制是民主规则的制度化和法律化。政治民主作为公民的自由、平等权利在政治上的实现,享有自由、平等权利的公民必然要求平等地参与社会和国家事务的管理,而实现了公民这种权利的政治便是民主政治。不过,自由、平等本身并不是民主政治,但是如果人们不能享有自由、平等的权利,也就不可能有真正的民主。撒尼成员的民主法制意识构成撒尼人民主政治的主观取向,是形成撒尼现代公民型政治文化的前提条件,同时成为评价撒尼人政治文化的标准。撒尼人的民主法制意识具体包括其自由、平等意识,民主观念和法制观念。撒尼人的民主法制意识表现出以下特点。

1. 自由、平等意识呈现出由淡薄匮乏意识向现代民主价值标准转变的特征。

通过调查,从表6中可以看出,有56.75%的撒尼人不同意"人有贫富之分、官民之别,因此人的社会地位是不平等的",他们认为,人的社会地位应当是平等的,不存在差别。撒尼人中有五成半的民族成员具有自由平等意识,但仍然有近四成半的民族成员缺乏自由平等意识,认为人生而不平等。撒尼人的平等意识比较淡薄,该民族成员持平等和不平等意识的人数呈现出近乎均势的状态,其中持平等意识的成员在所占比例上略微处于优势地位。而对于自由这个实现民主政治的另一基本前提,撒尼成员却表现出与平等意识不相类似的态势分布,被调查者中有81.35%的人同意,"只要不损害别人的利益,一个人就可以干自己想干的事,说自己想说的话,别人不应该干涉,政府也不应该管"(见表7),言论自由这个自由最基本的含义和价值被绝大多数撒尼人所接受,只有不到两成的撒尼人表示反对。若从撒尼人民主政治发展的历史轨迹和趋势分析,撒尼人的自由、平等意识正随着撒尼人聚居地区市场经济的确立与完善,随着旅游业的逐步发展所带来的外部资本、外来文化和民主价值观念的输入而发生变迁,使撒尼人的自由、平等意识表现出由传统的弱化型意识向现代民主价值标准靠拢的特点。

表6	大糯黑村撒尼人的自由平等观	
N = 48	您是否同意"人有贫富之分、官民之别，因此人的社会地位是不平等的"？	
	同意	不同意
比 例（%）	43.25	56.75

注：本表中的"同意"项系由原题中的"非常同意"、"基本同意"和"不反对"三项合成；"不同意"项由原题中的"不同意"和"完全不同意"两项合成。

表7	大糯黑村撒尼人的自由平等观	
N = 48	您是否同意"只要不损害别人的利益，一个人就可以干自己想干的事，说自己想说的话，别人不应该干涉，政府也不应该管"？	
	同意	不同意
比 例（%）	18.65	81.35

注：本表中的"同意"项系由原题中的"非常同意"、"基本同意"和"不反对"三项合成；"不同意"项由原题中的"不同意"和"完全不同意"两项合成。

2. 法制认可与法制意识呈现出非均衡性。

民主的规则要成为受人们尊重的程序，就必须能够得到法制的保障。民主的法制化是民主制度化的根本条件。公民的权利需要通过法制来维护和保障。没有法制作为保障，公民的权利就不能得到真正的实现，民主就难免受到损害。在对撒尼人法制意识的调查中，发现他们具有较强的法制认可观念，有86.24%的撒尼成员不同意"法律是统治人民的工具，应尽量少与它打交道"（见表8），说明有近八成七的民族成员认可法制的重要性。但在被问及"如果被邻居打伤住院，您是否愿意向法院起诉"时，只有 28.36% 的民族成员表示愿意使用法律手段来解决问题（见表9）。调查中，村民们普遍反映大糯黑村里诉讼和争执很少，撒尼人特别强调尊老爱幼和邻里和睦，老年人普遍认为打官司是一件不怎么好的事情，他们认为一般的邻里纠纷可以通过寻求长者、领导或调解委员会采取协商和调解的方式解决，而只有少数成员对诉讼持肯定的态度。但大部分村民认为，如果遇到与外村的权属纠纷等问题，还是应该通过法律途径加以解决。这说明随着社会主义法制的建立和健全，随着普法工作的深入开展，撒尼村民们能够逐渐认识到法律的作用和重要性，已经意识到必要时应该通过"打官司"来维护和争取自己的权益，但在具体处理维护自身权益的问题时，呈现出通过非法律途径加以解决的传统意识和习惯，体现出法制意识弱化的特点。

表 8　　　　　　大糯黑村撒尼人的民主法制意识

N = 48	您是否同意"法律是统治人民的工具，应该尽量少与它打交道"？	
	同意	不同意
比 例 (%)	13.76	86.24

注：本表中的"同意"项系由原题中的"非常同意"、"基本同意"和"不反对"三项合成；"不同意"项由原题中的"不同意"和"完全不同意"两项合成。

表 9　　　　　　大糯黑村撒尼人的法制意识

N = 48	如果您被邻居打伤住院了，您愿意向法院起诉吗？	
	愿意	不愿意
比 例 (%)	28.36	71.64

注：原题为"如果您被邻居打伤住院了，您准备怎样解决？"；"不愿意"项合并了"找领导解决"、"找人去报复"、"请有威望的人调解"和"只要对方主动赔礼道歉就不再追究了" 4 个答案。

3. 对民主呈现出非理性认知。

在为民主认知而设计的问题中，集中指导下的民主、广泛听取群众意见、为民做主这3项属于开明专制主义和民本主义的内容，而人民当家做主、少数服从多数、人民能够选举政治领导人、人民有效地参与社会生活管理这4项内容才是真正的民主内容（见表10）。集中指导下的民主和广泛听取群众意见表面上看来很像民主的内容，其实同民主相去甚远。前者虽然含有民主的字眼，但实质上强调的决策权威是领导而非人民；后者所指的听取群众意见固然比独断专行好，其蕴含的权力和决策主体仍然不是人民，因此这两项实质上是开明专制主义的内容。为民做主则完全是封建的民本主义观点。

在接受调查和访谈时，有相当部分的撒尼成员选择了多项，即既选择了开明专制主义和民本主义的内容，又选择了真正民主的内容。其中有62.31%的成员认为民主是广泛听取群众意见，有66.86%的成员认为民主是为民做主，有32.12%的成员认为民主就是集中指导下的民主。有32.54%的成员认为民主是人民当家做主，有48.54%的人认为民主就是人民能够选举政治领导人，有28.56%的成员认为民主是人民有效地参与社会生活管理，有21.27%的成员认为民主是少数服从多数。这些数据表明，撒尼成员对民主的理性化认知程度不高，具有非理性化认知的特点。在表11中，有80.22%的民族成员不同意"民主只是一个政治口号，实际不能解决任何问题"。这说明若从对民主政治的感性和理性认知层面分析，大糯黑村撒尼人的民主意识具有较强的感性色彩，他们尊重和认可民主的作用和重要性，但缺乏对民主的理性认知。

表 10　　　　　大糯黑村撒尼人对民主的认知

	关于民主，您更同意那种说法？							
	1	2	3	4	5	6	7	8	
	集中指导下的民主	广泛听取群众意见	人民当家做主	少数服从多数	为民做主	人民能够选举政治领导人	人民有效地参与社会生活管理	不知道	样本
比例(%)	32.12	62.31	32.54	21.27	66.86	48.54	28.56	2.24	48

表 11　　　　　大糯黑村撒尼人的民主意识

N = 48	您是否同意"民主只是一个政治口号，实际不能解决任何问题"？	
	同意	不同意
比　例（%）	19.78	80.22

注：本表中的"同意"项系由原题中的"非常同意"、"基本同意"和"不反对"三项合成；"不同意"项由原题中的"不同意"和"完全不同意"两项合成。

综上所述，大糯黑村撒尼人的政治文化就是撒尼成员以较高的政治理性认知和二元性认同为基础，形成的对国家政权的深厚情感和肯定性评价与民主运行规则的非理性认知并存，较高的政治认知能力与政治参与能力弱化并存，法制意识淡薄匮乏与正向转变并存的综合状态下所形成的对政治体系和政治过程的主观取向。

三　大糯黑村彝族撒尼人的政治文化特征

（一）臣属型的政治文化

由大糯黑村撒尼政治文化的结构而知，撒尼精英文化作为大糯黑村撒尼人的主导政治文化，使撒尼政治文化主要体现出臣属型政治文化的特点。这种政治文化类型在精英文化的交互作用下，调整、引导并制约着撒尼大众文化，使撒尼成员从属于臣属型的政治文化类型。这种政治文化类型产生于撒尼社会生活受政治的影响较为突出的情况下，它使撒尼成员具有一系列的政治取向，但对政治的取向几乎是对政治体系的输出方面的，对输入目标和主动参与的取向非常低。撒尼成员与政治体系的关系是一种被动的关系，没有积极主动的政治参与，只与政治体系的输出有密切的关系。这种政治文化类型有以下特征：撒尼成员对政治比较冷淡，不关心政治；获取政治资讯的渠道有限，主要通过广播、电视、报刊、小道消息等形式获取政治信息；具有一定的政治常识，对各种政治象征的认知较强，但对政治的了解比较肤浅，缺乏系统的政治知识；对政治输出的取向频度较高，对政治输入的取向频度较低；在一般情况下不发生政治参与行为；缺乏政治技能，不能运用各种政治技能去争取和维护自己的利益；对现行政治体系的情感较为单纯，政治评价简单。

（二）非参与的政治文化

从政治文化的参与倾向来看，大糯黑村撒尼政治文化是非参与的政治文化。这并不是说大糯黑村撒尼人完全没有政治参与。事实上，不仅撒尼人中有着精英分子的政治参与，这种参与有时保持较高的频度，而且大众也发生政治参与，有时甚至发生大规模的政治参与。但通过调查发现，撒尼人的政治参与程度是比较低的。由于受撒尼近城区主导政治文化的影响，撒尼人对政治的顺从者占撒尼人口的绝大多数，使撒尼政治文化具有非参与的总体倾向。大糯黑村撒尼人非参与的政治文化具有以下特征：政治冷漠普遍存在，大多数人不关心政治；缺乏通过政治方式解决各种经济和社会问题的心理准备；政治参与能力差，不具备所必需的政治技能，对政府和官员敬而远之；具有良好的顺从意识和习惯，缺乏自由、平等等民主运行规则的理性认知，尚未形成公民意识。

（三）整合的政治文化

按政治文化的完整程度划分，政治文化有分裂的政治文化和整合的政治文化。分裂的政治文化是指人民对于政治生活应该采取的方式缺乏普遍赞同的政治文化。在这种政治文化中，人民因对政治生活有矛盾和不和谐的态度取向而分为孤立的不同团体。它具有地方政治忠诚感超越全国性政治忠诚、缺乏处理冲突的广泛接受的和可行的公民程序、社会团体间的政治猜疑、中央政府不稳定等特征。整合的政治文化是指社会中的不同集体和团体的政治文化是相容的，存在着基本一致的政治认同的政治文化。它具有相当一致的和层级化的政治认同、低度的政治暴力、社会团体间的广泛信任、强烈而持久的政治忠诚等特征。撒尼政治文化作为我国政治文化的亚文化，与主导政治文化虽然存在着差异性，但在政治认同、政治信任、基本的政治价值取向等方面却是一致的，不具有对抗性，两种亚文化相互协调，共同存在与发展。撒尼社会内部的各种政治亚文化之间也是和谐共存、相互融合的，都存在着相同的政治认同，并且民族成员之间高度信任，具有强烈的政治忠诚感。因此，撒尼政治文化是整合型的政治文化。这种政治文化有以下特征：民族成员之间具有统一、一致的政治认同；具有广泛的政治信任；承认和服从中央的权威；民族成员间的矛盾可以在制度范围内得到解决。

（四）传统向现代裂变的政治文化

政治文化作为社会文化的一个层面，它同社会文化一样，并不是一成不变的，而是不断演进的，这就为我们从政治文化的演进阶段来分析政治文化提供了可能。根据这种演进阶段划分，大糯黑村撒尼人的政治文化分为传统的政治文化和现代的政治文化。当然，这种划分不是按"传统"和"现代"的严格意义来进行的，这种划分只具有相对意义。一般来说，具有与社会的现代发展水平相适应的文化特征的政治文化被归为现代政治文化，而把凡是不具有与现代社会发展水平相适应的文化特征的政治文化归属为传统的政治文化。撒尼人有着深厚的历史文化底蕴和丰富的民族文化内涵，民族成员深受民族文化和历史传统的影响，特别在本土宗教和原始宗教文化的影响下，撒尼人有着强烈的民族传统意识，即使在现代社会，这种来自传统领域的影响也十分突出。虽然改革开放加剧了撒尼社会与外界的交往与联系，社会主义民主政治在撒尼地区的推行与实施也使民族成员对现代民主运行规则有了一定程度的认知，但是民族成员仍然保留着民族传统习俗，恪守着民族传统观念，带有浓厚的民族传统色彩，缺乏权利和义务观念，不具有现代民主政治的公民意识。一方面，撒尼人的政治文化所处的演变阶段使其带有传统政治文化的特征，即，民族成员因循保守，怀昔恋旧，注重传统，不容易接受社会变革和政治变革；具有较强的等级观念和特权观念，尊长贵官，重言轻法；宗族观念严重，人身依附突出，容易结成各种非正式群体；缺乏权利和自由、平等意识，对政治敬而远之。另一方面，撒尼人的政治文化带有现代政治文化的特点，具体表现为：撒尼成员对国家的认同程度较高；具有较高的政治信任度和政治态度的开放程度及政治宽容精神；对国家政权具有肯定性的积极评价取向；法制意识逐渐增强，自由、平等意识受到强化，正逐步向现代民主价值标准靠拢；政治认知能力不断得以提高。随着社会主义民主政治在撒尼地区的推行与完善，撒尼人对社会主义民主政治的认知和参与能力不断得以提升，传统政治文化正向现代政治文化变迁，撒尼人的政治文化在主导政治文化的影响下，朝着现代政治文化的方向发展，并深深地根植于撒尼社会。

四　大糯黑村彝族撒尼文化对撒尼政治文化的影响

大糯黑村撒尼政治文化作为一种主观取向，属于社会文化的范畴，与民族文化的关系极为密切。爱德华·泰勒将文化定义为包括知识和信仰、艺术、道德、法律习惯以及人作为社会的成员而获得的种种能力习性在内的一种复合整体，之后，各种文化的定义层出不穷，但无论如何定义，文化都始终以一种民族的形式存在并发挥作用。"自民族共同体开始在人类历史上日益取代其他共同体的重要位置以来，任何文化与文化创造都是以民族和民族社会为根基的。"[①]随着政治对社会生活的渗透日益紧密，"民族与民族社会的任何文化层面，在特定的条件和背景下，都可能具有某项政治方面的属性，发挥一定的政治功能。"[②]民族文化具有某些政治方面的属性，并对民族政治体系和政治生活产生直接或间接的影响。从根本上说，民族政治文化是民族文化中的一个独特层面。"在民族文化与民族政治文化之间并没有不可逾越的鸿沟，民族文化作为民族政治文化的源泉，可以为民族政治文化提供它所需要的任何层面的素材。"[③]对撒尼人而言，情况也是如此。撒尼文化作为撒尼人政治文化的源泉，影响、制约或渗透着撒尼人政治文化的形成。这种影响和制约突出表现在撒尼文化通过确立撒尼成员特定的心理素质和价值标准而对民族成员的政治心理取向产生作用，使撒尼政治文化带有厚重的民族文化烙印。

撒尼文化一个重要的特点是在本土原始宗教文化的基础上，

---

① 周星：《民族政治学》，中国社会科学出版社1993年版，第130页。
② 同上书，第129页。
③ 同上书，第141页。

以原始宗教信仰为基本宗教样态，崇尚万物有灵、鬼神崇拜、自然崇拜、图腾崇拜、祖先崇拜、祭密枝等，并与天主教、佛教等外来宗教文化相融合形成多元性的文化体系。这种文化体系对撒尼政治文化的影响具体表现在以下方面。

(一) 原始宗教文化对撒尼政治文化的影响

撒尼人的原始宗教崇尚万物有灵，认为天、地、日、月、山、石、火、林都有神灵，都与某种神秘的精灵关联在一起，因而他们对天、地、山、石等自然物顶礼膜拜，有天神崇拜、地神崇拜、风神崇拜、火神崇拜、山神崇拜、石崇拜、树崇拜（祭密枝)、龙崇拜，同时还有在此基础上形成的祖先崇拜。撒尼人认为人的灵魂不会死，生时附于躯体，死后独立存在，或附着于他物，或往来于阴阳之间，或游荡于死者的村寨住所附近。这种灵魂就是鬼，鬼掌管着人们的生老病死和吉凶祸福。鬼又分为善鬼、恶鬼和善恶兼有的鬼三类。祖先及已亡故父母之灵是善鬼，善鬼亦即神，能够保佑全家平安，人畜兴旺，香火延绵不绝。为此，祖先的神灵受到后人的隆重祭拜。撒尼人崇尚的万物有灵和祖先崇拜，是原始宗教由低级阶段向高级阶段转变的表征，这种原始宗教体现了大糯黑村撒尼人自我意识的形成和强化，其中特别形成的对鬼神的敬畏心理影响并塑造着撒尼人的文化心理，这种敬畏文化心理使撒尼人十分强调与外部世界关系的和谐与统一，并希望通过服从神威而获取撒尼民族主体与环境客体之间秩序和关系的协调与稳定。这种民族心理和行为模式容易形成对"王道"、"政权"的臣服，使撒尼人在处理民族与国家政治体系的关系时十分强调自身的适应能力，故而选择服从权威和归附、臣属于国家的行为方式，使撒尼政治文化带有臣属型的政治文化印迹。与此同时，这种敬畏心理延伸至政治方面，容易使撒尼成员对政治表现出神秘、超脱、冷漠与淡薄的心理取向特征，使撒尼成员不热衷于或不善于介入政治过程，从而形成非参与的政治文化类型。这些心理取向对撒尼地区建构现代民主政治制度、培养民族成员的民主意识造成了一定的消极影响和制约，而且在一定时期内，这种影响将会表现得十分突出。此外，原始宗教文化强化着民族成员的民族传统意识，使民族成员在对国家和国家政治体系形成高度认同与归属的同时，又使他们保持一定的心理和行为张力，使民族成员恪守对本民族的效忠与认同，使撒尼政治文化的撒尼特色得以鲜明体现。

（二）毕摩文化对撒尼政治文化的影响

毕摩文化作为撒尼传统文化的主干部分，是撒尼文化的核心与精髓，它使撒尼文化带上浓厚的本土化与民族化特征，对撒尼人的政治文化产生了重要影响。毕摩文化以毕摩为核心，以原始宗教为载体，在本质上是古代撒尼人传统的宗教文化。毕摩是彝族撒尼人原始宗教活动中的祭司或巫师，拥有至高无上的权威和地位。关于毕摩文化的起源，人们传说毕摩最初是彝族氏族部落的首领。后来，毕摩的地位下降，变成了彝族首领的高级幕僚和参谋。明清以后，朝廷实行"改土归流"，彝族土司被废除，设立"流官"进行统治，毕摩进一步失去其政治地位，变成了专门主管宗教事务的祭司。石林彝族毕摩在传承上分为世袭毕摩和师徒毕摩两种，即父子相传和师徒相传，他们都必须精通彝文，熟悉彝文经典，并得到群众的公认。他们的职能是诵经驱鬼，祈福消灾，占卜吉凶，招魂送鬼等。平时，毕摩是村社的普通成员，参加生产劳动，自食其力。每当遇有宗教祭祀活动时，毕摩则是活动的主持者。

撒尼人信仰原始宗教，在长期祭天拜地、祭山神树神的活动中，毕摩创造了一套祭祀制度，因此毕摩以祭司的身份登上历史舞台。在彝族历史长河中，毕摩通过口诵手录，用撒尼文记录下了天文、历史、医药、历法等内容丰富的历史资料和民间文学，成为撒尼人中的知识分子。毕摩熟知彝文，通晓史事典故和占卜、治病、祛灾、开路、祭祖等，身兼巫、医、史、文、法等多种职能，在彝族社会的生育、婚丧、疾病、灾患、征战、节日、出猎、播种、联盟、联姻等生产、生活活动中都扮演着特定角色，发挥着特定作用。在撒尼人看来，毕摩不仅是祭司，而且是教师、军师、医师和法官。毕摩掌管人们的生死大事，同时又是创造文字，撰写、收藏彝文经典，通晓彝族历史、地理的知识分子。在撒尼社会中，毕摩具有较高的社会地位。毕摩身兼数职，其主要任务有司祭仪、行巫医、决占卜、主盟诅。毕摩文化具有占卜方式，有一整套"喊魂"、"赎魂"、"亡魂附体"、"招魂"等巫术仪式，带有十分强烈的迷信和神秘色彩，它对撒尼社会的影响十分巨大，主要表现为过去许多撒尼成员请神接宗、喊魂送鬼、打卦占卜的现象非常普遍。毕摩文化以其浓厚的神秘主义色彩使撒尼人信奉传统道德的教化和力量，恪守传统道德规范，具有强烈的伦理道德意识。撒尼人强化伦理道德意识的文化价值取向，这使他们尤其看重道德尊严和舆论好评，恪守道德规范，侧重于塑造深沉质朴、善良勤劳、以孝为重、重义轻利、讲求公德、团结互助、吃苦耐劳、集体至上的民族性格和民族气质，这也是形成撒尼人尊崇集体主义精神和爱国主义传统政治心理的民族文化成因。

但与此同时，建立在父系血缘基础上的集体意识容易局限于同一血缘内部，偏重于地域和血缘认同，重视本民族、本地区和本家族的利益，阻碍对外交往和联系，禁锢本民族的开放思想和进取精神。从新的道德价值观而言，传统文化过分提倡尊长重孝，唯长辈之命是听，唯祖宗之法是从，这严重束缚了撒尼人的思想、生活、个性和行为的发展，容易使撒尼社会形成封闭保守的政治文化，对构建社会主义公民政治文化形成消极影响和制约。

（三）外来宗教文化对撒尼政治文化的影响

近代以来随着天主教和佛教传入石林圭山地区，外来宗教文化对撒尼社会产生混融性影响，形成外来宗教对本土原始宗教的冲击和融合，一些撒尼人既信仰原始宗教，又信仰天主教和佛教，但他们并不是把天主教或佛教的所有教义和教规全盘吸收，而是仍以部落神、氏族神、祖先神敬畏和信仰为主，加之神秘的阴阳学说，来追求自己的人生理想和价值。如其中有许多撒尼人就觉得佛教文化中超凡脱俗的生活追求、清心寡欲的生活态度、脱离实际的空谈阔论不可理解，认为这些与他们的价值观念、思维方式和道德标准都格格不入。在撒尼社会里，虽然无法形成一整套系统的宗教信仰，但又体现出对外来宗教文化的包容与接纳，而不是一味地加以排斥和否定。这种撒尼文化中潜藏的相容性使民族成员成为多元文化中各种异质文化结构综合作用的受体，这些异质文化结构在民族成员的心理层面内化为成员对不同文化的区分、识别、认同与接纳等方面的心理取向，而多元文化在撒尼社会的和谐共融并未使民族成员对外来文化产生抵抗与排斥的心理，相反，民族成员积极吸纳各种文化的精华，采取开明接纳的态度，重组新的文化系统。撒尼文化中各种异质文化结构的有序排列与协调组合培植了撒尼成员对各种异质文化的包容意识与认同意识，使民族成员形成对外来文化积极接受的心理行为取向，进而延伸至撒尼人对待外来新生事物具有积极吸收与借鉴、不横加排斥、对外界保持开放的民族心理素质。这有利于撒尼人在对民族、村社、地区形成认同的同时，容易对国家产生认同而不加以抵制，并为撒尼人形成较高的政治态度的开放程度与政治宽容精神提供了来自民族文化领域的心理支持。

参考文献

1. 葛公尚主编：《当代政治与民族问题》，中央民族学院出版社 1987

年版。
 2. 贾春增主编:《民族社会学》,中央民族学院出版社1996年版。
 3. 马起华:《政治学原理》,台湾:大中国图书公司1985年版。
 4. 王沪宁:《比较政治分析》,上海人民出版社1987年版。
 5. 王连芳主编:《云南民族工作的实践和理论探讨》,云南人民出版社1995年版。
 6. 王钟翰主编:《中国民族史》,中国社会科学出版社1994年版。
 7. 谢本书等:《云南民族政治制度史》,云南人民出版社1996年版。
 8. 熊锡元:《民族心理与民族意识》,云南大学出版社1994年版。
 9. 周平:《云南少数民族政治文化论》,云南大学出版社1995年版。
 10. 周平主编:《政治文化与政治发展》,中央民族大学出版社1999年版。
 11. 周平:《民族政治学导论》,中国社会科学出版社2001年版。
 12. 周域主编:《云南民族工作四十年》,云南人民出版社1991年版。

石林圭山大糯黑村彝族撒尼人村社公共权威现状研究

摘 要：少数民族农村社区由于受历史传统和民族文化、宗教信仰、家族和宗法势力等因素的影响，在市场经济、全球化等宏观环境的共同交互作用下，村社公共组织公共权威的存在、形成与运行方式因循自身发展的路径，呈现出各自不同的特点。特别是在民族自治地方，农村社区由于村民自治与民族自治的双向互动，强化了村社成员的自治性与独立性。与此同时，大部分民族村社社会经济发展程度不高，社区成员的政治信息相对闭塞，政治资源相对匮乏，其有限的政治认知能力和政治参与技巧的现状已成为实现社区政治发展的主要制约因素。民族农村社区成员高度的自治性和独立性与实际较低的政治能力呈现出非对称与非均衡的特征，从而在客观上弱化了社区自我管理、自我服务的能力，与村民有效自治的实际状态存在着较大差距。一方面，民族村社需要凭借公共权威由外向内输入，以强化村民的民主意识，提高政治参与能力；另一方面，村社公共服务和管理主体需要提升管理和服务质量，增强公共权威的基础和扩大权威受众，取得成员支持，发挥领导核心作用，提升村社治理能力和水平。关注并研究村社公共权威对于提升民族成员自我发展能力、增强其政治参与热情和技巧、优化村社公共服务质量和管理水平、实现真正的村民自治显得十分迫切与必要。

关键词：大糯黑村；村社；公共权威；村民自治

一 大糯黑村村社公共权威的含义

大糯黑村作为彝族撒尼人聚居的民族村社，围绕着民族群体的公共利益，存在为满足和实现村社成员公共需求的公共服务机构和组织。这些村社组织在宪政框架内通过宪法和有关法律赋予的权利依法实施对村社事务的管理和服务，而其中村党支部和村委会作为当前我国村社公共管理和公共服务的核心组织，肩负着执行基层政权组织的各项方针、政策和措施，同时担负着自我管理、自我服务的功能。这些功能的发挥源于我国地方政府各级政权组织展开的渐进式纵向权力调整和对村社自治空间的认可与尊重，而其优化自我管理和服务的功能有赖于村社公共组织公共权威的强化和公信力的增强。只有提升核心公共组织的公共权威，才能有效动员村社成员参与村务管理，制定科学合理的公共政策，整合各种政治资源，提高村务管理和服务的质量。村社公共权威的存在对于保证社区形成一定的秩序，规范人们的政治行为，整合社区内的各种利益冲突，组织社区的政治资源，维护、争取和实现社区的公共利益方面都有着十分重要的意义。

按照马克斯·韦伯的界定，权威是指"一个人在相信他或她施加影响的权利的合法性基础上要求别人服从的可能性"。[①]它建立在合法性基础上，主要是一种精神性力量，其作用主要是一种社会心理过程，它主要借助掌权者的威信在公众情感、信仰等方面的影响来发生作用。它是以自觉自愿的服从为前提的，具有一定的认同性。从这一阐述可以看出，权威是建立在合法性基础上的影响力。它具有认同性、合法性和自愿服从性的特征。而权威的合法性"归根到底是个信念问题，这种信念关系到权威在

---

① [美] D. P. 约翰逊：《社会学理论》，南开大学社会学系译，国际文化出版公司1988年版。

其中得以运用的制度体系的正义性,关系到运用者在这个制度体系中充任权威角色的正义性,关系到命令本身或命令的颁布方式的正义性"。[①]由于确立了这样一种信念,因而权威总是表现为一种令人信服的权力和威望。权威来源于众人的接受,它的作用和功能发挥在于通过对权力实施客体的威慑而维系,持续捍卫着特定的秩序规范,使具有特定边界的组织和实体能够良性运转,协调和平衡各政治利益主体的相互关系,而并非采用权力实施主体的权力制约和惩处手段。

从上述可知,大糯黑村村社公共权威实质上是一种组织权威,这种组织权威由组织的属性决定其权威类别,而该组织是大糯黑村村社存在的维护和捍卫村社公共利益、实现最广大多数人利益的最大化并承担其相应公共责任的组织实体。它具体指目前我国现行政治体系特殊规定并合法设置存在的村级政党组织,如村党支部;村民自治性群众组织,如村民委员会;提供村社管理和服务的社会性组织,如畜牧兽医、计划生育、农机、烤烟种植等服务性组织。当前我国非政府组织、非营利性社会中介组织、社团组织等组织实体不仅在城市正处于发展阶段,而且在农村同样经历着正在发育和逐步壮大的历史演进过程。这种状况决定了在我国的广大农村仍可以凭借由国家公共权力的合法授权承担公共责任的"官方"组织实施对村社公共事务的管理。对村社而言,主要是村党支部和村委会实施着对村社各项公共事务的管理,并承担着相应的责任,这种责任是由国家地方政府序列的基层政权组织负责监管和督导的,具有法定的强制约束力。这样村党支部和村委会便构成了实际在村社中维护村社公共利益的主要组织和核心实体。鉴于这两个组织实体受国家认可和其自身特殊

[①] [美]邓肯·米切尔主编:《新社会学辞典》,蔡振扬等译,上海译文出版社1987年版,第22—23页。

的"官方"身份及地位，它们在村社进行社会公共事务管理过程中，一方面，具有承担着非权力色彩的公共事务管理和服务的职能；另一方面，在具体村务管理过程中，代表着国家政权对村社实施政治控制和对村社各利益集团进行利益分配和重组，带有了权威性、法制性、强制性和服务性、自主性和自治性等多重特征。这种属性使该村社公共组织在进行村务管理的过程中，可以依法运用公共权力，对村社成员进行制约和规范，而制约和规范的目的是实现成员公共利益的最大化，即成员之所以接受村党支部和村委会的指挥、领导和管理，在于为实现自身和群体的利益。在这种情况下，村社成员便产生了对村党支部和村委会的服从与接受，这两个组织在日常工作运行过程中便形成了对众人的权威。虽然这种权威一方面来源于公共权力的合法强力推行，而另一方面更主要的是由于个人出让了自身的自由和独立的自然法权，接受公共组织实体的领导和指挥，进而失去个人的自由与独立，这样就产生了民族成员和公共组织之间的权威成立要件和存在空间。村社成员自觉不自觉地接受着村社公共组织的命令、指挥和控制，而村社公共组织也通过公共权力的威慑或成员的自觉认可得以指挥和领导。在实际管理中，村社成员对村党支部和村委会的接受和认可往往通过对组织权力执行者的接纳和服从而加以体现，因为村社公共组织的领导者构成组织权力的实施者、拥有者和责任人，生成公共权力的自然代表，进而对民族成员产生威慑，使众人服从和接纳由领导者所代表的组织实体。

由此，大糯黑村村社公共权威是指该村社以村党支部和村民委员会为核心的村级公共组织在管理村社公共事务的过程中，运用村社公共权力，承担公共责任，争取、维护和实现村社公共利益最大化，对公共权力的实施客体产生的威慑力，这种威慑通过公共组织和组织领导者加以实施。

二 大糯黑村村社公共权威的类型

在对现有民族社区公共权威实际状态的考察中，由于其存在的社会基础发生转变，因而民族村社公共权威也发生着转型。按照马克斯·韦伯对权威类型的划分，可以把公共权威分为传统型、个人魅力型和法理型权威三种类型。韦伯指出了各种类型的特点，主张建构法理型的权威体系。大糯黑村是一个区域性的民族村社组织，由一定的地域、区位、民族人口、文化、经济等因素构成，村社内的民族成员之间形成各种各样的关系。为了维护和确保各种关系处于稳定、有序的秩序规范之中，就必须借助能够对村社价值和利益进行权威性分配，具有强制力的村社公共权力对整个村社进行调整和控制，而村社政治权力的广泛延伸与泛化导致了大糯黑村政治权威的出现。从其纵向历史发展路径来考察，大糯黑村村社公共权威历经了以下三种类型的转变历程。

（一）传统型权威

这一权威类型是指大糯黑村社在从有史记载以来一直到新中国成立前，村社管理的传统角色和组织权威的继承和延续主要通过一整套亘古不变的不易更改的传统和法则。该权威类型与旧有的农业社会发展模式相对应，由于自给自足封闭型的生产方式和重地域、亲血缘的狭隘人际认同，加之大糯黑村撒尼人原始宗教的万物有灵崇拜和毕摩文化影响，使早期大糯黑村社权威在形成之初便以村社公共权威的世袭和多元权威的角色共存而得以延续。这种权威由世袭的"寨老"、"族老"和宗教仪式中的"毕摩"、"密枝翁"、"毫罗"、"知磋"、"日纹"、"枣姆"等宗教传统权威角色混合执掌，而村社家族内部事务主要由族长协调和处理，村民对权威的服从主要来源于世袭继承的权威传统和原始宗教的权威角色。故而民族成员之所以接受和认可村社公共权威，源于对上述历史传统的遗存和延续，以不破除这些为传统伦理道德所规约的价值认同和行为底线。

(二) 个人魅力型权威

这一权威类型的形成时期是大糯黑村在中国共产党的领导下展开反帝反封、共同抗日和社会主义革命建设的时期。1927年，军阀唐继尧倒台，龙云与胡若愚争斗，张冲将胡若愚欲献给国民政府的105驮共计21万两白银藏到大糯黑村民家中，挫败了胡若愚靠拢国民党当局的阴谋。大糯黑村在当时隶属于陆良县奉化乡管辖。1930年，中共第一任云南省委书记王德三策动陆良暴动，大糯黑小学的第一届学生在此背景熏陶下成长，许多毕业生后来成为中共地下党员，当时大糯黑村成为陆良地下党联络基地，同时也是圭山革命根据地的中心。1945年，陆良县县长宣传抗日，主张武装斗争，被国民党特务谋害，此间大糯黑村成为圭山地下党活动的主要基地。1948年4月，中国人民解放军滇桂黔边区纵队进入大糯黑村。1949年，大糯黑村成为边纵指挥所所在地，边纵在村老学校指挥县、乡、区革命。当时大糯黑村村民白天劳动，晚上传递情报，救治伤员，参军人数达40—50人。大糯黑村组织情报小组和民兵小组，协助边纵开展革命斗争。在国民党26军481团、57团及保卫团围剿圭山时，大糯黑村成为边纵的后勤供应点，军民鱼水相依。有不少村民在抗日战争、解放战争中献出了宝贵的生命。

新中国成立后，该村于1951年清匪反霸，1952年进行土改，1953年划分阶级，村民被划分为地主、贫农、雇农、中农、富农五种成分。1954—1955年，实行农业互助合作，设立互助组。1955年成立农业生产合作社，1956年办高级社，当时该村被称为宜良县圭山区石峰管理区大糯黑村。1958年12月，成立公社，设公社书记、社长和文书，在三面红旗，即总路线、"大跃进"、人民公社化运动的指导下，该村被改为路南彝族自治县圭山公社糯黑大队大糯黑村，设公社书记、大队长和文书，此期糯黑大队包括大糯黑、小糯黑。1960—1968年，该村被称为路南县圭山区糯黑公社大糯黑村。从1968年底开始，该村变为路南县圭山区革命委员会糯黑大队大糯黑村。1972年12月31日，圭山公社中宙竹箐和圭山分开。1982年12月，开始实行包产到户，平均分组，组长由各家各户轮流担任一个月，并把原来的生产队分为两个小队。1983年，实行家庭联产承包责任制。1984年，国家进行体制改革，该村被改为路南县圭山区糯黑乡大糯黑村，这种小乡制一直持续到1988年3月，之后由区改为乡，设办事处，即被改为路南县圭山乡糯黑办事处大糯黑村。

在此期间，村社公共权威不是靠世袭和继承获得，更不是靠传统和习惯维系，而是不同时期的权威人物身先士卒、一心为公、任劳任怨、勤恳实干，以卓越的品质和为村社的发展所作的贡献赢得了村民的爱戴与拥护。这种公共权威建立在个人的高尚品格和超凡魅力的基础上，使村民产生仰慕和崇拜，接受村社公共权威人士的领导和指挥，自觉自愿听从其号召和命令。这种权威类型被马克斯·韦伯称为超凡魅力型权威。这种权威使大糯黑村在农田水利、修桥补路等基础设施建设中保证人心齐集，服从号令，投工积极，热情高涨，但容易造成管理专制、义工过多的不利后果。

（三）法理型权威

自改革开放后，糯黑村乡社分离，重新成立了村委会，把大糯黑村与小糯黑村合并为糯黑村委会。从2000年开始伴随着国家新一轮的村级体制改革，同年8月15日该村被改为石林县圭山乡糯黑村民委员会大糯黑村民小组，糯黑村委会设村党支部书记、村委会主任和文书（兼副主任）三职干部。通过民主选举，直选、公选出了村民心中符合条件和标准的村委会主任王光辉。这些人选的选举、产生和任免都按照法定的程序进行，这些村社政治权力角色通过村民民主选举而产生，经过上级政府任命后执掌村社公共权力，代表村民意愿对村社政治事务和社会公共事务进行依法管理。村社政治领导者不以个人的意志凌驾于有关法律之上，村民的选举基于民主与平等的原则，选举取向趋于理性。可以看出，通过这种方式生成的村社政治权威是由村民遵从被选举出的村社政治领导者所代表的民主法制规则而形成的，村社政治权威凭借规范严整的法制程序和规定使村社成员服从和接纳，村社成员对村社公共组织和权威人格的认可实质上是遵守一整套体现民主、平等、正义、公平的法制规程。这种权威类型即为法理型权威。这说明，随着社会主义民主政治在大糯黑村社的推行与深入发展，该村政治权威的领袖魅力色彩逐渐淡化，生成法理型权威。这种权威类型把权威人格置于法制规范和框架约束之下，把人为主观的非理性影响降到较低限度，使具体的村社管理活动有章可循，有法可依，有制度约束，最大限度地提升村社管理的透明度和民主程序的科学化。

三 大糯黑村村社公共权威现状

大糯黑村村社公共权威的强化和提升对于整合村内政治资源，协调和平衡各利益群体的利益冲突和矛盾，提高村社公共服务水平都具有十分重要的现实意义。但当前大糯黑村村社公共权威存在以下问题。

（一）传统公共权威缺失

随着社会主义市场经济体制的建立和逐步完善，对我国的政治体制和运行方式提出深刻变革的诉求，对大糯黑村级村务管理的方法、途径和理念方面都提出了更高的要求。而该村由于传统的农业生产方式和经济发展模式，相对封闭，与外界的交往和联系较少，难以充分吸纳外来资本、理念、意识、思维、观念、技术、人才、物流、信息等村社变革的重要推动因素，使村社对于外部日渐突出的变革压力和输入行为被动适应，难以进行系统的有效转换，仍恪守传统的管理方式和方法，沿袭计划经济时代的管理模式，在村社公共服务过程中停留于集权化、管制型、一般型、人治突出、封闭保守的管理阶段。由于传统治理村社的外部环境和要件已发生转变，一方面，村社政治组织社会控制机制弱化，村社未形成以村党支部和村委会为主导，以其他公共组织为补充的村社公共服务和公共管理新模式，老体制难以适应全新的变革要求；另一方面，随着社会主义市场经济的逐步完善，大糯黑村社区成员的利益意识得以增强，在培植各种利益主体的同时，社区产生了社会分层，出现了各种利益团体，冲破了计划经济时代"一元化"的社会发展模式，各种利益集团相互竞争，都试图通过介入社区公共权力以维护、争取和实现各自的利益，这在客观上需要借助公共权威整合社区内各种利益冲突和矛盾，实现社区公共利益的最大化。这些因素都促使社区传统公共权威的存在与它的功能作用发挥不相对称，造成传统公共权威弱化和缺失，村社的群众动员能力一度受到削弱，资源整合能力下降，利益综合和平衡能力降低。由于公共组织治理模式的非理性认知，难以从传统的集权型向分权型、管制型向服务型、一般型向专业型、人治型向法制型、封闭保守型向开拓进取型转变，造成村社成员的公共需求难以实现和满足，传统公共权威预期大打折扣。

(二) 现代公共权威弱化

由于主观和客观的原因，即一方面，大糯黑村在九—石—阿旅游专线公路开通以前，交通不便，信息闭塞，经济发展滞后，产业结构单一，以传统种植业为主，教育落后，全村村民普遍仅有小学毕业和初中毕业学历，人口受教育程度不高，大糯黑村与小糯黑村的经济互补性不突出，成员缺乏沟通交流；另一方面，公共组织权威角色自身的局限和村社成员发展意识淡薄或缺位等原因，致使大糯黑村村社缺乏长远的发展规划和远景目标，未能充分开发和利用现有的自然资源和民族文化资源。大糯黑村山清水秀，石头成林，村内有许多参天千年古树，自然资源丰富，历史久远，曾经是边纵革命指挥所，有不少人参加和见证了云南革命的历史变迁过程，涌现出许多革命英烈，大糯黑村与龙云、张冲等云南著名的历史人物和庄田、朱家璧等革命先烈相联系，是一个十分珍贵的爱国主义教育基地。同时，撒尼民族文化历史底蕴深厚，如民族歌舞、宗教、民俗、语言、文字、大三弦、民居建筑等人文资源丰富多样。这些宝贵资源都有待尽快保护、有效利用和合理开发。

村社引领经济发展的资源汲取和规划能力有限，突出反映为现代公共权威供给不足。大糯黑村的经济产业结构主要以种植业和养殖业为主，90%以上的村民以种植玉米、马铃薯等传统农作物和烤烟等经济作物为主，而一般靠烤烟种植的农户的经济收入在实行烤烟"双控"后急剧下降，而且种植技术要求更高。按2003—2004年的市场收购价格，每年平均每户约5000元的收入，加上种植玉米和马铃薯的收入，每年平均每户的家庭经济收入为7000—8000元，人均月收入为150—200元。而2003—2004年云南省对农村贫困人口家庭月收入的划定标准为120元，这反映了大糯黑村农户家庭人均月经济收入仅略高于云南省的贫困线，人均整体收入水平不高。这与大糯黑村具有的资源优势，可大力发展生态旅游、交通运输、民族饰品加工、石材加工、特色食品加工、花卉种植等潜在产业形成明显反差。

村社政治组织功能的发挥有待进一步提高。村社的远景发展有赖于村社政治组织具有系统、宏观、长远、实际的发展规划目标。该目标的实现需依托村社政治组织合理利用村社公共权力，整合人力、资金、技术等资源，组织并引领群众实现目标。外界的推动形成村社政治系统的外在环境，通过信息、物流、资金、文化等因素对村社形成发展压力。村社通过吸收上述因素，转换为村社公共政策对村社产生影响和作用，而村社政治组织便在吸收、转换和实施的环节中发挥着重要的功能。具体而言，村社政治组织要能够各自发挥组织效能，发挥整体优势。村党支部应能够确保发挥基层组织的引导和整合作用，发挥先进优势，做好干部群众的思想工作，统一认识，带领群众朝优化和可持续发展的目标行进，而村委会要能够具体负责实施项目规划，协调各种矛盾关系，分阶段、分目标实施整体规划。就当前而言，发展旅游业首先要解决村社卫生环境状况，对畜禽实现圈养，改变村民传统放养的意识和做法。村党支部和村委会要强化发展意识，提升村社的战略规划能力，引进资金、技术和人才的能力，公共政策的制定能力，以及发动群众、综合平衡及协调各种矛盾的能力。

目前，随着新公共管理运动的深入，按照奥斯本企业家政府理论的观点，政府的服务职能应该最大限度地由社区去承担，应把政府的权力下放到社区，改变传统的政治统治模式，并不单纯采用自上而下的权力控制方式，而是强化村社权威，提倡建立法理型权威，建构上下互动的权力运行方式，强调效率、法治和责任的公共服务体系，通过在一个既定的范围内运用权威维持秩序，运用各种制度安排，以引导、控制和规范公民的各种活动，实现公共利益的最大化。

参考文献

1. 樊平：《深入研究村落公共权力》，中国社会学网，2003年12月9日。

2. 贺雪峰：《当前乡村治理模式的形成与面临的挑战》，《福建论坛》1998年第9期。

3. 贺雪峰：《村民的自治功能及其合理性》，中国农村研究网，2004年3月22日。

4. 金太军：《村民自治进程中政治领导与公共权威的协调》，《湖湘论坛》2002年第1期。

5. 任维德：《中国社会转型时期的公共权威转换与重塑》，《中国政治》1999 年第 1 期。

6. 沈延生：《村政的兴衰与重建》，《战略与管理》1998 年第 6 期。

7. 王振耀等：《中国农村村民代表会议制度》，中国社会科学出版社 1995 年版。

8. 王宗礼、龙山：《论政治权威的社会基础》，《甘肃社会科学》1999 年第 5 期。

9. 徐勇：《民主自治机制：社会矛盾的缓冲器》，载《中国农村村民自治》，华中师范大学出版社 1997 年版。

10. 徐勇：《从新权威主义到民本主义——中国改革发展的路向及转变》，《探索与争鸣》2003 年第 9 期。

11. 赵树凯：《社区冲突和新型权力关系——关于 196 封农民来信的初步分析》，《中国农村观察》1999 年第 2 期。

12. 仲大军：《中国政治与经济的发展关系——对改革 20 年来权威政治的总结》，《经济与社会观察》2002 年第 5 期。

石林圭山大糯黑村彝族撒尼人全面建设小康社会研究

摘　要：大糯黑村的发展虽然相对比较落后，但同时也面临着全面建设小康社会、西部大开发的推进、党和政府高度重视"三农"问题和扶贫工作等良好机遇，为其摆脱传统发展进程的束缚，直接走上全面建设小康社会的发展道路提供了机遇与现实的可能性。大糯黑村全面实现小康社会所面临的最主要问题是差距问题，即与经济发达地区的差距，仍然存在着许多不容忽视的经济和社会问题，它们直接影响着大糯黑村全面建设、实现小康社会的进程。针对大糯黑村小康社会建设面临的困难，应积极采取行动，研究和探索解决这些问题的途径和对策，当前应着重做好六个方面的工作。只有大糯黑村的社会、经济、生态同步发展，村民的整体素质得到提高，才能走可持续发展道路，实现脱贫致富、全面实现小康的目标。

关键词：大糯黑村；小康社会；发展观；产业结构调整

一　引言

党的十六大确立了全面建设小康社会的目标，绘制了21世纪头20年我国社会主义现代化建设的一幅宏伟蓝图，为全党全国人民指明了在新世纪新的发展阶段继续前进的方向。全面建设小康社会的出发点和最终落脚点是提高全国人民的生活水平和质量，目前我们只是"总体上达到小康水平"，必须继续大力推进扶贫开发，尽快使尚未脱贫的人民解决温饱问题，并逐渐过上小康生活。云南是少数民族较多、经济和社会发展水平较低的边疆省份，而少数民族农村地区的小康社会建设在全省的小康社会建设中占有举足轻重的地位。没有少数民族农村的稳定和全面进步，就不可能有整个社会的稳定和全面进步；而没有少数民族农村地区的小康，就不可能有全国的小康。可以说这关系到云南全面建设小康社会的成败，不仅是一个非常紧迫的经济发展问题，而且是一个十分严峻的社会政治问题。因此，云南今后20年完成全面建设小康社会的伟大历史性任务的重点和难点都在少数民族农村地区，特别是不发达的少数民族农村贫困地区。采取各种有效措施，使少数民族农村地区的群众逐渐走上社会主义小康的道路，这是全面建设小康社会的必然要求。

本专题以位于云南石林彝族自治县圭山乡西北部一个典型的彝族撒尼村寨——大糯黑村为研究对象，通过对其生存环境和经济结构特点的分析，探讨其全面实现小康社会的阻力与难点和全面实现小康社会的途径与对策。

二 大糯黑村的概况

（一）基本情况

大糯黑村位于云南省昆明市石林彝族自治县圭山乡西北部、县城东部，距圭山乡政府所在地海邑4公里，距石林风景名胜区约25公里，距石林县城约30公里，距昆明市约90公里。"糯黑"，原名"藤子哨"，撒尼语"糯"意为"猿猴"，"黑"是水塘的意思，"糯黑"则为"猿猴戏水的水塘"。顾名思义，大糯黑村依山傍水，景色宜人。大糯黑村是糯黑村委会所在地，糯黑村委会有大糯黑、小糯黑两个自然村，两个村民小组。

大糯黑是一个典型的彝族撒尼村寨，整个村原仅有13户汉族，由于彝汉通婚，到1990年第4次全国人口普查时，仅有1

户填报汉族，其余 12 户近 40 人皆填报彝族撒尼支系。截至 2004 年 2 月的调查统计，全村共有 247 户，994 人。撒尼人口占全村总人口的 98%。据 2000 年的第 5 次全国人口普查报告，全村 236 户人家，几乎全是撒尼人，仅有汉族 12 人、壮族 1 人。

大糯黑村处于海拔在 1900 米以上的山原地貌区、岩溶喀斯特地貌发育地带，存在典型的溶沟、峰丛、地下喀斯特地貌等，地形结构复杂，起伏不定，山峰石岭，重峦叠嶂，层林尽染。地形为从北到南，东高西低，属于山区，多石。全村土地面积约 20 平方公里，耕地面积 2544.72 亩，人均耕地面积 2.67 亩。

当地属低纬高原季风气候，其特点为冬无严寒，夏无酷暑，四季如春，干湿分明。该村森林覆盖率约 86%，植被覆盖率较高，村子四周的山林枝繁叶茂，生态保护得好。

当地的矿藏有铜、石灰石等，尤以石林圭山奇石闻名，出产的青石坚硬，产状独特，具有明显的层理结构。

大糯黑村的基础设施初具规模，通水、通电、通路，基本实现"三通"。该村于 1974 年通电，2003 年完成电网改造。2004 年 1 月，全村完成了自来水管道的铺设，当年开始通自来水，自来水由圭山乡的圭山水库和圭山乡与亩竹箐乡共有的三角水库供水，但由于 2004 年干旱少雨，水库缺水，供水经常中断。特别是村子上部由于地势较高，自来水几乎压不上去。居住在村子上部的农户多靠在家里修建蓄水池来解决自来水的短缺问题。

大糯黑村离圭山乡政府所在地海邑 4 公里，在乡政府西北部。1955 年 8 月修通从路南县城到海邑的圭山公路，1956 年通车，1958 年修通从糯黑到海邑的公路，省道昆泸公路途经海邑。2003 年，糯黑村委会组织铺设了一条从大糯黑村通往小糯黑村的水泥路，全长 2 公里。省道昆泸公路和 2004 年通车的九（乡）—石（林）—阿（庐古洞）旅游专线公路途经距该村 1 公里处。

村民的主要交通工具为手扶拖拉机。全村 90% 的农户购置了手扶拖拉机作为主要的运输工具。村内的小道用石板铺就，但由于拖拉机、牛车等频繁经过，又年久失修，道路坑坑洼洼，许多石板已被泥土覆盖，下雨时，泥土部分变得泥泞，石头部分则太滑。

全村约有 90% 的农户已购买电视机。村里于 1996 年安装了闭路电视接收系统。全村 15% 的农户安装了程控电话，30—40 户拥有座机电话。

（二）经济结构

1983 年，大糯黑村开始实行家庭联产承包责任制。从 1987 年开始，村民的生活逐渐好转。1989 年，该村粮食产量创历史最高。此后村民之间的贫富差距逐渐拉大，自开地、承包土地多的农户粮食产量高，收入也高；耕地少的农户家庭收入低。传统农业生产工具有锄头、镰刀、砍刀、二牛拉犁、耙子等。近年，80% 的农户购置了手扶拖拉机，有的农户甚至拥有 2—3 辆手扶拖拉机。吉普车、微型车、中巴车、卡车等相继进入农户家庭。当地没有稻田，种植业以旱作物为主，主产玉米、马铃薯、小麦、大麦、薯类、豆类、荞麦、油菜等。近年来各家各户的玉米等粮食都有结余。村民用这些杂粮到海邑集市上交换大米，以大米为主食。

目前，该村的经济来源以农业为主，村民的收入主要靠种植烤烟、玉米、马铃薯、绿肥，其中最重要的经济作物是烤烟。实行烤烟"双控"以来，2003 年大糯黑村的烤烟收入创历史最高纪录。该村的畜牧业占重要地位，尤以黄牛、山羊和猪居全圭山乡之首。当地还出产大麻、南瓜、葵花籽、梨、核桃、苹果、柿子和多种中草药药材。

2002—2003 年，大糯黑全村人均年产粮约 1000 千克，人均年纯收入约 2000 元。据 2003 年抽样调查，村里平均每户纯收入为 4500—5000 元，最高年纯收入为 17000—18000 元，多数农户的年纯收入为 6000—8000 元，年纯收入在 5000 元以下的农户占 1/3，也有年纯收入不到 1000 元的农户。与该村所属的石林县、圭山乡 2003 年的收入情况比较，全圭山乡总收入为 369 万元，但支出为 580 万元，入不敷出，仍需县财政补贴才能解决温饱问题，全乡人均年收入为 1410 元，达到 1998—2003 年的最高水平，而石林全县人均年收入为 2170 元。

三　大糯黑村彝族撒尼人全面实现小康社会的机遇与条件

大糯黑村的发展虽然相对比较落后，但同时也面临着全面建设小康社会、西部大开发的推进、党和政府高度重视"三农"问题和扶贫工作等良好机遇，为其摆脱传统发展进程的束缚，直接走上全面建设小康社会的发展道路提供了机遇与实现的可能性。

（一）面临的良好机遇

从国内宏观发展战略布局的调整来看，为加快我国现代化建设的总体进程，全面建设小康社会，党中央在邓小平同志"两个大局"思想的基础上，针对我国经济社会的发展现状，提出了促进区域协调发展的战略布局，这是党中央统揽全局做出的重大决策，是"两个大局"思想的新发展。中国—东盟自由贸易区的建设，为东南亚各国加强交流与合作开拓了广阔空间，为国家西部大开发战略的实施和云南的开放与发展搭建了平台。对于像大糯黑这样的少数民族农村地区的脱贫与加快发展，解决基础设施建设滞后问题、生态环境的保护等问题，西部大开发战略的实施必将起到积极的促进作用。为此国家把 5 个自治区、30 个自治州和 82 个自治县纳入了西部大开发优惠政策范围，制定了包括产业倾斜、转移支持、优惠税收、资金支持以及环境土地等一系列特殊倾斜政策，引导民族地区加大对内对外开放力度，引进国内外资金、人才和项目，支持民族地区经济和社会事业的快速发展。这些政策的实施将有力地加快西部，特别是少数民族农村地区经济社会的全面发展。

随着云南省建设"民族文化大省"、"绿色经济强省"、通往南亚、东南亚的"国际大通道"及现代新昆明建设的快速推进，石林的各个村寨将以其区位、资源、文化优势，在东部产业优化升级并向西部进行梯度转移进程中承接更多的资金和项目，为建设成为昆明次级城市和生态旅游城市创造良好的条件。石林世界地质公园的品牌效应，昆石高速公路的通达效应，未来石蒙高速公路、西石高等级公路的带动效应，阿诗玛文化的凝聚效应，以及石林县被列为云南省47个加快县域经济发展和全省10个文化产业试点县，将加速大糯黑村粮烟果菜种植业、畜牧业等的迅速发展。

（二）具备的有利条件

1. 物质和体制条件

改革开放以来，我国的总体经济实力和综合国力显著提高，为民族地区的发展提供了雄厚的物质基础。社会主义市场经济体制的初步建立和进一步完善，为民族地区利用市场机制加快发展提供了重要的体制保证。

党中央提出的全面建设小康社会的奋斗目标，符合党心、民心，出发点和落脚点都是让国家复兴起来，让各族人民富裕起来，集中反映了全国各族人民的根本利益和共同愿望，显示了社会主义制度的优越性。现在党中央非常重视民族地区的发展，已经采取了一系列重大举措，制定了一系列优惠政策，投入了大量资金，启动了一批关系民族地区长远建设的重点项目和工程，为民族地区的发展和全面建设小康社会创造了条件。

2. 政策优势

为充分尊重和照顾边疆民族地区的特点和需要，加快民族地区的发展,国家根据整体生产力布局和总体要求,把加快民族地区的发展摆到了突出位置,制定了一系列优惠政策。比如修改后的《民族区域自治法》,根据在民族地区建立社会主义市场经济体制、在西部大开发中促进民族地区加快发展需要的原则,对加快少数民族经济和社会事业等方面的内容做了大量修改,增加了许多优惠政策,体现了对少数民族和民族地区切身利益的维护,让少数民族在西部大开发和全面建设小康社会的进程中得到更多的实惠。

3. 区位优势

大糯黑村距石林县城仅约30公里,因此其区位优势主要体现于石林的区位优势上,而石林的区位优势主要体现在交通上。石林是滇东南三地州18县进入滇中的必经门户。其中,石林到红河州弥勒县为二级专用线,处于滇中昆明、滇东曲靖、滇南开远三个重要城市的交会面上。昆明至石林早已开通二级公路,昆明至河口的公路已开通为三级,南昆铁路过境石林县46.7公里。鉴于周边有九乡等三个国家级风景名胜区,曲靖到石林开通了三级公路,乘坐高速公路从昆明到石林只需40分钟,因此石林将会成为经济发展的热区。而石林地价、劳动力价格低的因素会促使昆明的资本和人才流向石林。按点极发展规律,昆明这个发展极向石林辐射;按点轴发展规律,石林会与昆明更密切地连为一体,在此基础上发展。

4. 自然资源和特色优势

大糯黑村由于其独特的自然、历史、民族文化等条件,资源十分丰富。比如丰富的土地资源为发展绿色生态经济、养殖业等提供了比较好的条件;以阿诗玛文化为代表的彝族撒尼文化具有深厚的文化底蕴和独特的文化价值,并具有广泛影响。例如,以火把节为代表的节庆,以石板房为代表的建筑,以荞粑粑蘸蜂蜜为代表的饮食,以彝族撒尼妇女服装为代表的服饰构成大糯黑村民族文化亮丽的风景线。在撒尼传统文化基础上产生的长诗《阿诗玛》成为民族叙事长诗的经典,电影《阿诗玛》享誉海内外,舞剧《阿诗玛》成为名列第二的20世纪中国经典舞蹈剧,歌曲《远方的客人请你留下来》唱响神州大地,被确定为云南旅游代表歌曲等。因此,要充分发挥资源优势,积极发展优势产业和产品,发展壮大特色经济,真正把资源优势转化为经济优势,为大糯黑村的经济繁荣和全面建设、实现小康社会作出应有的贡献。

5. 后发优势

后发优势就是通过学习、模仿、借鉴和引进,以更低的成本获得技术和知识的发展途径,是落后地区经济快速发展的捷径,潜力越大,后发优势就会越强。大糯黑村相对落后的经济社会发展水平其实是一种后发优势,这主要表现在大糯黑村虽然在改革开放以来取得了巨大成就,但与东部地区相比仍有较大差距,该村的村民们认识到这种差距,感受到压力,就会变成努力加快发展的动力。如果积极坚持党的思想路线,解放思想,实事求是,与时俱进,更新思想换脑筋,就会对全面建设小康社会起到巨大的推动作用。在建立社会主义市场经济体制的过程中,虽然取得了很大成绩,但体制性障碍仍然存在。如果大糯黑村的广大干部群众能按照"三个解放"的要求,进一步冲破各种不合时宜的、妨碍发展的体制性障碍,该村经济和社会事业的发展速度就会大大加快。大糯黑村产业结构单一,层次较低,发展起步晚,总量小,如果加快结构调整步伐,发展的空间还很大。大糯黑村的科技水平低,如果用信息化带动工业化,加快科技创新步伐,就一定能实现科技创新,从而实现经济的跨越发展。

四 大糯黑村彝族撒尼人全面实现小康社会的阻力与难点

总体上看,大糯黑村全面实现小康社会所面临的最主要问题是差距问题，即与经济发达地区的差距。根据 2000 年 11 月国家统计局的《中国小康进程综合分析报告》，全国有 74.84% 的人口达到小康水平，有 12.82% 的人口接近小康水平，有 12.34% 的人口离小康水平还有较大差距，而大糯黑村撒尼人就属于主要分布在"老、少、边、穷"地区的边疆少数民族，总体上离小康水平还有较大差距。而由于历史的原因，由于受到自然环境、民族内部的经济结构、社会文化制度等多种因素的影响和制约，这种差距也是全方位的。

虽然过去大糯黑村的文化、教育、经济、科技等各项事业的建设都有了一定的发展，村民的生活水平得到了提高，基本解决了温饱问题。但是该村仍然存在着许多不容忽视的经济和社会问题，如大部分群众的生活还是很贫困，思想观念还很落后，劳动者素质还很低，经济发展步伐还很慢，基础设施滞后还很突出，支撑生活来源的产业还很脆弱，这些问题直接影响了大糯黑村全面建设、实现小康社会的进程，因此对大糯黑村来说，要在 21 世纪的头 20 年中加快小康进程，基本实现小康的任务是相当艰巨的。

(一) 群众文化素质较低，思想观念较落后。

科技文化素质低是导致贫困的主要原因。有关资料显示，家庭主要劳动力的文化程度越低，家庭人均收入越少、越贫困，即家庭主要劳动力的文化程度与家庭人均收入有正相关性，并且呈高度正相关性。大糯黑村贫困户劳动力的文化程度远远低于云南全省的平均值，缺文化必然导致观念的落后，而观念落后是长期无法脱贫的重要根源。

多种因素促使大糯黑村的村民对外界条件依赖大，不懂市场经济规律。物质生活和精神文化生活的双重贫困，物质文明和精神文明——双文明的滞后，使大糯黑村村民的一些传统观念与现代的生产生活、经济发展不相适应，这在很大程度上制约着该村的发展。这具体表现在：自给自足的自然经济使得安于现状、小富即安的小农经济思想在群众中大量存在，村民宁愿承袭传统的经济和文化模式而故步自封，不思变革，不求进步，不敢参与社会竞争或在竞争中承担风险，在社会生产中缺乏主动性、创造性和灵活性，具有浓厚的保守思想和听天由命的观念。如大糯黑村由于人均占有土地面积较少，劳动力的剩余日益突出，一些农户由于人多地少而收入明显下降。然而许多农户最积极关注的还是烤烟的种植和收购标准，最关心的还是忙活自己那点耕地。而在旅游行业、乡镇企业、宾馆饭店等打工的村民人数很少，全村村民中外出打工半年以上者仅有4人，在本县以外地区打工者仅有6人。这也可以反映出，大糯黑村不少人的观念仍然是重农轻工商，重计划有"保障"的，轻市场"无保障"的。

另一方面，有些群众财富积累意识差，资金无法形成有效的投资流，他们的许多生产活动只是为了保障自我生存的基本需要，而不会主动思考用何种方式获取更大的财富。在这种状况下，所有生产活动的受益都转化为现期的消费，从而制约了生产活动的扩大再生产，而只能长期保持维持基本生存需要的简单再生产和保持传统的生产经营方式。

（二）经济结构单一，人均收入水平低，经济基础薄弱，自救能力差，发展后劲严重不足。

大糯黑村是一个农业村，经济结构较单一，其经济产业结构以种植业和养殖业为主。90%以上的村民以种植烤烟等经济作物和玉米、马铃薯等传统农作物为主，在生产上仍然以原始的耕作方式为主，生产力水平较低，加之管理不好，农作物产量不高。而实行烤烟"双控"后，靠种植烤烟为生的农户经济收入急剧下降，而且种植技术要求更高。按2003—2004年的市场收购价格，每年平均每户大概有5000元的烤烟收入，加上种植玉米和马铃薯的收入，平均每户的年收入为7000—8000元，人均月收入为150—200元。而云南省对农村贫困人口家庭月收入的划定标准为120元，这反映了大糯黑村人均月收入仅略高于云南省的贫困线，整体收入水平不高。这与大糯黑村具有的资源优势，可大力发展生态旅游、交通运输、民族饰品加工、石材加工、特色食品加工、花卉种植等潜在产业形成明显反差。可以说，经济结构单一、经济基础薄弱、经济发展后劲不足的情况在大糯黑村是相当突出的。加上由于集体经济薄弱，一些村委会干部因为没有集体经济难以开展工作而不愿意工作，特别是"村改委"之后，村干部都担心财政逐步脱钩而又无法创收集体经济，更难开展工作，畏难情绪严重。

（三）教育基础薄弱，受教育程度偏低。

人才是社会进步不可或缺的重要资源，人类社会的发展说到底是人的全面发展，关键在于人口素质的提高，而教育是提高人口素质的重要手段和基本途径。从世界发达国家已走过的发展道路和现实状况、从各式各样的评价体系和人们的认可程度看，小康社会的建设不仅包含着经济生活水平的基本估价，而且包含着人的素质、精神状态、生存环境和社会保障等方面的状况。在所有这些目标中，每一项都涉及文化教育功能的发挥和显现，需要教育为其提供发展的基础和动力源泉。这充分说明，在全面建设小康社会的重要阶段，教育在社会发展中的基础地位和作用不仅没有改变，反而更加重要和突出。在全面建设小康社会的新的历史条件下，若无文化教育的现代化、人才的储备与积累、现代技术的运用和创新、劳动者素质的全面提高，大糯黑村要取得社会经济发展的进一步跨越并达到一个全新的发展阶段是不可能实现的。

教育基础薄弱，村民受教育程度普遍偏低成为制约村社发展的瓶颈。大糯黑村村民受教育程度各有差别，在2004年抽样调查的48人中，16.67%村民接受过小学教育，66.67%的村民接受过初中教育，12.5%的村民接受过高中教育，只有2.08%的村民是中专毕业，2.08%的村民是大专毕业。这说明大糯黑村村民受教育程度以初等教育为主，中等教育受众成为仅次于初等教育的群体，而文盲和受过高等教育群体在村民中所占比重均不大。这种状况虽然可使大糯黑村村民能够辨识基本的汉语语言文字，能够通过广播、电视、杂志、报纸等大众媒介获取各种外部资讯，包括国家的大政方针、政策路线、农业科技、医疗健康等方面的知识，但同时初等教育的文化程度却制约着村民具备良好的农业专业技术和知识，在谋划村社发展战略、更新思想、充分吸收和利用外界资源与信息、突破传统意识和观念的束缚等方面受到一定制约，成为阻碍村社进行现代化发展的制约因素。民族地区实现经济产业结构的多元化发展，需要具备不同专业技能和知识的人才，而大糯黑村要实现开发民族文化生态旅游、发展第三产业的战略目标，则需要提高服务人员的综合素质，提升其服务技能，强化服务意识，而这些目标的实现都离不开提高村民的科学文化素养和知识技能，但村民现有的受教育程度成为大糯黑村实现科学地持续发展的瓶颈。要实现村社产业结构调整，必须借助职业培训等教育手段，解决第三产业"软件"匮乏的问题。

（四）资源的合理、有效开发问题

大糯黑村未能充分开发和利用现有的自然资源和民族文化资源。如当地的土地资源和气候条件适宜开发畜牧养殖，适宜多种动植物的生长。大糯黑村除猪、牛、羊这些主要畜种外，还饲养有马、驴、骡、兔、鸡、鸭、鹅、鸽等畜禽，但可以说目前其养殖是有优无势，存在粗养粗放、畜产品质量低下落后等问题。村民畜产品的加工基本上是养殖户各自为政，配种、生产、养殖、屠宰、加工、销售各个环节都是自己负责。畜产品的种类主要是鲜肉和羊奶乳饼，以及少量的自制腊肉、熏肉。畜产品加工基本是在家庭作坊里进行，主要靠手工工具和人力操作，只能进行一些低档次的初级产品加工,无深加工和精加工能力;销售方面,没有建立一个把各养殖户联结起来的专业化、社会化组织,给畜产品的销售带来困难,因销售困难,无法刺激畜产品在数量上和质量上得到提升。

大糯黑村石头成林,村寨被秀山绿水所包围,村内有许多参天千年古树,自然资源丰富。该村历史久远,曾经是边纵革命指挥所,有不少人参加和见证了云南革命的历史变迁过程,涌现出许多革命英烈。大糯黑村与龙云、张冲等历史人物和庄田、朱家璧等革命先烈相联系,是一个十分珍贵的爱国主义教育基地。同时,该村彝族撒尼文化历史底蕴深厚,民族歌舞、宗教、民俗、语言、文字、民居建筑等人文资源丰富多样,这些宝贵资源都有待尽快保护、合理开发和有效利用。

五 大糯黑村彝族撒尼人全面建设小康社会的途径与对策

针对大糯黑村小康社会建设所面临的困难,应积极采取行动,研究和探索解决这些问题的途径和对策,当前应着重做好以下六个方面的工作。

(一)解放思想,推进思想观念的创新,建立适应市场经济的"四个发展观"。

发展大糯黑村的经济,不仅需要重视对该地区资本和物质的投入,而且更重要的是要以思想的解放和观念的更新、创新作为全面建设小康社会的先导,具体来说就是要建立适应市场经济的"四个发展观"。一是要树立"可持续发展观"。历史的经验告诉我们,大糯黑村的发展绝不能走掠夺式资源开采之路。因为当地的生态环境脆弱,所以要站在对人民身心健康负责、对子孙后代负责的高度来认识和看待这个问题。二是要树立"市场化发展观"。既要积极利用好国家的产业政策,调整产业结构,发展优势产业,也要准确把握市场信息,创造条件,促进生产要素的优化组合。三是要树立"相对优势发展观"。相对于发达地区而言，大糯黑村具有资源丰富、能源充足、人力成本低、特色产业和传统技术等优势，要从当地的实际出发，选好突破口，为当地的经济发展创造条件。四是要树立"后发优势发展观"。在党和政府的大力支持下，大糯黑村可以在充分、合理地利用人类经济和科技发展的成果和经验中，依靠信息化去推动乡镇企业的发展，发展优势产品，最终取得经济的跨越式发展。

（二）调整产业结构，充分发挥优势条件，增强经济发展的功能。

1. 大力推广各项农业科技措施，不断提高农业的产量、产值和效益，是帮助大糯黑村群众增加收入、提高生活水平的最迫切、最有效的手段。

科学技术是最大的生产力，农业科学技术和各项农业科技措施是农村最现实、最直接、最有效的生产力，是农民增产增收、脱贫致富的有效捷径。许多依靠科技快速脱贫致富的成功事例给大糯黑村全面实现小康社会提供了一些重要启示：在政策和投入得到保证的前提下，在农业经济发展的重要决策中，必须首先考虑科技因素，只有依靠科技才能带来生产力的高速发展。因此，该村要全面建设小康社会，帮助群众脱贫致富，最现实、最直接、最有效的措施和出路就是认认真真、扎扎实实地推广和运用各种农业科学技术和措施，因地制宜，分类指导，发挥当地优势，努力发展种养殖业，生产适销对路的产品和市场欢迎的优势产品，以此尽快增加收入，不断增加收入。通过这样长期的坚持与发展，再辅之以其他的措施和方法，就能不断缩小大糯黑村与其他地区的差距，逐步地脱贫致富，进而实现建设小康社会的目标。

2. 立足市场，因地制宜，不断调整产业结构，是大糯黑村建设小康社会的必由之路。

产业结构问题对一个地区的经济发展起着重要作用，产业结构的决策直接关系到是否能够充分利用该地区的自然条件和人力资源，最佳的产业结构应是最能发挥当地自然优势，如地理、资源、气候、土地等优势，并能最充分地利用人力资源的结构模式。

关于大糯黑村的产业结构调整，应该加快种植业、烤烟、石材、林果、畜牧业等主要产业的发展。具体内容如下：

种植业：大糯黑村的粮食生产要在继续保证粮食的稳定增产和供给，保证未来人口增长高峰时仍能实现粮食自给的前提下，瞄准市场，走出单一粮食生产的圈子，在品种调对、品质调优、科技调高、成本调低、流通调活、产业链调长上下工夫，加快优化种植业结构调整的步伐，以增加效益。

一是以优质高效为中心，持续抓好粮食生产。大糯黑村既是贫困地区，也是粮食生产区，要始终把粮食生产摆在农业生产的首位，稳定面积，稳定产量，提高质量，在搞好粮食生产的基础上调整产业结构。要按照市场需求，稳粮调结构，提质增效益，大力发展附加值高的优质粮食、经济作物和其他绿色食品的生产，确保农业增产、农民增收。

二是突出种植业结构优化。以"种子工程"为突破口，引进、推广一批优质、高产、高效、抗逆性强的优良品种和与之相配套的先进适用技术，加速品种的更新换代。要合理调整粮食和经济作物的种植比例，发展高效农业。交通不便、运输成本高的产粮区要增加适销对路的经济作物和饲料作物的生产比重。

发展粮食作物生产的重点是：小麦要发展加工专用型小麦；玉米要重点发展优质饲用玉米生产，配合加工需要发展高淀粉、高含油等玉米品种的生产；扩大优良品种和高质量的大豆种植面积，稳定薯类种植面积，积极发展名特优小杂粮生产。在一些适宜区域，积极发展优质饲料作物生产，还可鼓励农户发展反季粮油种植业。

三是大力发展农产品加工业，特别是精深加工，提高农产品附加值。一方面，农产品的深加工可以使产品符合市场的需求。因为虽然可以通过努力增加农产品的种植面积而提高其产量，但如果缺乏对农产品进行深加工，也难以满足市场的需要，那么还会陷入生产得越多越亏损、增产不增收的困境。另一方面，农产品的深加工能大大提高农产品的附加值。例如，一公斤黄豆做成豆腐能升值 5 倍，再加工成咸卤腐，又可升值 10 倍左右；一公斤荞麦加工成面粉可升值 2 倍左右。

烤烟： 烤烟是大糯黑村重要的经济作物，是农民收入的重要来源，因此要把烤烟种植作为当地富民的支柱产业来抓，使之富裕村民，发展当地经济。一是要继续把烤烟种植作为重点产业抓紧抓好，坚定不移抓出新成效。要坚持"市场引导、计划种植、完善政策、择优布局、扶优限劣、主攻质量、科技兴烟、提质增效"的方针，广泛动员群众，全力抓好烤烟生产。二是要围绕市场，狠抓科技兴烟。推广优质品种，提高烤烟质量，在测土配方、移栽节令、施肥、提沟培土、病虫害防治、封顶打杈、成熟采烤、分级扎把等方面取得新突破。

石材加工业： 大糯黑村地面下蕴藏着大量可供开采利用的石灰石和大理石资源，可发展以石材加工为龙头的建筑建材业，在严格保护的前提下进行深度开发。按照实施可持续发展战略的总体要求，提高生产技术，增加产品科技含量，生产"小薄异"型材、石雕工艺品和附加值高的石材产品。

以果品生产为主的绿色产业： 以市场为导向，以提高果园管理水平、提高果品质量和增加效益为中心，稳定苹果、梨等大品种面积，加快名、特、优、新、稀小品种果品的引进和种植，加快旅游观光果园建设，加快无公害蔬菜发展步伐，加强产后保鲜、加工、贮藏，积极培育营销队伍，大力开拓市场，搞活流通，实现绿色产业的高产、优质、高效益。一是以发展大户、专业户为重点，加强优质果品基地建设，带动全村果园管理整体水平的提高，提高果品质量。加快无公害蔬菜基地建设，为当地旅游餐饮业提供蔬菜产品。二是利用得天独厚的气候资源和区位优势，发展无公害蔬菜、反季蔬菜、特色蔬菜和花卉生产，形成规模，形成批量，在满足城乡、旅游点需要的基础上，扩大外销量，提高外销比例，使蔬菜、花卉成为订单农业和外向型农业的龙头。要提高蔬菜、花卉的质量和档次，提高土地产出率，增加效益；要结合退耕还林发展林果生产，提高林果在农林牧渔业产值中的比重。三是发展农民绿色企业合作经济组织。大力开拓果品市场，鼓励和支持农民组织起来进入流通领域，发展果品专业协会、产销服务队等多种形式的农民专业合作经济组织，逐步建立以农民及其合作经济组织为主体的农业社会化服务体系。

畜牧业：大糯黑村要立足资源优势，以国家产业政策和市场需求为导向，大力发展山羊养殖，适度发展黄牛养殖，稳步发展生猪养殖，加快发展水产。以科技促发展，加工增效益，一体化经营，培育名优品牌，提高市场占有率和畜牧水产业的比较效益，实现畜牧业与种植业、林业等协调发展，最终形成支柱产业。

一是大力调整畜牧业品种结构。把加快畜禽良种繁育体系建设作为发展畜牧业的龙头和突破口。加快生猪品种改良，优化猪群结构，大力发展适应市场需求的优良品种。要扩大山羊养殖规模，重点发展肉山羊，兼顾奶山羊。要增加肉羊存栏数并提高出栏率和饲料转化率，要扩大改良奶羊的覆盖率，提高个体产奶量。圭山山羊是石林县的优良畜种，要做好保种和选育，防止种畜的退化。同时要做好优良畜种的引进、繁育和推广。牛要引进优质品种，大力发展肉牛，提高出栏率、饲料转化率。此外，要加快土鸡、优质肉鸡和水禽生产。二是完善畜牧兽医体系，把建设动物疫病防治体系作为畜牧业发展的保障，提高饲养技术和疫病防治水平。三是大力发展饲料业，提高配合饲料入户率，推动种植业由二元结构向三元结构转变。四是发展专业养殖户，建立专业生产合作社，搞活畜禽产品的流通和营销。

在筹措大糯黑村经济结构调整所需资金时，应充分发挥当地农村信用社的作用。1996—2003年，石林县农村信用联社总计发放农业贷款21435万元，支持了29023户农户。为了支持农户的生产经营活动，每年农业贷款支持率达到75%以上，贷款主要用于农田水利基础设施、农业生产资料、农村消费市场（如建房、供子女上学等）、农户的种植业等项目上，有力地支持了农村经济的发展和农民增收。因此，在积极发展农村经济的过程中，还应充分发挥农村信用社的作用。

3. 利用自然环境优势和民族文化优势，大力发展民族文化生态旅游。

有特色，才有竞争力。每一个地方都有自己的比较优势，关键在于要挖掘这些优势。大糯黑村距石林风景名胜区约25公里，是一个典型的彝族撒尼支系村寨，其石板房独具特色和风采，且堪为石板房之标本，有人把该村称为"石头寨"，十分具有代表性，全村民居98%以上是石板房，有的石板房已有两三百年的历史。而邻近大糯黑村的圭山森林公园是石林大旅游圈的8个开发景点之一，以九一石一阿旅游专线公路为主轴，利用自然资源优势和民族文化优势合理开发民族文化生态旅游，既可以保存民族传统文化，又能创造经济效益，将大糯黑村打造成集彝乡古城历史文化风貌、民风民俗、民族旅游文化、地方名特产品、民间手工艺品制作和销售、地方特色小吃为一体的古朴典雅、文化氛围浓郁的糯黑彝族撒尼文化生态村。这样做，既弘扬了民族文化，又为大糯黑村脱贫致富、全面实现小康社会开辟了一条切实可行之路，是真正意义上的活水养活鱼。

（三）坚持不懈地加强和改进当地基础设施的建设。

在大糯黑村全面建设小康社会的新时期，加强基础设施的建设，改善当地的生存环境仍然是重中之重。要努力使撒尼人的生存环境得到彻底改善，做到村容整洁，环境优美，设施配套，生活舒适。

加强和改进大糯黑村的道路交通、水库沟渠、电力通信、广播电视等基础设施的建设，为当地的经济发展、文化繁荣、社会进步提供支撑，创造条件，注入活力，这是大糯黑村全面建设小康社会的基础和前提。因此，要紧紧抓住国家实施西部大开发的机遇和政策，充分利用扶贫开发、扶贫攻坚、退耕还林、生态建设、农村电网改造、小城镇建设、重点工程建设、旅游资源开发等有利条件和机遇，大力加强和改善大糯黑村的基础设施。具体的方法和路径如下：首先，要继续大力开展以"五通"，即通路、通电、通水、通电话、通电视为主要内容的基础设施建设，通过向该地区提供交通运输、邮电通信、能源供给等经济性基础设施，有效降低生产成本，提高劳动效率，促进信息流动，促进经济发展。第二，要利用扶贫开发和生态建设的项目和资金，总体规划，综合治理，解决人畜饮水困难，修建村庄道路，开展农田改造建设，不断改善生产生活条件和生存环境。第三，推进公共卫生事业的建设和发展，加强各种疾病、地方病的防治，倡导使用厕所并加强厕所建设，逐步改掉过去由于卫生条件所限而出现的一些不文明、不卫生的陋习，改进村寨的卫生状况，不断提高村民的健康卫生水平，不断促进大糯黑村的两个文明建设。

（四）大力发展教育，提高群众的整体素质，为全面实现小康社会奠定人力资本基础。

大糯黑村社会经济发展缓慢的一个主要原因是村民缺乏科技文化知识和技术，村民的科技文化素质低又是阻碍其脱贫致富、全面实现小康社会的主要原因，因此，提高彝族撒尼群众的科技文化素质是大糯黑村全面建设小康社会的一项重要工作。首先，要加大对大糯黑村的科技投入。建设一些农业实用技术和扶贫开发示范工程，健全农业科技推广服务组织，建立健全激励机制，采取有效措施以动员和鼓励农业科技人员深入村中，普及和传授农业科技知识，推广农业实用技术。其次，要加大对当地文化教育事业的投入，提高村民的文化素质。要积极支持办好农民文化技术学校，加快扫除青壮年文盲，并设立专项经费，对特困入学学生给予经济上的帮助。再次，要重点解决好缺医少药和群众看病难的问题，完善基本医疗设施建设，搞好村里卫生技术服务人员培训，大力普及卫生基本知识，推广基本医疗保健服务，以逐步提高当地村民的人口素质。

（五）坚持不懈地抓好环境保护和生态建设，是大糯黑村可持续发展和全面建设小康社会的重要任务。

大糯黑村原来是青山绿水的世外桃源，但由于宣传教育的缺乏、管理保护工作的软弱、生态环境意识的淡薄、人口增加带来的过度砍伐、广种薄收造成的四处开荒，致使一些地方的生态环境不断恶化，林木稀少，植被遭到破坏，水源枯竭，山洪泛滥，水土流失，泥石流滑坡频繁。一些土地、山岭被横七竖八的破沟箐分割得支离破碎，个别地方甚至已经丧失了人类居住生存的基本条件。若不迅速制止和改变这种状况，将会有更多的地方丧失基本的生存条件。因此，必须从可持续发展和全面建设小康社会的高度，重视大糯黑村的环境保护和生态建设，把其列入全面建设小康社会的内容和目标，有规划、有步骤地实施建设。

（六）进一步健全和发展小集镇，使群众在市场经济中树立商品意识，开辟多种渠道创收致富。

进一步健全和发展小集镇，有利于优化大糯黑村的产业结构，发展劳动密集型产业，促进大量劳动力转移就业，增加村民收入，启动农村市场，改变其教育、文化的落后面貌，加快实现大糯黑村全面建设小康社会的目标。

　　大糯黑村所属的圭山乡的集贸市场已经建成多年，现在该集贸市场上的经营者绝大多数是外地人、外族人，商品多是日用生活品，几乎很少有当地人经营、出售自己的土特产。要通过小集镇的经营，培养当地人的经商头脑。科技扶贫示范基地的成功，必然会带动一批养殖专业户、种植专业户的产生，为他们的产品提供销售市场，可以使各种专业户成长壮大。以市场为导向，因地制宜，逐步形成一村一品。结合民族文化生态旅游，可以培育畜产品市场、野生绿色食品市场、当地土特产品市场、民族手工艺品市场等，促进多种经营创收，脱贫致富，全面实现小康。

　　总之，只有大糯黑村的社会、经济、生态同步发展，彝族撒尼人的整体素质得到提高，该村才能走上可持续发展道路，实现脱贫致富、全面实现小康的目标。

参考文献

1. 李永勤、秦莹：《浅谈云南农村建设小康社会的不平衡性问题》，《学术探索》2003 年第 7 期。
2. 《全面建设小康社会与加快少数民族地区经济社会发展》课题组：《少数民族地区全面建设小康社会面临的机遇与条件》研究报告。
3. 石林彝族自治县委、县政府：《石林彝族自治县十一五发展规划·征求意见稿》（内部资料）。
4. 王全德：《对民族地区全面建设小康社会的思考》，《攀登》2003 年专刊。
5. 云南省民族理论学会编：《云南省民族地区全面建设小康社会对策研讨论文集》（内部资料）。

《石林圭山大糯黑村村寨日志》节选

摘　要：由石林圭山乡大糯黑村村民书写的《石林圭山大糯黑村村寨日志》节选，反映了彝族撒尼人一年一度的密枝节习俗，以及为亡者闹灵、守灵、送葬的过程。密枝节起源古老，据称为母系氏族时期。在密枝节这一节日庆典中，有富于特色的密枝翁选举等传统仪式活动，密枝节成为撒尼人重要的祭祀活动之一。近年来石林地区旅游业的兴盛，也使传统的仪式引起了广泛的关注。

关键词：石林圭山大糯黑村；彝族；撒尼；密枝节；葬礼

一　大糯黑村的概况及特色

云南大学"云南少数民族调查研究及小康社会建设示范基地"彝族（撒尼支系）调查点位于云南省昆明市石林彝族自治县圭山乡大糯黑村。大糯黑村是一个典型的彝族撒尼村落，村民以彝族的一个支系——撒尼人为主，彝族撒尼人口历来占全村总人口的98%以上。据2000年的第5次全国人口普查报告，全村236户人家990人几乎全是撒尼人，仅有汉族12人、壮族1人。

大糯黑村距昆明市约90公里，距石林县城约30公里，处于昆明市和石林县东部的边远地区。但是，该村现也具有明显的旅游交通区位优势，它距石林风景名胜区25公里，处于石林、大叠水、阿庐古洞、白龙洞、九乡等岩溶喀斯特地貌景观的包围之中，有省道昆泸公路从该村经过，昆石高速公路连接昆明市和石林县。2004年开通的九（乡）—石（林）—阿（庐古洞）旅游专线公路总长94公里,而大糯黑村位于该旅游专线附近1公里处,通过一条水泥路与之相连,交通便利,可达性较好。全村通电,15%的农户安装了程控电话,90%的农户家里有电视机,80%的农户购买了手扶拖拉机,自来水管已接到各家各户。

大糯黑村原名"藤子哨",撒尼语"糯"意为"猿猴","黑"是水塘的意思,"糯黑"的中文含义则为"猿猴戏水的水塘"。顾名思义,大糯黑村依山傍水,山清水秀,景色宜人。该村位于圭山国家森林公园附近,生态环境保护完好,四周山林枝繁叶茂,森林覆盖率高达86%,村中仍完好地保存有撒尼人传统而神圣的密枝林。

大糯黑村海拔1900米,地处喀斯特岩溶地貌发育地带。这里山峰石岭,重峦叠嶂,层林尽染,溶沟、峰丛发育,喀斯特地貌特征十分显著。大糯黑村四周群山环绕,树木茂密,石头成林,满山遍地都是石头,因此当地木材和石材资源丰富。石头是大糯黑村最突出的特征。自古以来,石头就与大糯黑村撒尼人结下了不解之缘,石头不仅托起了撒尼人的梦想,而且与他们的生产、生活息息相关。

石头是大糯黑村撒尼民居建筑的核心,石楼建筑成为撒尼人石文化的重要标志。由于大糯黑村出产的青石坚硬,产状独特,具有明显的层理结构,所以生活在这里的撒尼人因地制宜,就地取材,上山采石,依照其纹理将青石切割、改制成大小不等的石板,然后结合彝族土掌房建筑风格,依地势巧妙设计,创造性地建盖了造型优美、布局美观、居住舒适、使用方便、结实耐用的石板房。大糯黑村98%以上的民居均为具有撒尼传统民居特色的石板房,有的石板房已有二三百年的历史。村子中间有一个明净如镜的圆形大水塘,倒映着水塘周边别致的石板房和远处高耸入云的石山。一栋栋石板垒砌而成的房屋顺着山势一排排展开,显得错落有致,别具特色。以石材为原料建成的民居形成独树一帜的房屋建筑特色，成为大糯黑村一道独特的风景线。勤劳智慧的大糯黑村撒尼村民还就地取材，修建石板烤烟棚、石板围墙、石板小路、石板广场、石板舞台等，具有很高的观赏价值。大糯黑村是一座典型的"石头城"、"石头寨"，撒尼石板建筑不仅独具特色，而且风格多样，异彩纷呈，在彝族地区非常具有代表性，堪称少数民族石板建筑之标本。

大糯黑村已有600余年的历史，彝族撒尼传统文化积淀深厚，保存完整，内容丰富，特色突出。该村被誉为"彝族大三弦第一村"、"圭山彝区第一校"（1914年创建村小学）、"七彩包头第一村"、"彝族碑刻第一村"（撒尼碑文最早、最多）等。撒尼人在漫长的历史进程中创造了灿烂的民族文化，拥有自己的语言文字。村后传统的火葬场保存完好。20世纪30年代以来，著名学者楚图南、吴晗、闻一多、李公朴、朱自清、杨春洲、李广田等曾先后到石林实地考察，留下了关于大糯黑村的珍贵记录和照片。1946年，大糯黑村撒尼青年参加了由西南联大组织的圭山彝族赴昆音乐舞蹈团，他们的撒尼歌舞表演引起很大社会反响。2005年9月19日，"糯黑彝族文化保护区"被列入昆明市级民族民间文化保护名录。

大糯黑村现存象征撒尼青年美好爱情乐园的公房。村民组建的老、中、青文艺表演队非常活跃，每晚在村大礼堂里和石板铺就的文化广场上，都有大三弦舞、狮舞、鼓舞、叉舞、霸王鞭舞、弹月琴、民歌"该迷"对唱等传统撒尼歌舞表演。每个月都有撒尼传统节庆活动或竞技活动，如火把节、密枝节、娜斯节（祭祖节）、何氏祭祖、摔跤、斗牛等。该村撒尼妇女擅长手工纺麻、刺绣、挑花等民族传统手工艺，手工制作的撒尼服饰、七彩包头、刺绣品、麻织品远近闻名。撒尼姑娘早已通过电影《阿诗玛》在世人面前展示了自己绚丽多彩的服饰和民族风情。村民用乳山羊奶制作的羊奶乳饼、腌骨头参等独具特色的撒尼风味食品,在云南享有美誉。

大糯黑村人均耕地面积近3亩,村民的经济来源以农业为主。种植业以旱作物为主,当地没有稻田,主产玉米、马铃薯、小麦、大麦、薯类、豆类、荞麦、油菜等。村民用这些杂粮到相距4公里的圭山乡政府所在地海邑集市上交换大米,以大米为主食。村民的收入主要靠种植烤烟、玉米、马铃薯、绿肥等,其中最重要的经济作物是烤烟,该村一直是昆明市、石林县的烤烟种植示范基地。在该村的产业结构中,第一产业占90%,第二产业和第三产业仅占10%。该村的畜牧业占重要地位,尤以黄牛、乳山羊和猪居全乡之首。该村出产大麻、南瓜、葵花籽、梨、核桃、苹果、柿子和多种中草药药材。村口水潭承包给村老年协会管理,每周六对外开放钓鱼,老协适当收费。2003—2004年,该村人均年粮食产量约1000公斤,人均年纯收入约2000元人民币。

旅游业已成为石林县的支柱产业。大糯黑村拥有丰富的自然资源和撒尼民族文化资源,发展民族文化观光、休闲度假旅游前景看好,因此已被昆明市和石林县政府列入与石林"阿诗玛民族文化长廊"相配套的子工程——"糯黑民族生态示范村"规划项目,被纳入民族文化旅游规划重点,已在实施中。经昆明市旅游局和石林县旅游局批准,大糯黑村已有5家撒尼农户获准开办经营"彝家乐"民族文化生态旅游。大糯黑村已成为石林县民族文化旅游开发的重点区域,面临着产业结构调整的大好机遇,经济发展前景十分看好。随着该村旅游业的开发,彝族撒尼传统文化的保护和传承以及由此带来的社会文化变迁等,就成为我们调查研究的重点。

二 《石林圭山大糯黑村村寨日志》记录人员小传

《石林圭山大糯黑村村寨日志》记录人员李琳,男,1980年

9月生于云南省石林县圭山乡糯黑村委会大糯黑村，彝族（撒尼支系），父亲为圭山乡文化站撒尼文艺工作者。1998年，考入由石林县民族中学开办的第一届影雕职业高中班，主修素描和影雕。2000年职高毕业后，在石林县路美邑乡实习影雕半年，之后学习人物和狮子石雕。2001年到玉溪市峨山县一工厂从事石雕工艺制作。2002年年初，因该石雕工厂倒闭，同时考虑到家乡大糯黑村盛产青石，有发展石雕专业的前景，因此返乡务农至今。农耕之余，创作一些石雕、根雕、影雕和泥塑作品。此外，他爱好读书、书法、绘画和摄影。

李琳在当地传统的撒尼家庭中长大，从小耳濡目染，对撒尼传统文化既比较了解，又十分热爱。他比较年轻，对记录工作表现出热情和积极性，且能保证有精力长期坚持每日的记录工作。此外，他在村中人缘较广，能够在村里广泛了解情况。再者，他的文化程度在村民中属中上水平，有较强的汉语表达能力，因此，自2003年12月起，李琳被云南大学"云南少数民族调查研究及小康社会建设示范基地"彝族（撒尼支系）子项目组聘请为《石林圭山大糯黑村村寨日志》记录人员，比较圆满地完成了记录工作。

三 《石林圭山大糯黑村村寨日志》选编

《石林圭山大糯黑村村寨日志》较为翔实地记录了大糯黑村的方方面面。下面选取的日志由李琳记录，并经笔者整理和修改，它们分别记述了大糯黑村撒尼人一年一度的密枝节习俗和为亡者闹灵、守灵、送葬的过程。

2004年12月23日 农历十一月十二日 属日：鼠 天气情况：晴

又过密枝节了，今天是为密枝节做准备活动的日子。今天要做的事就是由大糯黑村的密枝翁（密枝头目）去其他村买回一只体形健壮的绵羊,到时用以祭祀密枝神,要求绵羊的毛色纯净,无杂色,绵羊脚部和头部略带红毛最理想。买绵羊的过程中,密枝翁不能与羊主人讨价还价,而当羊主人得知绵羊要用做祭品时也不会把价钱要得太高。如价钱太贵或不如意,密枝翁也可另行选购其他绵羊。

当绵羊成交后,羊主人要给密枝翁一瓶酒,酒瓶上缀上红丝线,并在羊头部羊毛较长之处缀上红丝线(红毛线也可)。酒要先给密枝翁喝,因喝过的酒瓶里酒不满,所以羊主人又要把酒瓶里的酒加满为止,意为绵羊健康无病,请密枝神放心。买到绵羊从羊主人家里出来后,要先让绵羊自己走一段路。若是在离村不远的地方买羊,可一直牵着绵羊走回村。如路程较远,则要让绵羊先走到看不见羊主人家的地方后才能用交通工具运送。让绵羊自己走,意为绵羊自愿做密枝神的祭品。回到村里后,又要让绵羊自己走一段路程,一直走到密枝林里。因现在当地养绵羊的农户较少,所以有时会提前买好绵羊,以免到时买不到绵羊。如离密枝节还有几天时间,买回的绵羊就暂时拴在密枝翁家里喂养。

买回绵羊以后,密枝翁就在今天准备密枝节必需的工具、祭祀品,如锅、碗、盆、刀等,还有祭祀时的3根"管嫩奶"、6枚"书朵",用筷子把"书朵"心穿出来,做成圆形的月亮,必须做两个月亮,左、右各摆放一个,它们中间摆放祭祀品。要找4片叶子的"鲜无根"① 12枝做一束,6片叶子的"鲜无根"12枝做一束,8片叶子的"鲜无根"12枝做一束,12片叶子的"鲜无根"12枝做一束,准备共4束"鲜无根",另外还要找6根松毛来铺在祭祀品下边。上述物品由两个密枝翁和毕摩去找齐,而毕摩已于今天早上由密枝翁事先请来。

据说密枝节起源于母系氏族时期,因为当时男子的地位不

---

① "管嫩奶"、"书朵"、"鲜无根"均为撒尼语,分别指3种植物。

高，他们做什么事都得听女人的，所以男子们为了自己能有一个说心里话的时间和地点而设立了密枝节。之后就形成了彝族撒尼人每年都过的密枝节。在密枝节的7天节期中，特别是头3天，男人们可以在密枝林里随意说话，而女人们则不许进入密枝林，因为那里是男人们聚会说话的地方。

在过密枝节的过程中，所有的祭祀活动都由毕摩和密枝翁主持。密枝翁包括5种不同职责的人物：密枝翁大头目，主要负责密枝节上的所有大小事项；"毫罗"主管屠宰绵羊和鸡，由3人组成；"知磕"汉语意思为管酒、斟酒的人，有1人；"日纹"汉语意思为挑水夫，负责挑水到密枝林里烧火做饭，有1人；"枣姆"汉语意思为煮饭的人，有两人负责做饭。

在上述密枝翁产生与司职之前，要举行推选。按照大糯黑村历来选举密枝翁的方法，要把全村分成3个部分，从下而上，从左到右，从东到西，依村民住房的位置，顺序从一户开始到另一户。如当东边的农户当过密枝翁后，只要西边有农户，就轮到那家做下一次的密枝翁头目。在密枝翁的选举中，并不是每户村民都能当上密枝翁头目。如原本应轮到某家当密枝翁，但如果今年他家曾有牛、羊、猪、狗、鸡等家畜、家禽死亡，则要跳过他家，让当年家里没有畜禽死亡的下一户农户当密枝翁。按这样的方式，有些农户，甚至其整个家族几代人都没有做过密枝翁的情况也有，因此密枝翁并不一定非要德高望重的村民，只要这一年里家禽、人畜平安的人家就是好的密枝翁人选。

当值的密枝翁除要主持密枝节的祭祀活动外，还要在这一年里担当其他几个祭祀活动的头目，如要在杜鹃山上杀牛祭祀时、在"子枪奔"（山名）上杀羊时、在土地庙祭祀时担当头目。到第二年正月初二祭祀过土地庙后，密枝翁的有关工作便由其下一任接替。

从今天开始，村里的男子们就相约一起到山上打猎、捕鸟，直到密枝节的头3天过完为止。女人们则不能外出。

去年村民毕金学家用石头砌好了一幢3间的耳房，打算用来摆放粮食，但因去年砍伐木料的申请没有被批准，所以尚未完工。今年他家已被批准砍伐5立方米的木料，因此今天他家请了8个本村的亲朋，去"四告阿乃"（山名）他家承包的山林处砍伐木料。他们从早饭后10点钟出发到下午6点钟，共砍倒32棵树，并用拖拉机把所有木料运回家。但5方木料相当于有差不多40棵树，且他家建房用料也需40棵左右，因此他家还差8棵树没有砍回，毕金学打算明天再请这8个人中的3人陪他去砍8棵树。一般建房用的木料为云南松，直径约为20厘米。

今年另外一位村民毕曾明家要新建一个烤烟棚，需要18根蹬杆，因此今天毕曾明和毕曾学兄弟俩开着自家的两辆手扶拖拉机去"日乃说么"（山名）砍蹬杆用料。因蹬杆只需用比较直（长度约3.5米就可）的木料，不需要太粗（直径约10厘米就可），所以仅他们两人就把18根蹬杆用料全部砍好并运回家中。

今年村民张琼芬家要建新房，因此今天上午8点钟左右她家的人去海邑买建房用的石灰，并请同村昂毕富的女婿去帮忙拉石灰。但因石灰迟迟未出炉，所以他们一直等到下午5点钟才拉到2.5吨石灰回村。

早上有一外地人来大糯黑村修补锅、盆等日常用具，到天黑时才离村。

2004年12月24日 农历十一月十三日 属日：牛 天气情况：晴

因今天是密枝节的第二天，按撒尼人的风俗，除男子可以去山上捕鸟或打猎外，妇女一般不允许外出干农活，最多能去串门聊天，所以今天没有村民干农活。

今天是正式祭祀密枝神的日子。按密枝节的习俗，一大早全村人就尽自己所能，把家里的一些酒、大米、鸡蛋和腊肉交给密枝翁（密枝头目），密枝翁则在密枝林边接收村民送来的酒、米、蛋、肉。祭祀用品收齐后，所有密枝翁到大头目家里吃早饭。中午时分，密枝头目们就在毕摩的带领下，由大头目牵羊，另外一个密枝翁扛着村民交来的粮食前往密枝林。在走去密枝林的这段时间里，一个密枝翁头目吹响羊角号。一旦羊角号吹响，村民便不得外出干活，女人们则要待在家里，不能与吹号的密枝翁碰面，以免惊吓到神灵。

  密枝翁等一行人走到密枝林的入口处后，由毕摩用两根麻秆搭一个"人"字形的"小门"，然后密枝翁在牵羊的大头目的带领下由小门进入密枝林，绵羊也要从小门进入。他们进入密枝林后，在密枝神的祭台前，由毕摩主持祭羊仪式，然后把羊杀死，把羊血敬献给密枝神。祭献过羊后，再祭献一只鸡。之后，"枣姆"（负责煮饭的人）就开始煮饭做菜，包括烹调羊肉、鸡肉、鸡蛋、腊肉、米饭。饭、肉煮熟之后，要把第一勺饭和第一筷羊肉、鸡肉敬献给密枝神，羊皮、羊头、鸡头要敬献给密枝神。祭过密枝神后，要先让密枝翁吃饱喝足。吃完饭后，密枝翁要看所喝的酒瓶里还有没有酒，如果没有则一定要把酒瓶装满，等到明年正月初二时把整瓶酒交给下一任密枝翁大头目。然后密枝翁通知全村每户一名男子到密枝林分饭、分肉。前去分饭的人都为男性，因为只有男子才可以走进密枝林，并任意喊叫。男子们分到饭食后就各自带回家，让全家享用。分完饭后，密枝翁们就把拿到密枝林里用来做饭菜的用具全部拿回密枝翁大头目的家里。

  在白天一整天的时间里，除密枝翁们外，村中大部分男子上山去打猎，打猎时带上火柴、油、盐，到山上去烤野味，直到晚上分饭时才回家。

  今天上午，按照圭山乡政府的工作要求，糯黑村委会主任王光辉、党支部书记高映峰以及石林县政法委的王勇同志再次向大糯黑村的5家烤烟种植户做思想工作，最后促使他们与其他村民一样，统一了思想，签署协议书，并给这5户村民一定的种烟补偿。经努力工作，村委会干部按时、按质、按量地完成了任务。

今年大糯黑村村民"杨老三"（小名）家要建一栋5间的住房，因此今天他家请了本村24个人来帮忙，到他家承包的山林里砍伐木料。他们家申请砍伐的木料数量为12立方米，因数量比较大，今天他们把所需的树木全部砍倒时天色已晚，所以他家打算明天还要再请这24个人来帮他家运回木料。他家也按本地的习俗，杀了一只羊和共计8公斤的鸡来招待帮忙的人吃饭，他家为此花了约500元的伙食费。

下午3点到5点，在外读书的本村学生因周末放假回到村里。年龄比较小的学生则由家长前去接回。

今晚10点半到12点，村老协文艺队的成员聚集在村礼堂里，在村民李学珍的指导下排练舞蹈节目。

2005年7月18日　农历六月十三日　属日：兔　天气情况：阴

白天，有一部分村民外出去给烤烟封顶、打杈，或给玉米地锄草、施肥，有的村民则去烟地里锄草，或种绿肥籽。有的村民找烟秆或收集土杂肥，还有一些村民摘烟叶到烤棚里烘烤。

有100多位本村村民来帮王正学家做饭、杀牛、杀猪，今晚8点到12点半，王正学家要招待前来参加为他刚去世的父亲举行的守灵、闹灵仪式的外村亲朋约350人。

为给他父亲举办守灵仪式，一大早王正学就请村长通知已分配好工作的村民开始工作。如一个组要在今天上午之内把灵堂搭建好，并找来松毛铺在灵堂的地面上。负责杀牛和杀猪的村民一大早就到王正学家开工，牛要牵到待客的地方杀。下午2点，被分配做菜的村民也到待客地点——村礼堂旁的厨房里做菜，共准备了10道菜。下午约4点，被安排做饭的约60位村民到村礼堂里称大米回家煮饭，由专人负责把约4公斤的生米依次称给负做饭的每户村民，然后把他们的名字记下，以免查清谁来拿过米回家煮饭。他们各自煮好饭后再背回到待客的地方，煮好的饭背回时还要由专人再称一遍，保证煮饭的村民按量交回米饭，以免事先估计好的米饭数量到吃饭时不够吃。除亲朋外，本村不参加守灵而只是被安排负责帮忙的村民如想在待客的地方吃饭，每人必须交约1.5公斤大米到村礼堂里，以此作为自己在待客的地方吃3餐所用，肉、菜则由死者家提供。

下午5点半到6点半，等饭菜都做好后，由于外村的亲朋还没有赶到，所以负责做饭菜的人从待客的村礼堂把各种饭菜拿到王正学家里。王正学先把一些饭菜和酒摆放在装有他父亲遗体的棺木前，敬献给他父亲。死者遗体装殓入棺后，王正学便在棺木前的供桌中间摆一个香炉，香炉里事先放入一些五谷杂粮和硬币，并插上香，旁边放一些糖果等供品。王正学燃放鞭炮，以示可以吃饭了，然后王正学的家人及其在本村的10多户最亲的亲朋在王正学家为其父设置的灵堂里吃饭，并安排5—6个人负责招待。与此同时，前来帮忙做饭菜的村民也开始在待客的村礼堂里吃饭。因待客要持续到夜里12点多钟，所以他们要事先吃饱，以免夜晚守灵仪式时间太长经不住饿，到时也才有时间和精力招待陆续赶到的客人就餐。

晚上8点左右，外村的亲朋陆续到达。他们进村后，如尚未去过亡者灵堂之前，就不能吃饭，也不能进别家的门。他们要直接到王正学家，他们一到门外，就会放鞭炮，以此通知死者家属说自己已赶到了。死者的家属听到鞭炮声后，就全部跑出来迎接亲朋，并哭诉着表达亲人去世的悲痛之情。外村来的亲朋队伍中，由死者的男性子侄领头，其后为女性子侄，之后是鼓号队，再之后为舞狮队。死者的男性子侄进入灵堂后便痛哭起来，边哭边把香插到供桌上的香炉里，给供桌上的碗里倒些酒，献上烟，并向死者叩拜3次，然后去安慰在灵堂跪拜的死者家属，让他们节哀顺变,并给成年的男子敬上烟和酒,道声节哀顺变。此时,女性亲朋则到装有死者遗体的棺木周围哭诉,直到死者的家属前来安慰,一般为死者的妻子和姐妹等,或死者的女儿和儿媳。

等所有人都止住哭声后,舞狮队就开始舞狮了,舞狮过程中还有舞老虎表演,舞狮、舞虎是为了驱赶邪魔等。当鼓声响起来时,舞狮或舞虎的人就会随着鼓声和镲声的节奏起舞,边舞边去到棺木前,在棺木前舞一阵后,"狮子"或"老虎"会把供桌上的供品叼走。如有死者舅舅家请来的舞狮队,那该队必须把供桌上的猪头叼走,其他亲朋请来的舞狮队则只能叼走供桌上的糖果等其他供品。本村所有人都被邀请来闹灵,被请来闹灵的外村亲朋还可以再请一些人随同前往,请来的人越多,就显得亡者越风光。最后闹灵的一批人为本村的亲朋或村老年协会的成员,村老协的成员也按死者亲朋对待,老协文艺队舞狮,放鞭炮。每一批亲朋闹一次灵少则花2分钟,多则需40分钟。就这样,亲朋们一批接一批地来闹灵,有时要到第二天凌晨3—4点闹灵仪式才最后结束。

闹灵结束后,就由本村的专人负责把参加闹灵的人带到待客的地方吃饭。吃饭时有专人负责给他们盛饭菜,但一般待白事客只加一次菜。饭后,除与死者比较亲的人必须回去守灵外,其他大部分外村来闹灵的人都会由本村负责接待住宿的人带到自己家里住宿。如来的外村亲朋较多,就分给本村4—5家人负责接待。

此外,夜间会一直有上百人在死者的遗体周围守灵。守灵的时间从今天晚上8点一直到明天天黑前。王正学家还出钱请本村的毕摩为死去的父亲念《毕摩经》,以超度亡魂。

晚上约10点半,村老协文艺队的全体成员和外村(如海邑、维则等村)的几支文艺队来到大糯黑村王正学家为其父设置的灵堂前,为死者家属和前来守灵的人献演了10多个撒尼歌舞节目,如霸王鞭舞、大三弦舞、月琴舞等。他们以此来安慰死者家属，缓解死者家属的悲痛心情，让他们节哀顺变。除死者家属外，另有约400位爱好文艺的村民来灵堂前观看文艺表演。

2005年7月19日　农历六月十四日　属日：龙　天气情况：阴

今天白天，有一部分村民外出去给烤烟封顶、打杈，或给玉米地锄草、施肥，有的村民则去烟地里锄草，或种绿肥籽。

今天村民王正学家要为他已故的父亲举办葬礼，因此一大早，村干部就通知要前去帮忙的村民尽快准备饭菜，以便送葬的人及早吃完饭，然后开始葬礼仪式。而王正学家的人则在自家听毕摩讲解葬礼的程序和仪式，并接收被请来参加葬礼的近200户亲朋送来给他家作为安排葬礼、渡过难关的粮食和钱物，他家共收到人民币约6000元、玉米约2吨、大米300多公斤。大约中午12点时，所有的饭菜都做好后，村长就通知所有参加葬礼的人去村礼堂吃中饭。之后，王正学家的人及其较亲近的亲朋约20桌的客人在王正学家里吃饭，饭菜由负责准备饭菜的专人从待客的村礼堂抬到他家去吃。其他的人都直接到村礼堂里吃饭，吃饭时也只加一次菜。外村来的亲朋则每人带一些米交到接待他们住宿的这家人手里，由那家人负责煮饭，也有一些被请来的外村亲朋自己又买来鸡或羊，请人做菜给随行的人吃。等吃过饭后，如还没有到送葬的时间，参加葬礼的人就待在家里或待客的地方等，多数人在死者家里等。许多前去帮王正学家做菜或参加葬礼的人，在饭后的休息时间里吹牛、聊天，或玩扑克、下围棋等。

约下午3点，村干部通知负责抬棺的成员尽快到王正学家集中，抬棺小组由亲朋每户一个男子组成。等所有的人到齐后，外村来的亲朋再一次到死者的灵前舞狮，打鼓，吹号，并哭诉，来自各村一批接一批的亲朋进入灵堂后又出来，最后进灵堂的一批人为本村的亲朋。然后由毕摩主持仪式,要所有的人离开灵堂,请抬棺的人进来,用手把棺木上的被褥、麻布等从屋里拿到灵堂外边摆放。然后毕摩从王正学手中接过他家自己养的一只公鸡,毕摩拿着鸡,给鸡念过《毕摩经》后,再把鸡递给王正学的舅舅,也就是死者的舅子。在撒尼人的信念中,舅舅是最大、最亲的上代长辈,大过天,大过地。王正学的舅舅要在头上戴一块由麻布和黑布拼成的长约1.5米的孝帽,他舅舅从毕摩手中接过公鸡后,要对毕摩叩拜3次,并按毕摩吩咐,抓着公鸡绕着棺木左转3圈,再右转3圈,之后再抱着公鸡对遗体和棺木叩拜3次,然后用绳子把公鸡拴到棺材上。

上述仪式完毕后,负责抬棺的男子们就用绳子捆绑棺材,并把抬棺的木棍也拴好后,就可以抬棺上路了。这时死者的子女因父亲就快"上路"了,因此全部冲到棺材边上,抓住棺材不让抬走。死者的子女被亲朋强行拉开后,由死者的长子挑上供品在前边带路,抬棺的人抬起棺木就启程了。把棺材抬出灵堂后,由死者家属在灵堂里放一串鞭炮,让鞭炮声把死者的灵魂驱出灵堂,使其随鞭炮声同去。抬棺队伍走出一小段路后,把看似轿子的死者的"房子"盖到棺材上,然后继续上路。送葬的队伍中,走在最前边的是舞狮队,之后为鼓号队,旁边为放鞭炮开路的人,其后为挑供品引路的人,之后才是抬棺的人。在棺材前边,死者的儿子王正学背靠着棺木,似乎用力不让抬棺的人把父亲抬走。但一人之力不能阻挡抬棺的8人之力,棺木仍被抬着往前走。抬棺人之后为死者的妻子、女儿等女性亲属,之后才是大批送葬的队列,有1000多人。在王正学为其父举办的葬礼上,有本村老协文艺队的成员在送葬的途中表演小三弦舞。送葬的路程途经死者生前常去的地方,意为让他再走一次生前常走的路,但不能重走为之前就去世的人送葬时走过的相同路线。就这样,送葬的队列走走停停,停停走走。在途中，死者的不论是外村还是本村的男性亲属都要为鼓号队、舞狮队和抬棺的人送上烟，敬上酒，并道声辛苦，或帮抬棺的人抬一程。

等送葬的队列走了七八百米路程或更远，约能看到坟地时，抬棺者把棺材放在一块空地上停约30秒钟，让死者的家属再次与死者的棺木接触一下。之后，不论死者家属哭得如何伤心欲绝，抬棺的人们都把棺材的头和脚调转过来，抬着棺木急忙朝坟地走去，留下死者的女性亲属和其他送葬的队列在那块空地上哭泣。这时，抬棺的队伍由挑供品的人带头，随行的还有死者的儿子们。其他送葬的人全部留在那块空地上，直到他们安慰死者的妻子、女儿止住哭声，并把她们全部送回村中家里，所有送葬的人也返回。而负责抬棺的人们则马不停蹄地把棺木抬到坟地。在坟地里要摆放棺木的位置上，由毕摩用大米画出一个人的形状，在上面撒上一把米，然后把棺材上的公鸡解下来，让公鸡吃地上的米。等公鸡吃了几口米后，毕摩再次念经文，并喝上一口酒，把酒喷洒到地上，继而用指甲把鸡冠划破，滴几滴鸡血到地上，之后用一把点燃的草驱赶坟地上的蚊虫或邪恶之物。过后，按照毕摩嘱咐，王正学从地上拿了一把土放在孝衣后摆上，绕着坟地走一圈，并在坟的4个角落各抖上一搓土，口中说着"父亲，保佑我们，我给你送东西了"之类的话。他说完后，抬棺的人们把棺材上的麻布、黑布和白布铺到坟地里即将摆放棺木的位置，接着把棺木放到坟地里。摆放好棺木后，他们就开始埋棺了。埋好棺材后，王正学把供品都放到坟头，坟尾部则埋一个酒瓶。等坟埋好后，由王正学的儿子放鞭炮，之后抬棺的人们返回村里吃晚饭。今晚王正学家的人也到待客的村礼堂里吃晚饭。

除昨天赶来的300多位外村村民外，今早又有近200位外村村民来参加葬礼，因此今天共有500多位外村村民来参加王正学父亲的葬礼。今天晚饭后,除少数王正学家外村的亲朋因还要参加明天的上坟仪式而留宿在大糯黑村外,大部分外村的亲朋及随同人员都各自回家。

石林圭山大糯黑村村务规章
制度和《村规民约》

大糯黑封山碑

圭山大糯黑村村民为了保护自然资源、石料、草木，于民国三年（1914年）3月29日立此碑。该碑现用砖砌于村中老学校围墙上，高0.85米，宽0.55米，青石打制，碑上除个别字外，字迹清晰可辨。首部横刻"封山碑记"四字。碑文内容如下：

盖文国有法其国必治理有规其里必善奈世人心不古曾有无耻之辈不顾伤风水否往往将公之石版偷窃打一经捕获及公家运用不是生死磕骗便邀势估霸自此以后本山之石版除公家之界限经不由人打取尺寸倘敢自行打去被众人拿获酌议处罚之勿谓言之不先兴也将罚项界止刻如下：

计　开

一偷砍树木者每棵罚银三元

一偷割草者每挑罚银三元

一偷打石版者每丈罚银十元将石版归公

一牛马践踏公山罚银三元

一界限一合公山概齐古垠止其外片合私家者听其自由为记

民国三年三月二十九日合村人等公立

大糯黑封山碑碑文内容大意如下：本村封山石板、林木资源，时有人偷盗，为保护封山石板、木材，经村民商议，列为条文，望村民遵守，违者照条款处理。偷砍树木者罚银3元，偷割封山草每挑罚银3元,偷打石板每丈罚银10元,牛马践踏封山罚银3元等。

村务公开制度

一、村民委员会实行村务公开制度,通过村务公开栏向广大村民及时公开村中的重大事项和村民普遍关心的问题。

二、村务公开的范围为村委会、村民小组两个层次。

三、村务公开的形式采用公开栏或其他形式进行。

四、村务公开每半年公开一次,时间分别在7月10日,翌年1月10日前公开。

五、村务公开的内容包括以下13项:1.农村财务的收支情况;2.农村宅基地的审批;3.农业生产资料的分配;4.计划生育的安排及处罚;5.集体经济项目的承包;6.集体资产的管理;7.乡统筹村提留及标准;8.农业基础设施建设的立项、招标、投标、预结算、验收及公益事业、公共设施的管理;9.扶贫资金、救灾物资的分配使用;10.《村规民约》的制定和修改;11.征用土地;12.村干部的年度工作目标、补贴奖金、功绩过失;13.涉及本村集体群众利益及与群众密切相关的其他事项。

六、村务公开要根据内容和活动情况,做到对事前、事中、事后结余进行公开,做到建立公开档案,有专人负责,公开内容必须保留10天以上。

民主选举制度

一、村民委员会任期一般为两年,任期届满即进行换届选举。

二、建立选举机构,乡办事处成立换届工作领导小组,以基层党支部为主牵头组建"村民选举委员会",负责组织和指导选举工作,制订实施方案。

三、充分利用广播、电视、板报、标语、发放材料等多种形式，向村民广泛宣传《村民委员会组织法》、《村民委员会组织条例》，宣传换届工作的目的、意义、方法与步骤、时间安排。

四、民主确定候选人，确定候选人分为两个步骤。第一步是确定初步候选人，第二步是正式产生候选人。初步候选人的产生有两种方式，即"海选"或联名提名，其中联名提名有4种途径：一是10人以上选民联名提名；二是党支部群团组织提名；三是各社召开社员大会以产生会议提名，但要求在本社选民总数半数以上或户长总数的半数以上通过才有效；四是选民自荐提名，但要有10名以上的选民附议。初步候选人产生后，确定正式候选人，正式候选人的确定必须以村委会成员职务差额选举为原则，即主任、副主任的正式候选人数比应选人数多1人，确定正式候选人办法以得票超过参加投票选民半数从高到低而定。

五、对村委会主任、副主任、委员的选举由村民大会以无记名投票方式进行，投票方式采取集中投票和流动原籍投票，对主任、副主任、委员的投票，可采取一次性投票或分次投票方法，投票结束后，所有选票都要集中在主会场验票、唱票、计票和公布选票结果。

六、建章立制。着手对新当选的村民委员会进行分工，明确职责和范围，其次制定、健全、完善村委会各项规章制度。

民主决策制度

涉及村民利益的下列事项，村民委员会必须提请村民会议或村民代表会议讨论决定，方可办理。

一、农田水利、人畜饮水建设规划和集资方案。

二、村办学校、村建道路等公益事业的经费筹集方案。

三、村集体经济项目的立项、承包方案及村公益事业建设的承包方案。

四、村民的承包经营方案。

五、宅基地的使用方案。

六、村民会议认为应当由村民会议讨论决定的涉及村民利益的其他事项。

民主管理制度

一、依据党的方针政策和法律法规，结合本村实际，由广大村民讨论制定村民自治章程和《村规民约》，由村委会具体组织实施，村民会议和村民议事小组监督执行。

二、实行民主决策制度，涉及全村村民利益的问题，村民委员会必须提请村民会议讨论决定。

三、实行村务公开、民主管理制度，村民委员会应及时公开应公开的财务情况，并接受村民的查询和监督。如有违反村务公开、民主管理制度，按《中华人民共和国村民委员会组织法》的有关条款，追究当事人责任。

四、村民委员会决定问题，按照民主集中制原则，少数服从多数。村民委员会进行工作，坚持走群众路线，充分发扬民主，认真听取不同意见，坚持说服教育，不得强迫命令，不得打击报复。

经济管理委员会制度

一、建立健全财务管理制度，由村委会分管财务的负责人统一负责全村的财务管理。

二、严格管好全村的劳动义务工和积累工。

三、对本村的所有土地实行统一管理。

四、积极发展农村企业。

村民代表会议制度

一、村民代表会议每季度召开一次，由村民委员会主持，如遇特殊情况，可以随时召开。村民代表、村党支部成员、村民委员会成员、村民小组组长，以及驻村的县、乡人大代表和政协委员参加。参加会议人员都有表决权。

二、议事内容：凡涉及村民利益的重要事项，如村提留的收缴和使用、村干部享受误工补贴的人数和标准、村集体经济所得收益的使用、村办公益事业需要村民负担的事项、土地承包、宅基地使用和集体经济项目承包的方案等。

三、议事原则：村民代表在议事过程中，实行少数服从多数的原则；所议的内容及做出的决定不得与党的方针、政策和国家的法律、法规相抵触。

村委会干部民主评议制度

一、村干部评议工作在村党支部的领导下，组织村民代表和党员代表对村干部一年来的工作进行民主评议，评议工作每年进行一次，一般在12月进行。

二、评议工作按照学习教育、自我总结、民主评议、组织考核等阶段进行。

三、按民主评议干部的总体要求，结合全村实际情况，先由村干部面对面地进行述职，然后由村民代表和党员代表按照德、能、勤、绩四项标准逐个进行评议，肯定成绩，指出问题，提出意见和建议。

四、村党支部要事先了解村干部的情况，做到心中有数，并做好评议的准备工作。

五、村党支部将考评情况及时通知每个干部，以表扬先进，教育干部争做新时期的优秀干部。对评议中反映的问题和提出的要求，村党支部要及时研究，妥善解决。

村委会民主评议党员制度

一、民主评议工作每年进行一次，在党委的领导下，结合党员目标考核，以支部为单位有计划、有步骤地进行，一般在每年12月举行。民主评议前，应告知党员做好总结准备。

二、民主评议党员以《党章》规定党员必须履行的义务和签订党员目标任务书的内容对照检查。

三、民主评议工作一般按照学习教育、自我总结、民主评议、组织考察、表彰和处理5个阶段进行。

四、民主评议活动中，党员要向支部大会或党小组会议做个人思想、学习、工作、生活等情况的总结汇报，认真开展批评与自我批评，也可组织部分群众代表参加测评。

五、在测评的基础上，支部委员会结合每位党员一年来的表现，考核评定出等次（优秀、合格、基本合格、不合格）。

六、支部将考评情况及时通知每个党员，以表扬先进，教育党员争做新时期的优秀党员。对评出的不合格党员，按照《党章》和有关规定进行处理。

村民小组工作制度

一、会议制度：每季度召开一次村民会议或农户代表会议，传达上级指示精神，了解各项工作，如遇特殊情况，可以随时召开。

二、培训制度：每年至少组织一次村民培训，学习党的方针、政策和村委会基本知识，学习科技知识等。

三、财务管理制度：执行《村民自治章程》对财务管理的规定，管理好集体财产、资金，每半年公布一次本小组财务收支情况。

村民委员会职责

村民委员会是在国家法律规定的范围内，由村民自我管理、自我教育、自我服务的群众性自治组织，受乡（镇）人民政府的指导和村党支部的指导，主要职责是：

一、教育、组织村民认真贯彻执行党的路线、方针、政策，自觉遵守国家的法律、法规。

二、向村民会议或村民代表会议负责并报告工作。

三、完成乡（镇）政府布置的行政、经济等工作任务。

四、维护村民的合法权益，教育引导村民履行公民义务。

五、组织村民发展经济，做好本村生产的服务协调工作，促进农村两个文明建设协调发展。

六、管理本村集体所有土地和其他财产，教育村民爱护公共财物，合理利用资源，保护和改善生态环境。

七、办理本村公共事务和公益事业，调解民间纠纷，维护社会治安，向上级政府反映村民的意见、要求和建议。

八、做好优抚优恤、救贫救济、五保供养等社会保障工作，开展移风易俗活动。

九、发展文化教育，普及科技知识，促进村与村之间的团结、互助，带领群众开展社会主义精神文明建设。

十、教育村民爱国家、爱集体，实行计划生育，实现"三提五统"任务和乡（镇）政府交办的其他工作任务。

村民委员会主任职责

村民委员会主任在村党支部的领导下主持全村的工作，其主要职责是：

一、认真贯彻执行《村委会组织法》，坚持依法治村，做到民主决策、民主管理和民主监督。

二、组织执行乡（镇）政府下达的经济、教育、农村建设事业的税收、优抚、扶贫、社会治安、计划生育等工作任务，组织村干部和村民如期完成并将情况报告乡（镇）政府。

三、组织制订和实施本村经济、社会发展计划和规划，本村经济和社会发展计划的制订须在充分发动群众、集中多数群众的意见、正确分析评估当地自然资源和社会资源的基础上进行，并报乡（镇）政府批准后实施。

四、组织和帮助村民发展生产，选择改善项目，并在产前、产中、产后和信息等方面做好服务工作，千方百计帮助贫困户脱贫致富。

五、重视发展村办经济，增加村集体经济收入，努力实现村委会正常的办公经费不向村民提留，积极为村民多办实事，增强村委会的凝聚力。

六、重视发展村级文化教育事业，提高适龄儿童入学率，采取业余文化、技术学校等各种形式，组织村民学习政治、法律、文化和科技知识，提高村民的政治思想和科学文化素质，增强法律和民主意识，做好村民的社会福利和社会保障工作。

七、重视了解村民的思想、生产、生活情况和迫切需要解决的问题，积极向上级反映群众的意见，争取政府的支持、帮助和指导，为村民解决实际问题。

八、定期召集和主持村民会议和村民代表会议，报告本村经济和社会发展规划的执行和各项工作的进展情况，征求村民意见，通过村委会有关决定，公布财物收支情况。

村委会副主任（兼文书）职责

村民委员会副主任（兼文书）协助村民委员会主任工作，其主要职责是：

一、草拟村委会（是支委的含支部）的各类决议、决定、规定、通知和村委会需要的各种文书材料。

二、按时完成好村委会需上报的各种统计报表、数据材料，管理好村集体经济的收支账目，并按期公布。

三、认真搞好村委会各种会议记录，收集、整理、管好文书档案。

四、管理好公章，做到既方便群众，又不越权越位。

五、积极完成村党支部和村委会交办的其他各项工作任务。

村妇女主任职责

一、认真贯彻执行党的路线、方针、政策，自觉遵守法律法规，组织本村妇女学习《妇女权益保障法》、《未成年人保护法》、《中国妇女发展纲要》和《九十年代中国儿童发展规划纲要》，充分发挥妇女的桥梁和纽带作用，协助村委会主任、副主任搞好本村的两个文明建设。

二、组织妇女积极参加"双学双比"竞赛活动，积极培养致富女能手，促进农业生产和社会主义市场经济的发展。

三、抓好妇女的思想政治教育和家庭教育，开展各种形式的社会主义精神文明创建活动，树立良好的社会风尚。

四、搞好"三八"妇女节、"六一"儿童节和"九九"重阳节活动，积极开展丰富妇女精神文明生活的活动。

五、及时向各级人民政府及有关部门反映村民的意见、建议和要求。

人民调解委员工作职责

人民调解是我国解决人民内部矛盾的一种组织形式，当人民内部发生矛盾时，采取讲道理、摆事实、耐心说服教育疏导的方法，解决人民内部矛盾，为本村的两个文明建设保驾护航。特制定以下工作职责：

一、认真学习具有中国特色的社会主义理论，坚决贯彻执行党的路线、方针、政策，以正确的思想、工作方法做深入细致的思想政治工作。

二、积极开展法律常识教育，特别是有关农村法律知识的学习，做到依法办事，依法治村，依法做好一切工作。

三、调解工作要围绕着农村改革的深化，促进农村经济的发展，对干部群众进行爱国主义、集体主义、社会主义思想教育，使农村有一个稳定的社会环境。

四、做调解工作要注意方法，讲求工作效益，深入实际调查研究，发现问题及时解决，切忌不能把民事纠纷转化为刑事案件。

五、在解决民事纠纷时，多做耐心细致的思想工作，要因势利导，循循善诱，把问题实质搞清，进行合理化的调解，力求做到相互之间心服口服。

六、通过经常性的思想政治教育，使民间纠纷有所减少，力求调解率要达到100％，成功率应达到80％以上。

七、要积极支持和监督村委会，依法执行《村规民约》。

八、加强自身建设，提高思想水平和业务能力，紧密联系群众，依靠大家，相互配合，卓有成效地开展工作。

民兵组织工作职责

为使民兵这支生力军在保卫祖国、建设祖国的过程中更好地发挥积极作用，加快步伐，把农村经济工作搞上去，特拟定以下工作职责：

一、进一步巩固和发展民兵组织，提高民兵的军政素质，搞好平时为战时服务的后备兵员储备工作，做到一声令下能参军参战。

二、积极发动和组织民兵参加社会主义现代化建设，使大家思想更解放，敢试验，以身作则，带头致富，走共同富裕的道路，把本村经济发展真正搞上去。

三、坚持劳武结合的原则，积极参与村办乡镇企业，使以劳养武付诸实施。

四、坚持民兵正常的学习、训练，基干民兵每季度集中一次，普通民兵每半年集中学习一次，学习军事、政治和国际、国防教育知识。刊授、教育普及面必须要达到应学人员的85％以上。

五、严格贯彻执行党的路线、方针、政策，自觉地遵纪守法，做维护治安的带头人，并为农村经济政策保驾护航。

六、确实维护武装系统铁的纪律，服从命令，听从指挥，切实搞好思想、组织、军事"三落实"。基干民兵中应急分队必须做到"召之即来，来之能战，战之能胜"，圆满完成上级赋予的各项任务。

治安保卫委员会工作职责

为保障农村社会治安秩序良好，宣传教育村民积极参加依法治村、依法管理和社会治安综合治理活动，勇敢地与各种违法犯罪行为做斗争，同时组织和依靠村民自觉抵制资产阶级腐朽思想、封建主义残余思想的影响，用社会主义思想和健康、文明、进步的社会风尚占领农村阵地，特拟定治安保卫员工作职责。

一、认真学习、宣传，贯彻中共中央、国务院和全国人大做出的两个《关于加强社会治安综合治理的决定》，使当地治安工作保持相对稳定性。

二、抓好对青少年的法制教育工作，指导、帮助村办事处两所小学的法制教育课，使跨世纪接班人健康地成长。

三、发动和组织村民做好"四防"工作的防管措施，协助有关部门，组织联防，搞好治安巡逻，维护本村公共秩序。

四、认真负责地保护案发现场，协助公安保卫部门侦破案件、揭发、控制、扭送反革命分子和其他刑事犯罪分子。

五、任何情况下都要勇于劝阻和制止违反治安管理的行为；协助公安保卫部门依法对被管制、假释、宣告缓刑、监外执行及被监视居住的人员进行监督、考察、教育。

六、向公安保卫部门反映治安信息和群众对公安保卫工作的意见、要求和建议。

村民小组组长职责

一、组织本小组村民学习、宣传党的路线、方针、政策和国家的法律、法规、法令，学习、宣传科学种田知识。

二、执行村民代表会议决定和村委会的工作安排，反映村民的意见和要求，密切联系群众，做好村民的思想政治工作。

三、保护耕地和森林，防止乱开乱挖，防止森林火灾和乱砍滥伐。

四、带领村民搞好农业生产，发展多种经济，积极完成上级下达的各项任务。

五、维护社会治安，调解民间纠纷，移风易俗。

六、组织村民实施计划生育，搞好晚婚晚育。

七、发动村民搞好农田水利基本建设，进行开发性生产，逐步壮大村民小组集体经济。

八、积极兴办本小组公益事业，做好"五保户"供养工作。

九、宣传、教育村民积极完成国家税收和"三提五统"任务。

十、积极完成村党支部和村委会交办的其他工作任务。

圭山乡农村党支部对村民委员会的管理制度

一、认真贯彻执行《中华人民共和国村民委员会组织法》第三条规定："中国共产党在农村的基层组织，按照中国共产党章程进行工作，发挥领导核心作用；依照宪法和法律，支持和保障村民开展自治活动，直接行使民主权利"。故农村党支部与村民委员会的关系是领导与被领导的关系。

二、《中华人民共和国宪法》规定了四项基本原则。村民委员会作为农村的自治组织，毫无例外应该坚持四项基本原则，坚持四项基本原则最根本的一条就是坚持党的领导，故村民自治是在党的领导下的自治，是在法律允许范围内的自治，村民委员会应主动地接受农村党支部的领导。

三、农村党支部是党在农村基层组织和各项工作的领导核心，应加强对村民委员会的领导，首要的是发挥领导核心作用。

四、农村党支部加强对村民委员会实施领导的主要体现：

（一）提出农村经济发展和精神文明建设的意见，通过村民委员会的工作，把党的方针政策和党支部的意图变为群众的自觉行动。

（二）讨论村民委员会的重要工作，支持和帮助村民委员会按照法律独立负责地开展活动。

（三）协调村民委员会与其他组织的关系。

（四）对在村民自治组织中工作的党员和干部进行监督和考核。

五、农村党支部实施领导村民委员会的基本原则，党支部要充分发挥在村民自治中的领导核心作用。积极支持村委会依法行使权力，支持村民委员会认真完成任务；办理本村的公共事务和公益事业，调解民间纠纷，协助维护社会治安，向人民政府反映群众的意见、要求和提出的建议；支持和组织村民发展经济；宣传宪法、法律、法规和国家政策；维护村民的合法权利和利益；教育和推动村民履行法律规定的义务，爱护公共财产，发展文化教育，普及科技知识，促进村与村之间的团结、互助，开展多种形式的社会主义精神文明活动；教育和引导村民加强民族团结，互相尊重，互相帮助；协助乡政府开展工作，实行村务公开，民主管理。

党支部工作制度

为进一步加强党的领导，要充分发挥党支部的领导核心作用，增强党支部的凝聚力、战斗力。宣传、贯彻执行好党的路线、方针、政策，坚持四项基本原则，坚持改革开放，紧紧围绕经济建设这个中心，进一步解放思想，抓住机遇，善谋实干，开拓进取，团结和带领广大干部群众，完成县、乡下达的各项工作任务，特别是党支部工作。

一、支部全体党员要自觉遵守国家的法律、法规，认真贯彻党在农村的路线、方针、政策；学习科学技术，做遵纪守法和勤劳致富的模范，起好带头作用，定期不定期向上级汇报学习情况、思想工作情况，为本地区的经济发展、社会进步献计献策。

二、按上级党委的要求，党支部对党员目标管理责任书做到年初有支部审定意见，半年对照检查一次，年底进行自检自评，要以身作则，参加会议要准时，以无缺席、无迟到记录作为年底民主评议的重要依据之一。

三、加强思想作风建设，思想上坚决与党中央保持一致，实事求是，工作务实。党支部要积极组织党员干部学习具有中国特色社会主义理论，学习党的"三基本"知识、党章，学习社会主义市场经济知识、科学文化知识和农村实用致富技术，一年内不少于四次学习。认真、全面、准确地宣传、贯彻党在农村的各项方针、政策。一年内不少于三次群众大会，组织党员、干部、入党积极分子参加党员培训班，保证参训率达98%以上。组织"七·一"建党节活动，支部要结合自身实际，开展丰富多彩的活动，并有书面总结。

四、发挥党支部的战斗堡垒作用，党政领导要团结协调，坚持民主集中制原则,正确开展批评与自我批评,工作上要求分工不分家,健全各种工作制度、职责,工作作风要深入务实,多办实事,严格财经制度,收支账要建立健全,督促村社公布账目,每年两次,解决处理问题要秉公办事,要廉洁自律,不以权谋私。

五、按上级党组织的安排,认真组织搞好一年一度的民主评议工作,做到时间上保证、人员不缺,使党员自身素质得到提高,参评率要达98%以上,评议中按5%的比例表彰优秀党员,做好党员评议的书面总结。

六、按照"坚持标准、保证质量、改善结构、慎重发展"的方针,做好发展新党员工作,发展有计划,有培养对象名单,组织发展对象参加培训,发展新党员按期转正手续齐全,不超过审批权限。

七、建立五章三册,坚持"三会一课",完成县、乡下达的各项科技推广任务,要求党员做到科技领先,粮烟生产按乡党委要求,结合自身实际制定措施,想办法,积极带头把烟叶交给乡政府指定的收购点,按时按质完成各项工作任务。

八、加强妇女、共青团、民兵工作,支持、组织"三八"妇女节、"五四"青年节、"八一"建军节的节庆文体活动,完成一年一度的征兵任务,加强社会治安的管理,坚持值班制度。党支部根据各个时期的中心工作,组织发挥八大员的作用,服务于中心工作,安排八大员轮流值班,积极配合好,组织实施好《村规民约》。

九、积极组织完成乡党委安排的合法提留,教育党员干部遵纪守法,自觉维护和带头执行《村规民约》,按时完成公粮、定购粮任务,加强社会治安和调解工作,及时关注社会治安热点问题,做好化解工作,保证社会稳定,维护生产生活正常秩序。

十、工作制度的建立健全,将促进各方面的工作。希望支部全体党员，特别是领导干部要做执行制度模范，克己奉公，扎实工作，实事求是，深入实际，勤政廉政，团结带领广大干部群众为奔小康而努力工作。

办事处党支部五个好原则

一、建设一个好的领导班子，尤其要有一个好书记，能够团结带领群众坚决贯彻执行党的路线、方针、政策。

二、培养锻炼一支好队伍，党员能够发挥先锋模范作用，干部能够发挥示范带头作用，团员能够发挥助手和后备军的作用。

三、选准一条发展经济的好路子，充分发挥当地的优势，加快农民脱贫致富奔小康的步伐。

四、完善好一个经营体制，把集体统一经营的优越性与农户承包经营的积极性结合起来，增强经济发展的活力，引导和帮助农民走共同富裕的道路。

五、健全一套好的管理制度，体现民主管理原则，保证工作有效运转，使村级各项工作逐步走上制度化、规范化的轨道。

切实搞好农村基层组织建设，特别是农村办事处党组织"五个好"公示榜。针对榜上所列内容，县委、乡（镇）党委每半年进行一次考核。上半年，对达不到要求的党支部提出整改意见。下半年，对达到要求的党支部给予分项奖励，达不到要求的要摘牌，严行动，真管理，考核结果由乡（镇）党委进行分项奖惩。

党支部议事规则

一、党支部议事的形式一般为支委会，必要时也可以召开支部大会。支委会每月至少召开一次，如遇特殊情况，可随时召开。凡属党支部职权范围外的事情，支委会应提出初步意见，提交支部大会讨论决定。

二、支部大会、支委会由支部书记主持。在讨论和研究有关工作时，可邀请村民委员会、经济合作组织和其他有关负责人参加，必要时可邀请上级党组织领导参加会议。

三、在召开会议前，应将会议时间、议事内容告知与会人员。召开支部大会时，参加会议的正式党员超过应到会人数半数方可召开。

四、参加会议的人员都能发表意见，表明态度，在此基础上，由主持人结合讨论情况，按照民主集中制原则，做出决策。决定重要问题要进行表决，获得到会正式党员半数以上赞成票方可通过。如遇重要议题发生争执或双方人数接近时，应暂缓做出决议或决定，可在会后进一步酝酿，提交下次会议再决议，必要时也可以报告上级党组织。

五、支部大会、支委会均要专人负责记录，议事时间、地点、参加人员、内容、情况、形成的决议等都应记录在案，会后任何人不得随意翻阅和更改原始记录，对会上发表的不同意见和需要保密的内容一律不得公开。

六、经集体讨论的事项，任何个人和少数人有不同意见可以保留，也可向上级组织反映，但必须无条件服从分工，坚决执行，不得公开发表不同言论。

七、每个党员都要尊重和支持支部书记的工作，接受支部书记的领导，支部书记和支委成员都应共同维护集体领导，按职责分工，积极主动地开展工作。

八、支部书记要精心组织实施支部做出的决议、决定，发现问题要敢于承担责任，并迅速采取相应措施。

糯黑党支部书记工作要求

党支部（总支）是中国共产党在农村的基层组织机构。党支部（总支）书记是党支部工作的主持人，是党务工作的主要组织者和领导者，担负着宣传贯彻执行党在农村的基本路线、方针和政策的任务，充分发挥党支部的领导核心作用，增强党的凝聚力和战斗力，根据本地区实际和党员的愿望，保证本辖区村民小组认真贯彻执行党的政策和国家的法律、法规，任务重大，头绪繁多，必须履行以下主要职责：

1. 认真贯彻执行党的路线、方针、政策，组织执行上级党组织及本支部的决议、决定，从大政方针上对村委会实行领导和监督。

2. 组织党员和干部认真学习马列主义、毛泽东思想和邓小平建设有中国特色社会主义理论，学习党的路线、方针、政策，学习党的基本知识、科学文化和业务知识，不断提高党员的素质，抓好本辖区的精神文明建设和农民群众的思想教育。

3. 抓好共青团的思想建设和组织建设，发挥优势，使之真正成为党的后备军和助手，抓好入党积极分子的培养，不断壮大党员队伍，增强党的凝聚力和战斗力。

4. 主持研究本辖区的经济、党建发展规划，支持村委会主任对行政工作的正确决策，并保证和监督这些决定的实施。

5. 主持制订党支部的工作计划，加强党建理论的学习，严格党的组织生活，坚持"三会一课"制度，认真抓好党支部的思想建设、组织建设、作风建设和制度建设，采取各种形式，充分发挥党支部的战斗堡垒作用和党员的先锋模范带头作用。

6. 主持支部日常性工作，根据上级指示和支部情况，召开支委会讨论工作，及时检查支部决议的实施情况。

7. 总结支部工作，并按时向支部党员大会和上级党委报告工作，经常与支部委员和村社干部保持密切联系，交流情况，研究工作。

8. 坚持民主集中制原则，展开批评和自我批评，抓好党支部领导班子建设，开好民主生活会，协调党支部成员之间、本辖区党小组之间的关系，加强对 11 大员、村民委员会的领导，支持他们根据自己的工作特点和需要，创造性地开展工作。

9. 遵守党纪国法，正党风，严肃党的纪律，教育和监督党员干部及其他工作人员严格遵守国家的宪法、法律、法规、法令、政纪和经济法律，维护和执行党的纪律。

10. 按照干部管理权限，抓好干部的推荐、选拔、培训和监督使用工作。

党支部委员民主生活制度

一、支部委员民主生活会每半年召开一次，没有特殊情况不得拖延召开，上半年民主生活会在每年 7 月 15 日前召开，下半年民主生活会在次年 1 月 15 日前召开。

二、支部委员民主生活会的主要内容如下：紧紧围绕党的基本路线，密切结合党支部建设和自己的思想实际，认真开展批评与自我批评。

三、支部委员民主生活会的程序如下：

（一）做好会前准备，根据实际情况确定每次会议的中心议题，并事先通知每个支部委员。

（二）会议时间应提前告知上级党组织，以便派人参加。

（三）会议检查和反映出来的应由本支部解决的问题，要积极制定整改措施，切实加以解决，需要上级党组织帮助解决的问题，应及时向上级党组织报告。

（四）会后应将专人做好的会议记录在召开会后的 10 日内报送上级党组织。

党支部纪律检查委员职责

一、经常了解并向支部和上级纪律检查委员会反映本单位党员执行纪律的情况。

二、协同组织委员、宣传委员对党员进行党性、党风、党纪教育。

三、处理群众对党员的检举、报告，检查处理党员违反党纪的行为，与各种违反党纪和败坏党风的行为做斗争。

四、对受党纪处分的党员进行教育、考察。

党支部组织委员职责

一、了解和掌握支部的组织状况，根据需要提出党小组的划分和调整意见，检查和督促党小组过好组织生活。

二、了解和掌握党员的思想状况，协助宣传委员、纪律检查委员对党员进行思想教育和纪律教育，收集和整理党员的模范事迹材料，向支部委员会提出表扬和奖励的建议。

三、做好党员工作，了解入党积极分子的情况，负责对入党积极分子进行培养、教育和考察，提出发展党员意见，具体办理接收新党员手续，做好对预备党员的教育考察工作，具体办理预备党员的转正手续。

四、做好党员管理工作，根据本支部实际情况，做好民主评议党员工作，认真搞好评议先进党支部、先进党小组和优秀党员活动，接转组织关系，收缴党费，定期向党员公布党费收缴情况，做好党员和党组织的统计工作。另外，不设纪律检查委员会的党支部，有关纪律检查方面的工作，一般由组织委员会负责。

党支部宣传委员职责

一、根据每个时期党的工作任务，宣传党的路线、方针和政策。

二、了解和掌握党内外思想情况，根据中央和上级党委的指示，结合本支部的思想实际，提出思想教育的计划和建议。

三、组织党员学习马列主义、毛泽东思想、邓小平理论、党在社会主义初级阶段的基本路线和党的基本知识，以及文化业务知识，按时组织好上党课。

四、指导和推动有关部门和群众组织开展科学技术、文化知识的学习和文化体育活动。

五、充分利用广播、电视、黑板报等宣传工具，开展宣传、教育、鼓励工作。

村党支部组织建设三年
（2000年9月—2003年8月）规划

为认真贯彻落实党的十四届四中全会《关于加强党的建设几个重大问题的决定》、《中共中央关于加强农村基层组织建设的通知》、《石林县委关于加强农村基层组织建设的通知》和《圭山乡党建工作三年规划》，结合糯黑党支部的实际，制订糯黑党支部组织建设的三年规划。

一　糯黑村党支部建设的基本情况

（一）村委会有两个村民小组，共有45名党员，下设两个党小组。年龄结构：35岁及以下的8名，36岁至55岁的22名，56岁及以上的15名；文化结构：高中7名，初中22名，小学12名，文盲4名。

（二）村党支部党员队伍和组织建设工作取得的成绩和面临的问题

1. 在思想建设方面，组织扩大党员认真学习《邓小平文选》等，进行了以建设具有中国特色社会主义理论和党的"三基本"知识为主要内容的教育，开展了农业实用技术的培训，同时还建立了农业技术学校，广大党员的市场意识、开放意识、科技意识进一步增强，党员队伍的素质不断提高。

2. 在组织建设方面，先后开展了以党支部为核心的各种组织的配套建设，加强了共青团、妇女、民兵组织工作，充分调动了各种组织的积极性。

3. 在作风建设方面，坚持从严治党，狠抓党员廉政建设，党支部认真执行民主集中制，廉洁奉公，勤勤恳恳为群众办好事、办实事，得到了广大群众的拥护和支持。

4. 在制度建设方面，建立健全党支部、党员目标管理制度，完善每年一次的党训班，坚持民主评议党员和"三会一课"制度。1994—1995年连续被评为先进党支部。

5. 在发展党员工作方面，按新时期发展党员的方针，注重在青年团员、妇女入党，党员的年龄、文化结构方面有所改善，在充分肯定成绩的同时，必须清醒地看到，要使糯黑村党支部担负起带领农民奔小康的任务，还存在下列问题：

（1）部分村干部在社会主义市场经济的新形势面前不知如何开展工作。

（2）大部分村干部不是党员，没有党员在场发挥作用时情况比较突出。

这些问题的存在必须引起村党支部的高度重视。

二 村党支部建设的指导思想和目标

指导思想：以邓小平建设有中国特色社会主义路线为指导，紧紧围绕团结、带领农民奔小康的思想，总揽全局，进一步增强党支部的凝聚力、吸引力和战斗力。

具体目标：

（一）到2003年发展两个村办企业（采石场、采砂场）、两个绿色企业。

（二）到2003年，村社干部的党员比例提高到75％。

（三）对全村党员和干部进行建设有中国特色社会主义理论"三基本"知识、党章、社会主义市场经济知识、科学文化知识和农村实用致富技术的培训，培训率达100％。每年集中培训时间不少于6天。

（四）村党支部每年发展党员不少于3名，其中村、社干部占一定的比例。

（五）加强社会治安综合治理工作，开展创建"治安模范"活动，到2003年大糯黑、小糯黑两个村达到治安模范村要求。

（六）加强共青团、民兵、妇女工作，列入支部工作的议事日程。工作有计划、有措施，每月检查一次工作。

三 支部组织建设的主要措施

（一）以全面提高领导素质和领导能力为重点，建设好两个村小组班子，认真贯彻党的路线、方针、政策，任用公正廉洁、年富力强、能带领群众致富奔小康的干部。

（二）把发展经济、带领群众致富奔小康当作头等大事来抓。党员干部要带头，把能否首先进入小康户作为干部的实绩、党员的先锋模范作用来考评。

（三）完善党员目标管理制度，使之更符合新形势的要求。继续做好一年一次的民主评议党员工作，大力表彰优秀和先进党员，妥善处置不合格党员。保持党员队伍的先进性和纯洁性。

"三会一课"制度

一、支部大会：一般每三个月召开一次，由支部书记主持。主要内容：学习党的方针、政策和上级组织的有关文件。通报支部工作情况，听取党员的意见和建议，布置工作，讨论并通过党员发展和转正。

二、支部委员会：一般每月召开一次，由支部书记主持，支委会负责领导和处理支部的日常工作。主要内容：学习党的路线、方针、政策，根据上级的工作安排，研究讨论本地本单位的实施意见，处理正常的业务。

三、党小组会：每月召开一次，由党小组长主持。主要内容：学习上级组织的有关文件，汇报党员个人思想和工作情况，开展批评与自我批评，酝酿党员发展转正问题。

四、党课：党课是党组织对党员进行教育的最经常、最基本的一种形式，一般每季度进行一次。乡党委要把党课列入议事日程，建立专职、兼职党课教员队伍。每年3—4月，圭山乡党委组织全体党员进行一次全面的党课教育，参加人员为全体党员和入党积极分子，以及生产、工作一线的技术骨干人员。

党小组会主要职责

一、坚决执行党组织的各项制度，定期召开并主持开好党小组的生活会，组织党员学习和开展批评与自我批评。

二、根据党支部的决议和部署，结合党员的具体情况，对本小组的党员布置一段时间的工作任务，并负责检查督促。

三、了解党员的思想、工作、学习和生活等方面的情况，经常向党支部反映党员的意见和要求，对党员进行教育帮助。

四、积极做好党外群众的思想政治工作，了解和反映群众的意见和要求，组织党员为党外群众做好事。

五、发现和培养积极分子，协助支部做好对预备党员的教育和考察工作。

六、按时收缴党费。

党员学习制度

一、党支部制订年度学习计划，做到内容明确，学习时间有保证，学习由党支部或党小组组织，每月集中学习时间不少于4小时，学习时做好笔记，讨论时踊跃发言。

二、党员要根据党支部的学习计划，订出个人的学习计划，坚持理论与实践相结合，并在实际应用上下工夫。

三、学习重点要抓好邓小平理论和党的方针、政策的学习，学习方法要灵活多样，要经常结合工作开展心得交流，要充分发挥电教室的作用，每年组织党员干部观看电教片不少于8部，做到有观看记录。

四、支部对每次学习的情况要认真做好记录，党员因事、因病不能参加学习要提前请假，做到学习时不迟到，不早退，不无故缺席。

党员议事制度

一、党员参政议事由村党支部组织，以党小组为单位进行，党员必须积极参加。

二、党员参政议事会每季度召开一次，必要时可随时召开，党支部要及时听取党小组的汇报。

三、召开议事会时，提前提出议事主题，使每个党员能够深入调查研究，反复思考，充分发挥党员的参政议事积极性。

四、议事内容：

（一）如何贯彻落实党的路线、方针、政策，加强自身建设。

（二）讨论提出本地规划、公益事业建议承包合同、重大经济开支。

（三）对村民普遍关注的问题，先由党员讨论，在党内统一思想以后，提交村民大会议定。

（四）党支部定期听取村委会的工作汇报，对他们提请党组织决定的重要问题，在党员议事会上酝酿讨论。

圭山乡中心学校有关规定

一、采购员职责

（一）听从炊事班长安排，配合有关人员、积极主动工作。

（二）有计划地采购副食品、燃料、炊具、餐具等。

（三）与炊事班长密切联系，精打细算，勤问，勤跑，勤访。

（四）发挥当家做主、以校为家的主人翁精神，采购食品物美价廉。

（五）严格执行采购复核制度，采购物品的单据以复核员签名为准，否则一律无效。

（六）来往账目必须及时清算，及时报账，随时保持现金、发票相吻合，有足够的备用金。

（七）把好质量关，不让腐烂变质的食物进入食堂。

（八）广泛征求师生的建议，认真听取并采纳，主动接受群众的监督，使师生吃上放心的饭菜。

二〇〇三年三月六日

二　验收员职责

（一）实事求是，秉公办事，不徇私情，不留漏洞。

（二）经常调查市场，主动了解行情，做到心中有数。

（三）认真查看并综合了解、分析有关情况，杜绝肉眼难以发现的安全隐患问题。

（四）严格过称，杜绝短斤少两等不良现象的发生。

（五）分类储藏，上架摆放，避免保管不当所引起的损失和安全隐患问题。

（六）对所采购的食物，不折不扣地检验并验收负责。

三　清洗组长职责

（一）细致观看，绝不放过任何疑点，做到无任何隐患。

（二）认真清洗，每样食物都要做到清洗三遍，使之干净清洁。

（三）各种食物洗净、切好后，必须入筐、上架并盖上防护纱布，一律不得随地乱摆乱放。

（四）在清洗过程中既要清洗干净，确保安全，又要节约用水，反对浪费。

（五）清洗工作一切就绪，组长签字认可，对清洗负责。

四　加工师职责

（一）认真学习，总结经验，取百家之长，结合本校实际进行烹调。

（二）上锅上灶前，把洗净的食物用开水煮后，用凉水漂洗，最后进行烹饪。

（三）根据各种菜的特性，充分挖掘现有原料，做出色美味香的可口饭菜。

（四）天天保持用盆把各道菜分盆装好，坚持把菜装入防尘、防蝇栏中。

（五）禁止把炒煳的食物、有杂质的菜出售给学生吃。

（六）不吃夹生饭，不吃过软饭，顿顿吃上软硬适宜的饭。

（七）天天都要精心细致地做好计划，注意节约，剩饭剩菜及时处理，不吃隔顿隔天的饭菜。

五　厨房销售员职责

（一）工作态度和蔼，穿着整洁大方，微笑服务。

（二）平等待人，不搞特殊服务，礼貌对待师生。

（三）按时供应饭菜，力求做到数量够，质量好。

（四）销售人员一律要求着装上岗，穿戴整洁，勤剪指甲，勤洗手，注意讲究个人卫生。

（五）饭、菜打完后，及时清洗用具，规范整齐地摆放在橱柜内，严禁虫子、灰尘的污染。

（六）积极主动地听取师生的建议，尽量让师生满意率达100％。

（七）工作中的不足要及时整改，不留隐患，不粗心大意。

二〇〇二年三月六日

六　下班普查组长职责

上班时间精神饱满，一心为公，下班时间认真查看下列工作无后患才能离开。

（一）查看每餐的留样品保存情况，以防备检。

（二）认真查看餐具、厨具是否清洗干净、摆放整齐。

（三）剩菜是否及时销毁，剩饭是否妥善处理。

（四）仔细观察燃料、水、力、电，不留隐患。

（五）门窗是否关好，餐厅是否卫生，门、碗柜、橱柜是否上锁。

（六）查看锅炉水位、气压、大门是否符合要求，严防事故。

二〇〇二年三月六日

圭山乡中心学校学生宿舍管理制度

学校是育人的场所，而宿舍则是学生赖以生存的地方，宿舍的安全、卫生直接影响到他们的学习和生活，为了培养学生自立、自理的生活能力，营造一个健康、整洁、舒适的育人环境，特制定本管理制度，望全体师生共同遵守。

一　宿舍纪律

（一）凡在校住宿的学生，必须严格遵守学校的休息时间，按时就寝，按时起床，睡觉时不讲话，不走动，保持宿舍室内安静。

（二）住校的学生，未经老师允许，一律不得到校外住宿，也不得留他人寄宿，否则后果自负。

（三）不准带公安部门管制的刀具、火种进入宿舍，更不准在宿舍里生火照明，一旦发现，全部没收，并追究其责任，造成后果的，责任自负。

（四）不在宿舍里追逐、打闹，在下床睡的学生不爬到上床游戏、玩耍。

（五）不偷摸东西，不参与流氓团伙及各种违法犯罪活动，一旦发现，严肃处理。

（六）不私拉乱接电线、开关，不允许在电线上挂晒任何物品。若发现电闸开关和线路有问题，不得自行修复，必须向老师和学校汇报。

（七）学生上课或放假时，一定要关好窗子，锁好门。

二　物品摆放

我校学生宿舍的物品摆放一律实行有"五条线"管理，严禁乱摆乱放。

（一）被子摆放一条线，做到被子叠平整，放整齐，横看竖看一条线。

（二）毛巾一条线，做到毛巾统一颜色，折叠一致，挂成一条线。

（三）洗漱用品一条线，做到口杯摆放一条线，牙膏头朝下，牙刷头朝上，脸盆摆放一条线。

（四）卫生用具一条线。做到宿舍内的水桶、扫把、拖把等卫生用具整洁卫生，摆放一条线。

（五）鞋子摆放一条线，做到鞋子干净无异味，统一摆放在床下，鞋尖朝外，摆放一条线。

三　宿舍卫生

（一）每个宿舍必须有学生轮值表，做到宿舍内时常保持整洁、卫生，地板光滑洁净，无积水，床底下无垃圾等杂物。

（二）床上用品要常洗常换，做到每月至少换洗一次。

（三）宿舍外面的走道也应时常保持清洁，做到走道（含花台）无果皮纸屑、剩饭剩菜等杂物。

糯黑小学教育教学管理制度

（一）糯黑小学教职工管理制度

第一条：为了全面贯彻教育方针，保证教育、教学工作的正常进行，依照《中华人民共和国教育法》、《中华人民共和国义务教育法》、《中华人民共和国教师法》及有关教育政策法规，结合我乡实际，制定本暂行规定。

第二条：每位教职工要认真履行《教师法》规定的六条义务，热爱学生，教书育人，为人师表，做一名合格教师。

第三条：严肃教学工作纪律，保证教学时间，做到不旷课，不缺席，不迟到，不早退。

第四条：考勤包括星期天晚上至星期五下午5点，上午三节课、下午三节课和课外活动时间都列入考勤，除上课教师外，其余教师要在办公室里坐班（备课或批改作业），否则按旷工处理。课外活动时间，要组织学生活动，如不能组织活动的，要在教室里上复习课。

第五条：有事有病（除特殊情况外）做到先请假，准假后才能离开工作岗位，否则旷工一天扣发日平均工资，迟到、早退超过二十分钟每次扣10元。假条批准权限，一天以内由校长批准，二至三天由乡中心学校批准，三天以上报县教育局批准。

第六条：学校组织的政治、业务学习和集体活动都列入考勤，在开会时不准做与会议无关的事，劳动时教师要带领学生参加，否则按旷工处理。如在劳动中因教师不参加而发生安全事故，一切责任由教师负责。

第七条：每周星期一早上所有教师参加升国旗仪式，除星期一以外，由上第一节课的教师组织学生上早操，上晚自习教师负责检查学生的休息情况，否则按旷工处理。如学生发生问题，由教师负责。

第八条：各位教师之间，未经学校批准，不得随意调课。

第九条：每周要召开一次班会，每学期召开一次家长会。

第十条：认真完成好当日的教学工作任务和学校交办的其他工作任务，努力抓好班级工作。

第十一条：当月考勤由值日教师负责，要认真履行，若有失职，如批评教育后仍无改观，则扣本人工资。

第十二条：本规定自二〇〇二年七月二十五日起执行。

（二）教师备课上课批改辅导考核制度

第一条：认真备课，认真上课，认真布置和批改作业，认真辅导，认真考核教学工作中的基本要求，是提高教学质量的关键，因此建立以下备课、上课、批改、辅导考核制度。

第二条：必须按国家教委颁布的指导性教学计划、教学大纲进行备课。坚持做到不备课不能上讲台。如发现不备课上讲台一次，在年终考核总分中"工作态度"分扣10分。

第三条：备课必须结合教学的实际，面向全体学生，对教材进行全册分析，要有全学期的教学进度、教学计划、单元计划等。

第四条：备课时，每节课的教案要有：（1）课题；（2）教学目的和要求；（3）重点和难点；（4）时间安排；（5）预习提示；（6）教学步骤；（7）板书设计；（8）课内外作业；（9）教具使用；（10）课后小结等。

第五条：上课时，教材应当选用国家教委审定的或授权的省级教育主管部门审定的教科书，非经审定的教科书一律不得使用。

第六条：上课时必须按教案进行授课，尽量考虑差生，使大多数学生能够听懂，做到一课一得。

第七条：学校实行预备铃制，预备铃响后，教师应做好课前的准备工作，做到按时上课。

第八条：上课时，没有特殊情况，不能随便离开教室。

第九条：上课时，如有学生迟到，教师不能以任何原因不让学生进教室上课，否则按变相体罚处理，只能教育学生今后不能再迟到。

第十条：要多关心、多爱护、多辅导差生，使差生有一个较大的提高和转变，绝不能歧视差生。

第十一条：除特殊情况外，一律不能带小孩去上课。

第十二条：严禁体罚和变相体罚学生。如因体罚和变相体罚学生而造成学生流失或甚至受伤者，按《义务教育法》的有关规定给予处罚，情节严重者，交司法部门追究刑事责任。

第十三条：作业的批改，作文每双周批改一次，其余作业，头天做，第二天要改完。批改的符号要明显。同类型的错题要重讲。

第十四条：辅导要针对学生的实际，特别是要对差生重点、耐心地辅导，使差生有较大的提高和转变。

第十五条：每上完上个单元后，要对学生进行一次测验或考核，学期末要进行一次全册考核，写出总结。

（三）学生管理制度

为了使学生成为有理想、有道德、有文化、有纪律的"四有"新人，成为社会主义事业的建设者和接班人，特制定规定。

第一条：凡进入学校就读的学生，必须服从学校的各项管理，自觉遵守各种规章制度，保证学校各项制度的实施。

第二条：自觉遵守《小学生守则》、《小学生日常行为规范》，逐步达到行为规范的要求。

第三条：严格遵守学校的作息时间，做到不缺席，不迟到，不早退，按时入睡。

第四条：积极参加学校、班级组织的团队、科技、课外兴趣、劳动技术和实践教育等活动。

第五条：上课要专心听讲，不讲小话，不做与上课无关的事。

第六条：要举止文明，不打架，不骂人，不拉帮结伙。发生矛盾时，只能由班主任或学校领导解决，家长不得介入。不准偷东西，不诈骗和勒索别人的东西，不准参加社会上的流氓、盗窃和其他非法团伙和违法活动。

第七条：学生在校就读期间，不准抽烟、喝酒、赌博，不准进电子游戏室、舞厅等不适宜小学生的活动场所。除学校集体组织外，不准自行去看电影。

第八条：除星期六外，住校生不准擅自离校出走（出大门），不准在校外住宿，也不准私自留宿校外人员。非住校生放学回家时，尽量结伴而行，走路要靠右行。幼儿班、学前班、一年级的学生要求家长接送。否则在校外出事，自负责任。

第九条：不准携带任何凶器入校，不准以任何方式邀约亲戚和家长到学校闹事、威胁或殴打同学、教师，否则按有关法律给予处理，情节严重的交司法部门处理。

第十条：不准在建筑工地、路边及其他危险的地方玩耍或看书，不准攀爬屋顶和高物，不准越墙爬门、爬走道栏杆，否则后果自负，不准蹬墙，不准踢瓷砖，不准滑楼梯栏杆，不准损坏校园花草，不准损坏一切公物。违者根据损坏程度，赔偿公物损坏费。

第十一条：要爱惜粮食，不准泼洒饭菜。要遵守就餐秩序，打饭菜、购票要排队。不准在校大门口购买来路不明、不卫生的物品吃，否则发现一次，住校生补交一个月的伙食费15元，不搭伙学生将其购买物品的钱收回，年终交给学生家长。

第十二条：不准在校园内生火、接电，不准点蜡烛。不准携带火柴、打火机及易燃物品入校。

第十三条：不准骑自行车上学、回家。不坐无证、无照的车，行走要遵守交通法规。违者后果自负。

第十四条：除学校上体育课外，学生一律不准自行去游泳，休息时不准在走道上打闹，上楼下楼时，不准推拉人，违者后果自负。

二〇〇二年九月一日

糯黑小学学校管理制度

一　教育、教学管理

（一）严肃教学工作纪律，保证教学时间，不旷课，不缺席，不迟到，不早退。

（二）认真学习教育理论，提高理论水平。努力实践，更新观念，用新理念、新方法来工作。认真备课、上课、批改作业、辅导学生。

（三）按时完成教学任务，严格做好常规工作，各种材料质量高，有创新意识。

二　食堂、饮食管理

（一）每周对食堂管理人员、炊事人员进行一次思想教育和食品卫生法知识的学习教育，要有记录。学校领导每天坚持下食堂检查了解一次，要有记录。

（二）炊事人员要保持相对稳定，未经乡中心学校同意不得随意找他人顶班，讲究个人卫生，炊事人员每年进行一次体检，上班坚持穿工作服、戴工作帽，不穿戴工作服者与其年度考核挂钩，即不得考核为优秀，经教育不改者将给予经济处罚甚至取缔其该工作岗位。

（三）食堂应严把"五关"，即采购关（严禁购买四季豆、野生菌子或变质食品）、运输关、加工关（严禁拌凉菜）、销售关、保管关，各个关要有专人负责，该签名的记录天天要签名，绝不能有丝毫疏忽。

（四）食堂环境做到卫生、清洁，食品、炊具摆放规范整齐，具体由炊管员或炊事班长负责，只有一人的由他本人负责。生食品与熟食品要分开摆放，张贴相应标签。

（五）教育学生不交变质、变霉大米，收米时应认真检查是否有防虫药物（由称米者签名负责），就餐前提供清洗餐具用水，教育学生洗净餐具。

（六）学校食堂属服务性，而非营利性，要管好用好有限的学生生活补助费，票据使用要规范，钱粮入账要清楚，做到日清月结。炊事工作人员在学校工作不存在任何加班和补贴，经查如发现问题照第二条第二款给予处罚。情节严重的提交有关部门处理。炊事员在食堂搭伙必须交足有关费用，客餐要收取伙食费（除哺乳期小孩外）。

（七）坚决杜绝食品中毒事件在校园内发生，如果有中毒现象，要先追究校长的责任，并层层追究，直到追究到责任人。

（八）食堂内严禁使用塑料桶、塑料盒。

三　门卫管理

（一）有门卫和值班巡查制度，要求有一本值班巡查记录本，值班巡查人员要签名。周末、节假日要安排值班巡查教师，并认真填写值班巡查记录本。

（二）应有一本来访人员登记本，严禁陌生人进入校园。

四　宿舍管理

（一）严格按宿舍管理制度管理宿舍，认真填写宿舍管理工作表。

（二）严禁带火种、刀具、危险物品（灭鼠药等药品）到校园宿舍。

（三）不准乱接电线，不用插座，电源开关、电源不裸露。

（四）宿舍物品做到"五条线"管理，具体要求见宿舍管理制度。

五　宿舍管理制度

（一）每班负责宿舍的责任教师要经常走一走、看一看、问一问，做好督促、检查和指导工作，发现问题及时解决或上报。

（二）当天值日的教师除负责督促检查宿舍的纪律、卫生外，还要时常注意宿舍的各种安全事项，发现问题及时解决或上报。

（三）各班护送学生去寝室入睡的教师，要认真查清学生的入睡情况，如实填写《宿舍管理工作表》。

以上各条，望全校师生共同遵守，若有违反，造成后果的层层追究，责任自负。

二〇〇二年三月十一日

六　校舍管理

（一）经常检查校舍，如发现问题、隐患，应及时整改、排除。按《义务教育法》规定，村委会管村完小，教师应主动去找负责人联系。

（二）严防因校舍倒塌或楼梯、走道拥挤而造成伤亡事故。楼梯应用油漆划分为两半，学生上楼、下楼各走一半，以免拥挤。

七　实验室的管理

（一）坚持专人管理（要有名单）。

（二）对装有剧毒化学药品的柜子要双锁上柜（两人各拿一把锁的钥匙），取用要登记，要防盗，经常清查盘点，坚持报告制度。

（三）严格按实验制度操作，搞好室内卫生，清洗好器具，以免发生中毒或其他安全事故。

（四）实验室、保管室应配挂灭火器。

八　环境管理

（一）禁止校外用火，使用各种电器要经常保修、维修，严禁违反操作规程用电。

（二）水池要加盖，经常检查，如发现水池不清洁，要及时清洗。

（三）认真执行锅炉的管理、使用技术标准，并经常检查。锅炉工要先培训、持证上岗，制定出相应的职责，并增强责任心。

（四）要注意经常了解、排查、化解教职工之间、学生之间、师生之间的矛盾和纠纷，努力把矛盾处理在萌芽状态。

（五）上体育课时，要检查场地及周围环境是否存在安全隐患，若有安全事故发生，上课教师要具体负责。

（六）严禁任何人在校园内出售食品、药品、饮料等。不听劝阻的将报有关部门进行处理。

九　其他规定

（一）在上课时间或不属全乡统一的放假日、节假日，教师若要外出活动，必须先申报、审批，出去外乡的由乡中心学校审批，出去外县的由县教育局审批。批准后，如有安全事故的发生，由组织者负责。不申报、未经批准自行组织出去外乡者，每人每次给予罚款 100 元人民币的处罚，有领导参加的给予双倍罚款；未经批准自行组织出去外县者，每人每次给予罚款 500 元人民币的处罚，有领导（指教研组长及以上职务者）参加的给予双倍罚款。

（二）如学校突发重大事故，要在 5 小时内上报乡中心学校。如学生在校生病，应先将学生送去看医生，再通知家长。不执行的后果由当堂的任课教师自负。

（三）学校的安全工作坚持一票否决的规定。

（四）若发生安全事故，要对学校领导和有关责任人依法进行责任追究和相应处理。处理、处分根据情节轻重，给予记大过、降级、撤职的行政处分；构成犯罪的依法追究刑事责任。有记大过及以上处分的教职工当年考核不得为优秀，晋级将顺延相应年限。

以上各条规定望各位校长、园长在职工会上认真传达，全体教职工认真遵照执行。请各村完小、幼儿园根据自己的实际情况制定出各村完小、幼儿园的领导小组以及具体管理措施，在5月25日前上报乡中心学校。

二〇〇二年九月一日

校长职责

校长是学校的主要行政领导者，在上级教育行政部门的领导下，主持学校的教育、教学和其他行政工作，其主要职责是：

一、全面贯彻党和国家的教育方针，认真执行国家和上级政府制定的法令、法规和有关政策，按教育规律办学，培养德、智、体、美、劳全面发展的社会主义建设的接班人。

二、根据上级主管部门的要求和本校的具体情况，组织制订学校的发展规划和学年、学期工作计划，并认真组织实施。

三、按照教学大纲和学校的教学工作及教研活动计划，努力提高教学质量。

少先队活动管理制度

少先队组织是整个儿童教育事业中不可缺少的一个重要组成部分，是学校教育的得力助手。为了使学生能健康成长，确保我校少先队活动的顺利开展，制定以下制度。

一、开展活动必须讲求思想性、教育性、科学性和艺术性，体现时代精神，在内容上力求准确、深刻，反映教育思想，在形式上要喜闻乐见，易于接受。

二、活动要有针对性。

（一）新颖、活泼、生动，富有情趣。

（二）活动要讲求实效。

（三）活动题目要小，立意要深。

三、集体性活动时，不管是在室内还是在室外，都必须是全体学生参加，并听从老师组织。

四、组织大队活动时，活动前各中队辅导员要对本中队进行一次安全教育，并记录好。

五、活动中，学生一律不准买零食吃，也不准随意走动，只允许在老师指定的范围内活动，有事、有病必须向老师请假，不能私自提前离开。

六、活动时要遵守秩序，不打架，不骂人，要会使用礼貌用语，避免发生口角。

七、各辅导员必须要有队活动计划，并按计划实施，队活动时间不得上语文课、数学课。

八、开展全校性活动时，各中队要支持和配合好大队部的工作。

糯黑小学财经管理制度

一、学校要建立健全财务管理人员制度，设会计一人、出纳一人。

二、严格执行财经纪律，严格审批制度，每学期向全体教师和学生公布一次收支情况，做到账务清楚。

三、学校收费严格按照有关部门规定的收费标准，并开收据给学生家长，做到不乱收费。

四、各班按学校要求收费时，要做到逐项、逐人登记，不能漏登，一经发现，严肃处理。

五、财务人员要提高警惕，做好安全管理工作，防止公款、支票等丢失，严格防止被盗、被骗情况的发生，否则由当事人员负全部责任，并根据有关规定对当事人员进行严肃处理。

六、未经学校领导批准，不得私自借用公款，更不能挪用公款。

糯黑小学档案管理制度

一、热爱中国共产党，热爱社会主义教育事业，兢兢业业，乐于奉献。

二、定期对档案进行归类，做到摆放整齐，便于查找，不准乱堆乱放。

三、严格执行保密制度，不该看的不看，不该说的不说，更不准擅自把上级印发的文件带出办公室。若需查阅，应按正常渠道进行。

四、值班人员要忠于职守，对于陌生人要谨慎，要记录，保管人员更不准擅自把有关档案带出档案柜，否则将按有关规定处理。

二〇〇二年九月一日

糯黑小学学校设施管理制度

一、加强本学校所有财产管理，由一名学校领导兼管，一名教师具体负责兼管。

二、管理员对学校的财产（包括房地产）要认真清理分类，造册登记。

三、所有教职工和学生都要爱护学校财物，不得损坏。如有损坏，照价赔偿。

四、任何人都不准把学校的财物（如课桌椅等）拿回家，据为己有。一经发现，将按有关规定严肃处理。

五、管理员对各班学生宿舍和教室内的床、课桌椅等学校财物要认真地逐项登记造册，并一式两份，每学年开学交各班班主任一份，学年结束时，管理员要对各班认真检查，合格后方可验收。

六、管理员要做好防盗、防火等安全工作。

七、对正常损耗（如日光灯等）管理员要认真登记，定期向学校领导汇报情况，给予更换。

八、对校舍要经常检查，至少每星期一次，发现问题要及时处理。

糯黑小学安全管理制度

第一条：为了使学校安全工作真正落到实处，保证师生安全，特制定以下安全管理制度。

第二条：每学期初（开学的第一周内），各完小、村小的学校安全领导小组对所属学校的房屋、电源、食堂、宿舍、学校周围的小卖部等进行一次全面的检查，如发现安全隐患，要及时向当地领导或乡中心学校汇报。

第三条：各完小要制定出学校安全管理制度的落实措施。

第四条：校长是安全工作第一责任人，完小校长、村小负责人要把学校安全工作当作学校的一项主要工作来抓，做到安全工作天天讲、时时抓，警钟长鸣，常抓不懈，并要求在每周校会和每天课间操时必须强调安全工作。如有失职，学校发生安全事故由校长或学校负责人承担责任。

第五条：各班主任和任课教师每天上午上第一节课时，必须清点本班学生人数，如发现缺席者，及时了解缺席原因，并向学校领导汇报，上午、下午放学时都要强调放学后的安全工作。

第六条：有住校生的学校，每天晚上熄灯后，各班主任、任课教师要轮流到学生宿舍检查学生入睡情况。

第七条：各学校、各班开展集体活动时，必须按有关规定，经批准后方能开展，否则发生安全事故，谁主办谁负责。

第八条：凡是学校搞劳动时，教师必须参加，并在劳动前强调有关安全知识。

第九条：凡在外地就读的学生，星期天由家长负责送到学校，星期五由家长接回家。学生回家时，一律不坐无证车，同时也严禁骑自行车上学。

第十条：学校的全体教职工，在任何地方看见学生在做不安全的事或在不安全的地方玩耍，都有责任教育学生，及时消除安全隐患。

第十一条：学校不准接受外来者推销的加碘食品和保健品。

第十二条：本制度从规定之日起实行。

二〇〇二年九月

糯黑小学学校水电安全管理制度

为全面贯彻落实教育方针，全面提高教育教学质量，全面推行素质教育的发展，要使学校实现安全可靠的水电安全管理。"水能载舟亦能覆舟"，电能为我们带来光明，但倘若管理不善，水电也是无情的杀手。为管理好学校的水电，特制定本管理制度，杜绝一切水电安全事故的发生。

一、学生一律不准在游泳池和水塘、小河边玩水、拿鱼、摸虾，以免发生安全事故。

二、不准在教室、宿舍、校园等各个场所自行接电、触摸电源，发现有电线塌落、用电器损坏等现象，应及时向教师、学校报告。不在电源不安全的地方学习、休闲。

三、学校若发现有不安全的电源、电线，应及时排除危险，保证学生有安全可靠的学习环境，保证教师有安全可靠的工作环境。

四、每学期初，对学校的水电设施进行一次大规模的检查，排除隐患，防患于未然。

五、人与自然和谐发展，不准使用弹弓等玩具打电话线、高压线上的小鸟，以免打断线路，发生安全事故。

六、应有专人负责学校的水电工作，经常性地对学校的水电设施进行检查、维修。

七、应有自己学校的水电管理具体措施，保证学校师生的水电安全，做到服务育人。

八、师生不许购买变质、过期，没有标签、厂家、生产日期的饮料饮用，以免发生饮水中毒等安全事故。

九、不准爬水池、打水、玩水，以防落水。

十、保护、爱护好学校的水电设施，不乱扭、乱扳水龙头、水管、电源开关。

以上各项要求请学校师生认真、严格地执行，如有违反，责任自负。

厉行节约，爱护水电设施，正常合理使用水电，做到学校平安、安全，保证学校教育教学工作的顺利开展。

二〇〇二年九月一日

糯黑小学后勤管理制度

一、由一名学校领导配合乡中心学校总务主任负责管好学校后勤工作，加强食堂管理。

二、设一名具体管理人员（组长）负责后勤的全面工作。设一名伙食出纳、一名会计，专项管理学生伙食费。

三、每周由两名后勤人员轮流购买小菜。买回时，由管理人员签字发单方能有效，做到谁买菜谁负责。

四、切实搞好食堂卫生，食堂内随时保持干净，讲究个人卫生。菜要多洗几次，防止食物中毒。餐具必须天天清洗，定期消毒。

五、后勤人员在工作中，不能带小孩进入食堂，不能边炒菜边吃，更不能用手抓菜吃。否则一经发现，严肃处理。

六、后勤搭伙人员，每月定期交一次伙食费给管理人员，由管理人员一并交给出纳。否则下月不得在校搭伙。

七、要严格工作纪律，按时上下班，保证学生按时就餐，否则按考勤制度执行。

八、每学期向学生代表公布一次学生伙食，保证现有资金用好。

九、每周星期一参加学校的政治学习，每月由管理员负责召开一次后勤人员会议，总结上月工作，安排下月工作。

十、加强自学，提高思想素质，做到服务态度周到，饭量足够，学生基本满意。

十一、做好考核制度，针对后勤人员的考核，每学年末由教师代表和学生代表组成考核组，对每个炊事人员给予量化打分，评出优、良、合格、差四个等级，评为优者给予表彰奖励，评为差者给予批评教育。

十二、保管室实行双人双锁，保证一切安全。

十三、本规定于 2002 年 9 月 25 日开始执行。

糯黑小学校园环境卫生管理制度

为了使学校有一个良好的学习环境，保证学校干净，特制定本规定。

第一条：校园卫生区由学校划分到各班，每星期至少打扫两次，宿舍、教室由各班负责，每天至少要打扫一次，做到经常保持干净，厨房由炊事员负责。

第二条：各班要有宿舍管理员，要建立严格的宿舍管理制度，做到宿舍内清洁卫生，床铺整齐，物品安放有序，窗明几净，做到五个"一条线"。

第三条：课桌椅排列整齐、干净。

第四条：注意个人卫生，经常换洗衣服、裤子，保持干净。

第五条：不随地吐痰，不随地倒垃圾，不随地大小便，不吃零食，不随地乱丢纸张等（也不能从窗子丢出）。从小养成良好的卫生习惯。如有违反，处罚卫生管理费1—5元。

第六条：在一般情况下，厕所除每星期定时打扫外，每星期冲洗一次。食堂每天冲洗一次。

第七条：学校分管卫生的领导、教师每星期对全校卫生进行检查、评比一次，将检查、评比情况作为班主任和任课教师考核的依据之一。

村规民约（试行）

根据《中华人民共和国村民委员会组织法》的有关规定和省、市有关精神，在县、乡党委的领导和指导下，经各位村民的积极参与，我村于二〇〇〇年八月选举产生了第一届村民委员会，为了更好地坚持党的基本路线、邓小平理论和贯彻江泽民总书记"三个代表"重要思想，保护我村集体和个人利益，保障村民的正常生活秩序，促进本村经济发展和社会稳定，抓住中央西部大开发机遇，充分利用区位资源优势，稳定农业，使我村的村民遵纪守法，团结友爱，积极发展经济，使村民生活走向富裕道路，结合本村实际，特制定本村《村规民约》。

一、村干部和村民小组成员、村民代表是决策者，要认真学习、贯彻落实党和国家的法律、法规，人人都要学法、知法、守法，依法自觉地维护法律的权威和尊严。在本村要求村民做到的事自己首先做到，廉政为民，若村干部违反《村规民约》，加倍处罚。

二、村民要学习党和国家的政策、法律、法规，自觉遵纪守法，服从村干部的领导和指挥，热爱本村的集体荣誉，做什么事都要为村争光，要为村里的物质文明、精神文明建设作出积极的贡献。若违反本《村规民约》，必须按照村委会的规章严格处理。

三、村民要学科学、用科学，要积极参加村民小组召开的大会，不准迟到和早退，必须服从上级要求推广的农业生产科学技术的统一安排和指导，不得上级说一套自己另干一套。不服从安排和指导者，一切后果自负，并视情节处罚10—50元。

四、土地属于集体所有，在国家、集体建设等需要时，承包户要服从村干部的安排。

五、村民拆旧翻新建盖房屋要先写申请上报，经村民小组、村民委员会、乡、县土地管理部门批准同意，并进行公示后，方可按村建规划，到指定的地点，按指定的、批准的面积落实建盖，违反者一律按违章建筑处理，限期拆除。限期内不拆除者，按程序由有关部门组织拆除，拆下的材料先估价，然后抵扣拆除工作的报酬，同时由行政执法部门依法给予行政、经济处罚。

六、村民的责任田、地要服从村委会的种植安排和规划，种植新品种、优良作物，不服从者，视情节罚款50—100元。

七、村民采石、取土要上报村委会和环保部门批准，未经申报、审核批准便擅自采石、取土者，视情节罚款500元以上，情节严重者由行政执法部门依法处理。

八、保护国家、集体、个人的林木（包括竹子、果树），严禁乱砍滥伐。违者偷砍树枝每公斤罚款0.5—1元；偷砍树木材料，以根径尺寸量计，每市寸罚款10—15元，同时没收木材，态度不好的加重处罚。在糯黑村区域内铲土杂肥料者，无论外地人或本地人，处罚标准均为手扶拖拉机每辆罚款150元，农用汽车每车罚款300元，载重量为5吨以上的汽车每车罚款500元，情况严重者由行政执法部门依法处理。

九、村民饲养的动物、家畜造成他人损害的，动物、家畜饲养人或管理人负经济责任，没有或限制行为能力的人给他人造成损害的，其监护人应负经济责任。保护村民的庄稼，牛、马、羊、猪等不准放入他人的田埂、地埂、烤烟地、未收完的农作物和集体封山区域。违者每放入一次，每头牛、每匹马罚款20元，每只羊罚款10元；家畜吃着地里的庄稼，每棵玉米、每塘洋芋均罚款1元；吃着撒播的小麦和绿肥，每平方米罚款10元。

十、坚决打击偷盗行为，凡偷一包包谷、一丛荞子、一塘洋芋、一个水果均罚款1元，偷玉米秆每把罚款0.5元，其他可参照执行。

十一、村民生产用水（水库水、机器抽水）必须服从村委会安排，未经村委会集体讨论和村民小组同意，任何人均不准开闸、开沟放水，违者重罚。生产需要用水，由村委会和村民小组委托的专管人员负责按规定放用，除管放水人员外，其他人不准扒沟、填水口，违者每扒一次水口罚款10—50元，态度恶劣者加重处罚。

十二、搞好公共卫生和村容村貌，保持整洁，村民的粪、土、石、柴、草等不得乱堆乱放，不得影响集体道路、场院、沟渠公共卫生，违者限期搬走。不听者视情节罚款20—100元，堆放物没收处理给他人。

十三、凡承包管电、管供自来水人员必须认真履行与各村民小组签订的合同职责，该收的电费、水费应按时收取，并向水、电部门交清费用，违者每停水、停电一天罚款100—500元，并按违约处理，承担由此而造成的一切经济损失。

十四、凡承包集体加工房、水库、菜园、鱼塘者应按时缴纳承包费、管理费等，违者每超过一天交款期限加罚50—100元。拖延时间较长者，按违约处理，并向人民法院起诉。

十五、严禁乱开乱挖集体荒山荒坡，由村委会组织承包或绿化造林，违者每开挖一平方米荒山荒坡、沟埂罚款2元，并没收所开挖的土地，由村民委员会和村民小组另行处理。

十六、村民要按村委会的时间要求积极完成国家公粮、合同粮交售任务，完成公益事业建设需要的集体资款和乡统筹款，违反者交滞纳金，每延期一天，视情节由村委会、村民小组临时决定处以滞纳金罚款。

十七、村民要认真执行国家的计划生育政策，执行《路政发〔1991〕24号文件》关于贯彻《云南省计划生育条例》的补充规定，违反者，凡上级处罚村委会、村民小组金额由违反者承担。

十八、村民要认真执行《义务教育法》，父母必须让适龄子女入学，接受规定年限的义务教育，不准使子女辍学，违反者罚款50—100元。

十九、村民要遵纪守法，不准打架斗殴、赌博、盗窃、醉酒闹事、吸毒、嫖娼卖淫等，违反者视情节罚款50—100元，构成违法犯罪者交司法机关处理。

二十、村民之间要相互尊重，相互理解，相互帮助，和睦相处，建立良好的乡邻关系。双方发生纠纷问题，报村民小组和村委会调解时，双方需先交纠纷调解费，每件纠纷预交50—100元，调解完后由输理者承担纠纷调解费。

二十一、对丧失劳动能力、无固定收入的老人，其子女必须尽赡养义务，保证老人每人每年400公斤粮、200元钱、两套衣服。老人生病就医，生活服务由子女负责或承担费用。不准虐待病残儿、继子女。

二十二、对举报违反《村规民约》者，对协助村委会、村民小组工作有突出贡献的村民给予表彰奖励。

二十三、若村干部、村民小组成员为了搞好本村的工作而遭人报复，若有人破坏村干部、村民小组成员的庄稼或财产等，未破案的，经核实后由村民委员会向村民小组成员负责赔偿损失，破了案的由破坏者全部赔偿，并从重处罚。

二十四、为控制人口增长，解决人地矛盾，特规定：无儿子的农户，允许一人上门招亲落户；有儿子者，不允许招亲落户；家有一儿一女者，若儿子参加工作后全家转为非农业人口的，允许一人上门招亲落户；若儿子残疾或无生育能力，须持县级以上医院鉴定证明书，方可同意女儿招亲落户（男方是本村村民小组的不受此限）。

二十五、本《村规民约》自村民代表大会讨论通过之日起执行，外村人在本辖区内违反本《村规民约》者加重处罚。

二十六、未尽事项，村委会可按有关法律法规和规定执行。

二十七、各村民小组除严格执行本《村规民约》外，可根据各村民小组情况做补充规定。

二十八、本村《村规民约》，由本村民委员会负责解释。

糯黑村第一届村民委员会

糯黑村村规民约
（2003年9月15日村民大会通过）

根据《中华人民共和国村民委员会组织法》的有关规定和省、市精神，在县、乡党委的领导和指导下，经各位村民的积极参与，我村于二〇〇三年八月选举产生了第二届村民委员会，为了更好地坚持党的基本路线、邓小平理论和认真贯彻江泽民总书记"三个代表"重要思想，保护我村集体和个人利益，保障村民的正常生活秩序，促进本村经济发展和社会稳定，抓住中央西部大开发机遇，充分利用区位资源优势，稳定农业，使我村的村民遵纪守法，团结友爱，积极发展经济，使村民生活走向富裕道路，结合本村实际，特制定本村《村规民约》。

第一条：村干部和村民小组成员、村民代表是决策者，要认真学习、贯彻落实党和国家的法律、法规，人人都要学法、知法、守法，依法自觉地维护法律的权威和尊严。在本村要求村民做到的事自己首先做到，廉政为民，若村干部违反《村规民约》,加倍处罚。

第二条:村民要学习党和国家的政策、法律、法规,自觉遵纪守法,服从村干部的领导和指导,热爱本村的集体荣誉,做什么事都要为村争光,要为村里的物质文明、精神文明建设作出积极的贡献。若违反本《村规民约》,必须按照村委会的规章严格处理。

第三条:村民要学科学、用科学,要积极参加村民小组召开的大会,不准迟到或早退,必须服从上级要求推广的农业生产科学技术的统一安排和指导,不得上级说一套自己另干一套,不服从安排和指导者,一切后果自负。

第四条:土地属于集体所有,在国家、集体建设等需要时,承包户要服从村干部的安排。

第五条:村民拆旧翻新建盖房屋要先写申请上报,经村民小组、村民委员会、乡、县土地管理部门批准同意,并实行公示后方可建盖。违反者一律按违章建筑处理,限期拆除,限期内不拆除者,按程序由有关部门组织拆除,拆下的材料先估价,然后抵扣拆除工作报酬,同时由行政执法部门依法给予行政、经济处罚。

第六条:村民的责任地要服从村委会的种植安排和规划,种植新品种、优良作物。按乡上规定的烤烟品种种植,否则取消种植合同。

第七条:村民采石、取土要上报村委会和环保部门批准,未经申报、审核批准便擅自采石、取土者,视情节罚款500元以上,情节严重者由行政执法部门依法处理。外村人员到本村采石者,按照每辆手扶拖拉机50—100元、每辆汽车100—300元罚款,不配合者,加倍罚款。

第八条:保护国家、集体、个人的林木(包括竹子、果树),严禁乱砍滥伐。违者偷砍树枝每公斤罚款0.5—1元;偷砍树木材料，以根径尺寸量计，每市寸罚款10—15元，同时没收木材，态度不好的加重处罚。在糯黑村区域内铲土杂肥料的外地人，手扶拖拉机每辆罚款150元，农用汽车每车罚款300元，载重量5吨以上的汽车每车罚款500元，情况严重者由行政执法部门依法处理。

第九条：村民饲养的动物、家畜造成他人损害的，动物饲养人或管理人承担经济责任，没有或限制行为能力的人给他人造成损害的，监护人应承担经济责任。保护村民的庄稼，牛、马、羊、猪等不准放入他人的田埂、地埂、未收完的农作物、烤烟地和集体封山区域。违者每放入一次，每头牛、每匹马罚款20元，每只羊罚款10元；家畜吃着地里的庄稼，每棵玉米、每塘洋芋均罚款1元；吃着撒播的小麦和绿肥，每平方米罚款10元。

第十条：坚决打击偷盗行为，凡偷一包包谷、一塘洋芋、一个水果均罚款1元，偷玉米秆每把罚款0.5元，其他可参照执行。

第十一条：搞好公共卫生和村容村貌，保持整洁，村民的粪、土、石、柴、草等不得乱堆乱放，不得影响集体道路、场院、沟渠公共卫生，违者限期搬走，不听者视情节罚款20—100元，堆放物没收处理给他人。

第十二条：凡承包集体加工房、水库、果园、鱼塘等应按时缴纳承包费、管理费等，违者每超过一天交款期限加罚50—100元。拖延时间较长者，按违约处理，并向人民法院起诉。

第十三条：严禁乱开乱挖集体荒山荒坡，由村委会组织承包或绿化造林，违者每开挖一平方米荒山荒坡、沟埂罚款2元，并没收所开挖的土地，由村民委员和村民小组另行处理。

第十四条：村民要按村委会的时间要求积极完成任务，完成公益事业建设需要的集体资款和乡统筹款，违反者交滞纳金，每延期一天，视情节由村委会、村民小组临时决定处以滞纳金罚款。

　　第十五条：村民要认真执行国家的计划生育政策，违反者，凡上级处罚村委会、村民小组金额由违反者承担。

　　第十六条：村民要认真执行《义务教育法》，父母必须让适龄子女入学，接受规定年限的义务教育，不准使子女辍学。

　　第十七条：村民要遵纪守法，不准打架斗殴、赌博、盗窃、酗酒闹事、吸毒、嫖娼卖淫等，构成违法犯罪者交司法机关处理。

　　第十八条：村民之间要相互尊重，相互理解，相互帮助，和睦相处，建立良好的乡邻关系，双方发生纠纷问题，报村民小组和村委会解决时，双方需先交纠纷调解费每件100—200元。

　　第十九条：对丧失劳动能力、无固定收入的老人，其子女必须尽赡养义务，保证老人每人每年400公斤粮、200元钱、两套衣服。老人生病就医，生活服务由子女负责或承担费用。不准虐待病残儿、继子女。

　　第二十条：对举报违反《村规民约》者，对协助村委会、村民小组工作有突出贡献的村民给予表彰奖励。

　　第二十一条：若村干部、村民小组成员为了搞好本村的工作而遭人报复，若有人破坏村干部、村民小组成员的庄稼或财产等，未破案的，经核实后由村委会或村民小组集体经济向损失者赔偿，破了案的由破坏者全部赔偿，并从重处罚。

　　第二十二条：为控制人口增长，解决人地矛盾，特规定：无儿子的农户，允许一人上门招亲落户；有儿子者，不允许招亲落户；家有一儿一女者，若儿子残疾或无生育能力，须持县级以上医院鉴定证明书，方可同意女儿招亲落户（男方是本村村民小组的不受此限）。

　　第二十三条：本《村规民约》自村民代表大会讨论通过之日起执行，外村人在本辖区内违反本《村规民约》者加重处罚。

第二十四条：未尽事项，村委会可按有关法律法规和规定执行。

第二十五条：各村民小组除严格执行本《村规民约》外，可根据各村民小组情况做补充规定。

第二十六条：本村《村规民约》，由村民委员会负责解释。

糯黑村第二届村民委员会

大糯黑村村规民约补充条例

为了保护本村的森林资源，禁止一切机动车辆和马车进入林区内乱砍滥伐及找烧柴、挖腐殖土，违者按《村规民约》和《森林法》给予罚款，情节严重者除罚款外，上报有关部门给予追究刑事责任。

补充条例：

一、乱找干柴者，每车罚款100—150元。

二、砍修青松、棵松的树枝者，每车罚款150—250元，烧柴不给带走。外村人来找杂木树者，每车罚款150—200元，烧柴不给带走。

三、砍着成材者，按照《村规民约》每寸罚款50元，并没收林木。

四、积着腐殖土者，每车罚款100—150元。

五、凡各级单位需要积腐殖土，必须先与村民小组联系。

六、为了保护好进村联络道路的路面，禁止农用拖拉机在水泥路面上使用滑链，发现一次罚款60元；外运石料的汽车，吨位不能超过10吨，违者发现一次罚款100元。

本《村规民约》补充条例自规定日期起执行。

大糯黑村村民小组
二〇〇三年九月十五日

附图

图1 1946年在昆明的圭山彝族音乐舞蹈会结束后,全体演员及工作人员合影,站立前排中的有大糯黑村彝族撒尼姑娘王兰珍(左三)、王兰英(左四)

图2 1946年到昆明参加圭山彝族音乐舞蹈会的大糯黑村彝族撒尼姑娘王兰珍,时年18岁(1946年张光琛拍摄,曾刊登于香港《环球》杂志封面)

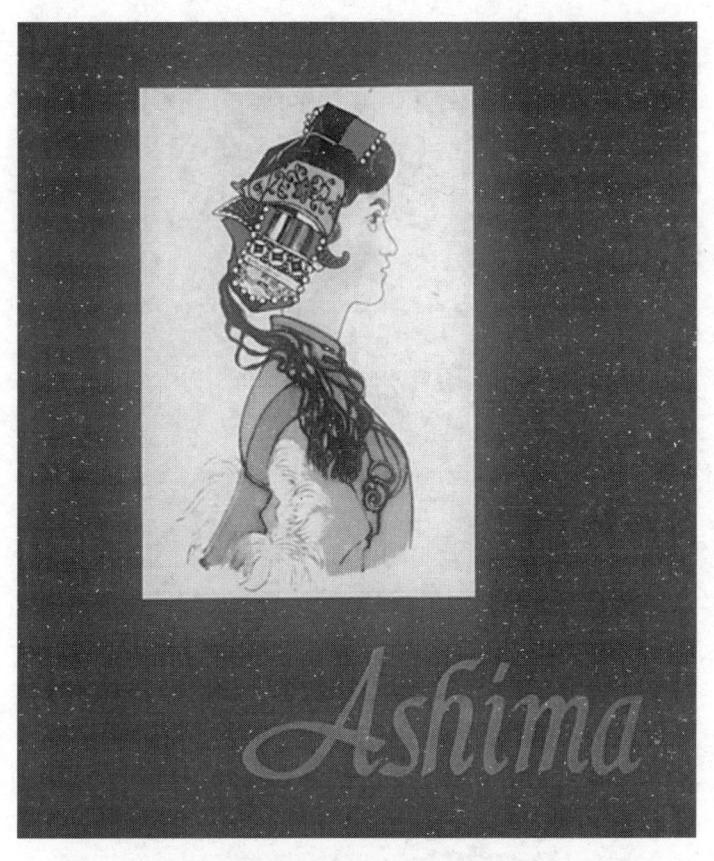

图3　1981年外文出版社再版的彝族撒尼人的叙事长诗《阿诗玛》英文精装版封面上的阿诗玛像

图4 俯瞰石林县圭山乡大糯黑村全景

图5 云南大学云南少数民族调查研究及小康社会建设示范基地彝族（撒尼支系）调查点工作站

图6 云南大学云南少数民族调查研究及小康社会建设示范基地彝族（撒尼支系）调查点铜牌

图7 云南大学云南少数民族调查研究及小康社会建设示范基地彝族（撒尼支系）调查点工作站所在地——大糯黑村原老学校建校纪念碑

图8 云南大学云南少数民族调查研究及小康社会建设示范基地彝族（撒尼支系）调查点工作站所在地——大糯黑村原老学校围墙上立于民国三年（1914年）的封山碑

图9 大糯黑村密枝林的石门

图 10　大糯黑村密枝林里的密枝神

图11 大糯黑村的石板房

图12 大糯黑村的石板房和石板烤烟棚

附图 411

图13 大糯黑村石板小道上的乳山羊群

图14 云南大学云南少数民族调查研究及小康社会建设示范基地彝族（撒尼支系）调查点建设大糯黑村村民动员大会

图15 云南大学云南少数民族调查研究及小康社会建设示范基地彝族（撒尼支系）调查点建设大糯黑村村民动员大会之后的文艺汇演

图16 云南大学云南少数民族调查研究及小康社会建设示范基地彝族（撒尼支系）调查点暨糯黑阿诗玛文化课堂教室铜牌

图17　大糯黑村彝族撒尼村民的大三弦舞

图18　大糯黑村彝族撒尼男子小号队

图19　大糯黑村组织的斗牛比赛

图20　大糯黑村彝族撒尼人的婚礼场面——迎亲的伴郎们被迫使用长麻秆当筷子吃饭

图21　大糯黑村彝族撒尼妇女黄云仙在织麻布（摄于2002年10月6日）

图 22 彝族撒尼妇女手工制作的琳琅满目的刺绣品和麻织品

图 23 彝族撒尼妇女手工刺绣的蕴含着四方八位观念的八角花图案

图 24 彝族撒尼人自制的乐器——撒尼大三弦

图 25 大糯黑村老年协会文艺队的成员

图 26　大糯黑村的石林县烤烟种植示范基地

图 27　《糯黑村村规民约（试行）》　　图 28　《糯黑村自治章程》

图 29 国际乡村改造学院和云南大学的专家在云南大学调研基地所在地——大糯黑村考察时与圭山乡和糯黑村委会的领导合影留念

图 30 澳大利亚昆士兰大学、格里菲思大学的学者在云南大学云南少数民族调查研究及小社会建设示范基地彝族（撒尼支系）调查点所在地——大糯黑村村民家入户访谈

图 31 美国华盛顿大学社会工作学院 Shanti K. Khinduka 教授等一行三人在云南大学云南少数民族调查研究及小康社会建设示范基地彝族（撒尼支系）调查点工作站石板房外考察

图 32 美国华盛顿大学社会工作学院 Edward Lawlor 教授等一行三人在云南大学调研基地工作站与大糯黑村两位村民——调研基地工作站管理人员曾绍华和《石林圭山大糯黑村村寨日志》记录人员李琳合影留念

图 33 美国惠特曼大学的师生和云南大学外国语学院的教师在云南大学云南少数民族调查研究及小康社会建设示范基地彝族（撒尼支系）调查点工作站考察时与大糯黑村村民合影留念

图 34 美国欧柏林大学生物系 Geo-rge Langeler 教授在云南大学云南少数民族调查研究及小康社会建设示范基地彝族（撒尼支系）调查点工作站资料室里翻阅图书资料

图 35 大糯黑村石板铺设的石板文化广场及石板舞台

图 36 大糯黑村石板广场上的糯黑彝族文化博物馆大门

图 37 中央电视台《健康之路》节目组到大糯黑村摄制节目

图 38 穿着彝族撒尼服装的本书编著者王玲（石林彝族撒尼人）

图 39 《石林圭山大糯黑村村寨日志》记录人员——大糯黑村村民王光珍

图 40 《石林圭山大糯黑村村寨日志》记录人员——大糯黑村村民李琳

参考文献

1. 昂智灵：《美丽的彩虹——路南彝族叙事长诗》，云南民族出版社1996年版。
2. 白兴发：《彝族文化史》，云南民族出版社2002年版。
3. 白志红：《从他称到自称：大理白族认同的建构》，社会科学文献出版社2010年版。
4. 黄建民编：《国外学者彝学研究文集》，云南教育出版社2000年版。
5. 陈庆德、马翀伟：《文化经济学》，中国社会科学出版社2007年版。
6. 方国瑜：《彝族史稿》，四川民族出版社1984年版。
7. 方慧等：《云南少数民族传统文化的法律保护》，民族出版社2002年版。
8. 方铁、何星亮主编：《民族文化与全球化》，民族出版社2006年版。
9. 高发元主编，云南大学组织编写：《云南民族村寨调查》（全套共27分册），云南大学出版社2001年版。
10. 高志英：《藏彝走廊西部边缘民族关系与民族文化变迁研究》，民族出版社2010年版。
11. 葛永才：《弥勒彝族历史文化探源》，云南民族出版社1995年版。
12. 桂榕：《最后的碉楼——东莲花回族历史文化名村的历

史记忆与文化空间》,知识产权出版社2013年版。

13.《圭山乡志》编纂委员会编:《圭山乡志》,云南大学出版社1993年版。

14. 郭东风:《彝族建筑文化探源——兼论建筑原型及营构深层观念》,云南人民出版社1996年版。

15. 何明:《中国少数民族农村的社会文化变迁综论》,《思想战线》2009年第1期,第28—31页。

16. 和少英等:《云南跨境民族文化初探》,中国社会科学出版社2011年版。

17. 贺雪峰:《新乡土中国:转型期乡村社会调查笔记》,广西师范大学出版社2003年版。

18. 何耀华主编,昂智灵副主编:《石林彝族传统文化与社会经济变迁》,云南教育出版社2000年版。

19. 和钟华主编:《大山的女儿:经验、心声和需求——山区妇女口述》(西南卷),贵州民族出版社1998年版。

20. 洪朝栋主编:《云南少数民族地区的现代化发展》,民族出版社2000年版。

21. 黄光成:《优秀民族文化的继承和发展》,云南人民出版社1996年版。

22. 黄建民、燕汉生编译:《保禄·维亚尔文集——百年前的云南彝族》,云南教育出版社2003年版。

23. 黄建民:《彝文文字学》,民族出版社2003年版。

24. 黄树民:《林村的故事:1949年后的中国农村变革》,素兰、纳日碧力戈译,生活·读书·新知三联书店2002年版。

25. 黄淑娉、龚佩华:《文化人类学理论方法研究》,广东高等教育出版社1996年版。

26. 金少萍:《白族扎染:从传统到现代》,云南人民出版社2001年版。

27. 李东红:《大理》,云南教育出版社 2000 年版。

28. 李国文等:《古老的记忆:云南民族古籍》,云南教育出版社 2000 年版。

29. 李洁:《临沧地区佤族百年社会变迁》,云南教育出版社 2001 年版。

30. 李琳、王玲:《云南少数民族村寨日志选登:石林圭山大糯黑村》,《民族艺术研究》2006 年第 5 期,第 73—80 页。

31. 李孝友、熊桂芝、胡立耘、毛艳编辑:《1911—1949 西南少数民族文献资料索引》,云南大学图书馆 1994 年。

32. 李志农:《民国时期西藏政治格局研究》,云南大学出版社 2009 年版。

33. 林耀华主编:《民族学通论》,中央民族大学出版社 1997 年版。

34. 刘刚等:《景颇族文化史》,云南民族出版社 2002 年版。

35. 刘鸿武、段炳昌、李子贤:《中国少数民族文化简史》,云南人民出版社 1996 年版。

36. 刘世生、毕晓冬、鲁建宏、蒋云明编:《云南石林旧志集成》,云南民族出版社 2009 年版。

37. 刘世生主编:《石林阿诗玛文化发展史》,云南民族出版社 2011 年版。

38. 刘尧汉、卢央:《文明中国的彝族十月历》,云南人民出版社 1986 年版。

39. 路南课题调查组编:《中国国情丛书——百县市经济社会调查:路南卷》,中国大百科全书出版社 1996 年版。

40. 马翀炜、陈庆德:《民族文化资本化》,人民出版社 2004 年版。

41. 马丽娟:《多型论:民族经济在云南》,民族出版社 2002 年版。

42. 马戎编著:《民族社会学:社会学的族群关系研究》,北京大学出版社 2004 年版。

43. 毛丹:《一个村落共同体的变迁——关于尖山下村的单位化的观察与阐释》,学林出版社 2000 年版。

44. 木霁弘:《茶马古道上的民族文化》,云南民族出版社 2003 年版。

45. 纳麒:《传统与现代的整合:云南回族历史·文化·发展论纲》,云南大学出版社 2001 年版。

46. 纳麒等:《远去的背影:云南民族记忆 1949—2009》,云南人民出版社 2010 年版。

47. 瞿明安:《隐藏民族灵魂的符号:中国饮食象征文化论》,云南大学出版社 2001 年版。

48. 瞿明安:《中国民族的生活方式》,中国社会科学出版社 2009 年版。

49. 宋蜀华主编:《中国民族概论》,中央民族大学出版社 2000 年版。

50. 宋蜀华、白振声主编:《民族学理论与方法》,中央民族大学出版社 2003 年版。

51. 师有福主编:《红河彝学研究论文集》,云南民族出版社 1999 年版。

52. 王玲主编:《枕石撒尼:石林县圭山乡大糯黑村彝族撒尼支系村民日记》,中国社会科学出版社 2009 年版。

53. 王文光编著:《中国南方民族史》,民族出版社 2001 年版。

54. 吴合对主编,老盖、赵玉虎、吴合对撰稿:《世纪之旅——石林》(全套共 7 卷),云南大学出版社 2001 年版。

55. 伍雄武:《中国少数民族哲学思想简史》,云南人民出版社 1996 年版。

56. 肖笃宁、杨桂华主编：《生态旅游透视》，中国旅游出版社2002年版。

57. 杨福泉：《杨福泉纳西学论集》，民族出版社2009年版。

58. 杨福泉等：《云南名镇名村的保护和发展研究》，中国书籍出版社2010年版。

59. 杨甫旺：《彝族生殖文化论》，云南民族出版社2003年版。

60. 杨寿川主编：《云南民族文化旅游资源开发研究》，中国社会科学出版社2003年版。

61. 尹绍亭主编：《民族文化生态村云南试点报告》，云南民族出版社2002年版。

62. 尤中、王文光：《中国民族史研究》第1辑，云南大学出版社1997年版。

63. 云南民间文学集成编辑办公室编：《云南彝族歌谣集成》，云南民族出版社1986年版。

64. 云南省民族事务委员会编：《民族政策法规与云南民族知识》，云南民族出版社1999年版。

65. 云南省少数民族古籍整理出版规划办公室编：《普兹楠兹——彝族祭祀词》，云南民族出版社1986年版。

66. 云南省社会科学院楚雄彝族文化研究所编：《彝族文化研究文集》，云南民族出版社1988年版。

67. 张文勋、段炳昌：《民族审美文化》，云南大学出版社1999年版。

68. 张文勋、黄泽等：《民族文化学论集》，云南大学出版社1993年版。

69. 张文勋、施惟达等：《民族文化学》，中国社会科学出版社1998年版。

70. 赵德光主编：《21世纪初石林彝族自治县村寨调查——

月湖、宜政、松子园村》，云南民族出版社2004年版。

　　71. 赵德光：《阿诗玛文化重构论》，中国社会科学出版社2005年版。

　　72. 政协石林彝族自治县委员会编：《石林彝族自治县民族文化在旅游中的开发运用情况调查专辑》（内部资料），政协石林彝族自治县委员会2003年。

　　73. 钟敬文主编：《民俗学概论》，上海文艺出版社2002年版。

　　74. 周大鸣主编：《21世纪人类学》，民族出版社2003年版。

　　75. 朱宜初、李子贤：《少数民族民间文学概论》，云南人民出版社1983年版。

后　记

　　作为一名在云南出生和成长的彝族撒尼女性，又是中国少数民族艺术专业的博士，我具有研究本民族社会文化变迁的主位和客位双重视角。2003年7月，我积极申请并获准成为云南大学"211工程""十五"民族学重点学科建设项目"云南少数民族调查研究及小康社会建设示范基地"彝族（撒尼支系）子项目负责人，并组建起由我和云南大学瞿健文副教授、木永跃副教授，云南民族大学杨文顺副教授，以及石林县原县长、昆明市旅游局局长王光华等人组成的子项目组。作为一位彝族撒尼人，家父虽然自小离家求学，之后又一直在外地工作，但他一直对石林家乡的彝族撒尼文化怀有深厚感情，仍不忘用撒尼语与族胞们交流，他也积极支持和全力帮助我开展和推动项目的有关工作，利用退休之后的闲暇时间多次陪同我们项目组成员前往大糯黑村协调工作，协助我们努力弘扬彝族撒尼文化。谨以此书缅怀家父对彝族撒尼文化的热爱和自豪之情，并感谢家母长期的关心和支持。

　　经过一番考察，子项目组将云南省昆明市石林彝族自治县圭山乡大糯黑村确定为调研观测点，于2003年12月在该村建立了云南大学"211工程""十五"民族学重点学科建设项目子项目"云南彝族（撒尼支系）调查研究及小康社会建设示范基地"工作站。我们随即完成了工作站的基础设施建设，遴选了《石林圭山大糯黑村村寨日志》记录人员两名，开展了针对记录人员的培训，启动并坚持了《石林圭山大糯黑村村寨日志》的记录工作，进行了深入细致的村寨概况调查和社会文化变迁研究，开展了大糯黑村旅游产业发展和小康社会建设的途径等多项专题研究。自2003年建立该调研基地以来，项目组实现了最初设立的目标，并将基地工作站建成一个彝族撒尼文化研究中心。

在开展学术交流方面，调研基地工作站先后接待了多批国内外专家学者，如美国华盛顿大学社会工作学院两任院长——Shanti K. Khinduka教授、Edward Lawlor教授，先后四次前往工作站的美国欧柏林大学生物学专家George Langeler博士，美国惠特曼大学海外学习与交流处主任Susan Holme Brick博士及参加该校暑期"外国研究"项目的15位大学生，美国哥伦比亚大学国际和公共事务学院Erika K. Helms博士，澳大利亚昆士兰大学社会工作与运用人文科学学院院长Jill Wilson教授、社会和行为科学系系主任Linda Rosenman教授、社会和行为科学系国际开发部经理Julie Waldron博士，澳大利亚格里菲思大学商学院Arthur D. Shulman教授，国际乡村改造学院亚洲地区中心副主任Marissa Espineli博士、项目管理专家Kennedy Igbokwe博士，云南省社会科学院原院长何耀华研究员，云南大学图书馆原馆长李子贤教授、出版社原社长兼文化产业研究院原院长施惟达教授、文化产业研究院现任院长李炎教授、资源环境与地球科学学院王筱春教授、国际关系研究院吕星教授、外国语学院原副院长周真教授、民族研究院《思想战线》编辑部原编审洪颖教授、发展研究院彭多意教授社会学系主任向荣教授，云南省文化馆民族民间传统文化保护工作部赵耀鑫主任，国家民族事务委员会原副主任、国际人类学与民族学联合会第16届世界大会筹备委员会副主席周明甫，国家民委政策法规司沈林处长，国家民委办公厅杨燕军处长，云南省民族事务委员会马春副主任、杨剑波处长及其他有关领导，昆明市民族事务委员会的有关领导，中国社会科学院杜发春研究员、张继焦研究员及其他有关专家等。上述众多专家学者曾到调研基地参观、考察，并开展相关研究，扩大了彝族撒尼文化的学术影响和社会影响。

  自 2003 年起，在科学研究方面，子项目组除了认真完成调研基地的建设及相关研究工作之外，还开展了一些合作研究项目。其中，我主持并完成了云南省教育厅科研基金项目"旅游开发前景下民族文化的保护与传承——以石林糯黑村为例"，撰写完成研究报告《彝族撒尼文化旅游资源探究——以石林圭山大糯黑村为例》、《民族文化特色村落旅游业可持续发展研究——以石林圭山大糯黑村为例》，后者还被昆明市旅游局采用。木永跃副教授主持并完成了云南省教育厅科研基金项目"民族自治地方利益协调与整合机制探索"，他以大糯黑村为调查点，撰写完成研究报告《石林圭山大糯黑村彝族撒尼人政治文化分析》和《石林圭山大糯黑村彝族撒尼人村社公共权威现状研究》。杨文顺副教授撰写完成研究报告《石林圭山大糯黑村彝族撒尼人全面建设小康社会研究》。上述 5 个专题研究报告均收入本书稿。我与王光华局长、瞿健文副教授、木永跃副教授、杨文顺副教授多次前往并常驻大糯黑村，共同完成了多次调研工作、资料收集工作和访谈工作。我还坚持记录并保存着《"云南少数民族调查研究及小康社会建设示范基地"彝族（撒尼支系）子项目组赴调研基地工作站所在地——石林县圭山乡大糯黑村工作档案》。在本书稿主体部分的撰写和修改工作中，木永跃副教授和杨文顺副教授撰写完成了本书稿中下列部分的初稿：手工业——纺麻、新兴产业、民间医术、医疗卫生条件和社会医疗保障、地方疫病和流行病的防治、社会分层、社会保障、现代科技的推广运用——烤烟技术的推广，我负责撰写书稿的其他部分并统稿，然后整理、筛选出最具代表性的大糯黑村有关照片作为书稿附图。

此外，云南大学资源环境与地球科学学院王筱春教授主持、国际关系研究院吕星教授参与的美国福特基金项目"少数民族妇女参与当地旅游服务工作和文化活动的调查研究"，也是以大糯黑村为调查点，他们撰写完成了项目研究报告，制作了反映项目研究阶段性工作的光盘，已提交福特基金会后顺利结项。

在人才培养方面，调研基地工作站所在地——大糯黑村先后被确定为云南大学中国少数民族艺术专业硕士研究生的田野调查点、云南大学艺术与设计学院本科生暑期社会调查和社会实践基地、云南艺术学院绘画专业本科生的写生基地、西南林学院旅游专业本科生的实习基地、红河学院绘画专业本科生的写生基地。

云南大学调研基地工作站在大糯黑村的建立和建设，扩大了该村及其彝族撒尼文化的学术影响和社会影响，子项目组的工作成效也得到了多方肯定。2004年3月3日的《春城晚报》A11版刊登了《"糯黑民族生态示范村"具雏形》一文，报道子项目组成员已对大糯黑村进行了勘察和概况调查，以期对当地生态以及彝族撒尼文化进行保护和包装，同时架构既保护又发展的双赢体系，助推当地经济发展。云南日报网于同一天发布了该文电子版。2004年3月9日的《春城晚报》A9版刊登了《云南大学牵手石林县把糯黑村建成"活博物馆"》一文，介绍由昆明市民委发布的消息：子项目组与石林彝族自治县协商后，将该县圭山乡大糯黑村列为首批云南大学"云南少数民族调查研究及小康社会建设示范基地"之一。昆明市民委对子项目组的前期工作给予了充分肯定。经多方努力，2005年9月19日，"糯黑彝族文化保护区"被列入昆明市级民族民间文化保护名录。

调研基地工作站所在地——大糯黑村及其撒尼文化特色也不断展示于影视节目和作品当中。2004年12月13日，中央电视台健康频道《健康之路》节目组到达调研基地，在大糯黑村村民王光强家的石板院子里拍摄名为《民族石板房，健康之路，家庭健康星——大糯黑》的专题电视节目，约有50多位撒尼村民参加了拍摄。2005年3月4日，中央电视台播放了这一节目。2005年4月7日—5月2日，中央电视台电视剧摄制组进驻大糯黑村，拍摄20集电视连续剧《阿诗玛新传》，同来的有该剧中阿诗玛的扮演者韩雪、阿黑的扮演者姜文扬等中国演员，还有钱泳辰、全成勋等韩国演员。作为主要拍摄地，大糯黑村成为《阿诗玛新传》中的主要场景地。该剧于2005年年底在央视八套播出。2005年4月16日的《春城晚报》和新华网——"地方联播"均刊登了《〈阿诗玛新传〉主角全搜索，乃古石林帅哥美女"当道"》一文，介绍了这部电视连续剧的拍摄花絮。

此外，子项目组积极帮助大糯黑村谋求多方支持，以加速其经济发展。经与昆明市旅游局和石林县政府协商，大糯黑村被昆明市政府和石林县政府列入与石林"阿诗玛民族文化长廊"相配套的子工程——"糯黑民族生态示范村"规划重点项目，已在实施中。大糯黑村已有5家撒尼农户获许经营"彝家乐"民族文化生态旅游。该村还被云南省林业厅、共青团云南省委列为"2004年保护母亲河行动沼气项目"的实施地点之一。子项目组邀请石林县烟草公司、县农业局有关技术人员对村民进行科技培训，分别讲解烤烟种植和烘烤技术、高床厩养羊技术和羊病的防治等知识。经过科技培训和指导，村民的烤烟种植和烘烤技术得到提高，烟叶的质量等级也相应提高，大糯黑村因而被确立为昆明市和石林县的烤烟种植示范基地。子项目组还邀请石林县民族宗教事务管理局的有关领导到基地工作站培训村民党员，上党课，为广大村民提出因地制宜发展经济奔小康的一些建议和思路，并促成大糯黑村成为石林县民宗局的支农联系点。

子项目组的工作和调研基地工作站的建设得到了当地石林县、圭山乡、糯黑村委会、大糯黑村村民小组各级领导以及广大彝族撒尼村民的大力支持，还得到了国内外一些专家学者的指导和帮助。石林县原县长李忠德亲自到调研基地工作站视察并协调工作。石林县原县长、昆明市旅游局局长王光华及有关旅游规划设计人员多次到工作站调研。石林县政府史志办原主任、彝文专家昂智灵主编，石林县政府史志办现任主任刘世生，石林县民宗局局长毕玉昌、副局长李毅飞、毕摩毕华玉，圭山乡原党委书记周保能、原副乡长李小天等多次亲赴大糯黑村，帮助子项目组协调工作，支持调研基地工作站的建设。石林县圭山乡财政所、乡水管所、乡供电所为工作站基础设施的建设提供了方便。

原糯黑村委会主任王光辉、村党支部书记高映峰、副主任曾建宏，原大糯黑村村民小组组长高德昌、副组长王文和、出纳毕宏才、妇女主任王菊英、计生员曾跃华、卫生员董建红等人，一直积极支持子项目组开展调查研究工作。大糯黑村小学原校长高月明、退休教师金国兴，现任校长李金祥、教师王建和（本村撒尼人）及撒尼小学生们，大糯黑村原领导王有志、高文华等，圭山乡文化站专职创作撒尼音乐、歌曲、舞蹈的大糯黑村人李红兵，大糯黑村老年协会和村中的老年、中年、青年、少年文艺表演队的组织者及成员们，撒尼民间草医何云明，大糯黑村擅长刺绣、纺麻等撒尼传统手工艺的妇女们，调研基地工作站管理员曾绍华一家，村民何文彬、张琼芬、何文航、王胜忠、王春花、王琼等人，都积极配合子项目组的调查研究工作，为调研基地工作站的建设提供了许多实际的帮助。特别值得指出的是，彝族撒尼村民李琳、王光珍用他们的辛劳和汗水，坚持不懈地完成了2004年1月—2006年5月《石林圭山大糯黑村村寨日志》的记录工作，给我们留下了宝贵的彝族撒尼民族志资料。

云南大学的有关领导及专家学者对子项目组的工作和调研基地的建设一直给予了高度重视和关注。原校党委书记高发元教授、"云南少数民族调查研究及小康社会建设示范基地"项目总负责人何明教授、"211工程"办公室原主任王文光教授、副主任董立昆教授等，都曾莅临调研基地检查和指导工作。云南省设计院杨铭昭工程师、昆明市质检站原工程师傅永昌、云南省建设厅抗震办副主任曹荆等，对调研基地工作站的房屋装修改造提供了技术指导。云南大学硕士研究生李绍平、马佳丽参加了《石林圭山大糯黑村村寨日志》打印稿的校对工作。

值得欣慰的是，大糯黑村被确定为2005—2007年度石林彝族自治县特色村、2007年度昆明市文化旅游特色村。2008年1月，因我计划要进入福建师范大学博士后科研流动站开展研究工作，所以我申请将调研基地工作站的管理和维护工作转交给了云南大学民族研究院的陈学礼老师。经他的辛勤努力，并在石林县政府的配合和资金支持下，糯黑彝族文化博物馆、糯黑彝族撒尼阿诗玛文化课堂建成。位于大糯黑村的云南大学"云南彝族（撒尼支系）调查研究及小康社会建设示范基地"工作站被国家民委确定为2009年7月在昆明召开的国际人类学与民族学联合会第十六届世界大会的田野考察点之一，参会的众多国内外专家学者在会议期间专程前往该村参观和考察。大糯黑村已成为远近闻名的糯黑民族文化保护基地。2003年至今，我坚持对《石林圭山大糯黑村村寨日志》和彝族撒尼支系的社会文化变迁进行长期、深入的跟踪观察、调查和研究，并把研究成果凝结成本书稿《云南少数民族农村的社会文化变迁——对石林圭山大糯黑村彝族撒尼支系的调查与思考》。在此，我要向长期关心、帮助和支持云南大学"211工程""十五"民族学重点学科建设项目子项目"云南彝族（撒尼支系）调查研究及小康社会建设示范基地"工作站的建立和建设，以及关注彝族撒尼文化的保护、传承、建设和发展的所有人士表示衷心感谢。

此外，在本书稿付诸出版的过程中，得到了有关领导和专家学者的指导、帮助和支持，其中有云南出版集团有限责任公司龙雪飞总编辑，广西民族大学副校长袁鼎生教授，香港文化投资基

后　记

金总裁、深圳"非遗"投资联盟总裁、中国大陆和港澳台地区大中华非物质文化遗产协会秘书长李溧民先生，中共云南省委宣传部省哲学社科规划办田仁波老师，云南大学施惟达教授、段炳昌教授、王文光教授、秦树才教授、李晓斌教授，云南大学社会科学处处长杨毅教授、史文君老师，云南大学人事处彭奇勇老师、李智谋老师、杨志老师，云南大学出版社蔡红华副社长，中国社会科学出版社责任编辑关桐老师、凌金良老师及其他有关编校人员，谨在此一并表示由衷的感谢。

王玲

记于云南大学东陆园

2009年8月